KB233402

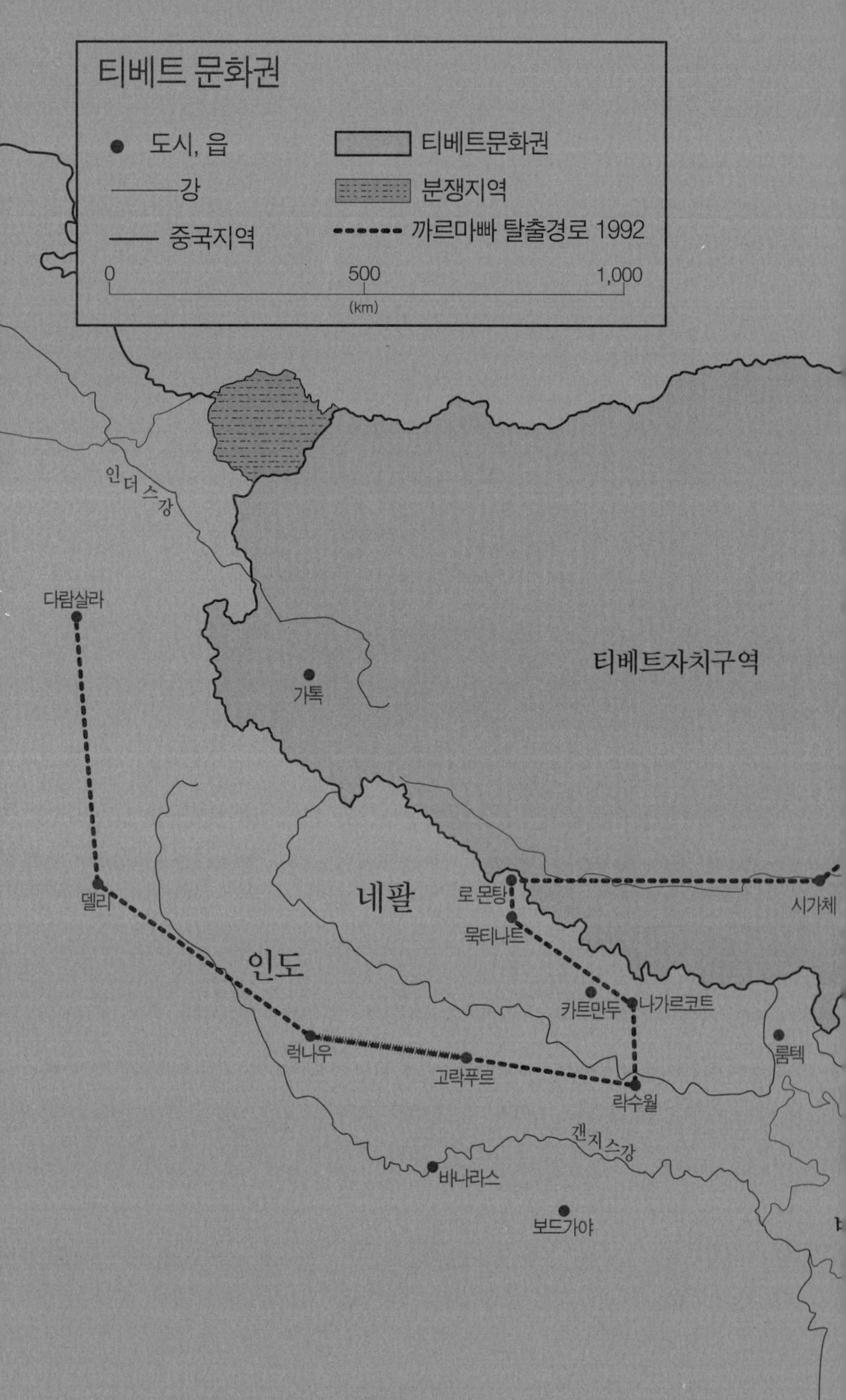
티베트 문화권
도시, 읍
강
중국지역
티베트문화권
분쟁지역
까르마빠 탈출경로 1992
0
500
1,000
(km)
인더스강
다람살라
티베트자치구역
가톡
델리
네팔
로 몬탕
시가체
묵티나트
인도
카트만두
나가르코트
럭나우
룸텍
고락푸르
락수월
갠지스강
바나라스
보드가야

청해성
감숙성
마 추 강
드리 추 강
자 츄 강
낭첸
쏙쫑
롱포
라톡
사천성
낙추
세르차
참도
리탕
갸 모 눌 추 강
마캄
크프
라싸
탄
운남성
시
미얀마

티베트불교 17대 까르마빠의 삶과 예술 그리고 가르침

티베트불교 17대 까르마빠의 삶과 예술 그리고 가르침

MUSIC IN THE SKY
by Michele Martin
Original Copyright 2003 Snow Lion Publications
Korean Translation Copyright 2007 Jeeyoungsa Publishing Company
This Korean edition was published by arrangement with Snow Lion Publications
through Best Literary & Rights Agency, Korea.

까르마빠, 나를 생각하세요

지영사

● 지은이 소개

미쉘 마틴Michele Martin은 불교수행자로서 30년 이상을 살고 있다. 지난 15년간 네팔과 인도에서 티베트 승려들에게 배웠으며, 티베트어 통역과 번역자로 활동하고 있다. 그녀는 티베트어로 된 많은 철학과 명상서적 그리고 불교 논문을 번역출판했다. 지난 2년간은 까르마빠의 통역을 맡았고 현재 뉴욕 북쪽의 카스킬산에 살고 있다.

● 옮긴이 소개

신기식은 1949년 논산에서 출생했다. 서울대학교 심리학과를 졸업하고 미국 미주리 주립대학교 대학원을 졸업했다. 자유로운 삶에 관심을 갖고 알래스카에서 4년간 살았으며 현재는 친환경생태공동체에 관심을 가지고 지리산에 머물고 있다. 저서로는 『지리산으로 떠나며』가 있으며, 번역서로 『통째로 버려라』, 『가이아 아틀라스』, 『읽기의 역사』가 있다.

까르마빠, 나를 생각하세요

초판 발행	2007년 12월 17일
초판 2쇄 발행	2012년 2월 17일

지은이	미쉘 마틴
옮긴이	신기식
펴낸이	이연창
편 집	김 명
펴낸곳	도서출판 지영사
	서울특별시 종로구 명륜동 1가 10-22 보성빌딩 5층
	전화 02-747-6333 팩스 02-747-6335
	이메일 vvj747@chol.com
	등록 1992년 1월 28일 제1-1299호

값 20,000원
ISBN 978-89-7555-153-6 03220

17대 걀와 까르마빠 오겐 틴레 도르제께서
오래 사시어 왕성하게 활동하시고
중생들이 행복하고 기쁘고 자유롭기를 기원합니다.

The Karmapa

By writing *Music in the Sky*, Michelle Martin has helped tell my story to the world.

I am delighted that her work has now been skillfully translated into Korean and, thus, for the first time, a book about the Karmapa has been published in Korean. I hope it will develop mutual understanding and bring us closer together.

On my part, I am making an effort to learn the Korean language so that in the near future I will have a better insight into your history and culture. It is my sincere prayer that I will be of benefit to you in the future.

I wish to thank all those who were instrumental in making this publication possible: Mr. Shin Gisik, the translator, Mr. Lee Yeon Chang, President of Jee Young Publication, and all the others who helped along the way.

With my sincere prayers and *khamsa-habnyidah*!

The 17th Karmapa Ogyen Trinley Dorje
Tergar Monastery, Bodhgaya
3rd December, 2007

■ 추천사

　미쉘 마틴은 『Music in the Sky』라는 책을 집필하여 저에 관한 이야기가 세상에 알려지는 것을 도왔습니다.

　이제 그녀의 저서가 훌륭하게 한글로 번역이 되어 매우 기쁘며, 이로써 처음으로 까르마빠에 대한 책이 한글로 출판되게 되었습니다. 이 책으로 인해 우리가 서로에 관해 이해가 깊어지고 좀 더 가까워지기를 기대합니다.

　제 입장에서는 현재 한국어를 공부하는 노력을 하고 있습니다. 그래서 가까운 미래에 한국의 역사와 문화에 대한 보다 깊은 이해를 하고 싶습니다. 저는 미래에 여러분을 이롭게 하고자 진심으로 기도합니다.

　저는 이 출판을 가능하게 한 이들에게 감사하고 싶습니다. 번역자인 신기식 님, 지영사의 이연창 사장님 그리고 이 책이 나오기까지 도움을 준 모든 이들에게 감사합니다.

　진심 어린 저의 기도와 함께 "감. 사. 합. 니. 다"

제17대 까르마빠 오겐 틴레 도르제

테갈 사원, 보드가야

2007년 12월 3일

세상에 홀로 가는 일은 없다. 이 책을 쓰는 데도 그랬다. 까르마빠에 관한 글을 쓰도록 영감을 준 것은 텐진 남걀이 쓴 티베트어로 된 기록이었다. 그는 까르마빠의 행적을 작은 얘기로 엮었다. 이 20페이지의 기록이 까르마빠의 생활을 담은 이 책의 대부분을 시작하게 만들었다. 많은 사람들의 대화와 까르마빠 자신의 이야기, 그의 누이 누둡 뺄좀 및 까르마빠와 함께 탈출한 세 승려들의 이야기들이 이 책의 근간이다. 라마 체왕 따시·라마 출팀 걀첸·다르계·예비기사였던 체왕 따시도 마찬가지다. 이들 모두 귀중한 시간을 내주었다. 다른 책들과 인터넷 그리고 비디오 등에서도 정보를 얻었다.

켄첸 탕구 린포체께서는 어려운 시들에 대해 자문해 주셨다. 족첸 폰롭 린포체께서는 이전 16까르마빠들의 역사적 삶에 대해 가르쳐 주셨다. 환생 라마 세 분에 관한 얘기들은 직접 관련된 사람들의 이야기를 토대로 엮었다. 잠곤 꽁툴 린포체의 사무국장인 텐진 도르제는 'EMA HO! The Reincarnation of The Third Jamgön Kongtrul'을 인용할 수 있도록 도와 주셨다. 파오 린포체 사원의 네낭 라마께서도 파오 린포체를 찾아내는 과정에 대해 친절하게 알려 주셨다. 답쌍 린포체의 환생을 찾아낸 이야기에 관해서는 딜락 듀폰 린포체와 쌍게 틴레가 도와 주셨다. 까르마빠와의 대화는 따시 가와가 도 왔고 더 어려운 문제들에 관해서는 켄포 가왕이 도와주었다. Lois Depiesse, Daia Gerson, Peter van Deurzen, Sylvia Warner가 편집 에 도움을 주었고, 최종 편집 책임은 Tracy Davis가 맡아주었다. 지 도는 프린스턴 대학의 DMGIC의 책임자 Wangyal Shawa, 사진은 Naomi Schmidt와 Seiji Tsutsumi가 도와주었다. Snow Lion Publications의 Sidney Piburn의 도움으로 작품이 완성될 수 있었다.

도움을 준 모든 분들에게 감사한다. 잘못된 것이 있다면 내 책임이다. 이 책이 깨달음에 도움이 되었으면 좋겠다.

■ 머리말

한 촛불 빛이 다음 생으로 전해지고 이것이 다음에로, 또 다음에로 전해진다. 이것이 불가에서 환생이라 말하는, 일련의 재탄생을 가리키는, 전해져 오는 이야기의 이미지이다. 깨달은 자들은 모든 중생을 제도하려는 마음에서 일부러 재탄생한다고 전한다. 그가 밝고 깊은 깨달음을 성취했기 때문에 이런 일이 있을 수 있다고 한다. 환생이 처음 인정된 것은 13세기 티베트에서였다. 그의 이름은 걀와 까르마빠, 즉 '깨달은 행위의 승리자'였다. 그 후로 그는 세대와 세대를 거쳐 환생을 거듭하고 있다. 지금의 까르마빠가 열일곱 번째이며, 17대 까르마빠에 관한 이야기가 이 책의 주제이다.

까르마빠는 과거·현재·미래의 모든 부처들의 화현이라고 전한다. 옛 책들을 살펴본 전통 역사학자들은 이 이야기를 수억 겁의 과거에서부터 시작되었으며 또한 미래에도 같은 만큼의 먼 시간까지 이어질 것이라고 이야기한다.

티베트 불교에는 전승·수행 그리고 철학을 대표하는 네 종파가 있다.

이들 간의 차이점은 공부와 수행 중 어디에 비중을 더 두느냐 하는 데 있다. 걀와 까르마빠는 까규 종파의 수장으로서, 명상 수행과 안거 수행을 강조한다. 까르마빠는 그의 지혜의 마음을 상징하는

혹모로 유명하다. 신도들은 흑모를 보기만 해도 해탈에 이른다고
믿는다.

달라이 라마와 마찬가지로 까르마빠도 자비로운 관세음보살의
화현이라고 한다. 까르마빠는 오로지 이 세상의 중생들을 윤회로부
터 구하여 열반에 들도록 돕기 위해서 다시 나셨다고 한다. 열심히
수행하면 누구나 온전한 깨달음에 이를 수 있다고 한다. 까르마빠
는 바로 이 길을 걸어간 분이다. 궁극의 진리에 도달해서 결국에는
기적 같은 일들도 행할 수 있는 경지에 이르렀다는 것이다.

서양인들 눈에는 마술 같은 혹은 불가능할 것 같은 일들에 대해
서도 티베트 사람들은 금강불교에서처럼 다양한 진리의 한 표현으
로 예사롭게 받아들인다.

금강승에서는 관상과 마음을 직접 들여다보는 수행을 강조한다.
이것을 통해 광대한 진실의 확장을 볼 수 있다고 한다. 이 광대함에
서 빠지는 것은 아무 것도 없다. 가장 작은 것까지 모두 포함된다.
일상생활에서 겪는 새 한 마리의 균형 잡힌 비행, 꿈, 날씨, 소리 등
하나도 빠짐없이 모든 것들이 영적 의미를 가진다고 한다.

이 책의 이야기들은 문화적으로나 영적으로나 철학적으로 다른
세계의 일들이다. 도입부에서 전 (16대) 까르마빠가 남긴 자신의
다음 환생을 예언하는 문서가 소개된다. 예언유서라는 문서는 까르
마빠 종파의 독특한 전통이다. 까르마빠는 죽기 전에 보통 시의 형
태로 자신이 언제, 어디서, 누구의 자식으로 어떤 환경에서 태어날
지에 대해 예언한다. 예언유서에 의해 까르마빠의 제자들이 다음
환생을 찾아내는 것이다.

제17대 까르마빠의 일생에 관한 이 책은 다양한 자료를 바탕으
로 한다. 중심이 되는 것들은 까르마빠가 티베트를 탈출하면서 가

져온 자료들이다. 츄르프 사원[1] 행정부가 기록한 것들로서, 그가 태어난 기록, 행한 기적들, 사원으로 오고 간 여행 기록들 등이다. 티베트 탈출시 가져 온 유일한 문서이다.

다음은 까르마빠의 누이인 누둡 뺄좀의 증언이다. 지금은 까르마빠와 인도에 살고 있는데 어렸을 때 이야기와 유목생활 이야기를 많이 기억하고 있다.

세 환생 라마들을 찾아낸 일은 직접 관련되었던 사람들의 증언으로 재구성하였다. 탈출과 관련해서는 동행한 세 승려들의 증언을 참고하였다. 이야기 전체를 구성하는 데는 필자가 직접 본 삭발식·대관식 등 1988년부터 1996년에 걸치는 츄르프에서의 8년간 생활과 규또 라모체 대학을 수차례 방문한 2000년과 2002년 사이의 체험이 바탕이다. 필자는 까르마빠의 통역을 맡았었다. 이 책에 나오는 번역과 통역은 모두 필자의 것이다. 책에는 이런 다양한 근거들의 묘사상 차이점이 나타나 있다. 어떤 것들은 노골적 사실들이고, 어떤 것들은 세세하거나 살이 붙어 있을 것이다. 전체의 균형을 잡기 위해 티베트의 문화나 불교의 배경을 설명해 보려하였다.

티베트 원전들은 보통 매우 상징적이지만 가능한 한 사실적으로 번역했다. 티베트 사람들에게 존경하는 사람의 이름을 줄여 부르거나 직책을 빼고 부르는 것은 범죄행위 같은 불경한 일일 것이다. 그러나 서양인에게는 번거로운 일에 지나지 않으리라. 따라서 성하, 걀와 까르마빠 대신 단순히 까르마빠로 부르는 등 읽기 편하게 했다. 대관식을 치르기 전에는 까르마빠로 공인받은 것이 아니기 때문에, 1992년 9월 이전까지는 그를 젊은 환생자, 티베트어로는 양시라고 호칭하였다.

종교적 인물로서의 까르마빠 그리고 티베트 불교에 이 책의 초점이 맞춰져 있다. 이 책은 4부로 되어 있다. 그의 탄생과 어린 시절 그리고 인도로의 탈출이 1부이다. 2부에는 2000년에서 2002년까지 인도에서의 가르침을 시간 순서대로 소개하였다.

열네 살에 인도에 와서 공부와 체험이 쌓이면서 설법의 주제가 바뀌는 것을 눈여겨보기 바란다. 그의 시와 주석이 3부를 이룬다. 4부에서는 까르마빠 전통의 역사 및 16대 까르마빠의 예언적 시들을 소개하였다. 까르마빠는 그림에 천부적인 재능을 갖고 태어났다. 그리기를 좋아했으며, 그의 몇몇 작품은 채색화로 다시 제작되기도 했다.

사진으로 보여주는 연대기적인 까르마빠의 삶은 분명히 중요하다. 그에게 중요한 주변 인물들의 이미지 역시 그러하다. 마지막으로 부록에는 티베트인들의 이름과 간략한 불교와 티베트 용어풀이를 추가했다.

독자 여러분들이 까르마빠의 삶과 가르침을 읽고, 그의 시와 예술을 즐기고, 환생계보의 풍부한 역사를 관찰하여 티베트 불교와 17대 까르마빠를 아는데 조금이라도 도움되기를 희망한다.

차례

17대 까르마빠의 삶 이야기

1부

■환생자를 찾아내다

1981년이 저물 무렵, 일리노이 주 시온에서 제16대 까르마빠, 랑중 릭뻬 도르제가 죽었다. 그후 몇 년간 그가 어디에서 환생할지에 관해 추측들이 무성했다. 티베트가 제일 유력했다. 죽기 얼마 전에 까르마빠는 그가 주석했던 미국에 있는 사원 원장인 켄포 까르타 린포체[2]에게 말했다.[3]

"오온으로 이루어진 내 몸은 미국에 남아 있겠지만, 내 의식은 티베트로 갈 것이다. 지금 아버지와 어머니가 아주 생생하게 보인다. 윤회와 열반이 내 손바닥을 들여다보는 것처럼 아주 또렷하게 보인다."

까르마빠가 주석했던 인도 시킴 룸텍 사원에서 다비를 하고 보니, 재에 그의 발자국 두 개가 찍혀 있었다. 티베트를 향하고 있었다. 걸림 없는 지혜의 까르마빠는 죽기 전에 그가 어디에서 환생할 것인가를 밝힌 유언장을 작성했었다. 1981년 그는 이것을 부적으로 포장하여 사랑하는 제자 시투 린포체[4]에게 주었다. 시투 린포체는 다음과 같이 기억했다.

16대, 걀와 까르마빠 랑중 릭뻬 도르제. 1981년 입적.(사진 • Blair Hansen)

성하께서는 캘커타 오베로이 그랜드호텔 특실 177호에 머무셨는데, 나도 같이 지내기를 바라셨다. 우리는 닷새 동안 같이 지냈다. 마지막 날 나에게 부적을 주셨다. 그리고 외출해서 빅토리아 궁전, 박물관 등을 둘러보고 새도 사고 싶어 하셨다. 우리가 만난 후 오랜 세월 동안 그래 왔듯이, 그 분은 내가 같이 다녀주길 바라셨다. 도중에 나를 위해 많은 말씀을 해주셨고, 지나온 날에 대해서도 말씀하셨다. 우리는 매일 저녁 많은 이야기를 하였다. 어느 날 저녁 잠자러 가기 바로 전에, 그 분이 좋아하는 오렌지 주스를 드렸다. 그런데 나에게 부적을 주면서 '아주 중요한 물건일세'라고 하였다. '나중에 열어 봐'라든가 '꼭 필요한 때가 올 걸세'라고도 하지 않았다. 단지 '나중에 자네한테 큰 도움이 될 걸세'라고만 하셨다. 나는 단순한 부적으로만 생각했다. 티베트 라마들이 만다라 그림이 그려진 종이로 부적을 만드는 것은 흔히 있는 일이다. 보통은 정사각형 모양으로, 색실로 싼 후에 헝겊 아니면 가죽으로 포장되어 있다. 노란 비단에 싸여 있는 이것을 나는 금고리에 꿰어 목에 걸고 다녔다.[5]

거의 10년이 지난 후에야 시투 린포체는 부적을 열어봐야겠다고 생각하게 되었다. 열어 보니 '철의 말해에 열어 보라'고 쓰인 봉투가 있었다. 마침내 1992년 3월 19일, 까규 종파의 네 주요 뚤꾸들인 시투 린포체·잠곤 꽁뚤 린포체·걀찹 린포체 그리고 샤마르 린포체가 참석한 가운데 회의가 열렸다. 이들은 유언장을 해석하고 어떻게 환생을 찾아낼 것인가를 결정하기 위해 룸텍 사원에 있는 16대 까르마빠 접견실에 모였다. 시투 린포체는 이렇게 기억했다.

첫날, 나는 린포체님들께 오체투지의 예를 드린 후 유언장을 보여드렸다.

돌아가신 꽁툴 린포체와 걀참 린포체는 아주 행복해 하셨다. 그들의 눈에는 눈물이 가득했고 나도 그랬다. 우리는 오랜 시간 동안 의논했고, 결국 유언장을 해석하기로 결정했다. 돌아가신 잠곤 린포체께서 해석 전체를 기록했고, 우리가 한 해석에 일일이 주석을 다셨다.[6]

며칠 후 잠곤 꽁툴 린포체가 텔레비전 인터뷰를 했다. 유언장에 대해 물어보자, "걀와 까르마빠의 유언은 아주 명료하고 정확합니다. 그래서 우리 모두는 성하의 환생을 찾을 수 있으리라고 확신합니다"[7]라고 말했다. 유언장에는 이렇게 적혀 있었다.

에마호. 깨달음은 언제나 환희이어라.
법계에는 중심도 가장자리도 없어라.

여기서 북쪽, 눈의 나라의 동쪽에는
성스러운 번개가 종종 번쩍이는 마을이 있네.
유목민의 아름다운 동네에 황소의 모습으로
방편은 돈둡, 지혜는 로라가로.
땅을 위해 쓰여진 것의 해에 (태어나며)
신비한 흰 소라 고둥소리[8] 널리 (퍼지며)
(이 분이) 까르마빠라네.

된요 둡빠 왕의 가호 아래
치우치지 않고 어디에나 계신다네.
누구에게 가깝지도 또한 멀지도 않게
모든 것들의 보호자시네.
모든 이를 이롭게 하는 불법의 태양, 영원히 빛나리.

유언장을 다 분석하고 티베트의 지리를 종합한 다음 라마들[9]은 그들의 해석을 발표했다. 유언은 '에마호'로 시작하는데, 이는 '신기하구나! 놀랍도다!'라는 뜻이다. 티베트에서는 견성 게송을 흔히 이 말로 시작한다. 다음에 나올 내용을 편견 없이 받아들이게 하려는 말이다.

다음 두 줄이 깨달음의 핵심이다. 깨달음이란 자성을 자각하는 지혜를 말한다. 깨달음은 궁극적이고 청정한 환희의 경지이다. 법계란 '여여如如한 온 우주'를 의미하며, 자성이 즉 불성임을 나타내는 여러 표현 중 하나이다. 이 광대한 진실은 경계도 없고 시작도 끝도 없다. 중심도 가장자리도 없으며 시공을 초월한다.

새로운 경지의 세계를 보인 후, 다음 세 줄에서는 까르마빠의 탄생을 묘사한다. 그는 동부 티베트(눈의 나라)의 북쪽 지방, '성스러운(라) 번개(톡)'라는 의미의 라톡 지역 유목민 가족에게 태어난다.[10] 이 오지 유목 마을은 바고르인데, 여기서 '바'는 '황소'를 뜻한다.[11]

다음 줄은 그의 부모를 묘사한다. 남성성인 방편은 그의 아버지 돈둡을, 여성성인 지혜는 어머니 로가를 가리킨다. '땅을 위해 쓰여진 것'은 황소를 가리키는 것이며, 까르마빠는 나무 황소의 해에 태어났다. '신비한 흰 소라 고둥소리'는 까르마빠 탄생시 신비하게 하늘에 몇 시간 동안 울려 퍼진 고둥소리를 가리킨다. 된요 둡빠(불공성취불)는 티베트 불교의 다섯 부처 중 한 분이다. 또한 16대 까르마빠께서 뻬마 된요[12]라는 이름을 지어준, 시투 린포체를 가리키는 것이기도 하다.

마지막 세 줄은, 편벽되지 않게 어디나 계시며, 복을 주는 까르마빠의 특별한 성품 혹은 갖추심 혹은 행위를 말한다.

이 게송에서 예언된 대로, 17대 까르마빠는 참도 쫑 지역, 캄의 동쪽 지방에서 태어났다. 여기에 농업과 유목을 하는 라톡 지방이 있다. 유목을 하는 바고르가 까르마빠가 출생한 동네이다. 아버지 는 까르마 돈둡 따시이고 어머니는 로가(로라가의 줄인 형태)였다. 특별한 징조가 많이 나타났고, 그녀는 나무 황소의 해, 티베트 달력으로 5월의 여덟 번째 날(1985.7.26.) 이른 아침에 출산했다.

라톡에서의 삶

가족들은 동부 티베트 산악 고원 초원지대의 널찍한 야크 털 텐트에서 살고 있었다.[13] 유목민들은 여름 장마에도 새지 않기로 이름 난 이 텐트에서 연중 9개월을 지낸다. 가족이 텐트를 조립해 세우는데 2시간 걸린다. 안쪽 바닥에는 밝은 색깔의 카펫이 깔려 있다. 바깥쪽에는 이들에게 필요한 모든 생필품을 저장하는 통들이 죽 둘러 있다. 난로는 한가운데 놓여 있다. 이곳은 연기가 빠져나갈 수 있게 지붕에 뚫린 구멍 바로 아래이다. 구멍은 여닫을 수 있다. 문의 반대쪽 끝부분에는 이들 생활의 구심점인 제단이 있다. 제단의 버터램프가 유일한 불빛이다.

까르마빠 가족들은 계절에 따라 가축이 먹을 풀을 따라 이동하며 살았다. 봄·여름·가을의 9개월은 텐트에서 살았다. 겨울 3개월은 다른 네 가구와 한 마을을 이루고 살았다. 이들의 집은 돌과 나무지붕으로 지은 넉넉한 원룸이다. 양을 위한 헛간이 가까이 있고, 혹독한 날씨로부터 어린 야크를 보호하기 위해 기대어 지은 집

까르마빠 탄생지. 이 초원 산악지대와 냇물을 달라이 라마는 꿈에서 보았다.(사진작가 미상)

도 있었다.

가족들은 해 뜨기 훨씬 전인 새벽 네 시 쯤에 일어난다. 까르마 빠의 누이 누둡 뺄좀은 맑은 눈으로 수줍게 웃으며 이렇게 회상했 다.

"밤에 불을 안 켜도 될 만큼 일에 익숙하지요. 우선 불을 지피고, 가족 중 누군가는 밖에 나가 가축을 살펴보고, 가까이 있는 도랑에 서 물을 길어 오지요."

겨울에는 도끼로 깨야 할 만큼 두껍게 얼음이 언다. 일곱 시 쯤 에 모두 모여 아침밥을 먹는데 늘 같은 것이다. 버터와 볶은 보릿 가루와 볶은 감자줄기 조각에 차를 타서 만든 걸쭉한 죽이다. 아침 일을 한 후에 참을 먹고, 점심은 두 시에 그리고 다섯 시에는 차를 마시고, 저녁은 일곱 시에 먹으면 하루가 슬쩍 지나간다. 누둡 뺄좀은 회상했다.

"집에 남아 있는 사람들도 할 일이 많지요. 디(암놈 야크)와 조모(야크 수놈과 암소의 잡종)의 젖을 짜지요. 디와 조모는 사람을 알아본답니다. 낯선 사람에겐 발길질을 하지요."

젖으로는 기본 식품인 요구르트·버터 그리고 치즈를 만든다.

이들의 음식은 철따라 바뀐다. 여름에는 낙농품이 풍부하고, 겨울을 나는 데는 말린 고기가 제일이다. 식구 모두가 일을 분담한다. 아이들은 양과 송아지를 돌본다. 늙은이들은 주로 안에서 지내고, 마니차를 돌리면서 기도를 한다.

짬파를 만들고 털을 짜고 요리하는 일은 여자들 몫이다. 남자들이 하는 물 길어오기와 가축 돌보는 일을 도와주기도 한다. 남자들은 바느질도 하고 연장도 고치고, 사업상 여행을 하기도 한다. 차로 하루 걸리는 거리의 가게에서 쌀을 사오는 일도 남자 몫이다. 한 달에 한번 정도는 말을 타고 가까운 큰 길까지 나가서 차를 얻어 타고 읍내 나들이를 한다. 구입한 물건들은 동네 공동창고에 보관하는데, 한 집씩 돌아가면서 창고를 지킨다.

유목생활 중에 일만 하는 것은 아니다. 동네 모임에서는 명상도 하고 이야기도 하고 음식을 먹기도 한다. 겨울에는 집집마다 돌아가면서 잔치를 준비하고 손님을 접대한다. 이들은 서너 시간 동안 관세음보살(자비의 화신이자 티베트의 수호신), 구루 린포체(티베트인들이 두 번째 부처로 숭배하는 인도의 성취자 고승) 혹은 따라(위험을 막아주는 여자 보살) 등의 주문을 염송한 후 음식을 먹는다.

여름 한 동안 까르마빠 가족은 20가구 이상이 모여 사는 장소에서 지냈다. 들판이 새 하양·빨강·노랑·파랑색의 꽃으로 수놓이고 초록빛 에메랄드로 뒤덮이는 아름다운 계절이다. 이곳 가족들은 모두 오랜 친구 사이였다. 이 세상의 자유와 우정 그리고 소박함 속에서 까르마빠는 첫 7년을 보냈다. 부처님의 품속에서 사는 생활이었다. 여덟 명이 형제자매 중 네 명이 승려가 되었다.[14] 이런 가운데 다음과 같은 일이 벌어졌다.

특별한 징조

오랜 뚤꾸 전통을 가진 티베트 사람들은 아이가 태어날 무렵에 특별한 징조가 있었는지 살펴보고, 앞날을 위해 잘 기억해 둔다. 어린이가 나중에 어떻게 성장할지에 대한 중요한 징조로 여긴다.

뚤꾸 탐색반이 첫 질문을 했다.

"태어날 때나 임신 중에 특별한 징조가 있었습니까?"

까르마빠가 태어날 무렵 특별한 징조가 여러 개 나타났다. 아직 어머니 뱃속에 있을 때, 어미 새매가 집 텐트 버팀줄에 내려앉아서 요란하게 울어댔다. 이건 아주 드문 일이다. 새매는 사람 사는 곳에 가까이 오지 않는 것이 보통이다. 당시 어머니는 젖 짜기를 마치고 집에 돌아오는 길이었다. 이 새가 상서로운 징조인 것을 깨달은 어머니는 부처님들께 바치는 전통적인 방식에 따라 엄지와 약지를 튕겨서 우유를 새매에게 주었다.

전설로도 종교적으로도 매는 특별한 의미가 있다고 한다. 독수리나 늑대처럼 매도 전장에서 전사를 돕는 특별한 존재인 달라(티베트 불교 닝마파의 수호신 이름)로 여겨진다. 티베트 판 아서왕 전설인 대서사시인 링의 게사르 전설에도 매가 나오는데, 지금도 인기가 좋다. 매는

여기서 게사르의 대리자이자 까르마빠의 현현으로 여겨지는 덴마를 상징한다.[15]

뻐꾸기도 특별한 새로 여겨지는데 학과 같이 최고의 새로 친다. 추운 지방으로 날아오는 뻐꾸기는 봄을 알린다. 어느 날, 이들이 사는 외딴 곳의 텐트 꼭대기에 뻐꾸기가 내려앉아 아름답게 노래를 불렀다. 모두들 그 발랄하고 아름다운 노래를 칭찬했다. 야생의 뻐꾸기가 사람 사는 곳에 그렇게 가까이 오는 것은 아주 드문 일이다.

임신 중에 꾸는 꿈도 태중의 아이에게 중요한 의미가 있다고 여긴다. 그래서 임신부에게 특별한 꿈을 꾸었느냐고 물어 보는 전통이 있다. 까르마빠의 어머니 로가는 임신 중에 세 마리 학이 그녀에게 오는 꿈을 꾸었다. 한 마리는 요구르트 그릇(순결과 선의 징표)을 물고 있었고, 다른 하나는 목에 글자가 쓰여 있었다. 이들은 그녀에게 말했다.

"이 요구르트를 드세요. 이 글자는 당신 아들을 가리키는 글자입니다. 때가 되기 전에는 아무에게도 말하지 마세요."

글씨는 아름다운 황금빛이었다. 로가는 비밀을 지키겠노라고 약속했고, 누가 그들을 보냈느냐고 물었다. 학들은 대답했다.

"구루 린포체께서 보내셨답니다."

그녀의 가슴에서는 무지개 빛이 뿜어 나왔다. 텐트 위 하늘에는 우산, 승리의 깃발 등 장엄한 징표인 어린 무지개가 걸렸다.[16] 이 당시 로가의 남편 까르마 돈둡 따시는 여행 중이었다. 그녀는 "이 놈들을 잡아서 남편에게 보여줘야지"라고 생각하고, 손으로 한 마리를 잡았다. 깨어난 후에도 꿈은 생생했다. 몇 년 후 이 이야기를 할 때 그녀의 눈은 그녀가 보았던 아름다운 이미지로 반짝였다.

중요한 꿈은 대대로 기억되어 내려온다. 까르마빠의 외할아버지

1992년 츄르프에서 찍은 사진으로 까르마빠의 부모 로가와 까르마 돈둡 따시.(사진 • Michele Martin)

인 틴레 누둡 역시 구루 린포체와 관련된 꿈을 꾸었었다. 다르게 짱 가문의 틴레 누둡은 9년간 옥살이를 했다.[17] 이 당시 그는 딸의 야 크 텐트를 방문한 꿈을 꾸었다. 텐트의 버팀줄을 묶어서 매듭을 바 치는 원판에 천주天珠가 매달려 있는 것이 보였다. 천주는 티베트인 들이 아주 귀하게 여기는 보호석으로, 하얗고 검은 색의 보석이다. 텐트 안으로부터 빛이 흘러나왔다. 텐트의 이쪽과 저쪽 끝에는 황 금기둥 두 개가 받치고 있었다. 아버지가 물었다.

"이거 다 누가 준거야?"

로가가 대답했다.

"구루 린포체께서 주셨어요."

두 꿈 모두가 구루 린포체가 어머니에게 선물을 준다는 내용이 같다는 점은 대단히 중요하다. 또한 구루 린포체의 현현인 까르마 빠와의 관계도 상징하는 것이다.

기적 같은 일도 있었다. 아이를 임신한 중에, 로가는 아들 예셰 랍셸과 함께 가축을 돌보러 산에 올라갔다. 푸른 초지를 걷다가 무더기로 나 있는 큰 풀밭을 만났다. 한가운데에는 우유가 들어 있는 컵이 놓여 있었다. 로가는 "오늘 아주 귀한 걸 만났군" 하면서, 이것이 장엄한 징조라는 걸 깨닫고, 엄지와 약지로 우유를 튕겨 공양했다. 그 자리를 표시한 후에 산을 계속 올라갔다. 돌아오는 길에 그 자리를 찾으려 했지만, 풀잎 끝에 맺혀 있는 우유 몇 방울 말고는 표시를 찾을 수가 없었다. 풀밭의 우유 컵과 로가의 꿈에 나타났던 요구르트 그릇은 서로 대응되는 것이다. 하나는 이 세상의 안 그리고 다른 하나는 밖의 것을 상징하는 징표인 것이다.

탄생 자체도 꿈으로 보여졌다. 까르마빠가 태어날 즈음 그의 형 예셰 랍셸은 둑빠 까규 종파에 속하는 깜빠 사원에 머물고 있었다. 꿈에서 그는 넓은 강둑길을 걷고 있었다. 주지인 라마 암도 뺄덴이 그를 향해 오고 있었다. 암도 뺄덴은 한 무리의 라마들과 같이 오고 있었는데, 그들은 무언가를 찾고 있는 것처럼 보였다. 예셰 랍셸이 물었다.

"무얼 찾고 있어요?"

"소라고둥을 찾고 있지."

소라고둥을 찾아냈지만 불어 봐도 소리가 나지 않았다.(의식에 사용되는 소라고둥은 부처님의 가르침을 상징하며, 힘찬 소리가 난다.) 예셰 랍셸은 강둑을 계속 거슬러 올라가다가 땅에 반쯤 묻혀있는 오른쪽 감김 소라고둥을 발견했다. 불어 보니 큰 소리로 잘 울렸다.

"찾던 게 바로 이거야. 우리에게 주지."

라마들이 말했다. 예셰 랍셸은 소라고둥을 그들에게 주었다. 그러자 암도 뺄덴은 말했다.

"자네 어머니가 귀한 동생을 낳았다네."

그가 돌아보자, 그들은 모두 사라지고 없었다.

종교적 상징으로 충만하고, 또한 존경받는 라마가 등장하는 이런 꿈은 의미심장한 것으로 간주된다. 이런 꿈은 널리 퍼지게 마련이다. 예셰 랍셀은 사원 사람들에게, "아주 귀한 꿈을 꾸었습니다. 본존 마하칼라 의식을 베풀어 주십시오"라고 부탁했다. 사원에서는 가족들에게 사람을 보내 예셰 랍셀이 꾼 꿈 이야기를 전해 주었다. 바로 까르마빠가 태어나던 1985년 6월 26일의 일이다.

까르마빠가 태어날 때, 뻐꾸기가 다시 텐트 꼭대기에 내려앉아 오랫동안 울었다. 삼일 후 이웃사람들은 16대 까르마빠의 유언인 '흰 소라고둥이 길게 울려 퍼지는 소리'를 연상시키는 고둥소리를 들었다. 그리고 걀링 피리 소리와 높고 낮은 꽹과리 소리가 이어졌다. 또한 태양을 에워싼 무지개가 떴다. 이 지역 사람 모두가 이것들을 보고 들었다.

누둡 뺄좀은 텐트 속에서 고둥소리를 들은 이야기를 했다.

"태양이 천천히 떠오르던 이른 아침에, 우리는 압력을 받아 부글거리는 밥솥 끓는 소리 비슷한 것을 들었다. 안을 들여다보니, 소리는 바깥에서 나는 것 같았다. 바깥을 보니, 소리는 안에서 나는 것 같았는데 도무지 어디서 나는지 알 수가 없었고 어머니 침대 옆에서 나는 것도 같았다. 호박벌 소리처럼 들리기도 했다. 그러나 역시 찾을 수가 없었다. 시간이 갈수록 소리는 점점 커졌고, 가족 모두가 확실하게 들을 수 있었다. 소리는 점점 더 커졌고 하늘 가득 소라고둥 소리가 울려 퍼졌다. 동네 사람 모두가 오랫동안 이 소리를 들었다."

태어난 지 사흘 만에, 양시는 아주 크고 맑은 목소리로 "아마"(엄마) 하고 불렀다. 이날 저녁에 아버지는 누둡 뻴좀을 물 길러 보냈다. 그녀는 오는 길에 텐트지붕에 뻐꾸기가 앉는 것을 보았다. 새는 앉아서 꼬리를 아래위로 흔들면서 아름다운 노래를 불렀다. 그녀는 아버지에게 소리쳤다.

"빨리 와 보세요!"

나와 보니 과연 신성한 뻐꾸기가 거기에 있었다. 이런 사소한 일들도 중요한 일로 믿어진다. 고립된 산중의 생활에서 이상한 일은 더 돋보이는 것이다.

까르마빠의 어린시절

까르마빠 가족들은 해질 때까지 온종일 일하기도 했다. 어린 애가 잠들면 어머니는 종종 바깥에서 가축 먹이를 주었다. 전기가 없어서 밤에는 버터 등불만 밝혔는데 깜깜한 텐트로 들어오면, 어린 애의 얼굴만이 환하게 빛나 보였다. 이런 일은 아이가 3개월 됐을 때부터는 더 자주 나타났다.

아이에게서 밝은 빛이 나는 심상찮은 일은 계속됐다. 아이가 태어나면서부터 네 살 때 사원에 보내기까지, 텐트 안은 충만한 빛이 어른거렸다. 그의 어머니는 이 빛을 여러 번 보았는데, 어떤 때는 모두에게 보이기도 했다. 빛은 느닷없이 나타났다 사라졌다. 텐트 바깥에 나타나기도 했다.

어느 날 저녁 텐트 근처에 묶어 놓은 디가 끈을 끊고 도망갔다.

라톡에 살고 있는 까르마빠의 가족들. 뒤에 있는 검은색 텐트는 야크 털로 만든 것이다. (사진 • 누둡 뺄좀)

손 위 누이인 누둡 뺄좀과 틴레 왕모가 디를 찾으러 갔다. 그들이 디를 찾아서 텐트 가까이로 돌아왔을 때, 20센티미터 크기의 원형 불빛이 앞에서 비쳤다. 동생이 전등을 비추며 찾아 나선 것이리라 생각했지만, 밖에 나온 사람은 없었다.

다른 이상한 일도 있었다. 바깥에 아무도 없는데도 발자국 소리가 들리는 것이었다. 이 소리가 너무 신경 쓰여서 가족들은 인근 사원의 라마에게 물어봤다. 그는 아마도 수호신장이 그들을 돌보기 위해 돌아다니는 소리일 것이라고 하였다.

양시가 커 가자, 그의 바로 위 누이 뙨람은 아포 가가(우리를 행복하게 해 주는 자)라는 애칭으로 불렀다. 구푹 도르제(구루 린포체의 금강굴)라고 부르기도 했다. 그가 네 살 때 아버지 까르마 돈둡이 사업차 여행을 떠나게 됐다. 텐트 안에서 뙨람과 놀고 있던 아이가 갑자기 말했다.

"저런, 아버지가 떨어졌네."

불운을 불러올까 두려워 한 누이가 말했다.

"불길한 소리 하지 마!"

그러자 아주 천연덕스럽게, 실제로 보고 있는 것처럼 말했다.

"이젠 괜찮아. 별 일 아니었어."

아버지가 돌아와서는, 그가 탄 차가 길에서 미끄러져서 나뭇짐이 그에게 떨어졌지만 손가락이 조금 다치기만 했다고 말했다.

모든 심상찮은 징조들은 그가 매우 특별한 존재임을 나타내는 것이라고 믿었다. 인근 사람들은 이 징조들을 직접 보았거나 들어서 알고 있었기 때문에, 아이가 비범한 존재라고 믿었다. 라마들도 그가 특별하다고 믿었다. 누이 누둡 뺄쫌은 까르마빠가 어렸을 때, 차분하고 집중력이 대단했다고 회상한다. 보통 아이들처럼 나대지도 않았다. 노는 것도 다른 아이들과는 달랐다. 돌과 흙으로 사원을 만들고 아이들에게 말하곤 했다.

"이건 절이고, 넌 라마야. 나도 라마야."

그리고 의식 염불을 외면서 몇 시간이고 재미있게 놀았다.

까르마빠는 천성적으로 착하고 동정심이 많았다. 놀 때도 의젓했고, 동물을 해치거나 곤충을 죽이지도 않았다. 유목생활에서는 불가피하게 동물을 죽여야 했는데, 그럴 때면 울었다. 그런 날이면 부모는 그를 먼 곳으로 데려 가게 했다.

어떤 때는 바위 옥좌에 앉아 돌 두 개를 마치 심벌즈처럼 들고 치면서, 구루 린포체에게 바치는 7행 기도문을 되풀이해서 염송했다.

오겐의 땅 북서쪽 국경에

연꽃 암술 그리고 대궁 위에

놀랍고도 고귀한 깨달음을 성취한 당신[18]
연화생이라고 합니다.
당신을 에워 싼 수많은 다키니들
당신을 좇아 수행하리다.
부디 오서서 축복해 주시기를.

까르마빠는 구루 린포체의 현현이다. 까르마빠는 후에 다음과 같이 회상했다.[19]

"텐트 생활을 하는 유목민들은 1년에도 여러 번 장소를 옮기는데, 그 때마다 적당한 장소를 찾아나서야 했다. 사람들은 같이 모여 찾으러 나서는데, 그럴 때마다 아버지는 나에게, '집에 있으면서 7행시를 염송해라. 우리는 새 땅을 찾으러 가야 한다. 아주 중요한 일이지'라고 말씀하셨습니다. 또, 나는 구루 린포체를 생각만 해도 행복했습니다. 그를 위한 7행시를 외기만 해도 행복해졌습니다."

아버지 까르마 돈듭도 7행시와의 각별한 인연을 기억한다. 그는 양시에게 알파벳 인쇄체와 필기체를 가르쳤다. 단숨에 글자를 배워 스펠링을 말하고, 기도문 서너 행을 암송해 내는 적도 있었다. 어떤 때는 더디게 배우기도 했다. 그러나 구루 린포체에게 바치는 7행시는 유독 금방 외웠다. 양시는 네 살 때부터 인근 겔렉 사원에서 공부를 시작했다. 당시 주지였던 암도 뺄덴[20]은, 양시가 태어나기도 전에 자식을 사원에 맡겨달라고 요청했었다. 암도 뺄덴은 라톡 지방 태생이며, 열여섯 살 때까지 열심히 학문을 닦고, 얼마간 안거 수행도 했다. 그는 까르마빠의 어머니가 존경하는 둑빠 까뀨 종파의 라마 캄툴 린포체에게 배웠고, 요가 수행자 즉 족첸 수행자이기도 하다. 그는 4년간 안거 수행도 했다. 경전과 불상은 물론 겔렉 사원 건물까지 불탔던 1959년까지 성실하게 수행을 계속했다. 그는 마을을 돌면서 뿌자 의식을 베풀어 사람들을 도왔다.[21] 사원은 서서히 재건되어 갔다.

티베트에서는 기도를 부탁할 때 보시하는 관행이 있다. 이를 통해 모두가 이득을 본다. 암도 뺄덴에게 보시를 한 어떤 사람이, "자, 이제 암도 뺄덴이 나를 위해 기도하고 있어"라고 하면서 하루 종일 즐거워하던 일을 기억한다. 오랫동안 주위 동네에 봉사함으로써 주민들은 그에게 깊은 신심을 가지게 되었다.[22]

믿음은 불교 사회를 뭉치게 하는 힘이다. 암도 뺄덴 스스로도 까르마빠를 깊이 믿는다. "그는 언제나 나의 가슴속에, 그리고 나의 머리 위에 모시고 사는 스승이십니다." 그는 오래 전부터 17대 까르마빠와 맺어 온 인연에 대해 이렇게 회상한다.

까르마빠가 네 살이 되자, 많은 사원들이 자기 사원에 와서 승려가 되라고 요청했다. 그러나 까르마 돈듭은 아들이 겔렉 사원으로 가도록 예정되어 있다고 말했다. 바로 그 시기에 나는 까르마빠의 아버지에게 까르마빠를 사원에 보내달라고 요청했다. 그를 우리 사원에 모셔 올 때, 불당에 작은 좌석을 마련하고 단출한 기념식을 가졌다. 그가 여섯 살이 되자 부모들은 정식으로 읽기와 공부를 시키기로 결정했다. 맘이 내키면 그는 아주 빨리 배웠다. 아니면 놀이에 열중했다. 공부에 재미를 느낄 때면 그는 아주 영민해졌다.[23]

그의 진정한 정체를 아직은 아무도 몰랐다. 하지만 이 젊은 화신이 범상치 않음을 아는 겔렉 사원의 승려들은 존경했고, 고승의 옆자리에 작은 좌석을 마련해 주었다. 얼마간 사원에 머문 후, 양시는 부모에게 돌아가기도 했다. 집에서 그는 누이 뮌람, 동생 체왕 그리고 그보다 몇 달 전에 태어난 검은 몸통에 하얀 얼굴을 한 암놈 염소와 놀았다. 염소를 타고 산을 오르기도 하고 어디든 데리고 다니며 같이 놀았다. 염소는 동네의 명물이 되었다.

양시는 집안에서 어머니와 몇 시간씩 지내기도 했다. 어느 날 어머니는 젖으로 밀크를 만든 뒤에 처음 만든 버터를 불전에 공양하러 갔다. 티베트인들은 음식은 처음 만든 것이 제일 좋은 것이라 믿으며, 성자에게 공양하는 전통이 있다. 불당의 끝쪽으로 걸어가다가, 그녀는 전 까르마빠인 랑중 릭뻬 도르제와 캄툴 린포체의 사진이 있는 제단 앞에 섰다. 그녀가 제단에 버터를 놓자, 어린 아들은 두 사진을 가리키며 물었다.

"버터를 누구에게 바치는 거예요?"

"성자들에게 바치는 거란다."

"어떤 성자요?"

"성자들 모두에게 바친단다."

그러자 아이는 16대 까르마빠를 가리키면서 말하는 것이었다.

"저 사람이 나니까 내가 가지면 되겠네."

그녀는 꾸짖으며 말했다.

"그런 말하면 못 쓴다."

어느 날 어머니는 어린 뚤꾸와 남동생 체왕 릭진을 데리고 물을 길러 갔다.[24] 어머니가 누구를 제일 깊이 믿는지 궁금했던 어린 뚤꾸는 물었다.

"세상에서 어머니가 제일 좋아하는 라마가 누구예요?"

"모든 라마, 다."

"그러면 까르마빠하고 캄툴 린포체 중에서 누굴 더 믿어요?"

그녀는 대답했다.

"똑같이 믿는단다."

"그러면 만약에 내가 까르마빠이고 동생이 캄툴 린포체라면 누굴 더 믿겠어요?"

이번에도 그녀는 대답했다.

"똑같이"

"그럼 됐어요."

그는 대화를 마치면서 말했다.

어린 소년은 네 살에서 일곱 살 때까지 겔렉 사원에서 암도 뻴덴에게 배우는 생활과 집에서의 생활을 번갈아했다. 예언된 발견이 가까워진 1992년에 어린 뚤꾸는 일곱 살이 되었다. 그는 예년보다 한 달 일찍 텐트를 옮기자고 끈질기게 졸라댔다. 아이가 특별한 존재임을 아는 부모는 그의 끈질긴 요청이 심상치 않았기에 텐트를 바고르 지역으로 옮겼다. 이 이사는 앞으로 중요한 결과를 가져온다. 이사한 지 얼마 안 되었을 때 츄르프 사원에서 온 까르마빠 탐색반은 16대 까르마빠가 예언했던 대로 바고르에서 까르마빠를 찾아냈다. 그는 자신이 전생에서 기록했던 일과 앞으로 일어날 일도 알고 있었던 것이다.

탐색

양시가 탐색반과의 만남을 감지하고 있을 동안 인도에서는 그를 찾아내려는 준비를 하였다. 시투 린포체와 걀참 린포체[25]는 유언장

집행을 서둘렀다. 켄포 체남과 체왕 따시(네낭 라마)는 유언장과 두 린 포체의 지시를 츄르프에 전달했다. 티베트에서의 탐색은 듀폰 데첸 린포체[26]가 책임자였다. 승려들의 도움을 받아서 환생자를 찾으라 는 지시였다. 듀폰 데첸은 16대 까르마빠가 아끼던 라마였다. 80년 대 초에 츄르프에 온 듀폰 데첸은 사원과 마을 재건에 많은 공을 세웠다. 따라서 티베트 정부와의 협력이 필요한 이 탐색작업에 그 가 책임자로 선임된 것은 당연했다.

1992년 5월 5일, 티베트 자치구(TAR) 정부는 츄르프 사원의 계획과 유언장을 통보받았다. 이에 따라 까르마빠를 츄르프로 초청하도록 허락하고, 또한 차량 등의 편의를 제공했다. 이것은 획기적인 일이 었다. 자치구 정부가 뚤꾸를 인정했다는 의미였다. 이를 계기로 종 교활동이 자유로워질지도 모른다는 희망을 갖게 되었다.

탐색반은 반장에 도몰라, 총무 로되 그리고 전 책임자 돈둡으로 구성된 세 명의 승려들과 운전기사 두 명이었다. 이들은 1992년 5 월 12일 라싸를 떠나 동쪽으로 향했다. 탐색 경로를 감추기 위해 목적지 근처에 이르러서는 차를 버리고 말 여덟 마리를 빌려 탔다. 이들이 통과해야 할 지역에는 눈이 무릎까지 쌓여있었다. 폭설이 내린 것은 지역 신들이 행복하다는 좋은 징조로 여겨졌다. 캄파 가 르에 도착해서 사원의 주지인 넨닥 라를 만났다. 그는 물었다.

"어디서 오셨습니까? 뭘 하러 오셨지요?"

"우리는 라싸에 삽니다. 여기는 순례차 들렀고, 이 지방에 사는 친척도 만나보고 싶습니다."

꾸며 낸 이야기로 대답했지만 넨닥라는 쉽게 속지 않았다.

"순례자는 아닌 것 같고 무슨 다른 목적이 있는 것 같습니다."

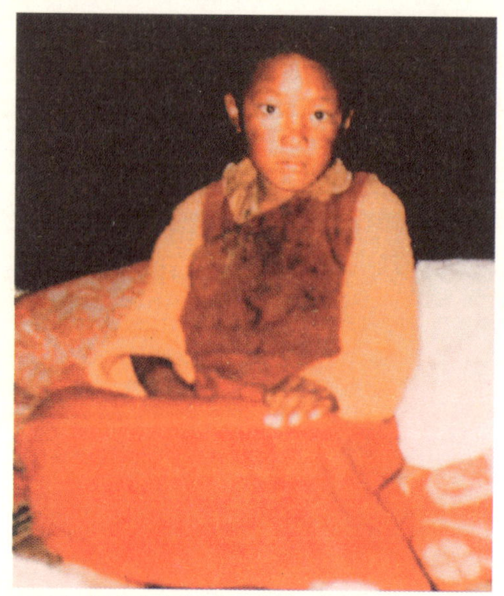

1992년 라톡에서 탐색반이 17대 까르마빠를 찾아냈을 때로
일곱 살 때 모습이다.(사진작가 미상)

탐색반이 라톡의 겔렉 사원에 도착한 것은 5월 18일이었다. 사무
원 예셰에게 물었다.

"바고르가 어디요?"

"거기서 뭐 하시려고요?"

탐색반은 대답했다.[27]

"친척인 로가를 만나려고요."

"아, 까르마 돈둡의 아내 로가 말씀이시군요. 그 집 아들이 여기
에 있지요."

그리고 예셰 랍셀을 불러오게 했다. 일이 수월하게 풀리고 있었
다.

예셰 랍셀에게는 좀더 솔직하게, 뚤꾸를 찾으러 왔다고 말했다.

"자네 동생이 우리 사원의 뚤꾸일세."

그러나 까르마빠라고는 하지 않았다.

"모레 자네 집으로 방문하겠네."

5월 19일, 탐색반은 겔렉 사원 책임자에게 대충 설명해 주고는 근처의 조지 사원에서 앞으로 임무 수행에 어려움이 없기를 기도했다.

예셰 랍셀은 아포 가가가 뚤꾸로 확인될지도 모른다는 빅뉴스를 전해 주기 위해 집으로 떠났다. 그날 저녁, 보통 때처럼 언덕에서 놀고 있던 여덟 살 박이 양시는 뛰어와 형을 맞았다.

"아포 가가, 츄르프 사원에서 라마들이 오는데, 뚤꾸의 환생을 찾으러 온다는구나."

예셰 랍셀이 말했다. 바로 그날 아침 양시는 애완 염소에 옷 보따리를 싣고 어머니에게 이렇게 말했었다.

"자, 이제 내 사원으로 가야 할 때가 됐어요. 겔렉 사원에서 나한테 무슨 선물을 가져올까?"

"네 사원이 어디 있지?"

어머니가 묻자, 소년은 대답하는 대신에 서쪽 중앙 티베트 방향을 가리켰다.

바고르 지역에 대한 정보수집이 끝나고 로가와 돈둡을 그곳에서 찾을 수 있으리라는 소식을 들은 탐색반은 여행에 필요한 말과 노새를 빌렸다. 이들이 바고르에 도착한 것은 5월 21일이었다. 그러나 이 날은 점성술적으로 좋지 않은 날이었기 때문에 부모와 대화도 하지 않았다. 이런 중요한 행사를 할 때는 천체 별자리들이 제자리를 잡을 때까지 기다려야 한다. 5월 22일은 우트라샤다 별자리가 일치하는 금요일이었다. 아침 해가 떠오르자 탐색반은 어린 환생자의 텐트로 들어갔다. 특별한 경우에 대접하는 차와 또르마(티베트 종교 예식에서 쓰는 보릿가루로 만든 빨강색이나 흰색을 칠한 일종의 공양물) 그리고 작고 붉은 달콤한 튜버(구운 과자)가 나왔다.

편한 자세로 쉬면서 탐색반은 아들에 관한 이야기를 청했다. 까르마 돈둡은 그들이 오래 전부터 아들 하나를 더 낳기를 원했었고 말했다. 1978년에 그들은 부처님 전에 기도를 드리기 위해 멀리 라싸의 조캉 사원에 가서 까르남 린포체 큰 스님에게 부탁했다.

"아들 하나 더 낳을 수 있게 축복해 주십시오." [28]

큰 스님은 말했다.

"어머니가 귀의 기도를 십만 번 드리십시오. 삼보에 기도를 올리십시오. 가난한 사람에게 적선하시고, 새와 물고기에게도 보시하십시오. 이렇게 적선을 하셔야 삼보의 자비로 아들 선물을 받게 될 겁니다."

어린 환생자와 특별한 관계를 맺게 될 암도 뺄덴에게도 비슷한 축복을 부탁했다. 암도 뺄덴은 말했다.

"큰 스님 말씀대로 하십시오. 시방세계의 부처님께 기도드리고 비신다면 아드님을 얻으실 겁니다. 저도 기도드리겠습니다."

그리고 물었다.

"아이를 우리 사원에서 라마로 키우기로 약속하시겠습니까?"

"그러겠습니다."(까르마 돈둡은 여기서 '그래서 양시가 겔렉 사원으로 출가하게 되었습니다'라고 덧붙였다.)

그 후 그들은 아들을 얻었다.

까르마빠의 환생을 찾아냈다는 확신이 들자 탐색반원들은 까르마 돈둡에게 유언장을 보여주었다. 반장인 도몰라는 유언장 읽는 장면을 카메라로 찍었다. 사진을 현상해보니 아버지의 몸 전체를 감싸는 흰 빛이 나타났다. 당시에는 뻐꾸기의 감미로운 울음소리도 들렸었다.

까르마 돈둡은 아이를 난 후 꾼 꿈 내용을 이야기했다.

"툭 트인 넓은 공간에 잡다한 티베트인과 중국인들이 모여 있었다. 가운데에는 파손된 옛탑이 있고, 옆에는 버려진 불상들이 많이 쌓여있었다. 낯선 사람들 사이에서 넓적머리에 대머리인 아주 늙은 라마가 나타났다. 그는 나에게 '딴 사람들 못 보게 불상을 강 저편 산으로 옮기게'라고 말했다. 나는 불상들을 내 추파(티베트 코트)에 쌌다. 강 저쪽의 산에 도착하니 마음이 가뿐했다."

문화혁명(1966~1977)으로 인해 티베트에는 버려진 불상 무더기가 많이 생겼고, 사원들은 소실되거나 파손됐다. 많은 불상 중에서도 까르마 돈둡이 관세음보살상을 선택했다는 것은 그와 까르마빠의 관계를 잘 보여주는 것이다. 까르마빠는 관세음보살의 화신인 것이다.

관습에 따라 탐사반은 부모에게 카타(길고 흰 스카프)와 약간의 돈을 공양했다. 공식 확인의 서막으로 선물이 주어진 것이다. 좋은 소식을 가지고 바고르를 떠나 츄르프로 향한 것은 5월 24일이었다. 겔렉 사원을 향해 가던 중, 해 주위에 작은 해가 세 개나 더 나왔다. 지역의 모든 사람들이 그것을 보았고, 80킬로미터 떨어진 참도에서도 보았다. 이러한 천문현상은 영적인 것으로 여겨진다. 티베트인들은 이런 현상에 특별히 민감하며 오래 기억한다.

탐색반원들은 귀환 길에서 시투 린포체의 대리인 아콩 린포체와 걀찹 린포체의 대리인 세랍 타르친을 만났다. 이들은 비자가 늦게 나와 카트만두에서 지체했었다. 인도에서 바고르로 오는 길이었으며, 두 가지 임무가 있었다. 하나는 4월 말에 돌아가신 잠곤 꽁툴 린포체를 위한 49재를 지낼 것을 요청하는 것이었다. 두 번째는 17대 까르마빠 환생자 탐색을 지원하는 일이었다. 두 사람은 어린 환생자의 탄생과 탐색반이 어떻게 그를 찾아내게 되었는가에 대해 소상하게 보고 받았다.

탐색반이 라싸에 도착한 것은 5월 27일이었다. 다음날 자치구 정부 관계 공무원과 만나 지난 일들을 보고 했다. 그리고 그날 저녁 탐색반은 츄르프에 도착했다. 츄르프의 탐색 책임자인 듀폰 데첸과 사원의 관리들은 탐색반이 환생자를 발견하는데 까르마빠의 유언이 어떻게 도움이 되었는지 자세하게 물었다. 다음날 발표가 있었다.

"까르마빠께서 환생하셨습니다."

사원 꼭대기에는 승리의 깃발이 내걸렸다. 골짜기에는 라둥나팔과 소라고둥 소리가 울려 퍼졌으며, 장엄한 피리 소리가 하늘로 솟구쳤다. 승려들 모두에게 특별식이 제공되었다. 이 기쁜 소식은 재빠르게 티베트와 전 세계에 전해졌고, 각계각층 사람들이 츄르프로 모여들었다.

시투 린포체와 걀찹 린포체도 탐색반이 라톡의 바고르 지역에서 양시를 발견했다는 소식을 들었다. 두 린포체는 달라이 라마께 보고 하기 위해 다람살라로 갔다. 도착하니 달라이 라마는 회의 참석차 브라질에 가셨고, 비서관이 소식을 전해서 회신을 받았다. 환생 장소에 대해서는 성하께서 전에 이미 예견한 적이 있었다.

책 한두 권에 의지하는 것이 아니라 내 나름의 방법에 따르며, 확신이 선 뒤에 결정한다. (까르마빠의 경우에는) 이번 환생이 일어난 지역을 꿈에 보았다. 돌이 있는 초원이었다. 아름다운 개울이 흐르는 남향받이의 고지대로 보였다. 이게 주된 이미지다. 그리고 어떤 목소리가 나에게 말했다. '여기가 까르마빠가 탄생하신 곳입니다.'[29]

달라이 라마는 나중에 거기에는 나무도 동물도 사람도 없었고, 왼쪽 오른쪽으로 두 줄기 강물이 흘렀다고 덧붙였다.[30] 이것과 탐색반의 증거로 보아, 달라이 라마께서는 그가 걀와 까르마빠임이 확실하다고 생각했다. 시투 린포체와 걀찹 린포체는 6월 12일 룸텍으로 돌아와서 까르마빠의 발견을 공식 선포하였다. 6월 중에 사캬 종파의 수장인 사캬 티첸 그리고 닝마 종파의 수장 민돌링 티첸 두 분의 확인과 까르마빠를 위한 축원 기도가 있었다.

까규파 승려 샤마르 린포체가 까르마빠의 진위에 의문을 제기했지만, 결국 지지 담화문에 서명을 했다.[31] 달라이 라마는 샤마르 린포체와 6월 29일 단독면담을 했고, 같은 날 시투 린포체와 걀찹 린포체와도 만났다. 다음 날인 6월 30일, 달라이 라마는 까르마빠의 환생을 확인하는 담화문을 발표했다.

유언장에 비추어 보아, 나무 황소의 해에 어머니 로가와 아버지 까르마 돈둡 사이에서 태어난 소년이 제16대 까르마빠의 환생임이 확실합니다. 여러분의 안녕과 성스러운 앞날을 기원합니다.

달라이 라마.

티베트력 4월 13일, 물 원숭이 해, 1992년 6월 30일

까뢴(티베트어로 장관) 따시 왕뒤 번역

공인과 함께 달라이 라마는 시투 린포체와 걀찹 린포체에게 다음과 같이 조언하였다.

티베트 속담에 도가 높으면 마구니도 고수가 달려든다고 하며, 따라서 좀 어려운 상황과 이견이 있겠지만, 이런 건 중요한 것이 아닙니다. 진실되고 심원한 것을 놓치지 말아야 할 것입니다. 지금까지 가장 중요하고 근원적인 점에 착안해서 잘해 오신 것처럼, 앞으로도 결정적이고 근본을 꿰뚫는 요점에 초점을 맞추시기 바랍니다.[32]

유언장의 발견으로부터 달라이 라마의 최종확인까지 탐색은 완결되었다. 운 좋게도 모든 일들이 시의 적절하게 처리되었다.

■츄르프로의 귀환

이제 준비를 해야 할 시간이었다. 바고르에서는 양시가 츄르프로 떠나기 전에 가족들에게 선물을 남기고 싶어 했다. 양시가 겨울에 살던 집 근처에 우물이 있었는데, 몇 년 동안 물이 말라 있었다. 양시는 말라붙은 우물 근처에 소나무를 심었다. 정식 염불을 할 만한 나이가 안 된 그로서는 구루 린포체에게 바치는 7행시를 되풀이해서 암송할 수밖에 없었다. 몇 달 후 우물은 되살아났다.

츄르프 사원에서는 그를 영접할 준비를 하였다. 듀폰 데첸 린포체가 라싸 자치구 종교국에 신청서를 냈다.[33] 신청서는 어린 환생자의 대관식 행사와 이 행사에 국내외 인사들의 츄르프 방문 허용을 요청하는 내용이었다. 이 요청이 받아들여졌고, 6월 1일에는 양시를 츄르프로 모셔 올 여행준비가 마무리되었다. 차량 다섯 대를 이끌고, 총무 책임자 도모를 앞세운 23명의 승려들과 신도들이 흰 스카프를 공중에 휘날리며 츄르프 사원의 정문을 나섰다. 6월 2일 라싸에 그리고 6월 8일에는 라톡의 겔렉 사원에 도착했다.

6월 9일 겔렉 사원. 어린 환생자는 새 법의[34]를 입고 만다라(우주 전체를 상징하는)와 신身(불상)·구口(경전)·의意(탑) 삼밀三密을 공양받았다. 다

츄르프 사원으로 가는 길목의 도워 계곡 오른쪽으로 냇물이 보인다.(사진 • Kate White)

음에는 차와 사프론 쌀을 공양받았다. 가족과 사원에 후한 선물이 내려졌다. 모든 의식이 장엄하게 진행되었다. 주지인 암도 뺄덴과 다른 모든 승려들에게 차와 보시금이 시주되었다. 부모와 가족들에게는 가축, 비단, 옷 등 귀한 물건들이 주어졌다. 근처 까르마 괸 사원으로부터 사부대중이 몰려와서 양시에게 축복을 드리고 경의를 표했다. 이 사원은 12세기 초, 초대 까르마빠인 뒤쑴 켄빠가 세운 것이다. 6월 10일 아침, 일행은 겔렉 사원을 떠나 츄르프로 향했다. 양시의 부모와 형 예세 랍셀 그리고 막내 누이 뫤람과 동생 체왕 릭진이 동행했다.

츄르프에서 약 48킬로미터 떨어진 넨첸 탕라 산기슭에서 환영 인파를 만났다. 6월 14일이었다. 호수와 산으로 둘러싸인 이 지역은 여러 신들이 살고 있는 곳으로 알려져 있다. 특히 까르마빠의 수호신장인 제8지 보살의 거처로도 알려져 있다.[35] 환영 나온 라마와 승려들은 듀폰 데첸 린포체가 인솔하고 있었다. 어린 환생자는 넓은 텐트에 설치된 법좌에 앉도록 안내되었다. '장엄 의식'에 따라 만다라와 전통 불상·경전 그리고 탑 공양이 있었다. 이 의식을 더욱 빛낸 것은 상서로운 징조였다. 어린 환생자가 텐트에 발을 들여놓는 순간에 세 개의 천둥소리가 연달아 터졌고, 축복임이 틀림없는 가는 비가 내렸다.

다음 날인 6월 15일에는 북부 라싸 — 시가체 간 고속도로[36]를 버리고 넓은 나무다리를 건너 퇴룽계곡에 들어섰다. 일행은 계곡의 북쪽 자갈길을 따라갔다. 왼쪽으로는 노란 꽃으로 수놓인 평야를 향해 강물이 흘러 내려가고 있었다. 앞으로는 하얀 돌무더기와 나뭇가지 더미들이 길 옆에 쌓여 있었고, 소나무 향내가 온 몸을 엄습했다. 길가에 늘어선 환영 인파를 지나 네낭 사원에 도착했다. 이 사원은 츄르프 바로 아래 계곡에 있는데, 파오 린포체가 주석하고 있었다. 어린 환생자의 새 거처에 가까운 이곳에서, 그는 모인 사람들 모두로부터 카타를 선사받고 축복을 내려주는 등 환영식을 치렀다.

계곡 굽이굽이 긴 행렬이 늘어섰고, 차량 옆으로는 멋진 추파에 모자를 쓴 기마행렬이 따라왔다. 양시는 하얀 새 지프차의 앞좌석에 타고 있었는데, 차는 금방 카타로 뒤덮였다. 잠시 후 그는 산 옆자락에 서 있는 오래된 그의 사원을 금생에서는 처음으로 보게 되었다.

티베트어로 까르마빠 켄노(까르마빠, 나를 생각하세요)라는 까르마빠의 붓글씨.

　　양시 일행은 향과 긴 하얀 스카프를 들고 여러 겹으로 둘러 서
있는 환영 군중들 사이를 지나갔다. 군중들은 소원을 빌고 기도를
드리며 '까르마빠 켄노'('까르마빠, 나를 생각하세요'라는 진언)라고 염송했다. 사
원 가까이 가자 비단 모자에 노랑색 비단 숄을 걸치고 정장 차림을
한 승려들의 행렬이 길을 인도했다. 긴 향 다발을 든 두 명의 승려
가 앞서고, 많은 사람들이 화려한 비단 깃발을 높이 쳐들고 뒤따랐
다. 소라고둥, 라둥나팔, 대피리, 심벌, 가장자리에 빨갛고 금색을
칠한 큰북 등을 긴 막대에 높이 쳐들고 연주하면서 뒤를 이었다. 행
렬에는 인드라(신중의 왕) 가면과 복장을 한 사람, 승려 하상과 두 아
이들, 수호존 마하칼라, 마하칼리 그리고 도르제 렉파(담첸), 행운을

불러오는 사람들인 백발노인, 악사, 광대, 눈 사자 등도 있었다.

뀐가 델렉(모든 복과 선)지역에서 어린 환생자는 화려하게 치장한 흰 말을 타고 사원 본당으로 향했다. 황금 비단 옷을 입고 여행용 황금 라마 모자를 썼다. 가면을 쓴 무용수들이 뛰어나와 길에 꽃을 뿌리면서 그를 맞았다. 어린 환생자는 정원으로 들어와 자리를 잡고, 카타와 우유 그리고 네 마리 눈 사자춤을 공양받았다. 넓은 돌계단 위로 모셔진 어린 환생자는 황금 다이아몬드가 박힌 법모(라스 즈와)로 갈아 쓰고 본당으로 들어갔다. 가운데 복도 끝에는 비단으로 덮인 높은 법좌가 놓여있었다. 그는 법좌에 앉아 앞의 승려들로부터 만다라와 신·구·의 삼밀 공양을 받았다. 승려들이 받은 상에는 캅세(여러 모양의 튀긴 과자), 과일, 사탕, 견과류 등이 높이 쌓여 있어 자리가 한층 풍성했다. 차와 사프론 쌀이 모두에게 돌아갔다. 승려들과 일반인 모두가 법좌 앞을 지나가며 그의 축복을 받았다.

밖에서는 티베트 왕들의 역사를 담은 티베트 전통 오페라, 번영과 행운을 비는 노래 등이 공연되어 자리를 빛냈다. 흥이 난 많은 사람들이 박자에 맞춰 주위를 도는 전통 춤에 끼어들었다. 꽉 찬 하루를 보내고 난 어린 환생자는 꼭대기에 있는 새 거처로 올라가 잠자리에 들었다.

6월 27일에는 40명의 정부 대표단이 16대 까르마빠의 환생을 축하하기 위해 방문했다. 이 행사는 법당에서 열렸다. 한쪽에는 정부 관리들이 의자에 앉고, 건너편에는 승려들 자리가 마련되었다. 정부 관리 한 사람이 가운데에서 정부의 문서를 낭독했다. 그런 다음 양시에게 긴 카타를 공양함으로써 경의를 표했다. 관리들이 그의 손을 잡고 흔들었다. 양시는 이 새 의식을 금방 알아채고는 뒤따르는 사람들에게도 손을 내밀었다. 같이 있던 부모님들도 카타를 받

라마의 승마용 모자를 쓰고 츄르프로 오는 까르마빠. 1992년 6월 15일.(사진 • Ward Holmes)

츄르프 법당 앞 정원에서 신도들이 까르마빠가 내리는 최초의 관정을 받기 위해 기다리고 있다. 1992년.(사진 • Michele Martin)

았다.

6월 29일에는 수천 명의 신도들과 함께 마하칼라(츄르프 사원의 수호본존) 춤을 구경했다. 이 춤은 6대 까르마빠인 퉁와 된덴(1416~1453)이 안무한 것이다. 무섭게 생긴 큰 가면, 긴 비단 옷자락, 그리고 힘찬 춤사위에 양시는 깊은 감명을 받았다. 이후 그가 이 춤사위를 흉내내는 것을 가끔 볼 수 있었다.

양시의 일상을 돌보는 공식 직책이 마련됐고 개인 비서도 임명됐다. 침실담당, 주방담당, 의전담당 비서, 연락비서, 법당 책임자 그리고 경호원 등. 7월 13일에는 시투 린포체와 걀찹 린포체와도 만났다. 마치 가까운 가족모임 같았다.

7월 3일에 양시가 츄르프에 도착하자 움제(예불시 염불의 음율을 이끄는 고참승려) 툽텐 쌍포가 그의 읽기 선생에 임명되었다. 공부시간은 오전 9시부터 11시까지, 오후 3시부터 6시까지였다. 양시의 옆에 움제가 앉고, 긴 장방형 책장의 글씨를 나무 막대기로 가리키면서 따라 읽게 했다.

툽텐 움제는 전 까르마빠와 친한 사이였다. 인도 시킴에 있는 16대 까르마빠의 룸텍 사원에서 수년간을 지냈고, 라마들을 도와 해외여행도 자주 했다. 많은 서양 제자들이 그의 흰 수염과 인자한 미소를 기억하였다. 나이 많은 티베트 사람들이 그렇듯이, 툽텐 움제도 말년을 티베트에서 보내기 위해 고향에 돌아와 있었다. 집은 주변 환경과 어울리게 나무와 회색 돌로 지었고, 붉은색과 분홍색 꽃화분들로 밝게 장식했다. 티베트 사람들은 꽃 가꾸기를 좋아한다. 종종 깡통이 코스모스나 제라늄 화분으로 활용되기도 한다. 툽텐 움제는 1997년에 죽을 때까지 까르마빠를 모셨다.

7월 5일부터 츄르프 사원의 서기 로되가 양시에게 티베트 전통

서예를 가르치기 시작했다. 나무 칠판에 분필이나 잉크로 썼다가 지웠다가를 수없이 반복했다. 어린 학생은 체본을 앞에 놓고 칠판에 엎드려 정성을 다해 글씨를 썼다. 티베트에시는 좋은 필체가 관공서에서 출세를 좌우할 정도로 중요하다.

양시가 사원생활에 잘 적응하고 있었지만, 초원의 집을 잊은 것은 아니었다. 츄르프에 온 지 한 달쯤 지나서, 양시는 라마 텐진 규르메를 방으로 불러들였다. 그는 목장에서 자랐고, 지금은 걀참 린포체의 행자 노릇을 하고 있었다. 어린 환생자는 다른 사람들을 모두 물러가게 하고 문을 잠근 채, 한 동안 텐트생활과 산 속에서의 유목생활에 대해 이야기했다.

갑자기 그가 화제를 바꾸어 말했다.

"어젯밤 꿈에 룸텍에 갔었어."[37]

그는 전 까르마빠가 지은 시킴에 있는 룸텍 사원의 모습을 묘사하기 시작했다. 그리고 뚤꾸들이 거처하는 방들을 가리켰다. 그러면서 말했다.

"이상하다. 산 아래에 있는 건물은 비어 있고, 위쪽의 큰 건물에는 승려들이 많이 있네."

라마 텐진 규르메는 그에게, 당시 아래쪽 사원의 승방은 재건축 중이었다. 그래서 승려들이 사원의 위쪽 산허리에 있는 큰 건물(나란다 강원의 고등 불교연구반)에 임시로 살고 있었다고 설명해 주었다.[38] 어려서 그가 부친의 사고를 '보았'던 것과 같이, 이런 형태의 천리안 같은 고도의 감각이 그에게는 자연스런 것이었다.

숙소 앞 계단을 내려오는 까르마빠. 탈출 당시 이 길을 이용했다.(사진 • Bardor Tulku Rinpoche)

삭발의식

　위대한 라마들의 삭발의식은 다르마의 문을 들어간다는 것을 상징하는 행사이며, 석가모니 부처의 전통을 따르는 일이다. 석가는 인도의 보드가야 근처에 있는 나이란자나 강 언덕에서 머리를 깎았었다. 삭발식은 사르나트 녹야원에서 부처가 최초로 설법한 날인 8월 2일로 날짜를 잡았다. 하루 전날 일행은 라싸로 갔다. 볼이 사과 빛처럼 빨간 양시에게는 주위가 모두 신기하기만 했다.

17대 까르마빠의 삭발식은 라싸의 조캉 사원에서 치러졌다. 티베트에서 가장 존엄하게 여겨지는 조워 린포체(석가모니가 열세 살 때 처음으로 삼매에 든 모습인 부처님의 이름) 불상과 수호신 불상들 앞에서였다. 13대 까르마빠인 두될 도르제(1733~1797)의 삭발식도 달라이 라마와 판첸라마에게만 허용되는 이곳에서 했었다.

8월 2일, 츄르프의 직원들과 모든 주요 라마들 그리고 양시와 시투 린포체, 걀찹 린포체를 태운 지프차의 불빛이 이른 새벽의 어둠을 뚫고 조캉의 조약돌 정원을 비쳤다. 사원의 주위를 따라 바코르(조캉 사원 주위의 코라 길 이름. 여덟 방향에서 와도 언제나 코라를 돌 수 있다고 해서 붙여진 이름이다.) 라는 넓은 보행 길이 나 있다. 여기는 보통 순례자들, 라싸 지역 주민들, 뿌자를 수행하는 비구와 비구니들, 거지들, 다양한 법구 등을 파는 행상들 그리고 소나무 향내 등으로 버글거리는 곳이다. 지금은 적막할 뿐이다. 일행은 희미한 별빛이 비치는 정원 한가운데를 지나, 사원으로 가는 길에 들어섰다. 입구에 도달한 일행은 잠시 멈추고 불상과 사원에 경배하고 기도했다. 이곳에서 기도를 드리면 잘 이루어진다고 한다. 일행은 왼쪽으로 돌아서 눈을 부릅뜬 구루 린포체의 황금빛 불상을 비추며 줄줄이 늘어 서 있는 버터등불 앞을 지나갔다. 이들은 왼쪽 복도를 지나 사원의 끝에 있는 조워를 모신 작은 방까지 갔다. 보호철책은 옆으로 치워져 있어서 금빛 불상이 잘 보였다.

불상은 다이아몬드·산호·터키옥·진주 등으로 치장되어 있다. 이런 화려함 가운데도 부처님의 얼굴은 잔잔한 호수 같았다. 눈은 아득한 저편의 시간으로부터 바라보고 있었다. 양시는 삼배를 드리고 나서 부처님을 향하고 법좌에 앉았다.

이 특별한 행사를 위해 성대한 공양물을 준비했다. 조워의 얼굴

에 입힐 금박, 금박 입힌 버터 등잔, 다섯 가지 공양물인 향·버터
등·향수·음식 등등. 양시는 법좌에서 내려와 다시 절을 올리고
불상 앞에 섰다.

시투 린포체와 걀찹 린포체는 머리 몇 가닥을 잘라 정식으로 행
사진행을 위임받았음을 나타내고는, 그의 새 이름을 큰 소리로 낭
독했다. 직사각형 황금색 비단에 우아한 붓글씨로 쓴 이름은 뻴 깝
닥 오겐·걀와 뉴구·도딜 틴레·도르제 첼 촉레·남빠르 걀와 데
(영광스런 마스터 오겐, 떠오르는 승리자, 존재를 길들이는 자, 금강불의 창조 놀이, 시방세계의 승리자)였
다. 그의 이름 중 '오겐 틴레'(오디야나에서 온 자의 밝은 행위)는 촉규르 링빠[39]
의 예언에도 나오는데, 까르마빠와 오디야나에서 온 자인 구루 린
포체와의 깊은 연관을 상징하는 것이다. 두 린포체는 달라이 라마
가 보내온 선물을 어린 환생자에게 전달했다. 축하 끈, 자신이 쓰던
염주 그리고 길고 흰 스카프[40]였다. 까르마빠가 다시 법좌로 돌아가
자 참석자 모두는 스카프를 공양하고 축복을 받았다. 행사가 끝나
고 양시와 승려들은 달라이 라마가 사는 포탈라 등 라싸의 중요한
곳들을 방문하였다. 그리고 기도와 버터램프 공양을 열심히 했는
데, 무지의 어둠을 밝히고 지혜가 빛나기를 기원하는 의미이다.

대관식

대관식에 비하면 삭발의식에 참석한 인파는 별것 아니었다. 어린
환생자를 까르마빠로 공식적으로 인정하는 의식인 대관식에는 엄
청난 군중들이 모여들었다. 티베트 전역과 해외에서 2만 명이 넘는

사부대중들이 모여들었다. 시투 린포체는 대관식을 이렇게 설명했다.

"이것은 성 꼭대기에 깃발을 달고 나팔을 불어 정식으로 선언하는 일입니다. 까르마빠가 명실상부하게 진정한 까르마빠로 인정받는 것입니다. 본질적인 의미에서 까르마빠는 언제나 까르마빠이겠지만, 상대적인 의미에서는 대관식을 치러야 되는 것이지요." [41]

차고 상쾌한 9월 27일 아침. 전날 밤 눈으로 새하얗게 변한 산들이 피라미드의 물결처럼 츄르프 사원 서쪽에 둘러 서 있었다. 까르마빠가 이 산들을 츄르프로 옮겨왔고, 신들이 살고 있다고 전해온다. 꼭대기에 흰 눈이 덮인 것은 신들이 즐거워하며 오늘을 축하하는 징표라고 여겨졌다. 산 계곡을 따라, 퇴룽 강을 따라, 크림색 텐트의 조그만 봉우리들이 어떤 것들은 쪽빛 경계를 지었다. 그리고 어떤 것들은 전통무늬를 하고 대여섯 개씩 무리지어 흘러내렸다.

이 특별한 날에, 양시는 향을 든 시투 린포체와 걀찹 린포체의 인도를 받아 법당에 들어섰다. 의식은 두 부분으로 구성됐다. 1부에는 중앙 정부 종교국의 렌 우지씨를 필두로 자치구의 공무원들이 참석했다. 2부는 전통에 따른 종교 의식으로서, 천문적으로 길한 시각인 정오에 시작됐다. [42] 츄르프 산하지역 사원들로부터 온 210명의 대표들과 티베트 불교계의 각 종파 대표들 [43] 그리고 많은 환생 라마들 [44]이 참석했다. 시투 린포체·걀찹 린포체·탕구 린포체 그리고 동굴 안거 수행의 큰 스승인 보카르 린포체의 영접을 받았다. 27개국의 법당으로부터 400여 명의 라마들이 오늘의 대관의식에 참석했다.

본당 안은 금색에 짙은 푸른색, 초록, 노랑, 붉은색 비단으로 덮이고 2층탑이 세워져 있었다. 탑의 아래에는 지역 유목민이 보시한

대관식 행사에서 까르마빠에게 공양하는 시투 린포체. 1992년 9월 27일.(사진 • Ward Holmes)

검은 야크 가죽으로 감싸져 있었다. 높은 법좌로 향하는 법당 중앙 통로에는 화려한 색깔의 공양물들이 줄줄이 길게 놓였다. 금병과 은병, 의식용 컵들, 4층 높이로 쌓인 다양한 크기의 공양제구들, 높다란 다기들, 티베트 양탄자, 기다랗게 쌓아놓은 차 더미, 보리, 밀 등 티베트인이 즐겨 먹는 각종 음식이 담긴 새빨간 자루와 푸른 자루들 그리고 악기들인 대나무 나팔, 짧은 은제나팔, 청동제 긴 나팔들, 은으로 장식된 소라고둥, 각종 크기와 모양의 심발들이 줄줄이 늘어서 있다. 이들이 이루는 동심원이 화려한 색깔과 모양을 한층 돋보이게 했다.

활동의 왕관이라 불리는 모자를 쓴 까르마빠, 1992년 7월, 츄르프. (사진 • Michele Martin)

이들 뒤로는 다양한 색깔의 비단이 넓게 폭을 이루며 흐르고 있었다. 이 공양물들은 독실한 신자들이 일과 중에 공양하는 것처럼, 신심을 나타내는 징표이다. 그리고 까르마빠와의 관계를 확실하게 나타내는 방편으로서 진열된 것이었다.

공양물과 법좌 사이로는 비단으로 덮인 테이블과 양탄자 간 높은 방석이 놓여 있었다. 왼쪽 줄로는 종교계 인사들로서, 가운데 통로에 까르마빠·시투 린포체·걀찹 린포체 등을 비롯해서 먼 지역에서 온 린포체들이 죽 늘어앉았다. 겔렉 사원 주지인 암도 뺄덴도 한 자리를 차지하고 있었다. 오른쪽으로는 중국 관료들이 앉았다.

행사 첫머리에 중앙정부 종교국의 렌 우지 씨가 원고를 읽었다. 즉, 걀와 까르마빠를 공산당 정부로서는 처음으로 환생자로 인정한다는 것이었다. 그는 붉은 비단상자에 든 공식문서를 까르마빠에게 전달하며 '살아 있는 부처(活佛, 환생 라마를 부르는 중국식 표현)'라고 호칭했다.

30분 휴식 후에 전통 종교의식이 시작됐다. 어린 환생자는 용맹을 상징하는 네 마리의 황금사자가 받치고 있는 높은 법좌에 올랐다. 승려들은 삼귀의三歸依를 염송하기 시작했다. 그에게 16대 까르마빠의 유언장과 북탐 린포체[45]라고도 불리는 달라이 라마의 서신이 봉헌됐다. 염송을 따라 하는 중에 시투 린포체는 여덟 가지 장엄 공양물,[46] 여덟 가지 길상 상징물,[47] 일곱 가지 전륜왕 보물[48] 등을 봉헌했다. 이것들은 하나같이 상징적 의미를 가진다.

예를 들면, 감각기능들은 장엄 상징들에 의해서 눈은 장엄 물고기로 상징되고, 혀는 장엄 연꽃으로 상징되는 식이었다. 어린 환생자를 걀와(승리의) 까르마빠로 공인하는 의식은 장수축원으로 끝을 맺었다.

다음에는 까르마빠의 의미에 관해 네 명의 승려들이 설법했다. 빨풍 사원(시투 린포체가 주석하며, 동부 티베트에 있음)의 주지 조누 니마가 깨달음의 경지를 설명하는 『아비사마야람카라수뜨라(현관장엄론)』의 뜻을 설법하였다. 역시 동부 티베트에서 온 둑빠 까규 종파의 큰 스승인 아데 린포체가 깨달은 자의 몸, 말, 마음, 공덕, 행위에 관해 설법했다. 보카 사원의 주지 로되 된요 스님은 지혜의 화현인 '문수사리 기도문'의 의미를 설법했다. 걀찹 린포체는 다섯 구비조건(스승, 시간, 장소, 가르침, 수행원)에 관해 설법하고, 만다라 공양을 자세히 설명한 후 공양을 올렸다.

환생 라마들, 비구, 비구니, 일반신도 순으로 새 까르마빠에게 공양을 올렸다. 줄은 정원의 군중을 뚫고 지나 길게 늘어섰지만, 모두가 그를 친견할 수 있었다. 그런 후에 츄르프에서 온 관리가 캅세, 과일, 사탕 등이 가득 담긴 접시와 차와 사프론 쌀도 공양했다.

대웅전에서의 의식이 끝나갈 즈음 전 까르마빠(1923~1981)가 작곡한 티베트 오페라와 춤이 바깥 정원에서 웅장하게 들려오기 시작했다. 돌로 포장된 정원에는 전통복장에 보석으로 치장한 수많은 신도들이 비단과 은으로 번쩍거리는 색깔의 바다를 이루었다. 여자들의 검은 머리는 터키옥과 산호로 섬세하게 만든 장식으로 눈길을 끌었다.

다음날, 츄르프 대웅전 뒷편에 있는 걀찹 린포체 사원에서는 장춤 첸모(큰 깨달음)라고 하는 항마촉지降魔觸地 불상 조성공사를 축하하는 성대한 잔치가 벌어졌다. 여기에 시투 린포체·걀찹 린포체 그리고 듀폰 데첸 린포체가 참석하였다. 까르마빠와 시투 린포체 그리고 걀찹 린포체는 이날도 역시 성황을 이룬 티베트인들과 중국인들 그리고 서양인들에게 축복을 주었다. 그 다음날, 현자를 상징하는 붉

까르마빠의 츄르프 대관식에 참석차 온 겔렉 사원의 암도 빨덴. 까르마빠의 첫 스승이자 부모를 설득한 사람이다.(사진 • Michele Martin)

은 모자를 쓴 까르마빠는 대중이 운집한 정원이 내려다보이는 발코니에 자리잡고 있었다. 그로서는 이날 처음으로 붉은 입상立上 관세음보살 관정을 내렸다.

나흘째 되는 날, 순례자들은 텐트를 걷기 시작했다. 행사기간 동안 금은 장식에서부터 과자, 해바라기씨 등 필요한 모든 것들을 제공해 주던 상점도 정리하고 집을 향한 긴 여행을 시작했다. 이들이 귀향하면 여행에서 겪은 여러 가지 모험에 대해, 그리고 제17대 걀와 까르마빠가 이 세상의 중생을 구하기 위해 환생하신 데 대해 이야기할 것이었다.

대관식 직후, 시투 린포체와 걀찹 린포체는 지방 공무원들 그리고 츄르프 승려들과 회동한 자리에서 까르마빠가 인도 시킴에 있는 그의 룸텍 사원을 방문할 수 있어야 할 것이라고 주장했다. 지역 관리들은 츄르프 행정부와 협의를 했고, 가까운 장래에 까르마빠의 인도 여행이 허용될 것이라고 말했다. 그러나 이 약속은 실행되지 않았다.[49]

츄르프에서의 생활

1992년 12월 5일부터 까르마빠는 숙소에서 하루도 빠짐없이 수호존 마하칼라를 위한 의식, 잡귀 물리치는 의식 등의 염송을 시작하였다. 얼마 후에는 열 명의 승려들을 거느리고 티베트 음력 축일(10일, 15일 등) 의식을 해냈으며, 대중들의 요청에 따른 기도도 드릴 수 있게 되었다. 매월 한 번씩은 죽은 자를 위하여 올리는 천도재를 올렸다. 신도들이 원하면 봉헌기도와 기원기도를 드리기도 했다. 이 모든 일들이 그가 평생 해나갈 일들이었다.

몇 달이 지나자 까르마빠의 공부와 예불 등 일상생활의 틀이 자리잡혀 갔다. 가끔씩 방 밖의 넓적한 지붕에서 리모콘 자동차와 헬리콥터를 날리며 놀기도 하는 까르마빠를 볼 수 있었다. 시중드는 승려들은 새로운 장난감을 구하기 위해 열심이었으며, 구해 오면 그 즉시 고물이 되기도 했다. 작은 장난감 자동차를 좋아했다. 어떤 때는 한 번에 대여섯 대가 방 안 이리저리로 달렸다. 어린 환생자는 사원을 벗어나 휴식을 취하기 위해 강 계곡을 따라 멀리 산책을 가기도 했다. 파란 하늘 아래 산등성이에는 야크가 한가로이 풀을 뜯고 있었다.

까르마빠가 대중들과 접견하는 것은 오후 한 시쯤부터이다. 제자들과 친견하려는 신도들이 2층으로 이르는 가파른 계단을 올라 까르마빠가 법좌에 앉아있는 밝은 방 앞을 지나간다. 두터운 명상복을 입은 까르마빠는 지나가는 이들에게 일일이 축복을 주며, 특별한 방문객이 있는 경우에는 그의 방에서 맞았다. 생기발랄한 까르마빠는 질문에 답변하고 사진 촬영을 위해 포즈를 취하기도 했다. 카메라를 빌어 자신이 직접 찍어 보기도 했다. 라싸에 집을 마련한 그의 부모들도 자식을 보기 위해 들르곤 했다.

*

1993년 8월, 까르마빠를 만나기 위해 제자 몇 명과 족첸 폰롭 린포체,[50] 바르도 뚤꾸 린포체,[51] 텐진 최니[52] 등이 미국으로부터 츄르프를 방문했다. 하루는 이들 셋이 마니석 벽을 지나 강 계곡을 거슬러서, 죽은 자를 위한 전통 기도를 드리는 장소인 조장鳥葬터(천장天葬터)까지 걸어 올라갔다. 돌아오는 길에 이들은 '위 공원'을 지나게

되었고, 맛있는 버섯이 풀밭에 나 있는 것을 보았다. 까르마빠에게
드리기 위해 버섯을 따 왔다. 까르마빠와 함께 음식을 먹게 된 자리
에서, 바르도 린포체가 말했다.

"어제 저희가 따 온 버섯을 맛있게 드시기 바랍니다."

까르마빠가 대답했다.

"보았어요. 당신들 모두 조장터에 갔었고, 돌아오는 길에 텐진
님이 버섯 한 줌을 쥐고 오셨죠. 당신들을 눈으로 봤다는 건 아니에
요. 내가 경전을 읽고 있는데(그는 명상 자세로 손을 내려놓고 허리를 주욱 펴며 앉더니)
모두 다 보이더라구요."

티베트 전통에 따르면, 위대한 스승은 과거·현재·미래를 마치
자신의 손바닥을 들여다보는 것처럼 훤하게 볼 수 있다고 한다.[53]
이같이 시간을 자유로이 넘나드는 능력은 명상으로 가능하다. 까르
마빠와 같은 분에게 있어서 이런 일은 자연스레 주어진, 쉬운 일인
지도 모른다.

*

1994년 9월 16일, 아홉 살이 된 까르마빠는 중앙 티베트의 주요
사원들을 방문했다. 시가체에 있는 따시 룬포(판첸 라마가 계신 곳)·세
라·데풍·간덴(이 세 곳이 주요 겔룩파 사원이다) 그리고 네탕 될마 하캉(11세기
의 스승 아티샤에 의해 세워졌다. 까르마빠는 이즈음 아티샤의 저작을 공부하고 있었다)이었다. 열
흘 후 그는 남중앙 티베트공항으로부터 중국의 청도공항으로 날아
갔다. 한 달에 걸쳐 그는 중국의 베이징, 난징, 참도, 상하이 등을
둘러보고(쇼핑도 하고 장난감 선물 세례도 받고) 난 후, 부처님의 계승자인 가섭
존자가 돌아가신 장소인 랑첸 징리(현재의 운남성 계족산)에 도착했다. 지
역 주민들과 사원 사람들은 일행을 융숭히 맞았으며, 언론에서는

까르마빠의 삶 이야기 ■ 67

1992년 여름에 숙소 밖 지붕에서 뛰노는 일곱 살의 까르마빠. (사진 • Michele Martin)

도워 계곡을 거슬러 산책 중인 까르마빠와 족첸 폰롭 린포체.(사진 • Rudi Findeisen)

그의 방문행사들을 크게 다루었다.[54]

까르마빠는 10월 1일 베이징의 국경일 행사에 귀빈으로 초대되었다. 그는 많은 정부 관료들과 만난 자리에서 인도에서 그의 스승 시투 린포체와 걀찹 린포체로부터 가르침을 받을 수 있게, 그리고 이들을 티베트로 초청할 수 있도록 허락해 달라고 요청했다. 그는 장쩌민 주석과 리펑 의장에게 정식으로 소개되었다. 까르마빠는 나중에 회고했다.

"중국의 지도자들에 대해 많이 들었지만 실제로 만나보니 장쩌민도 한 사람의 인간에 지나지 않았다."

중국 정부수립 45주년 기념행사 중 장쩌민은 모인 청중들에게 까르마빠가 열심히 공부중이며 건강하게 자라고 있다고 말했다. 그는 까르마빠가 열심히 노력하여 훌륭한 뚤꾸가 되어 티베트의 발전에—그에게 중요한 조국과 불법의(여기에서 순서가 중요한 의미를 지난다) 발전에—기여해야 할 것이라고 지적했다. 몇 년 후 2001년 4월 27일의 기자회견에서 그는 이 중국여행을 회상했다.

"중국 정부는 나를 정치적으로 이용하려는 것 같았다. 나는 물론 아주 잘 대접받았다. 베이징에서도 어디에서도 훌륭한 대접을 받았다."

까르마빠는 덧붙여 말하기를, 그럼에도 자신은 '나를 이용해서 달라이 라마 성하와 티베트 사람들 간을 분리시키려는 의도'를 의심하지 않을 수 없었다고 했다.[55]

베이징에서의 축하연에서 정치 지도자들의 연설 후에 종교 지도자들이 연설하였다. 중국 불교연합회의 부회장인 다오 슈렌은 까르마빠를 소개하면서 아주 놀라운 사실, 즉 그 내용에서 뿐만이 아니라 상황 면에서도 놀라운 이야기를 하였다. 까르마빠가 부처님의 유골이 모셔진 탑을 방문하기로 예정된 바로 전 날, 탑 주변에 오색 찬란한 무지개 빛이 나타났다는 것이었다. 다오 슈렌은 이를 부처님이 까르마빠의 방문을 예지하신 놀랍고도 극도로 상서로운 징조로 여겼다. 바로 그날 아침 베이징에서도 심상찮은 징조가 나타났다. 황궁 위에 선명한 무지개가 나타났는데 이것은 사진으로도 찍혔다. 불자들에게 무지개는 까르마빠와 중국의 전 통치자간의 사제(까르마빠)와 후견인(황제) 관계를 상징하는 것으로 여겨진다.

650년도 더 전에 중국에 가르침을 폈던 제3대 까르마빠 랑중 도르제는 오대산五臺山을 순례했었다. 베이징으로부터 며칠 걸리는 거리에 있는 이 산은 문수보살이 계신 곳으로 여겨지고 있으며, 많은 절들이 있는 곳이다. 아홉 살의 까르마빠는 이 중국 여행으로부터 새로운 경험을 많이 하게 된다. 그는 바다와 불꽃놀이를 처음 보았으며, 도시 지역에서 본 현대의 기술문명들은 티베트에서는 아직 생소한 것들이었다.

중국 여행을 마치고 츄르프로 돌아온 까르마빠는 다시 학업에 정진했다. 시투 린포체와 걀와 린포체 스승에 대한 초청은 실패로 끝났다. 1995년에는 텐진 최니가 베이징을 방문하여 까르마빠가 스승들을 만나기 위해 여행하거나 스승들이 방문할 수 있도록 해달라고 요청했지만, 이것도 아무 효과가 없었다.

*

1995년 2월 25일은 토요일이었다. 이 날은 까르마빠와 같이 나무 황소 해에 태어난 사람들에게는 일주일 중 길한 날로 여겨진다. 티베트어로는 라자[56] 즉 '영혼일'로서, 어떤 사업을 시작하거나 일생에 중요한 과업을 추진하는데 길한 날로 생각한다. 바로 이 특별한

숙소 부근의 지붕을 산책 중인 까르마빠. 1996년 5월.(사진 • Michele Martin)

날에 아홉 살이라는 어린 나이의 까르마빠는 200페이지가 넘는 기도문을 완벽하게 외는 작업을 마쳤다. 그는 종파의 모든 주요 주문(제사 의식 경전)을 외웠다. 이것 또한 주요 '챠크라삼바라', '금강 요기니' 그리고 '걀와 걈초'를 포함하는 수백 페이지의 분량이었다. 그가 츄르프 사원에 처음 온 1992년 6월 15일부터 1995년 오늘에 이르기까지 2년 반이 조금 넘는 시간에 보통 사람이라면 7년, 아주 탁월한 승려에게도 5년은 걸릴 일을 해낸 것이다.

이 일을 기념하고 또한 상서로운 법연을 만들기 위해 까르마빠가 독경의 선창자로서 본 사원의 의식을 통괄하여 진행하기로 했다. 이 말은 그가 모든 경전들을 외우고 있고, 또한 염송 시의 멜로디는 물론 악기들의 화음과 조화 및 복잡한 공양 의식들도 꿰뚫어 알고 있음을 의미하는 것이다. 그의 성취에 대해 모든 사람들은 흥겨운 잔치분위기였다. 츄르프 행정부는 참석한 승려들 그리고 환생 라마들에게 차와 수프, 풍성한 점심 식사, 보시 등을 제공했다. 수많은 제자들[57]이 모였으며, 라싸의 종교국에서도 존경을 표하기 위해 대표를 보내왔다.

까르마빠의 선생 및 강사들은 정규교육에 의거한 가르침에 전심전력으로 애썼다. 까르마빠 자신도 중국어를 포함한 수업에 온 힘을 다 쏟았다. 세라 사원에서 교육을 받고 3년간의 독거 수행을 마친 켄포 로야[58]와 라마 니마가 다양한 티베트 문자, 문법, 시, 동의어 등을 가르쳤다. 이것들은 시와 기타 문장들[59]을 이해하고 작문하는데 필요한 것이었다.

티베트 전통에 따라 까르마빠는 모든 원전들을 외웠으며, 주석들을 세세히 공부했다. 그의 선생들은 까르마빠가 전통 학문들을 아주 잘 이해한다고 말했다. 이런 공부는 그가 직접 시를 지을 수 있는 원동력이 되었다.

까르마빠는 열한 살부터 전통 대화법과 토론법을 공부했다. 점차적으로 그는 고전 시를 외고, 수행과 철학에 관한 주요 논문들과 주석들을 공부하였다. 이렇게 함으로써 환생자는 그의 풍부한 지적 및 명상적 유산들의 핵심에 다시 가까이 가게 된다고 전해져 온다. 까르마빠의 어린 시절은 이러한 경전들을 공부하는데 바쳐졌다. 이것이 그의 생애의 주요 핵심을 이룰 것이며, 아울러 앞으로 그의 가르침의 기초가 될 것이었다.

그는 『입보리행론』을 열심히 공부했다.[60] 티베트의 모든 교파들이 이 경전을 보살에 의해 보여진 자비와 지혜의 생활을 배우는 기초로 여기고 있다. 여기에 나오는 다음과 같은 유명한 시 구절이 있다.

누구 하나라도 앓고 있다면
모든 질병이 치유될 때까지
나는 의사가 되리라.
그들의 약이, 그들의 간호사가 되리라.[61]

다른 중요한 경전으로, 19세기의 위대한 학승 주 미팜이 저술한 『깨달음의 등불』을 들 수 있다. 이 책은 어려운 철학문제들을 일곱 항목의 질문 형태로 다루고 있다. '각 감각의 공통된 목적은 무엇인가? 두 실체 중 어느 것이 더 중요한가?'[62] 등과 같은 것이다. 역시 주 미팜의 저술인 『지식의 요체』는 불교 철학의 주요 논제들에 관한 해설서이다.[63] 『구경일승보성론』은 마이뜨리아로부터 아상가에게 전해진 다섯 논서 중 하나인데, 까규 종파에게는 특별한 의미가 있다.[64] 이 경전은 마음의 청정함과 자각하는 특성을 강조하고 있다. 그럼으로써 공을 중시하는 대승불교 철학과 본존을 관상하는 금강불교 수행을 연결시키고 있다. 이 경전은 또한 모든 중생에 다 깃들어 있는 불성—본질적 선성, 즉 마음의 궁극적 본질—에 관한 가르침의 주요한 근거이다. 본질이 어떻게 흐려지게 되는지, 또 수행을 통해 흐려진 본질을 어떻게 닦아낼 수 있는지에 대해 일련의 아홉 개의 예로 설명하고 있다.

진흙에 묻힌 귀한 불상처럼
모든 중생에 깃들인 이 가능성이
한때의 미혹에 가려 보이지 않느니.[65]

까르마빠는 제3대 까르마빠인 랑중 도르제 저술인 『근원적 본성』도 공부하였다. 여기서는 육신의 미묘함과 그에 관한 이론을 다루고 있다. 이 경전은 3년 안거(폐관: 무문관) 수행자들의 필독서이다.

티베트의 다른 종파에 속한 영적 스승들의 전기도 자주 읽었다. 그리고 그는 모든 종파들의 믿음이 다 가치 있으며 존경할 만한 것이라는 확신을 가지게 된다. 제15대 까르마빠 카걉 도르제(1871~1922)의 총서를 특별히 좋아하여 집중적으로 읽었다.

까르마빠는 까규 종파의 주요 의식 집전에 관한 공부도 하였다.[66] 그가 명상을 잘 수행할 수 있었던 것은 직관적이고도 거침없는 지혜 때문이라고 말한다. 까르마빠는 확고한 집중과 나무랄 데 없는 기억력을 요구하는 종교지도자 업무에 필요한 복잡하고도 세밀한 능력을 갖추고 있었다. 특히 그는 명상 수행 시작단계에 필요한 본존의 정확한 관상과 의식문 염송시의 집중도 잘 터득했다. 명상의 원만단계에서 모든 것이 공으로 귀일하는 점도 잘 이해하고 있었다. 까르마빠는 또한 만다라 구성, 토르마(공양 의식에 쓰이는 조각품) 만드는 법, 심발, 피리 등 음악기구 등을 다루는 데도 능숙했다. 라마 춤(움직이는 명상 수행, '참'이라고 한다)의 동작과 몸짓도 타고난 섬세함으로 쉽게 익혔다.

*

까르마빠는 티베트력 정월 초하루 전에 치루는 수호존 마하칼라

비단 법의와 의식용 왕관을 착용한 까르마빠가 라마 춤을 추기 위해 숙소에서 내려오고 있다.(사진•Bardor Tulku Rinpoche 제공)

라마 춤을 추는 까르마빠.(사진 • Palmo Arzt-Januschke)

의식과 티베트력 4월에 8일간에 걸친 구루 린포체 수행에도 참여하였다. 여름철이면 크고 흰 텐트를 '위 공원'의 정원에 설치하고 공양행사를 거행했다. 까르마빠가 살고 있어서 많은 티베트인들이 츄르프에 오게 되었고, 전통의식이 되살아나게 되었다. 신도들은 뙤응아리(서부 티베트)로부터 위-창(중앙 티베트), 북으로부터 남까지, 캄(동부 티베트)에서까지 와서 연회의식에 참가하였다. 이들은 라마 춤을 추고 불교에 입문하기도 하고, 사원 건너편 산기슭 계단에 펼쳐진 거대한(60x100피트) 부처 '탕카' 장식(궤불)[67]에 스카프를 공양하기도 했다. 탕카 제작에 관한 과정을 살펴보면 까르마빠가 츄르프에서 전통의 부활과 건축 불사를 촉발시켰음을 잘 알 수 있다.

거대한 탕카를 처음 선보인 것은 1994년 5월 부처님의 대해탈일, 즉 반열반일이었다. 라싸에 있는 텐트공장에서 이 탕카를 만드는데 2년이 걸렸다. 봉재 재료로는 70가지 다양한 색깔의 양단, 비단, 공단 들을 사용하였다. 시원한 스타일은 1500년대 까르마 까규 종파와 연관 있는 미술가에 의해 개발된 양식이다. 까르마 가디 스타일(까르마빠 야영 스타일)이라고도 부르는데, 왜냐하면 그 당시 까르마빠는 이곳저곳으로 장소를 옮겨다니는 텐트촌에서 살고 있었기 때문이다.[68] 듀폰 데첸 린포체가 문화혁명 때 소실된 탕카를 잘 알고 있었기 때문에, 새로 제작된 것은 옛 것을 모방하여 만들어졌지만, 두 가지 다른 점이 있었다. 석가모니 부처님을 둘러싸고 있는 인물들 중 아래 두 사람은 16대 까르마빠인 릭뻬 도르제와 그의 충실한 제자인 3대 잠곤 꽁툴 린포체이다. 그림에서의 이런 변화는 전통이 어떻게 형성되는지를 잘 보여준다. 인자하고 권위 있는 스승은 가르침에 있어서 뿐만이 아니라 예술품의 제작에 있어서 어떤 양식으로 무엇을 묘사하는가 등에도 영향을 미치는 것이다.

본존들과 스승을 둘러싼 배경에 관해서는 확고한 규칙이 없으므로 더 쉽게 변화를 줄 수 있다. 이 거대한 탕카에서 인물들을 둘러싼 배경은 '구름과 하늘을 빛내는 무지개, 공작, 라마들 위에서 한가로이 풀을 뜯는 영양이 없었다. 특기할 것은 티베트에서 멸종위기에 있는 야생 동물들인 야크, 당나귀, 흰 입술 사슴, 뿔이 긴 양, 푸른 뿔 산양 등이 특별히 보호를 받아야 한다는 의미를 가지고 적절히 배치되어 있다. 두루미 등 각종 새들[69]도 그려져 있다. 전시 첫날, 승려들은 4시간에 걸쳐 의식을 거행하고, 신도들은 스카프를 공양했다. 이것은 앞으로 티베트력 4월 12일에 열리는 연례행사가 될 것이다. 뒤이어 마하칼라 탕카도 큰 크기로 제작되었고, 마하칼라 뿌자가 거행되는 정초 전 의식기간 중에 전시되었다.

이런 행사에는 1만 명에 가까운 사람들이 모였다. 까르마빠는 이들에게 관세음보살의 관정과 구전을 주고 구루 린포체의 주문 그리고 까르마빠 자신의 주문인 '까르마빠 켄노(까르마빠, 나를 생각하세요)' 등을 전수해 주었다. 까르마빠는 사람들이 절실하게 필요로 하는 것을 베풀어 줌으로써 신심을 더욱 깊어지게 하였다.

기적들

까르마빠가 교육을 받으면서 업무를 수행하던 시기에, 그는 매우 뛰어난 업적을 성취하기도 했다. 이에 대한 기록이 츄르프 사원 행정부에 남아 있다. 츄르프의 세르둥 사원이 재건축될 당시, 그가 손을 댄 돌에 선명한 자국이 남았다. 이 돌은 벽에 장식으로 쓰여, 사원을 방문하는 순례자들이 잘 볼 수 있게 하였다. 세월이 흐르면서 자국은 더욱 깊고 선명해졌다. 1996년 2월 4일, 까르마빠는 츄르프 사원 뒤에 있는 산기슭에서 다양한 크기의 심발이라는 타악기를 포함한 한 무더기의 법구를 발굴해내기도 했다.

그의 투시능력은 의외의 순간에 나타났다. 한 번은 비서 로되에게 그의 친구에게 잘 있다니 반갑다는 내용의 편지를 쓰라고 지시했다. 친구가 자신의 아버지가 죽었다는 얘기를 한 적이 없었는데도 까르마빠는 다음과 같이 썼다.

"죽은 당신의 아버지는 천상에서 재탄생하셨습니다. 나는 그를 위해 기도를 올리겠습니다."

이런 종류의 천리안적 앎이 까르마빠들에게는 자연스런 일이었다. 수세기에 걸쳐 라마들은 까르마빠들에게 그들이 관심 있는 어떤 사람이 어디에서 재탄생할지를 물었다.

티베트 사원에서는 음력상의 날짜를 중요하게 여긴다. 무슨 일이 어떤 날에 일어났는지, 부처님과 관련된 어떤 일과 연관이 있는지, 그들 종파의 스승 혹은 수호존과 무슨 관계가 있는지 등에 대해 특별한 관심을 쏟는다. 티베트력으로 1월의 첫 15일간은 부처님이 기적을 행하신 날이다. 까르마빠가 열 살이던 해에, 상식적으로는 믿기 어려운 능력을 보여주었다.

1996년 3월 13일, 까르마빠는 사원 건물을 나와 '위 공원'을 향해 강 굽이를 따라 계곡을 올라가 돌 만다라에까지 갔다. 그는 다시 순례코스의 중간 시작부분인 가파른 돌산을 올라갔다. 식물이 거의 살지 않는 이곳을 지나면, '산을 감도는 길(쪼라 길)'이라고 부르는 중간 순례코스에서 발견된, 옛 까르마빠들의 명상 동굴들을 만나게 된다.[70] 길에서 멀찍이 떨어진 제9대 까르마빠 왕축 도르제 동굴,

다음에는 10대 까르마빠 최잉 도르제의 동굴, 그리고 마지막으로 제
2대 까르마빠 까르마 팍시(그리고 3대 까르마빠, 랑중 도르제)의 동굴이 나타났
다.

　이 날, 까르마빠는 중간코스를 지나 '정상을 휘감아 도는 길'을
거쳐 담첸[71]이라고 하는 곳까지 올라갔다. 여기에서 까르마빠는 서
쪽을 향한 바위 위에 매우 선명한 손자국을 냈다. 그는 말했다.

　"구루 린포체의 미소가 남긴 자취야."

　그는 '눈 토끼 샘터'[72] 가까이의 바위에 또 손자국을 남겼다. 이것
을 본 라마 파남은 까르마빠에게 말했다.

　"아무에게도 말하지 마십시오."

　그날 저녁 까르마빠와 승려들은 사원 훨씬 위쪽의 거대한 절벽
바위 위에 있는 츄르프의 안거처에 왔는데, 옆에는 까르마 팍시 동
굴이 있었다. 안거처는 길고 좁다란 계곡을 내려보고 있고, 흰 돌벽
은 마치 바위로부터 직접 뻗어 나온 것처럼 보였다. 나무도 자라지
않는 츄르프의 혹독한 날씨 그리고 4천400미터가 넘는 주위 산들이
명상가들이 수행하기에 적합한 환경이라고 말했다. 안거처의 동북
쪽 기슭에는 엄청나게 큰 바위가 길가에 서 있다. 까르마빠가 그의
어깨 띠로 바위를 스치자 '까르마빠 켄노'라는 검고 붉은 글씨가 바
위에 선명하게 나타났다.

　그 다음날(3월 4일) 까르마빠는 츄르프 뒤의 봉우리를 다시 올라 담첸에
머물게 되었다. 여기서 바위에 양 손바닥 자국을 남겼다.

　다음날(3월 5일) 까르마빠는 파남에게 말했다.

　"담첸에서 당신은 중요한 유물을 찾아낼 것이오."

　그는 라마 파남이 특별한 인연을 가지고 있으므로 지도를 그려
주거나 하는 등의 지시를 할 필요가 없음을 알고 있었다. 라마 파남

은 아홉 명의 승려들을 데리고 담첸을 조사한 결과 흰 쇠받침과 덮
개를 가진 아름다운 옥잔과 많은 옛 동전들을 발굴했다.[73] 나무잔도
두 개 발견했는데, 하나는 여름에 쓰는 입술이 넓은 잔이었다.[74] 또
하나는 겨울에 쓰는 좁은 입술에 허리가 잘록한 잔이었다.[75] 라마
파남은 자신이 발견한 모든 유물을 까르마빠에게 공양했다.

*

후일 인도에서 살게 된 까르마빠에게, 사람들은 그가 초자연적인
능력을 가졌느냐고 묻기도 했다.

초자연적 능력이라고 할 수도 있겠지요. 나는 어떤 능력이라 할지
라도 거기에는 다르마의 힘이 있다고 믿어요. 이것이 선배들이 돌에
손자국이나 발자국을 남기는 능력의 배경이지요. 사람들은 내가 많은
능력이 있다고 말하지요. 그러나 수행자라면 누구라도 이런 일을 할
수 있습니다.[76]

까르마빠는 그에게 다르마를 전수해 준 본 스승에 대해 그리고
경전을 가르쳐 준 켄포들을 진심으로 공경했다. 그들에게 공양을
바쳤으며 존경을 표시했다. 이런 그의 태도는 참되고 고귀한 존재
의 징표라고 여겼다.

티베트에서는 큰 스님을 기리는데 화려한 수사법을 사용한다. 수
사에 능한 텐진 남걀은 까르마빠를 이렇게 묘사한 적이 있다.

"까르마빠의 명민한 마음은, 사물을 단지 스쳐보기만 해도 그것
의 깊은 의미를 깨닫는다. 당신의 마음을 가리키자 그 즉시 본성을
깨달으셨으며, 이후로 현상을 구분하는 그의 지적 능력은 나날이

향상됐다. 그에게, 현상은 가없는 순수함의 만다라이다. 보통 사람들에게는 이해할 수 없는 일까지도 직관으로 이해하며 거침없이 터득해 낸다. 가르침의 계통수라고 흔히 말하는 환생 라마들의 마음 속 거울에는 사물들이 선명하게 나타난다. 뚤꾸에 관한 까르마빠의 예언들이 모두 사실로 증명됨으로써 그들의 진정성에 대한 의구심은 깨끗이 사라지게 되었다."[77]

■비전 그리고 무지개

뚤꾸를 인정하는 전통은 13세기 티베트 까르마빠 법맥으로부터 시작하여, 이후 다른 종파들에게도 확산되었다. 까르마빠는 자신들이 뚤꾸였을 뿐만 아니라 다른 뚤꾸를 알아보는 능력도 대단하였다. 수세기 동안 까르마빠들은 다른 종파의 고위 지도자들의 환생 장소를 찾아달라는 부탁을 받곤 했다.

16대 까르마빠가 열 살 때 처음 뚤꾸를 찾아냈던 것처럼,[78] 17대 까르마빠도 어려서부터 뚤꾸들을 알아보기 시작했다. 열여섯 살이 되었을 때 이미 잠곤 꽁튤 린포체의 네 번째 환생, 파오 린포체의 열한 번째 환생, 딜략 사원의 답쌍 린포체의 일곱 번째 환생, 리와 셀체 린포체의 다섯 번째 환생 등을 포함해 40명 이상의 뚤꾸를 찾아냈다.[79] 이들 모두가 까규 종파의 중요한 뚤꾸이며, 많은 지식과 수행을 통해 제자들을 키워낸 스승들이다. 이 스승들은 또한 사원의 훌륭한 지도자로서, 그들의 존재 자체로 사원을 빛낸 분들이다.

뚤꾸를 찾아내는 일은 라마가 죽은 후에 바로 시작된다.(까르마빠들은 유언장에서 이미 그들의 다음 환생을 밝히기 때문에, 이와는 다른 과정을 거친다.) 뚤꾸가 속한 사원에서는 까르마빠에게 의뢰한다. 까르마빠는 재탄생 장소와 관련된 징표들을 알려주는 문서를 내준다. 까르마빠는 삼세의 무애한 원초적 지혜를 받아 깊은 비밀을 알아낼 수 있는 능력이 있다고 한다. 다음에는 사원의 행정부가 뚤꾸 탐색반을 조직한다. 이들이 제대로 찾았다고 생각되면 까르마빠에게 보고 하고, 그에 대해 승인 (혹은 비승인) 판정을 내려준다. 그러면 탐색반은 뚤꾸의 집으로 부모를 찾아가서 그들이 어린이의 출가를 허락할 것인지를 묻는다. 대부분의 부모들은 특별한 아이가 집안에 태어난 것을 큰 영광으로 여기므로 허락하는 것이 보통이다. 뚤꾸는 목욕재계하고 새 옷을 입는 의식을 받는다. 까르마빠를 방문하여 축복을 받고, 가능하면 삭발 의식도 거친다. 너무 어린 뚤꾸는 부모와 머물다가 나이가 되면 사원으로 오며, 사원과 집을 오가는 수도 있다.

2002년 까르마빠는 이 과정에 대해 말했다.

"뚤꾸를 인지할 때 내 마음은 아주 기쁘거나 슬프기보다는 오히려 평상심에 가깝다. 아무렇지 않은 상태에서 인지가 일어난다. 신에 쐰 것 같은 것은 아니다. 점, 계산 혹은 신에 의지하는 것이 아니다. 나 자신의 마음을 직관함으로써 보는 것이며, 자연스런 무심의 마음에서 확신이 생긴다."

"보통, 부모의 이름이 알아지고 아이가 태어날 해 등등이 알아진다. 내가 알아본 모든 뚤꾸의 경우는 다 이런 식이었다. 뚤꾸의 부모들이 편지를 보내고 특별한 징조와 사건들을 설명하면서 아이의 재탄생에 관한 인지를 요청하는 수도 있다. 대부분 이런 징조들은 그 아이가 전생에 공덕을 많이 쌓았다는 것을 의미하며, 매우 긍정적인 징표로 해석된다. 뚤꾸가 아니라는 확신도 어렵지만, 뚤꾸라는 확신을 갖기도 어렵다. 따라서 나는 요청에만 근거하여 결정을 내리지는 않는다."

"잠곤 린포체에 대한 인지는, 명상 중에 떠오른 특별한 경우였다. 사원으로부터 그의 환생을 찾아달라는 부탁을 이전에 여러 번 받았었고, 나는 마음에 새겨두고 있었다. 어느 날 명상 중에 그 기억을 하게 되었고, 그러자 눈앞에 보였다. 내 마음속에 보인 것이다." [80]

다음은 까르마빠가 열 살 그리고 열한 살 때 세 명의 중요한 뚤꾸들을 찾아낸 이야기이다. 잠곤 꽁튤 린포체와 파오 린포체의 이야기인데, 이들은 까르마빠 전생의 스승이었다.

잠곤 꽁튤 3세 린포체의 환생을 발견하다

1세 잠곤 꽁튤은 19세기 티베트의 위대한 학자이자 명상가였다.[81] 『다섯 보물』을 비롯한 그의 많은 작품은 티베트 불교의 중요한 가르침과 수행들을 담고 있다. 두 번째 환생은 15대 까르마빠의 아들로 태어나서 훌륭한 명상가가 되었다. 3세 잠곤 꽁튤은 16대 까르마빠의 헌신적 제자였으며 동서양의 많은 제자들의 자비로운 스승이었다. 그는 시킴의 룸텍 사원에서 일반 대중들과 승단을 이끌었으며 '나란다 불교 고급강원'을 설립해서 까르마빠의 숙원을 풀어드렸다. 그는 세계를 돌아다니며 선원을 짓고 가르침으로써 불교 일반은 물론이고 까르마 까규 종파를 빛냈다. 3세 잠곤 꽁튤은 자선 사업에도 힘써 가난하고 힘든 사람들을 도와주었다.

그가 죽은 2년 후인 1992년에, 총무원장 텐진 도르제는 까르마빠에게 환생자 탐색에 대한 요청을 잇달아 올렸다. 첫 세 번의 요청에 대해 까르마빠는 아직 때가 안 되었으므로 그저 공양이나 올리면서 잠곤 꽁툴이 어서 환생하기를 기원하라고 답하였다. 1995년 8월의 네 번째 요청에 대해 비로소 까르마빠는 다음 해에는 좋은 소식이 있을 거라는 답장을 주었다.

1996년 4월, 츄르프의 듀폰 데첸 린포체는 텐진 도르제에게 방문을 요청하는 편지를 보냈다. 한 달 후, 텐진 도르제와 전 잠곤 꽁툴의 승려인 쏘남 최펠이 츄르프 사원에서 까르마빠를 뵈었다. 그날은 마침 긴 의식의 마지막 날이어서, 아름다운 탱화가 사원 건너편 산에 걸려 있었다. 까르마빠는 당시 열한 살이었는데,[82] 다음과 같이 말했다.

"좋은 소식을 전해 줄 테니 저녁에 다시 오시오."

그는 텐진 도르제에게 징표를 서술한 편지를 직접 내주었다. 텐진 도르제는 회고했다.

"바로 그 순간, 하늘에서 번개가 한 번 쳤다. 쏘남 최펠이 나와 함께 있었다. 우리가 그 방을 떠나 지금은 돌아가신 듀폰 데첸 린포체를 뵈러 가는 길에 햇빛이 나는 가운데 가랑비가 내리는 것을 볼 수 있었다. 티베트 사람들은 이걸 꽃비라고 부른다.[83] 우리 전통에 의하면 이것은 상서로운 징조이다."

까르마빠의 편지는 다음과 같았다.

그 곳은 여기에서 남쪽으로 좋은 말로 7일간 달릴 거리만큼 떨어진 곳이다.

돼지해에 사내아이가 태어나는데, 아버지의 이름에 가 또는 마[84]가 들어가고 어머니 이름에 타 혹은 카[85]가 들어간다. 가족은 여덟 명이다. 장소로 말하자면, 앞에는 크고 검은 산이 있고, 산의 양편이 조금씩 가려 있다. 그 사이로 강물이 힘차게 흐른다. 이 출생 장소를 나는 보았다. 10만 헌공 공양 뿌자를 수호신에게 올리고 걀와 걈초를 위한 뿌자는 가능한 한 많이 올리는 것이 좋겠다. 그리하면 영광의 수호신 장들의 가호가 틀림없이 내리리라. 여기에 잠곤 린포체의 징표를 기술한 이 편지를 내리노라.

까르마빠 오겐 틴레 도르제
1996년 4월 11일

편지에는 장소가 구체적으로 명시되지 않았다. 때문에 텐진 도르제와 쏘남 최펠은 까르마빠에게 어디서부터 시작할지에 대해 묻기 위해 다시 방문하였다. 까르마빠는 그날 상서로운 징조를 보았노라고 하였다. 천둥과 비가 내리고 사원 앞의 남쪽 산에 무지개가 떴다는 것이었으며, 이 광경은 그들도 보았던 것이다.

까르마빠는 방에 들어가자마자 잠곤 꽁툴의 탄생 장소에 대해 묘사하기 시작했다. 까르마빠는 연습장 가운데에 산을 그리고 왼쪽에 무지개를 그린 다음 오른쪽 위에는 집을 그렸다. 그리고 티베트어로 몇 자 적었다. 그는 설명하기를, 산은 츄르프의 앞쪽에 있으며 집은 그 산의 남쪽에 있다고 했다. 새 페이지를 펴서는 담장과 집 주변을 그렸다. 그는 말하기를 집 앞에는 검은 산이 솟아 있는데, 양쪽에도 산이 솟아 있고 이 산들이 뒷산을 부분적으로 가리고 있다고 하였다. 그는 산으로부터 흐르는 샘 혹은 강 비슷한 것을 그리고는 무심하게 "물이 있군요"라고 말하였다. 그림을 가리키면서 그는 2층집이며 입구는 정동방향이라고 하였다.

까르마빠는 연습장 뒷장에 세 번째 그림을 그렸다. 텐진 도르제는 좀 더 자세히 장소를 가르쳐 달라고 하였다. 대답하기를 그 장소

는 츄슈르 군 근처이며 라싸의 남쪽에 있고, 츄르프로부터 약 48킬로미터 떨어져 있다고 했다. 연습장에는 세 개의 이름이 적혀졌다. 츄슈르, 녜보 군 그리고 녜탕이었는데, 뒤의 두 지역은 츄슈르 군의 서쪽과 동쪽 경계에 있다.

까르마빠의 가르침에 따라, 뚤꾸 탐색은 1996년 7월 31일에 시작되었다. 텐진 도르제는 까르마빠에게 뚤꾸가 태어난 날을 물었더니 그가 말했다.

"앞도, 뒤도, 중간도 아닌데, 중간과 뒤의 중간, 뒤에 더 가깝다."

까르마빠는 탐색반에 그의 개인 교수인 라마 니마를 보내주었고, 기사 달린 차와 비서도 지원해 주었다. 7월 30일과 31일, 텐진 도르제와 쏘남 최펠은 티베트의 중앙 사원인 라싸의 조캉을 찾아 탐색 성공을 비는 기도를 올렸다. 석가모니 부처에게 새 옷과 곡식 그리고 버터램프를 공양하였다.

까르마빠는 이들에게, 지난해에 츄르프 앞산 위에 무지개가 걸린 광경이 자주 마음에 떠올랐다고 말했다. 무지개 안에서 3세 잠곤 꽁툴을 보았는데, 뻗쳐나오는 빛으로 환한 모습이었다고 했다. 무지개들, 잠곤 꽁툴의 비전 그리고 환한 빛들이 서로 안으로 녹아들었으며, 산 뒤로 사라져 갔다. 그는 티베트어 문자로 부모의 이름이 나타나는 비전도 보았다고 말했다.

여러 번의 실패와 까르마빠의 추가 지시 끝에 라마들은 마침내 한 어린 소녀를 만나게 되었는데, 그녀는 환생자의 이모임이 밝혀졌다. 그녀는 돼지해에 태어난 아기를 안다고 하였고, 자기를 따라오라고 하였다. 45미터쯤 떨어진 집으로 인도하였다. 그들이 다가가자 한 중년 여인이 아기를 업고 대문을 나서고 있었다. 텐진 도르제는 그 아이가 승려 옷 색깔의 옷, 즉 노란 셔츠에 밤색 추파를 입고, 연초록 빛 염주를 손목에 차고 있는 것을 알아보았다. 그는 아이가 그녀의 아기냐고 물었다. 대답이 그의 손자라는 것이었다. 라마 니마는 그녀의 가족이 몇 명이냐고 물었다. 여덟 명이라는 대답이었다. 부모의 이름을 물었다.

"아버지 이름은 곤포이고 어머니는 양끼입니다."

그녀는 대답하였다. 징표들과 맞아 떨어지는 것이었다.

텐진 도르제의 회고

아이는 나를 줄곧 쳐다보았다. 아주 특별한 미소를 짓고 있었다. 우리가 낯선 사람인데도 그는 두려워하지 않았다. 친하게 생각하는 것 같았다. 그때 나는 검은 산과 강 그리고 가족들의 집 등 모두가 까르마빠의 편지와 일치하는가 하는 마음이 들었다. 슬픔과 그리움 그리고 환희 등이 겹친 감정이 나를 엄습했는데 그런 감정은 평생 처음이었다. 나는 거의 울 지경이 되었다. 라마 니마는 나에게 침착하라고 하면서 여인에게 의심가지 않게 하라고 주의를 주었다.

검은 산은 까르마빠가 묘사한 그대로였다. 그 산은 카락 쿵 쵠으로 구루 린포체의 거룩한 산이었다. 산의 오른쪽과 왼쪽에는 두 개의 산이 솟아있었고 약간씩 뒷산을 가리고 있었다. 앞쪽에는 마을과 부모의 집이 있었는데 2층집에 대문은 동쪽으로 나있었다. 산들 사이 동쪽에는 샘물이 있었고, 얄룽 창포라는 큰 강이 집과 산 사이로 흐르고 있었다.

아이는 돼지해, 티베트력 10월 4일(1995년 11월 26일)에 났는데, 이것은 '중간과 뒤의 중간, 뒤에 가깝다'라는 까르마빠의 예언과 딱 들어맞았다. 모든 것들이 까르마빠가 묘사했던 그대로였다.

탐색반 모두는 이날 기분이 좋았다. 환생자를 찾아냈으며 까르마빠가 이 아이를 인정할 것이라는 확신이 생겼다. 라싸로 돌아온 그들은 2세 잠곤 꽁뚤의 비서실장인 윈텐 푼촉과 함께 축하했다.

1950년대 중반 당시, 세 번째 환생자 탐색은 2세 잠곤 꽁뚤이 책임자였다. 1992년 3세 잠곤 꽁뚤이 비극적으로 돌아가셨을 때, 윈텐 푼촉은 의기소침한 텐진 도르제에게 걱정하지 말라고 하면서 '나에게 아주 특별한 느낌이 있는데, 자기가 환생자를 처음 만나는 순간에 알아볼 수 있을 것'이라고 말했다.

*

탐색반은 8월 5일 츄르프로 돌아와 까르마빠에게 보고 했다. 그는 조용히 사진들을 보았다. 가족의 집에 대해 설명하자, 그는 자기가 만든 레고 장난감 집을 가리키며 물었다.

"이렇게 생겼지요?"

물론 그랬다. 밤이 깊어지자 까르마빠는 가서 쉬고 다음날 아침에 보자고 말했다.

다음날 단 둘이 있게 되자, 까르마빠는 텐진 도르제에게 아이를 만나니 행복하냐고 물었다. 그는 모든 것이 까르마빠의 편지대로 맞아 떨어져서 행복했다고 대답했다. 그는 까르마빠를 믿고 있었기 때문에 아이에 대한 자신의 개인적 인상이나 감정은 중요하지 않았다. 까르마빠는 이 재탄생자는 불교 전체에, 까르마 까규 법맥에는 특히 더 중요한 인물인데, 린포체는 법맥 전승자이기 때문이라고 하였다.[86] 그가 잘못 되면, 중생들에 대한 그의 가르침과 자비의 활동이 그르치게 될 것이라고 하였다. 까르마빠의 말씀을 들으며 텐진 도르제는 깊은 감명을 받았다. 까르마빠가 비록 열한 살이라는 어린 나이지만, 법맥의 최고 수장으로서의 책임감과 확실한 일처리는 뛰어난 것이었다. 그의 예언과 지시는 매우 정확했다.

8월 12일, 까르마빠는 텐진 도르제에게 승인서를 주며 말했다. "여기 4세 잠곤 린포체 승인서가 있습니다. 모두 기뻐하시오. 여러분이 힘쓴 결과입니다."

승인서는 다음과 같았다.

츄슈르 세메 읍에서, 아버지 곤포 그리고 어머니 양끼에게 돼지해에 한 아이가 태어났습니다. 이 소년과 그의 탄생 환경을 징표를 담은 문서에 의해 세밀하게 조사하였습니다. 그 결과 이 소년이 3세 잠곤의 환생자인 것이 확실하므로, 제4세 잠곤으로 인정합니다. 그의 만수무강과 영광된 활동을 기원합니다.

까르마빠 오겐 틴레 도르제
17대 랍중, 쥐의 해(음력 6월 27일)

까르마빠는 황금비단 스카프와 붉은 색의 축하 실을 새 환생자에게 선물했다.

8월 16일, 왼텐 푼촉·텐진 도르제 그리고 쏘남 최펠[87] 등 몇 명이 환생자 가족의 집을 방문했다. 가족 모두를 불러 모은 다음 텐진 도르제는 8개월 반이 된 아기가 까르마빠에 의해 3세 잠곤 꽁튤 린

규또 라모체 대학을 방문한 잠곤 꽁툴 린포체로 1996년 4월에 까르마빠에 의해 공인됨.(사진 • Tashi Gawa 제공)

포체의 환생자로 승인되었다고 엄숙하게 선언했다. 행정부의 대표로서 까르마빠의 승인을 접수해 줄 것을 요청했다.

할아버지인 로되는 방문자들에게 두 달 전에 아기가 많이 보챘었다고 하였다. 밤낮 계속 울기만 했었다고. 의사에게 보였지만 병은 아니라고 했다. 달리 방법이 없어서 승려인 아저씨에게 보였다. 그는 점을 치더니 손자가 보채는 것은 이 집 안에 사원에 가야 할 것이 있기 때문이라고 하였다. 할아버지는 덧붙여 말하기를, 당시에는 그 말이 무슨 뜻인지 몰랐다고 했다. 집안에는 사원 물건이 없었기 때문이었다. 이제, 잠곤 꽁툴 사원에 속하는 것이 아기 자신임이 밝혀졌다.

이들은 자기 가족의 한 사람이 중생을 도울 위대한 인물이라는 데 대해 행복해 했다. 아기는 전통 의식에 따라 목욕시키고 새 옷을 입힌 후 까르마빠의 축하 선물인 끈과 스카프를 둘렀다.

1996년 9월 1일, 4세 잠곤 꽁툴은 처음으로 츄르프 사원을 방문하여 걀와 까르마빠를 뵈었다. 바로 그날 험한 날씨가 화창한 하늘로 변했다. 듀폰 데첸 린포체는 이것을 마귀들이 쫓겨 가는 것으로 해석했다.

다음날은 불교력으로 매우 장엄한 날이었는데, 부처가 환생한 어머니를 위해 천계로부터 내려 온 날이기 때문이다. 부처는 그곳에서 어머니에게 3개월간 설법하고 해탈시켜 줌으로써 그녀의 자비에 보답했다. 이 좋은 날 새벽이 밝아오자 까르마빠는 잠곤 꽁툴의 삭발식을 거행하고 새 이름을 내려주었다.[88] 1997년 4월 22일 까르마빠는 잠곤 꽁툴 린포체에게 만트라, 의식, 기도 등을 베풀어 주고 문서로 된 설법을 내린 후 첫 승복을 입혀주었다.

화창하게 아름다운 1997년 11월 17일, 잠곤 린포체는 네팔에 도착했다. 열렬한 군중들이 공항에서 그를 맞았고, 주석할 풀라하리로 가는 길에는 장식 아치가 기다리고 있었다. 카트만두 외곽 언덕 위 사원으로 가는 길가에는 수천 명의 비구와 비구니들의 행렬이 축복을 받기 위해 기다리고 있었다. 잠곤 린포체가 차에서 내릴 때 거대한 무지개가 해 주위에 나타났다. 하늘에는 수많은 다른 심상찮은 무지개가 떴고 광채가 빛났다. 아직 두 살도 되지 않은 어린 환생자는 풀라하리로의 귀환을 축하하는 3시간에 걸친 환영 행사 내내 또렷하고 주의 깊은 자세를 유지했다.

무지개는 많은 문화권에서 장엄한 징표로 여기는데, 이 어린 뚤꾸에게는 수도 없이 나타났다. 탐색 초기에 까르마빠는 반원들에게 그가 3세 잠곤 꽁툴이 무지개 속에 나타나는 비전을 보았다고 말했다. 텐진 도르제에게 뚤꾸 탐색 지시서를 내릴 때도 츄르프 앞산 위에 무지개가 뜨는 것을 보았다고 했다. 잠곤 린포체에 대한 승인 이후에도 마을 여러 가족들이 그의 탄생시에 특별한 무지개를 보았다고 말했다. 무지개는 마을 앞산에 있는 신성한 샘물로부터 시작해서 집 앞으로 떨어졌다고 하였다. 그가 네팔과 인도의 사원에 돌아올 때도 역시 무지개가 떴고, 두 살 되던 생일날에도 무지개가 나타났다. 카트만두 계곡 반대편에 있는 까르마 렉쉬 링 사원을 방문했을 때에는 거대한 무지개가 해 주위에 나타났다. 이 모든 일들을 많은 사람들이 보았다. 그래서 그들은 잠곤 꽁툴을 '자 라마', 즉 '무지개 라마'라고 불렀다. 그의 선생인 듀폰 켄포 로되 남걀은 무지개가 나타나는 현상을 '고귀한 분의 환생 정통성과 그의 활동이 마치 무지개처럼 순수하고 빛날 것임을 상징하는 것'이라고 해석했다.[89]

4세 잠곤 린포체는 현재 풀라하리에 산다. 주석하는 곳은 네팔이며 인도의 칼림퐁에서도 지내며, 근처 라와에 있는 그의 사원을 방문하기도 한다. 그와 같이 사는 어린 뚤꾸 셸리 될포 린포체도 까르마빠가 찾아냈다. 그의 전생은 2세 잠곤 꽁툴이었으며 될포 사원을 3세 잠곤 꽁툴에게 헌납했던 분이다. 이 두 뚤꾸는 불경 외에도 영어와 티베트어를 배우고 있다.

파오 린포체를 찾아내다

츄르프 계곡으로부터 몇 킬로미터를 내려오면 까르마빠의 마음 속 아들 파오 린포체가 사는 네낭 사원이 있다.[90] 까규 종파에서는 파오 린포체를 문수보살의 화현으로 모신다. 한 손에는 지혜의 칼을 들고 한 손에는 경전을 든 문수보살은 학승의 신이며, 파오 린포체의 환생들은 깊은 학문과 모든 학파를 아우르는 포용적 자세로 존경받고 있다.

그의 이름인 뺄덴(영광의) 파오(영웅) 츄글락(학자)에는 특별한 역사가 있다. 초대 파오 린포체인 최왕 륀둡[91]은 7대 까르마빠인 최닥 갸초의 제자였으며, 스승을 뒤좇아 그 역시도 위대한 학자요 명상가였다. 그는 성취의 징표를 여럿 보였다고 한다. 체온을 높인다거나 물위를 걷고 벽을 뚫고 나온다거나, 바위에 발자국을 남기기도 했다. 지역 주민들은 그를 영웅의 화신으로 여겼다. 그래서 파오라는 이름을 얻게 되었다. 파오 린포체의 환생자 이름에는 츄글락이 들어간다. 이것의 본래 의미는 '과학'이지만, 여기서는 '위대한 학자' 혹은 '불법 전문가'라는 의미이다.

2대 파오 린포체인 뺄덴 파오 츄글락 텡와[92] 역시 유명한 학자였다. 그는 8대 까르마빠 미[illegible] 도르제의 제자였다. 10대 파오 린포체는 오랜 프랑스에서의 생활 끝에 말년을 네팔에서 보냈으며, 1991년에 죽었다.

츄르프 근처에서 3년 안거를 끝낸 라마 체왕 따시는 파오 린포체의 네낭 사원 책임자가 되었는데, 나중에 네낭 라마로 알려졌다. 생기에 찬 눈과 작은 수염을 기른 그는 활달한 성격에 사람들과 잘 어울렸다. 네낭 라마는 사원의 재건에 공을 세웠고 지역 주민들을

1998년 츄르프 인근 네낭 사원에서의 파오 린포체로 1996년에 까르마빠에 의해 공인됨.(사진작가 미상)

위한 학교도 설립했다. 최근 작고한 파오 린포체의 환생도 그가 찾아내었다. 1991년 린포체가 죽자, 네낭 라마는 까르마빠에게 파오 린포체의 환생을 승인해 달라고 요청했다. 그와 파오 린포체는 여러 번의 환생에서 사제지간의 관계를 맺었다.

까르마빠는, 파오 린포체가 재탄생했으니 기도를 올린 후에 탐색을 하라고 대답했다. 그는 네낭 라마에게 장애물을 제거하기 위한 의식인 수호존 마하칼라 의식을 10만 번 올리고, 깐규르와 뗀규르 350권에 이르는 불경 전체를 염송할 것을 권했다. 마하칼라 의식은 네낭 사원에서 올렸고, 불경 염송은 다른 사원들이 분담했다. 이 불경 염송은 재미있는 구경거리이기도 했다. 평소에 불경을 모시는 전당에서 꺼내 와서 승려들에게 나누어 주었다. 그런 후에 받은 불경을 큰 소리로 동시에 독경했다. 독경은 모든 불경을 끝낼 때까지 계속된다. 한 달 후 끝났으며, 네낭 라마는 스승인 듀폰 데첸 린포체를 츄르프로 방문했다.

까르마빠를 본 네낭 라마는 오체투지의 예를 한 후, 의식이 모두 거행되었다고 보고 하였다. 그는 어떻게 환생을 찾아낼지 알려달라는 요청서를 까르마빠에게 올렸다. 까르마빠는 명상에 잠겨있었다. 잠시 후 말했다.

"그를 찾는 대로 즉시 사원으로 데려와야 합니다. 위험합니다."

그리고는 열한 살의 까르마빠는 종이와 펜을 들고 편지를 썼다. 편지는 다음과 같다.

아래 내용은 고귀한 뺄덴 파오 츄글락 마웨 왕축의 환생에 관련해 세 번의 기원 후에 받은 축복입니다. 츄르프 사원의 북동쪽에 낙추라는 마을이 있는데, 근처 북쪽에 캄으로부터 온 훌륭한 가계를 가진 가족이 삽니다.[93] 집은 북쪽을 향하고 가족은 열 명인데, 모두 거기에 사는지는 확실하지 않습니다. 집 앞에는 붉은 색의 첸[94] 법당을 닮은 큰 건물이 있습니다. 집 근처에 마니석 혹은 바위가 쌓여 있습니다. 어머니 이름의 접두음은 d이며, 아버지 이름에는 '라'자가 들어갑니다. 12간지로 해서 아이는 개 혹은 돼지띠입니다. 이것들이 파오 환생의 확실한 징표입니다. 그가 찾아지면, 모든 중생들에게 이익과 가르침이 돌아갈 것입니다.[95]

네낭 라마가 이 편지를 듀폰 데첸 린포체에게 보여주자, 말하였다.

"이제 탐색에 나서게. 그러나 자네가 직접 나서면 사람들에게 소문이 나서 '파오 린포체의 환생을 찾아 나섰다'라고 말들을 할 것이니, 다른 사람을 대신 보내는 것이 좋을 것이야."

조언에 따라, 라마 니마(까르마빠의 선생)와 츄르프에서 온 또 한 명의 승려가 상인으로 변장한 채 탐색에 나섰다. 츄르프로부터 273킬로미터 북쪽에 있는 낙추에 도착한 이들은, 마을의 북쪽에 있으며 마니석이 쌓여있는 집 한 채를 발견했다. 집 앞에는 붉은 절이 하나 있있다. 질 이름은 '젠 사원'이라 했다.[96] 편지에서 예언한 그대로였다. 사원은 닝마 전통 소속이었으며 요기들이 수행하고 있었다. 집에 가는 길에 그들은 감로가 가득 담긴 해골 컵을 들고 가는 사람을 만났는데, 이것은 상서로운 징표로 여겨졌다.

이들이 집으로 다가 가자 한 늙은 여인이 대문으로 나왔다. 두 츄르프 상인은 여인에게 물었다

"가족이 몇 명이나 됩니까?"

"열 명인데, 하나는 순례를 떠났고 또 하나는 중국에 유학 중입니다."

그녀는 대답했다.

이것 역시 편지와 딱 맞아 떨어지는 것이었다. 이들은 '여기가 맞구나'라고 생각했다. 아이가 태어난 날짜를 물었다. 하나는 개의 해에 태어났지요. 이렇게 묻자, 여인은 의심이 났는지 그녀가 말했다.

"당신들은 장사치가 아니군요. 뚤꾸를 찾는군요."

"맞아요. 우리는 동부 티베트에서 왔는데, 뚤꾸를 찾고 있어요."

그런 후에 부모의 이름을 물어 보았다.

"아버지는 락파이고 어머니는 양첸입니다."

이것도 승인 편지에 있는 그대로였다. 편지에는 아버지의 이름에 라 자가 들어 있고 어머니 이름의 접두음은 d였다.(양첸은 티베트로 dyangschen으로 철자된다)

집 주변의 사실들과 모든 징표가 맞아 떨어지자, 두 사람은 즐거운 마음으로 츄르프로 돌아왔다. 이들은 까르마빠로부터 탐색결과에 대한 승인을 받아야 했다. 우선 네낭 라마를 츄르프로 와 달라고

전화했다. 그리고 다같이 듀폰 데첸을 만나러 갔다. 그는 하루 종일 창문가에 앉아 지냈는데, 방문자들에게 조언을 해주고 질문에 대답해주고 인생 상담을 해주는 일 등을 했다. 두 승려가 그에게 탐색에 관한 이야기를 해주자 그는 매우 좋아했다. 뚤꾸가 다시 탄생한 것이었다. 그런 후에 까르마빠에게 탐색의 결과를 보고 했고, 그는 결과를 승인해 주었다.

"그가 틀림없어요. 확실하군요. 그렇게 정하지요."

얼마 후 네낭 라마와 신도인 왕뒤가, 환생자를 위해 새 옷과 공양물을 가지고 낙추로 찾아왔다. 1995년 7월 19일이었다. 이들은 가족에게 그들의 아이가 파오 린포체이며, 편지에 쓰인 내용과 모든 사실들이 얼마나 잘 맞는지에 대해 설명해 주었다. 파오 린포체가 얼마나 중요한 인물인지를 잘 모르는 부모들은 놀라지 않을 수 없었다. 네낭 라마가 그들에게 물었다.

"당신들 아이가 파오 린포체의 재탄생임이 확실하게 밝혀진 이상, 아이를 네낭 사원에 맡겨야 하지 않겠습니까?"

"걀와 까르마빠께서 아이가 파오 린포체의 양시임을 밝혀 주신 이상 불법에 도움이 된다면 사원에 맡기겠습니다."

네낭 라마는 어린 환생자를 씻어주었다. 왕뒤와 함께 어린 뚤꾸에게 새 옷을 공양하고, 법좌에 앉힌 후 만다라 공양도 하였다.

몇 년 전 왕뒤는 프랑스에 가서 전 파오 린포체를 만났었다. 당시 린포체는 남쪽 다르마센터에 머물고 있었다. 이것이 인연이 되어 두 사람은 다시 만나게 된 것이었다. 어린 뚤꾸는 쌀 과자를 왕뒤의 입에 넣어주며 그의 이마를 만지고 전통적 예법으로 대해 주었다. 왕뒤의 눈에서는 눈물이 흐를 뿐이었다.

부모들은 뚤꾸 탄생 시 별다른 특별한 징조는 없었지만 특별한

건너편 산에서 본 츄르프 사원 전경과 도워 강.(사진 • Ward Holmes)

아이라는 느낌은 들었다고 회상했다. 아이는 6개월 만에 걸었고 다른 아이들보다 튼튼했다. 그가 발견된 14개월 당시에는 훨씬 나이 들어보였다. 다른 아기와는 달리 그는 똑바로 앉아서 마치 명상하는 것처럼 조용히 지내곤 했다. 그는 부처에 대한 믿음이 대단했고, 법당에 들어서면 오체투지를 했다. 그리고 나서 사방을 걸어다니며 여러 보살들에게 절을 하고, 승려들이 쓰는 뿌자 테이블을 닦는 것이었다.

*

1995년 7월 7일, 라마 파남(듀폰 데첸 린포체의 대리인으로서 3년 안거 명상가)을 필두로, 네낭 라마와 츄르프와 네낭에서 온 18명의 승려들이 낙추를 방문하여 어린 환생자를 그의 사원으로 공식 초대하였다. 이 일은 아무런 발표나 공식행사 없이 이루어졌다.

다음날 여행을 시작하여 하루 종일 길을 걸었다. 그날 밤에는 텐트를 치고 넨첸 탕라 산 아래에서 잤다. 이 산은 모든 덕행의 보호자로 알려져 있으며, 까르마빠가 츄르프로 올 때 처음 맞이한 곳이기도 하였다. 계속 길을 왔다면 밤늦게는 사원에 도착할 수 있었다. 그렇지만 이것은 상서로운 일이 아니었다. 떠오르는 태양과 함께 아침에 도착하는 것이 나은 것이다. 여름에는 비가 많은 것이 보통이지만, 오랜 동안 가물어 대지는 마르고 풀은 시들었다. 농부들은 농사를 걱정하고 있었다. 이날 저녁 시작된 비는 밤새도록 조용히 내려서, 농부들을 감사와 믿음으로 가득 차게 하였다.

다음 날 이들이 퇴룽 계곡을 내려올 때, 하늘은 맑고 해가 떴지만 비가 조용히 내리고 있었다. 또 하나의 장엄 징표였다. 네낭 사원에서 가까운 남파의 넓은 초원에는 여름 꽃이 만발해 있었다. 츄르프 사원과 걀찹 린포체 사원 그리고 네낭 사원으로부터 온 승려들이 환생자의 도착을 기다리고 있었다. 먼저 와서 기다리는 전통에 따라, 듀폰 데첸 린포체가 츄르프 계곡을 내려와 기다리고 있었다. 파오 린포체와 그는 이미 알고 있는 사이 같아 보였다. 카타를 교환하고 서로의 이마를 만졌다. 파오 린포체가 법좌에 앉자 듀폰 데첸 린포체는 그 옆의 약간 낮은 좌석에 앉았다. 어린 환생자는 듀폰 데첸이 너무 좋은지 그를 향해 법좌에서 뛰어내렸다. 듀폰 린포체는 그의 이마를 만지고 다시 좌석에 앉혀주었다.

행사가 끝나고 모두 계곡을 따라 네낭 사원으로 올라갔다. 그곳에는 츄르프에서 온 승려들과 걀찹 린포체 사원 승려들이 깃발과 환영 현수막을 들고 뚤꾸를 기다리고 있었다. 북, 심벌, 긴 나팔, 대나무 나팔 그리고 소라고둥 등이 전통 음악을 연주하고 있었다. 젊은 환생자는 법좌에 앉아 환영하기 위해 모인 3천 명의 군중에게 축복을 내려주었다. 그 뒤 1995년 9월 13일, 환생자는 정부 관리로 일하는 부모의 라싸 사택을 찾았다. 그곳에 머무는 동안 그는 가족 그리고 수행원들과 함께 조캉을 방문하여 불상 도금에 필요한 금 등 많은 진귀한 물건을 공양하였다.

가족들이 네낭 사원으로 돌아온 것은 10월 11일이었다. 이 날은 처음으로 까르마빠를 방문하는 파오 린포체를 위해 선택된 길일이었다. 츄르프의 '위 공원'에 도착했을 때 파오 린포체는 잠들어 있었다. 이제 한 살 반밖에 되지 않은 린포체는 곧 깨어나서 합장을 하고는 '까르마빠 켄노'라고 큰 소리로 염송하여, 차 안에 있는 사람들도 들을 수 있었다.

파오 린포체를 맞이한 곳은 츄르프 '아래 공원'의 2층 여름 별장이었으며, 거기에는 법좌가 마련되어 있었다. 쌀 과자와 차를 든 후 일행은 본당으로 향했다. 젊은 뚤꾸는 까르마빠 숙소 옆방으로 안내되었다. 그는 법좌에 앉아 또렷하고 맑은 목소리로 '까르마빠 켄노'를 다시 염송했다.

10월 11일 아침,[97] 린포체는 까르마빠를 그의 방에서 만났다. 오체투지를 하기에는 너무 작았지만, 합장을 하고는 머리를 바닥에 대고 엎드렸다. 다시 일어나서는 곧장 까르마빠에게 가서 카타를 올리고 이마를 대었다. 까르마빠는 흡족해 했다.

그런 후 일행은 다시 본당으로 내려왔다. 까르마빠는 삭발을 해 준 후 그에게 뺄덴 파오 추글락 마웨 다양(영광스런 영웅이며 학자, 아름다운 소리의 말)이라는 새 이름을 내려주었다. 이들은 '위 공원'으로 올라갔다. 이곳은 아담한 동산과 굽이치는 냇물 그리고 푸른 풀밭이 있어서 승려들이 쉬거나 놀이할 때 자주 찾는 장소였다. 여기서 까르마빠

는 10대 파오 린포체의 소유물들을 파오 린포체에게 전수해 주었
다. 위대한 라마의 소유물들을 다음 환생자가 발견될 때까지 간수
하다가 전해주는 전통에 따른 것이었다. 방문을 마친 파오 린포체
는 네낭으로 돌아갔다. 그리고 라싸에 있는 부모와 츄르프에서 멀
리 떨어진 그의 사원에서 나머지 어린 시기를 보냈다.

*

1998년 8월, 파오 린포체가 아직 다섯 살도 되지 않았을 때, 몇
명의 승려들과 함께 네낭의 남동쪽에 있는 강에 놀러 간 적이 있었
다. 승려들이 강에서 옷을 빨고 있는데 파오 린포체가 혼자서 산을
올라가기 시작했다. 이것을 본 승려 오겐은 '혼자서 산을 오르는 것
은 위험한데'라고 생각하고 뒤를 좇았다. 그들이 꽤 높이 올랐을 때
파오 린포체는 그에게 물었다.

"천주 갖고 싶어?"

"네. 하지만 그게 어디 있지요?"

"바로 이 땅 밑에 있어."

"정말요?"

"그럼. 못 믿겠으면 파봐."

그들은 나뭇가지를 꺾어서 자리를 표시해 놓고 산을 내려왔다.
강으로 내려온 파오 린포체는 수행원에게 말했다.

"저 산에 천주가 있어요. 거기 가면 우리가 표시해 놓은 곳을 찾
을 수 있을 거예요."

수행원은 믿기지 않아서 말했다.

"린포체, 당신 같은 훌륭한 라마가 거짓말을 하면 안돼요."

"정말로 있어요. 믿지 못하겠으면 가서 파 봐요."

그래서 모두들 올라가서 땅을 91센티미터쯤 파보았지만 아무것
도 없었다. 이들이 시들해하자 린포체는 좀더 파보라고 했다. 얼마
안 가서 새 모양을 한 손바닥 크기의 검고 납작한 돌과 타원형의
검은 돌 그리고 소라고둥이 나왔다.

"바로 그거야. 천주가 오늘은 안 나오겠지만. 오늘은 이걸로 됐
어. 돌아가자구. 모레 다시 와 보면 천주가 나올 거야."

파오 린포체는 말했다.

일행은 사원으로 돌아와 다음날까지 머물렀다. 다음 날 이른 아
침에 다시 그 장소로 갔다. 가는 길에 린포체는 말했다.

"오늘 새벽에 천주 두 개가 나왔어. 수호자께서 간밤에 파내셨
지."

그들이 도착해 보니, 팠던 자리에 천주 한 개가 삐죽이 나와 있
었다. 좀더 파니 하나가 더 나왔고, 거기에다 산호, 터키석, 은과 금
등 다 합쳐서 두 손 가득 돌들이 발견됐다.

"이제 됐어. 사원으로 가져가자."

린포체는 말했다.

사원에 도착하자 비단 다섯 조각 위에 보석과 돌들을 올려놓고
비단으로 싸서 봉인을 했다. 이것을 유리 보관함에 넣어 다시 봉인
했다.

첫날 나온 세 개는 대중들이 볼 수 있게 법당에 전시되었다. 파
오 린포체는 검은 새 모양의 돌은 부처의 화신이고, 타원형 돌은 부
처를 상징하는 것이고 소라고둥은 구루 린포체의 상징이라고 설명
했다. 네낭 라마가 라싸로 돌아와서 파오 린포체에게 물었다.

"이 물건들을 누가 묻었을까?"

"8대 파오 추글락 최걀입니다."

파오 린포체는 대답했다.

후일 여기에 대해 보칼 린포체는 200년 전 8대 파오 린포체가 그 물건들을 묻을 때는 장차 자신의 환생이 물건을 찾아내리라는 것을 알았으리라고 설명했다. 그의 설명은 계속되었다.

불가에는 윤회의 삶을 믿는 전통이 있습니다. 특히 뚤꾸의 경우에는 과거와 미래간의 의식의 흐름이 더욱 뚜렷합니다. 이 흐름은 징표와 범상치 않은 사건들이 잘 보여 줍니다. 파오 린포체의 경우에, 그의 전 환생이 숨긴 보물들을 찾음으로써 증명되고 있습니다. 어린 파오 린포체는 그가 전생에서 한 일들을 잘 기억하고 있습니다. 바로 이것이 그가 진정한 환생자임을 증명하는 것입니다. 몸은 없어지지만 마음의 본질은 여전히 남는 것입니다.

무지한 우리는 까르마와 과거 그리고 미래의 생을 의심합니다. 과거와 미래의 삶이 존재한다는 사실을 보여 주는 이런 기적 같은 사실이 우리의 의심과 잘못된 견해를 고치는 계기가 되기 바랍니다. 그가 감춰졌던 물건들을 발견한 일은, 자신이 파오 린포체의 진정한 환생자라는 사실을 증명하는 것입니다.[98]

파오 린포체는 어려서부터 명상가로서의 품성을 나타냈다. 다른 아이들과 달리 그는 조용히 앉아있기를 좋아했다. 특히 안거센터에 머무는 것을 사원에 있는 것보다 더 좋아했다. 안거를 할 때 승려들은 시간표에 의해 명상을 하는데, 파오 린포체는 이들과 함께 20분 정도씩 명상을 하곤 했다.

1999년 10월 31일 하밥 뒤첸[99]이라고 부르는 경사로운 날 파오 린포체는 츄르프에 갔다. 까르마빠는 그날 저녁 그에게 처음으로 알파벳을 가르쳐서 경사가 이어지게 하였다. 파오 린포체는 2001년 까지 그의 사원에서 살았다. 그후 정부는 그를 라싸로 옮겨 부모와 함께 살게 했다.[100]

딜략 답쌍 린포체를 찾아내다

답쌍 린포체는 까규 종파의 위대한 명상가이자 학자로 이름이 높은데, 감뽀빠의 화신으로 여겨지고 있다. 감뽀빠는 12세기에 살 았으며 그의 저서 『해탈보장론』은 오늘날에도 까규 전통의 수행지 침서로 남아 있다. 답쌍 린포체를 위한 장수 기도문에서 16대 까르 마빠는 이렇게 노래하고 있다.

가르침의 전차를 이끄는 당신
영광스런 까르마빠 수행 법맥의 심장
위대한 감뽀빠의 금강 춤, 기적 같은 당신
애써 몸으로 나타나시니[101]
영원한 삶을 빕니다.

1959년에 답쌍 린포체와 16대 까르마빠는 부탄을 거쳐 네팔로 여행을 갔다. 답쌍 린포체는 결국 네팔의 보다나트에 사원 둘을 세 웠다. 그 중 하나는 큰 탑 옆에 지었다. 답쌍 린포체는 또한 넓은 아량과 정확한 점괘, 뛰어난 유머 등으로 유명했다. 그가 티베트를 두 번째 방문했던 1990년, 답쌍 린포체는 수많은 불경과 불상, 불기 구, 라마 춤 복장 등을 가지고 왔다. 그는 딜략 사원에 정착했다. 이

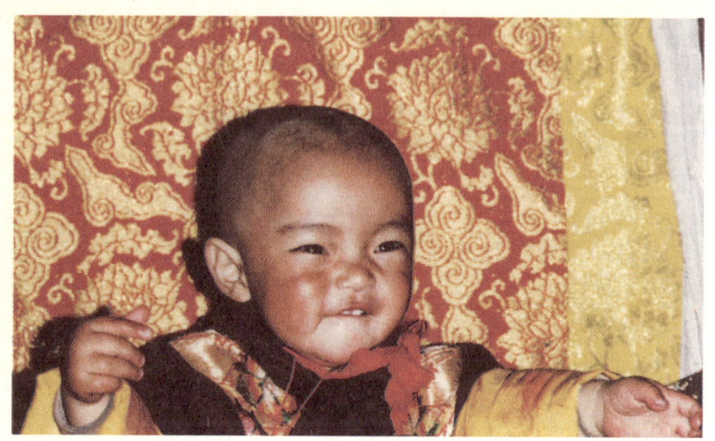

답쌍 린포체. 까르마빠에 의해 1995년 공인됨.(사진 • 바르도 뚤꾸 린포체 제공)

곳은 그의 전 환생자가 살았던 곳이다. 그가 떠나게 되자 승려들과 정부 관리들은 다시 돌아와 주기를 간청했다. 답쌍 린포체는 말했다.

"물건들을 많이 가져오느라고 힘들게 여행했다. 이제 네팔로 가면 거기서 할 일을 마치고 홍콩을 거쳐 돌아올 것이다. 나 혼자 아무것도 지니지 않고 올 것이다."

1년도 안 된 1992년 4월 2일, 그는 홍콩에서 죽었다. 티베트의 추종자들은 그때서야 그의 마지막 말을 알아들었다. '나 혼자 아무것도 지니지 않고 올 것이다'라는 말은 티베트에서 아이로 환생할 것이라는 말이었다.

*

라마가 죽으면 49재를 지내는 것이 보통이다. 답쌍 린포체의 49

재기간 중에, 딜랴 듀폰 린포체와 티베트 딜랴 사원의 대표자들은 시투 린포체에게 환생자를 찾아낼 것을 청원하였다. 얼마 지나지 않아 17대 까르마빠가 츄르프로 돌아왔다. 시투 린포체는 그에게 환생자 탐색을 요청했다. 이런 요청은 적어도 세 번은 해야 되는 것이 전통이다. 때문에 답쌍 린포체 사원 승려들은 듀폰 데첸 린포체에게 까르마빠를 재촉해 주도록 부탁했다. 여러 번의 재촉에 까르마빠는 대답했다.

"그는 아직 태어나지 않았어."

까르마빠의 승인 편지가 온 것은 1996년 6월이었는데, 답쌍 린포체가 태어난 1996년 5월 20일에서 한 달도 채 지나지 않아서였다. 뚤꾸가 태어나고 이렇게 빨리 승인이 난 것은 예외적인 일이었다.

편지는 네팔로 곧장 전달됐고, 은퇴해서 네팔에서 살던 딜랴 사원의 쬔촉 총무에게는 두 나라를 오갈 좋은 이유가 생긴 셈이었다. 엄숙한 개봉일이 오기까지 승인서는 전 답쌍 린포체의 침실에 봉인된 채로 보관되어 있었다. 그 날이 오자 편지를 꺼내 제단에 올려놓고, 티베트 지역 답쌍 린포체 대리자인 쌍게 뚤꾸, 티베트 지역 대리자 듀폰 린포체가 카타를 공양했다. 두 린포체에 의해 편지가 개봉됐고, 거기에는 티베트에서 환생했다고 써 있었다. 편지는 다음과 같다.

옴 스와스티.
크고 작은 환생의 표시로 빛나며
확실하고 최상인
당신의 가없는 빛이 세상 끝까지 비추리라.

딜략 사원 북동쪽, 드다 잘모 강 산맥 속에
쥐의 해에 태어난 아기 있으니
아버지는 까르마 어머니는 될마.
여기에 승인서가 있네.
이 수행 그리고 가르침의 법맥에 연꽃 피어나리니.
해달에 목마른 빌들 모여들리라.

불 쥐의 해, 5월 6일
부다 까르마빠의 이름을 가진 오겐 틴레 도르제가 쓰다.
(1996년 6월 22일)

이들은 티베트 차를 마시면서 탐색에 대해 의논했다. 예언에는 아버지 까르마와 어머니 될마가 명시되어 있었다. 보통 한 자 혹은 한 음절만 예언되는 것에 비하면 극히 예외적인 것이었다. 집이 있는 곳이라고 예언된 곳은 낭첸의 서북쪽이었다. 낭첸은 캄에 있는데, 사원이 많고 깨달은 수행자가 많은 곳으로 유명한 지역이다. 서북쪽에는 자퇴[102]와 디퇴[103]라는 큰 지역이 있는데, 탐색하기에는 어려운 지형이었다. 그래서 전 답쌍 린포체의 개인 수행원이었던 쌍게 틴레를 까르마빠에게 보내 좀더 자세한 정보를 받아오도록 했다. 어느 지역을 탐색하는 것이 좋겠냐는 질문에 열 살의 까르마빠는 즉각 '자퇴'라고 대답했다.

쌍게 틴레는 딜략 사원으로 돌아와 탐색반의 극소수에게만 은밀하게 이 사실을 알렸다. 호적을 열람해 보면 쉽게 찾을 수 있으리라 생각한 이들은 믿을 만한 관리에게 까르마와 될마라는 부모에게서 쥐의 해에 태어난 사내아이를 알아봐 달라고 부탁했다. 그 해에 태어난 300명 이상의 아이들 중에 그런 이름의 부모를 가진 아이는 없었다.

쌍게 틴레는 다시 츄르프로 돌아와 까르마빠를 뵈었으나, 그는 '부모는 틀림없이 거기 살아요. 가서 찾아보세요'라고 완강히 말하는 것이었다. 찾는 방법을 묻자 '발로 뛰는 것이 최고예요. 순례자로 위장하시지요. 직접 조사하세요. 그리고 끝나면, 조사한 이름들을 모두 나에게 보고 하면 결정해 주겠어요'라고 말했다.

네팔로 돌아온 상게 틴레는 듀폰 린포체와 쌍게 뚤꾸에게 이 사실을 보고 했다. 쌍게 뚤꾸가 탐색 책임을 맡아야 할 것이 뻔해졌다. 그래서 그는 티베트로 돌아오자마자 순례자로 위장한 탐색반 네 명을 보냈다. 지시받은 대로 이름을 모두 조사한 후 츄르프로 돌아온 그는 까르마빠에게 결과를 보고 했다.

조사서에는 까르마와 될마라는 이름의 부모가 한 가족 있었다. 이들의 이름은 호적에는 아직 등재되어 있지 않았던 것이다. 이들은 떠돌이 일꾼이어서, 자퇴로 온 것은 불과 2년 전이었다. 이 모든 것을 까르마빠는 예견했던 것이며 그는 까르마와 될마의 아이를 진정한 환생자로 즉각 승인했다.

쌍게 뚤꾸와 고참 승려들은 자퇴 지역 공무원들을 대동하고 부모의 집을 찾아가서 그들의 아들이 답쌍 린포체의 환생자임을 알렸다. 이들이 만날 때 선명한 무지개가 티베트의 딜략 사원 위에 나타났다. 그들의 아이를 사원에 맡기겠느냐는 질문에 부모들은 기꺼이 동의했다. 어린 환생자는 전통 의식에 따라 깨끗이 씻긴 후에 승려복을 입혔다. 관례대로 부모에게 많은 선물이 주어졌다. 아버지에게는 말 등 가축을, 어머니에게는 비단을 그리고 가족들에게는 집이 선사되었다.

행사 중에 부모는 아이와 관련된 이상한 사건들에 관해 말했다. 태중에 있을 당시, 흰 빛이 어머니에게 나타나 가슴속으로 녹아들어 갔다는 것이었다. 겨울에는 큰 천둥소리도 들렸다. 이것은 아주 드문 일인데, 천둥은 여름에나 치는 것이기 때문이다. 이들은 집 주위를 빛이 둘러싸는 것을 보기도 했다. 지역 주민 모두가 이를 보았으며, 놀라운 일로 생각했다.

아이가 태어날 때, 집 안은 빛으로 가득 찼으며 아기가 있는 곳은 흰 빛으로 둘러싸였다. 집에는 작은 법당이 있었고, 공양 그릇 일곱 개가 앞쪽에 나란히 있었다. 아이를 낳은 날, 그릇 중 한 개 속에 흰 무지개 원이 나타난 것을 아버지가 보았다. 또 같은 날, 가족들이 먹는 샘물이 흰 우유 색으로 변했다. 장엄하게 생각한 가족들은 그 물을 마셨는데, 우유 맛이 났다고 했다. 후에 한 늙은 스님이 홀연히 나타나서는 아기에게 감뽀빠 초상을 주더니[104] 나타날 때처럼 홀연히 사라졌다.

자신의 아들이 뚤꾸로 확인되자, 이 모든 의문들이 풀리게 되었다. 어린 환생자가 딜략 사원에 오기 위해 집을 떠날 때, 소라 고둥 소리·심발 그리고 대나무 피리소리가 났으며, 지역 주민들도 들을 수 있었다. 그러나 음악을 연주한 사람은 없었다.

*

다음해 초, 부처님 첫 설법 기념식 날인 1997년 8월 7일에 삭발식을 해달라는 요청의 편지가 까르마빠에게 왔다. 4개월 후, 환생자를 츄르프 삭발식에 모시기 위해 승려들이 파견됐다.

환생자는 8월 6일 츄르프에 도착했는데, 승려들은 음악을 연주하고 향기로운 향을 공양했다. 그의 도착 보고를 받은 까르마빠는 그

탈출 몇 달 전인 1999년 중반의 사진으로 열네 살의 까르마빠가 츄르프 사원 꼭대기에
서 있다. (사진작가 미상)

날 3시에 만나자고 했다. 어린 뚤꾸는 아직 말은 못했지만 얼굴은 활짝 미소 짓고 있었다. 까르마빠는 그에게 축복을 내리고 가피환을 주자 자신도 모르게 절하면서 환약을 받았다.

다음날 8월 7일 새벽, 법당에는 행사를 하기 위해 승려들이 모였다. 차와 사프론 쌀을 공양 후, 어린 뚤꾸가 까르마빠의 법좌로 모셔져 삭발하면서 양시의 새 이름을 큰 소리로 불러주었다. 이름은 흰 비단 조각에 까르마 응된 텐페 니마 틴레 충마 메페 데[105](까르마, 확실한 의미, 가르침의 태양, 뛰어난 깨달음의 행위)라고 쓰여 있었다. 그런 후 까르마빠는 황금 카타와 축복 끈을 답쌍 린포체의 목에 걸어주고 선물을 주었다. 불과 15개월 된 어린이가 법좌에 몇 시간이나 앉아서 찾아온 모든 사람들에게 축복을 주었다.

'위 공원'에서의 행사가 끝난 후, 답쌍 린포체는 츄르프에서 하루 더 묵은 후 낭첸으로 떠났다. 그는 아직 너무 어리기 때문에 집과 사원을 오가며 생활했다.

■ 내일이면 늦으리

츄르프에 머물 때 까르마빠는 사원 재건축에 전념했다. 파괴된 사
원, 불당, 불탑 그리고 요사채를 복원했다. 공부와 서적에 대한 관
심이 많았기 때문에 고급 불교 연구기관인 셰다도 지었다. 1998년
후반에 시작된 건물은 1999년 5월에 완공됐다.[106] 강원이 완성됨으
로써 츄르프는 제법 모양을 갖추게 되었다. 무문관센터가 생겼으
며, 본당에서 매일 벌이는 의식을 위한 건물도 마련되었다.

츄르프는 번성하는 것처럼 보였다. 그러나 어두운 면도 있었다.
1998년 여름, 까르마빠의 목숨을 노리는 일도 있었다. 두 명의 중국
괴한이 칼을 지니고 도서관의 담요 밑에 숨어 있다가 발각되었다.
도서관 문은 까르마빠의 숙소로 가는 길과 통해 있다. 두 괴한은 라
싸에서 어떤 사람의 돈을 받고 왔는데, 일이 성공하면 더 많은 돈을
받기로 했다고 자백했다. 츄르프 승려들의 깊은 우려에도 불구하
고, 지방 관리들은 이 사건을 유야무야 했으며, 사원의 경비도 개선
되지 않았다.[107]

까르마빠는 꾸준히 공부하고 수행했다. 그러나 까규 전통에 따른
구전 전수도 받지 못하고 있는 실정이었다.[108] 이럴 경우 까르마빠

의 지위는 이름뿐이지 충분한 자격을 갖춘 것은 아니었다. 그의 두 본원 라마들인 걀찹 린포체와 시투 린포체는 인도에 살고 있었다. 까르마빠는 다르마 가르침과 전수를 받기 위해 정부에 여행허가를 지속적으로 요청했지만 그의 요청은 받아들여지지 않았다. 두 린포체를 티베트로 초청하려는 요청에도 아무런 반응이 없었다. 수년간에 걸쳐 그는 열심히 요청했지만 아무것도 얻지 못하였다.

티베트에서의 이런 상황에 까르마빠는 심각하게 고민하고 있었다.

"한 중국 관리가 이런 암시를 했다. '당신이 열여덟 살이 되면 정부는 더 많은 관심을 보일 것입니다.' 그러나 이 말도 나는 믿을 수 없었다."

그가 성년이 되면, 중국 정부는 그에 대한 억압을 강화해서 중국 정부 정책의 시녀로 만들 수도 있을 것이었다. 압력이 이미 느껴지고 있었다. 중국 정부의 꼭두각시 판첸 라마의 삭발식에 참가하게 된 것이 그 예이다.[109]

1999년 까르마빠는 두 번째 중국 방문을 계기로 탈출을 진지하게 고려하였다. 베이징에서 그는 중국 지도자들[110]과 만났고, 사원을 방문해서 축복을 내리고 언론과도 만났다. 중국 정부가 내세운 판첸 라마와 행사에 같이 참석하도록 강요당하기도 했다. 판첸 라마의 연설은 판에 박힌 것이었으며, 그는 까르마빠에게 다음과 같이 말하였다.

"당신과 나는 협력해서 조국의 발전과 불법 중흥을 위해 일해야 합니다."

장쩌민이 수년 전부터 내세우던 말을 그대로 따르는 것이었다. 언론들이 판첸 라마에 대해 묻자, 열세 살의 까르마빠는 노련하게도 직접적인 언급을 회피하면서 다음과 같이 대답했다.

티베트 츄르프 사원 시절의 열네 살의 까르마빠. 1999년.(사진작가 미상)

“만일 판첸 라마가 아미타불의 화현이라면 그는 훌륭한 라마임이 틀림없습니다. 그리고 말이 나왔으니 말인데, 환생 라마는 지식・근면성・바른 행동 등 세 가지 품성을 갖춘 사람입니다. 나아가 뚤꾸는 부처님의 가르침을 열심히 따르고 승가의 발전을 위한 정열을 가지고 있어야 합니다.”[111]

까르마빠는 이런 간접적인 방식으로 티베트인들을 위해, ‘민족성은 소중한 것입니다’라고 맞서 말하기도 했다. 까르마빠의 선생 라마 니마가 그를 수행했는데, 두 사람 모두에게 힘든 여행이었으며 앞날이 밝지 않음을 느낄 수 있었다.

중국인들은 까르마빠에게 공산당을 지지할 것을 요구하기도 했다. 지방 관리가 연설문 낭독을 요청하자 까르마빠가 물었다.

“당신은 내가 당신들의 연설문을 대신 읽어주기를 바랍니까?”

당황한 당 관리는 그 연설문이 자신의 의견을 말하는 것처럼 읽혀야 한다고 말했다. 그러자 까르마빠는 대꾸했다.

“그렇다면 나는 이 연설문이 필요 없습니다.”

연설은 취소되었다.[112] 억압과 강제 말고도 까르마빠가 떠나야겠다는 결심을 굳히게 된 것은 스승들을 만날 수 없다는 점이었다. 오랜 요청에도 불구하고 거절만 당했다. 까르마빠는 근본 스승으로부터의 가르침의 중요성을 이렇게 설명했다.

“틸로파・나로빠・마르빠 그리고 그 후의 법맥을 이어 내려오는 우리 까르마 까규파는 한 라마로부터 다음 라마로 법맥이 전승되는 확고한 전통이 있습니다. 전 까르마빠는 시투 린포체와 걀찹 린포체에게 법맥을 계승했습니다. 다른 라마에게도 전했지만 이 두 라마는 그중 뛰어난 분들입니다. 다음 까르마빠인 나와도 대를 이어오는 영적 관계를 통해 특별한 관계를 맺고 있습니다.”[113]

시투 린포체 역시 법맥의 중요성을 다음과 같이 강조했다.

티베트 불교에서 법맥을 빼고는 불교를 말할 수 없습니다. 무처의
깨달음은 제자들에게 가르침으로 전승되었고, 이들은 이것을 수행하
고 지키며 발전시켰습니다. 그 가르침이 다음 제자에게 전승되었고,
이들 역시 같은 일을 반복했습니다. 이렇게 가르침의 전통은 오늘날
까지 이어오고 있는 것입니다.
    가르침의 모든 측면인 명상·기도·관정·의식·철학 등 모든 서
원들로 전통이 흐릅니다. 법맥이 살아 있는 부처님의 가르침은 정당
합니다. 흐트러지지 않고 계속된 전통이 진정한 것이며, 전통이 죽은
불교는 진정한 것이 아닙니다. 그래서 전통을 전수받고 그것을 지키
는 것이 우선적 과업입니다. 예를 들어 나의 스승으로부터 전승된 가
르침을 이어가지 못한다면 가르침은 의미가 없을 것입니다. 정보에
불과할 것입니다. 계율에 대해서도 마찬가지입니다. 법맥이 끊어지면
불교도 끝입니다. 법맥이 이어질 때에 불교는 살아있을 것입니다.[114]

마지막으로 까르마빠가 법맥을 유지하고 지도자로서의 역할을
완수하려면 떠나는 수밖에 없었다. 모든 방법은 실패했고 그의 목
표는 달성하기 어려워 보였다. 그는 몰래 탈출계획을 세웠다. 떠나
기 몇 달 전인 1999년 9월, 까르마빠는 서양 제자에게 다음번에는
티베트 밖에서 만날 것이라는 말로 그의 계획을 암시했다. 또한 동
남아시아 제자에게는 멀지 않은 장래에 대만에 오게 될 것이라고
말하기도 했다. 시투 린포체는 다음과 같이 회상했다.

우리는 수년 동안 까르마빠 성하가 룸텍에 있는 그의 법좌에 올 수

뒷줄 오른쪽부터 라마 테남, 시투 린포체, 걀찹 린포체, 텐진 규르메. 앞쪽 아콩 린포체, 세랍 타르친. 1992년, 츄르프.(사진 • Michele Martin)

있도록 중국과 인도정부에 허락을 요청했으나 받아들여지지 않았었다. 결국 까르마빠 성하는 인도로 갈 것을 결심하고 계획을 나에게 수차례 편지와 메시지를 통해 전달하였다. 나는 즉각 달라이 라마 성하께 이 사실을 알렸고, 그는 고맙게도 좋은 조언을 주셨다. 수반되는 위험을 면밀히 조사한 다음, 전체 상황을 예민하게 파악하고 있었다. 나는 걀와 까르마빠에게 고려할 몇 가지 중요 사항들과 이에 따르는 위험 등을 말씀드렸다. 그는 상황과 시점 등을 포함해 여러 가지 이유로 인해 인도로 가는 수밖에 없다고 나에게 알려 왔다. 이렇게 해서, 그의 전 환생에서 그렇게 했듯이, 전적으로 까르마빠 자신의 결정에 의해 인도로 망명하기로 정했다. 장소와 시간 그리고 상황의 제약으로 인해 내가 할 수 있는 일이 별로 없었지만 나는 최선을 다했다. 걀와 까르마빠가 인도의 달라이 라마 성하께 직접 만나도록 주선하는 일 등을 포함해서.[115]

1999년 늦가을 까르마빠가 티베트를 떠나기 약 두 달 전, 그는 세뢰 응아다(밀교 수행시 한 호법신의 이름) 부처를 위한 15일간의 둡첸(집중 수행)을 주재했다. 그는 이 수행과 교육에 새로운 조치를 취했다. 까르마빠는 승려들에게 매일 두 번 긴 설법을 했는데, 가르침의 기반은 승가이며, 열심히 공부하고 계율을 지키는 것이 중요하다는 점을 강조하였다. 그는 7대 까르마빠 최닥 갸초, 8대 까르마빠 미꾀 도르제, 9대 까르마빠 왕축 도르제 등의 논서를 연구할 것을 장려하였다. 스승에 의지하는 방법,[116] 귀의[117] 그리고 보리심, 즉 깨달은 마음의 발심[118] 등에 관해 설법했다. 사성제에 관해도 설법했다. 인간 탄생의 고귀함, 모든 현상의 비영속성, 원인과 결과의 작용인 업 그리고 윤회적 존재의 모순.

그는 특히 무상無常을 강조했다.

"모든 존재는 무상하다. 당신은 지금의 나를 보고, '그는 젊고, 우리는 자주 만날 것이다'라고 생각할지 모르지만, 모든 것이 무상하다라는 것을 생각해 본다면 나를 그리 오래 보지 못할지도 모릅니다. 무상이 문제가 될지 모르지만 항상 공부하고 계율을 지켜야 합니다. 앞으로 다시 만날 기회가 있을 것입니다."

설법을 들은 누구도 그가 티베트를 떠날 것이라고 생각하지 못했다. 단지 무상과 죽음에 관한 전통적 사고에 관해 말하는 것으로 받아들였다. 명상 수행에 관해 설명하고 그 체험과 깨달음을 어떻게 증진할 것인지를 설법한 후, 까르마빠는 승려들이 그의 가르침을 마음 깊이 새겨 둘 것을 부탁하였다.

이 즈음 까르마빠는 보시도 열심히 했다. 츄르프의 모든 승려들이 100위안씩 받았다. 걀찹 린포체 사원에 금 40조각을 보시하고, 승려들에게도 보시했다. 3년 안거를 마치고 나온 승려들에게는 정성들인 음식을 공양했다.

함께 길 떠날 동반자를 모으다

집중 수행을 할 당시 까르마빠는 그의 강사인 라마 니마에게 탈출계획을 알리고 도움을 청했다. 까르마빠는 라마 니마가 "앞날에 대해 신중히 생각해 보십시오. 어려움이 많을 겁니다. 잘 안 풀릴지도 모르고요"라고 반응을 보였던 것을 기억한다. 그는 이렇게 까르마빠의 앞날을 걱정하긴 했지만, 최선을 다해 계획을 돕기로 했다.

까르마빠를 도왔던 사람들의 개인사를 살펴보면 전통과 근대화가 공존하는 티베트의 한 면을 엿볼 수 있다. 특히 위대한 스승이 개인의 삶에 어떻게 영향을 미치는가, 츄르프 사원이 바깥세상과 어떻게 연결되어 있는가를 알 수 있다.

라마 니마는 강사로서 훌륭한 자격을 갖춘 승려였다. 그는 세라 사원에서 주요 불교 논서들을 배웠는데, 가장 뛰어난 학생으로 이름을 날렸다. 그는 논증, 토론 그리고 교과서 학습 등에서 뛰어났다. 특히 티베트의 위대한 사상가 쫑카파의 주요 저작들[119]을 단 두 달 만에 암기함으로써 더욱 유명해졌다.

좀더 많은 경험과 수행에 집중하기 위해 1989년 츄르프로 왔다. 그는 듀폰 데첸과 상의했다. 그 결과 라마 니마는 스물다섯 살이 된 그 다음해에 전통의 3년 안거 수행을 시작했다. 경전에 대한 해박한 지식을 쌓은 후에 명상을 통해 깨달음을 다지는 것이다.

그의 지식은 동료들에게도 많은 도움이 되었다. 3년의 과정을 끝낸 후 듀폰 데첸은 그를 라싸로 보내서 언어, 시, 고급 문법 등을

켄포 체남 그리고 따시 뺄덴과 같은 유명한 선생들로부터 배우게
하였다.

듀폰 네첸은 우수한 성직으로 학업을 끝낸 그를 까르마빠의 강
사로 임명하였다. 움제 툽텐 쌍포가 까르마빠에게 읽기 등 츄르프
의 전통적 공부를 가르쳤고, 라마 니마는 좀더 고급의 공부를 가르
쳤다. 그는 또한 잠곤 꽁툴 그리고 파오 린포체의 환생을 찾아내는
일 등도 거들었다. 서른일곱 살이 된 그는 이번에는 까르마빠를 위
해 목숨을 바칠 준비가 되어 있었다.

탈출을 몇 달 앞둔 시점에서, 티베트 안에서 라마 니마 외에 이
사실을 아는 사람은 까르마빠의 수행원 침푄 둥악뿐이었다. 츄르프
인근 마을에서 1938년에 태어난 그는 전 까르마빠 생존 시, 일곱
살의 나이로 승려가 되어, 사원이 파괴될 때까지 츄르프 사원에 머
물렀다. 사원이 파괴된 후 머물 곳이 없어진 그는 계곡 끝자락에 있
는 유목민 거주지로 이사한 후 종교적 박해가 느슨해진 1984년까지
살았다.

종교생활을 선택할 수 있게 되자 둥악은 츄르프로 돌아와서 다
시 승려가 되었다. 그는 몇 년간을 사원 재건현장에서 돌일과 흙일
을 했고, 후에는 건설 현장책임자가 되었다. 그는 본당과 수호존 법
당에서 수행에 참여했으며, 수호존 마하칼리 기도문을 염송하곤 했
다. 까르마빠가 츄르프로 돌아온 1992년에는 그의 수행원이 되었
다. 몇 년 후 그도 까르마빠와 함께 탈출하였다.

탈출에 좀더 많은 협력이 필요하다는 판단에 따라 라마 니마는
믿을만한 절친한 친구 네낭 라마[120]를 염두에 두었다. 파오 린포체
사원 출신인 그가 태어난 곳은 츄르프로부터 3킬로미터 떨어진 곳
이다. 가족들은 몇 세대에 걸쳐 까르마빠와 가까운 사이였다. 그의

까르마빠와 개인교사인 라마 니마. 라마 니마(오른쪽)는 학자이며 명상가이다. (사진 • Dalha Yeshi 제공)

중조모는 14대 까르마빠인 텍촉 도르제의 누이인데, 8대 파오 린포체의 형과 결혼했다.

가족들은 큰 행사인 신년행사, 어린이 축복행사, 집중수행일 그리고 라마 춤 행사가 있을 때마다 츄르프를 찾았으며, 승려가 된 가족들도 많았다. 네낭 라마는 여섯 살부터 열다섯 살까지 동네 학교를 다녔다. 그 후에는 집에서 농사를 지었다. 스물두 살에 네충의 불교 강원[121]을 졸업한 네낭 라마는 첫 3년 안거 수행을 츄르프에서 했다.

당시 전 파오 린포체는 네낭 사원으로 그를 초청하는 편지를 여러 번 보냈었다. 사원에는 라마가 없었고, 승려들은 가난하고 도움이 필요했다. 네낭 라마는 자신이 자격도 없고 능력도 없으며 다른 유능한 수행자도 많으니 듀폰 데첸에게 부탁해 보라고 하면서 사양했다. 그러자 파오 린포체는 듀폰 데첸에게 네낭 라마를 보내달라

츄르프 숙소에서의 까르마빠와 선생 움제 툽텐. 읽기와 기초 공부 선생이다.(사진 • Ward Holmes)

고 요청했다.

1990년, 안거 수행을 마친 네낭 라마는 스물네 살의 나이로 결국 네낭 사원으로 와서 재건사업을 시작했다. 이 사업은 파오 린포체의 환생자를 모시기 위한 준비의 일환이었다. 그의 탐색에는 네낭 라마가 책임을 맡을 것이었다. 네낭 라마는 고아원을 시작하고, 1학년에서 5학년까지 120명을 가르치는 학교도 설립했다. 라싸에서 가게와 여행사업을 함으로써 많은 자선사업도 가능했다.

라마 니마는 이제 서른여섯 살이 된 네낭 라마의 헌신, 경험 그리고 좋은 인간관계 등이 탈출에 큰 도움이 될 것을 알고 있었다. 게다가 그는 그가 운영하는 사업 때문에 라싸로부터 사원으로 왕래가 자연스럽게 보일 것이므로, 의심받지 않고 탈출준비를 하는데 적격이었다.

행정부에는 병이 나서 치료를 받으러 간다고 말해 놓고 라싸로 간 라마 니마는 네낭 라마를 찾았다. 그는 네낭 라마에게 인도로의 탈출계획을 털어놓았다. 라마 니마는 까르마빠의 말씀을 반복했다.

"여기에 남아 있다면 가르침을 펴 중생을 교화할 방법이 없다. 여기를 떠나야만 가능하다."

걱정이 된 네낭 라마는 츄르프로 와서 까르마빠를 만나 이야기했다.

"인도로 가시겠다는 말씀을 들었습니다. 신중하게 생각하셔야 합니다. 아주 위험한 일일뿐만 아니라, 잡힌다면 무슨 일이 벌어질지 모릅니다."

곧 이어 라싸에서 다시 만난 네낭 라마와 라마 니마는 교외 으슥한 곳을 찾아서 탈출에 관해 의논했다. 그후 몇 주간 이런 식으로 의논하였다. 같이 걸으며 많은 얘기를 나누었다.

"2, 3년 늦추는 것이 좋을지 모릅니다."

네낭 라마는 말했다. 라마 니마는 까르마빠의 말로 대답을 대신했다.

"만일 금년에 못가면 탈출할 기회는 영영 안 올 수도 있습니다."

큰 위험이 있음을 아는 네낭 라마는 말했다.

"하지만 이건 장난이 아니에요. 죽느냐 사느냐입니다. 무사히 끝내기가 쉽지 않아요. 우리야 괜찮지만 까르마빠가 중국인들에게 잡히기라도 한다면 보통 일이 아니지요."

"까르마빠는 앞을 내다보고 계시므로 무슨 일이 일어날지도 알고 계십니다. 지금 떠나야 한다고 하셨습니다. 금년에 떠나야 합니다. 아니면 영영 못 갈지도 모른다고 생각하십니다."

라마 니마가 또 말했다.

"탈출에 도움이 될 사람을 구하는 일조차 쉽지 않았어요. 당신에게 진작 이야기하고 싶었지만, 당신은 파오 린포체 곁에서 학교 사업도 해야 하고 사원도 돌봐야 하고…."

친구의 말을 들으며 네낭 라마는 생각했다. '까르마빠는 나의 스승이고 나는 그에 대한 확신이 있다. 그가 인도로 탈출하려는 것은 불도와 중생을 구하려는 마음에서이다. 내가 그를 돕는 것은 부처를 위하는 일이다.' 네낭 라마는 라마 니마를 진정한 친구로 생각하고 있었다.

"당신이 원한다면 같이 가지요. 네낭 사원에서 내가 하는 일은 까르마빠의 원대한 포부에 비하면 아무것도 아니지요. 당분간 저의 일은 포기하겠습니다."

라마 니마는 기뻤다. 그러나 더 많은 도움이 필요했다.

"한 사람 더 있어야 돼요."

그들은 같은 생각이었고, 이제 막 서른 살이 된 츄르프의 승려 라마 출팀 걀첸을 후보로 생각했다. 그는 달덩이 같은 얼굴에 갈색의 큰 눈을 한 성품이 온화한 사람이었다. 라마 출팀도 라마 니마처럼 3년 안거 수행을 했고, 네낭 라마와도 가까운 친구 사이였다.

라마 출팀은 츄르프에서 남쪽으로 75킬로미터 떨어진 녜모에서 태어났다. 이 지방 농부들은 눈에 덮인 산으로 둘러싸인 계곡에서 산다. 대개 그렇듯이 그의 가족들도 몇 대에 걸쳐 츄르프와 인연을 맺으면서 살아오고 있다. 녜모의 주리 지역에 사는 2천 가구 가량의 사람들이 츄르프와 인연을 맺고 살고 있으며, 라마 출팀의 아버지도 츄르프 사원에서 일한다. 라마 출팀은 아홉 살부터 열여덟 살까지 여기서 학교를 다녔다. 졸업 후에는 집안 농사일을 하며 양떼도 돌보고 목수 일도 하였다. 그러던 어느 날 어머니가 말했다.

"몇 대를 걸쳐 우리 집안의 뿌리 라마는 까르마빠였다. 우리 집

듀폰 린포체. 츄르프를 재건한 공로자이며 17대 까르마빠 탐색의 공로자.(사진작가 미상)

은 까규 전통을 지켜왔고 츄르프와도 가까운 관계를 맺어왔다. 네가 세속에 묻혀 살지 않고 승려가 된다면 참 좋겠다."

어머니는 이렇게 자신의 소원을 말했다. 그 자신도 수행을 하고 싶었으며, 까르마빠 곁에서 살고 싶었다. 그래서 그는 츄르프로 듀폰 데첸 린포체를 찾아갔다.

"우리 가족은 츄르프와 오랜 인연을 맺고 살아왔습니다. 나는 주리 지역에서 살았는데, 어머니께서 '승려가 된다면 참 좋겠다'라고 하십니다."

"좋아."

흔쾌하게 듀폰 데첸은 대답하였다. 그리고 곧장 그의 머리를 깎아 주고 행자로 받아들였다.

그후 4년 동안 리미 출팀은 아침저녁으로 경전공부를 하고, 낮에는 사원 주위의 목수 일을 하면서 지냈다. 스물세 살이 되던 해에 그는 사원에서 의식에 필요한 거의 모든 경전들을 암송할 수 있게 되었다. 그는 듀폰 린포체에게 3년 안거 수행을 허락해 달라고 요청했다. '두고 보자'가 대답이었다. 수행자는 18명이었는데, 지원자는 훨씬 많았던 것이다. 사원 지도부가 지원자 심사를 하게 되었을 때 듀폰 린포체는 라마 출팀을 강력 추천했다.

"사원에 큰 도움이 될 사람입니다."

3년 안거를 마친 라마 출팀은 까르마빠의 독방 방장으로 일하게 되었다. 얼마 지나지 않아 듀폰 데첸은 그에게 새로운 일을 맡겼다. 라마 춤 공연을 하는 사원 앞 정원을 새로 포장하는 공사였다. 정원석이 평평하게 잘 고정되어 있도록 배수공사도 해야 했다. 라마 출팀은 이 공사에 3년 이상을 매달렸다.

우선 그가 해야 할 일은 자금을 모으는 일이었다. 그래서 동으로는 캄, 북으로는 암도, 서로는 웅아리 등 여러 곳을 돌아다니며 의식·기도 등을 드리고 관정을 주며 때로는 설법도 했다.

실제 공사가 시작된 것은 1년 후였으며 법당과 사무실에 마루를 까는 공사도 추가되었다. 그가 임무를 완수한 것은 서른 살이 되어서였다. 친구들은 그를 '땡초 중'이라고 놀리기까지 했다. 라마 출팀은 이제 사원과 라싸에서 그리고 어떤 때는 설법과 관정을 위한 여행을 떠나기도 했다.

늦은 10월 어느 날, 쥬르프를 방문 중이던 라마 니마는 라마 출팀에게 그들의 계획을 이야기하였다. 이 일생일대의 일을 놓고 라

1999년 말쯤으로 티베트에서 무스탕으로 사전답사를 떠나는 일행으로 라마 출팀이 말을 끌고 티베트 쿠육 사원 앞에 서 있다.(사진•라마 출팀 제공)

마 출팀은 깊이 생각해 보고 싶었다. 그래서 즉답을 피한 후 생각에 몰두했다. 인도에서 자유롭게 수행할 것인가 아니면 잡혀서 감옥에 갈 것인가. 약 2주일 후 라마 출팀이 사원의 일로 라싸에 머물고 있는데 까르마빠가 비밀리에 숙소로 불렀다.

"인도로 망명할 작정입니다. 라마 니마와 네낭 라마와 상의해 주세요."

"이건 보통 일이 아닙니다. 목숨이 걸린 일입니다."

"모든 점에 대해 생각해 봤습니다. 이제 결정도 내렸습니다."

"제가 할 수 있는 최선을 다하겠습니다."

"세 사람이 구체적인 탈출계획을 세우시오."

라마 출팀은 라마 니마 그리고 네낭 리미를 만나기 위해 라씨로 돌아왔다. 그는 키추 강 근처의 한적한 곳에서 핸드폰으로 전화를 했다. 다른 많은 티베트 승려들처럼 세 사람 모두 핸드폰이 있었다. 키추 강은 도시의 남쪽으로 흘러가는 이름난 여름 유원지였다. "여기 근사한 데요. 와서 같이 놉시다"라고 말했고 두 승려는 곧 도착했다. 그날 이 세 사람은 목숨을 잃는 한이 있어도 까르마빠를 위해 일치단결해서 일할 것이며, 누구에게도 발설하지 않겠다는 맹세를 했다.

이들은 까르마빠의 요리사인 스무 살 후반의 툽텐도 끌어들이기로 했다. 그는 까르마빠의 숙소까지 식사를 나르곤 했으므로 까르마빠가 없어지면 그가 알아차릴 것은 뻔한 일이었다. 까르마빠는 툽텐을 좋아했고 툽텐도 까르마빠를 깊이 믿었다. 그를 위해서라면 무슨 일이라도 할 것이었다.

나중에 네낭 라마가 츄르프에 왔을 때에는 주위에 사람이 너무 많아서 툽텐과 은밀히 만나기가 쉽지 않았다. 그러자 툽텐은 그에게 다가 와 손을 꼭 잡고는 윙크를 하면서 말했다.

"걱정 마세요. 문제 없어요."

준비하는 과정 내내 툽텐은 라마 니마에게 큰 도움이 되었다.

어느 길이냐?

세 사람은 까르마빠가 지시한 것들을 세밀히 의논하였다. 그리고 그들 법맥 수장의 망명을 돕는 막중한 임무에서 각자의 역할을 나누었다.

라마 니마는 사원 건물로부터의 탈출을 맡았다. 차에 탄 후 인도 국경까지의 여행길은 네낭 라마와 라마 출팀이 맡기로 했다. 까르마빠의 지시에 따라 계획을 세우겠지만, 탈출 경로와 시기선택은 까르마빠가 직접 결정할 것이었다.

다음으로 중요한 결정은 '어떤 경로를 택할 것인가'였다. 이들은 여러 선택지를 놓고 고심했다. 꽁포로 해서 남쪽 길을 잡을 것인지? 카일라스 옆을 지나 서쪽으로 갈 것인지? 많은 사람들이 택하는 댐을 거쳐 갈 것인지? 결정을 짓지 못한 채 3일 후에 만나기로 하였다.

라마 출팀은 그 동안에도 다른 경로에 대한 정보를 수집하였다. 카일라스까지 얼마나 걸릴 것인지? 꽁포로 가는 길 상태는 어떤지? 네팔까지 가는 최선의 길은? 무스탕까지의 길 상태는? 경찰 초소는? 길 가까이에 마을이 있는지? 군부대는? 가능한 모든 위험에 대비해야 했다.

3일 후 이들은 그 동안 수집한 정보를 가지고 다시 모였다. 라마 니마는 라싸에 머물러 있고 네낭 라마와 라마 출팀이 서부 티베트로 해서 무스탕으로 가는 길을 직접 답사하기로 결정했다.

무스탕은 티베트 문화권에 속하는 역사 깊은 나라였지만 지금은 네팔에 속했다. 이 길을 택한 것은 이용자가 적을 뿐 아니라 다른 곳보다 경비가 허술하기 때문이었다. 그리고 오솔길을 면한 정도이지만 고개 넘어 네팔까지 길이 이어져 있었다. 여행길을 위해서도 사원 탈출시에도 좋은 차가 필요하였다. 그래서 사업상 돈이 많은 네빵 리미기 도요더 지프차를 구입하여 쎈 값에 출팀에게 넘겨주었다. 자신의 명의로 된 차를 갖게 된 출팀은 이제 사원 일을 빌미로 자연스럽게 사원 안팎을 차로 누빌 수 있게 되었다. 이들은 차를 항상 최고의 상태로 유지하기로 하였다.

*

인도에는 시투 린포체의 심복 수행원인 라마 테남에게 까르마빠의 계획이 통보되었다. 그는 항상 미소를 잃지 않는 활달한 사람으로, 1959년 부모와 같이 티베트를 떠나 네팔에서 어린 나이에 승려가 되었다. 사원에서 오랜 세월을 보낸 그는 사르나트의 티베트 고급 강원을 다녔다. 그리고 세랍 링 사원으로 옮겨 시투 린포체를 모시면서 젊은 승려들을 가르치면서 영어 공부를 하였다. 시투 린포체의 해외여행을 그가 수행하는 이유일 것이다.

라마 테남은 1992년에 츄르프에서 까르마빠를 만났으며, 시투 린포체를 모시고 다시 방문했고 혼자서도 두 번이나 왔었다. 이 만남을 통해 그는 어린 까르마빠와 가까운 사이가 되었다.

"까르마빠 성하께서 티베트를 떠날 생각을 하시는 것은 이미 오래 전에 알고 있었지만, 언제, 어떻게에 대해서는 짐작할 수가 없었다"라고 라마 테남은 말했다. 테남은 델리에 머물면서 시투 린포체와의 연락을 도맡았다.

"새 소식을 듣고 즉시 나는 시투 린포체에게 보고 했다. 달라이라마 성하는 그를 통해 소식을 들으셨다.[122] "

까르마빠와 시투 린포체가 츄르프의 위 공원에 놀러 가서 찍은 사진으로 시투 린포체는
까르마빠의 근본 라마들 중 한 사람이다. 1992년 7월.(사진 • Michele Martin)

*

　티베트에 있던 두 승려들에게는 티베트 서쪽으로 장기간 여행해야 하는 좋은 구실이 필요했다. 이들은 그럴 듯한 일을 꾸며냈다. 전에 이들은 네팔 국경 근처의 싸가 군에 사는 사람으로부터 재미있는 정보를 들었다. 그가 사는 동네를 거쳐 산을 넘어 네팔로 탈출하는 사람들이 많다는 것이었다.

　일이 되려는지, 신도 한 사람이 라마 출팀에게 싸가로 와서 기도와 설법을 해 달라는 부탁을 해왔다. 라마 출팀에게는 좋은 구실 거리였다. 그는 정부 관리에게 신도의 말을 이렇게 옮겼다.

　"안 오신 지가 벌써 2, 3년이나 돼서 걱정이 많이 됩니다. 한번 와 주실 수 있으면 얼마나 좋겠습니까?"

　관리는 소개장에 그가 츄르프 승려이며 사원 일로 여행한다고 적어 주었다. 이 소개장으로 보통은 통제구역인 민감한 국경지역을 여행할 수 있게 되었다. 네낭 라마는 보카르 린포체를 위한 건축공사를 지원하기 위해 서부 웅아리 지역으로 간다는 구실을 만들어냈다. 보카르 린포체는 인도에 사는 위대한 안거 수행자이다.

　탈출 거사 한 달 전쯤, 두 라마는 라마 출팀의 기사인 다르계를 데리고 서부 티베트로 향했다. 그는 계획에 대해서는 전혀 몰랐다. 20대 후반의 젊은 승려 다르계는 네낭 사원에 가까운 따시 강 마을 출신이었다. 그의 가족은 츄르프의 퇴룽 계곡에서 농사를 지었는데 까르마빠와는 수대에 걸친 인연을 맺어왔다.

　다르계는 어렸을 때 가축과 양떼들을 돌봤고 4년간 초등학교를 다녔다. 그 후 목수 일을 배웠고 츄르프 사원의 본당 공사장에서 일하게 되면서 한 승려를 알게 되었다. 그리고 틈틈이 불경 공부를 하게 되었다.

라마 출팀이 그와 첫 인연을 맺은 것은 정원 포장공사를 위한 기금 조성 여행에 그를 데리고 다니면서부터이다. 이후 이들은 오랜동안 같이 여행을 다니게 되었다. 출팀이 기금조성으로 홍콩에 있던 동안에 다르계는 사원의 타타 트럭 운전을 배웠다. 이제 그는 두 승려를 도요다 지프차에 태우고 조사 여행에 나서게 되었다.

모피를 덧댄 비단 추바를 입고 모피 모자를 쓴 네낭·출팀 그리고 다르계 일행은 영락없는 장사꾼 모습이었다. 실제로 승려들이 사원행사 때가 아니거나 사원을 떠나서 간편한 민간 복장을 하는 것은 보통 있는 일이었다. 라마 출팀이 공식 문서를 지니고 있었으므로 네낭 라마는 그의 조수로 행세하기로 했다. 라마들은 흔히 동반여행을 하므로 이상하게 여기지 않을 것이다.

첫 목적지는 싸가 군이었다. 여기서 이들은 반가워하는 라마 출팀의 신도를 만났다. 하루 동안은 승복으로 갈아입고 기도를 올려주고 관정도 했다. 방문은 순조로웠다.

두 번째 목적지인 츄르프의 말사인 쿠육 사원은 아직 티베트 안이었다.[123] 가는 길에 아시아에서 큰 강 중 하나인 얄룽 창포를 만났는데, 이 강에는 다리가 없었다. 정부 입장에서 보면 네팔과 인도까지 갈 수 있는 지역으로까지의 여행을 부추길 필요는 없었으리라.

넓고 거센 강을 건너려면 배가 필요하고, 얼음이 두껍게 어는 겨울에는 차로 건널 수도 있다. 지프차는 신도에게 맡긴 채 일행은 말을 타고 강기슭을 지났다. 물살이 세찬 강 중심에는 얼음이 얼지 않아 말을 탄 채로 강을 헤쳐 나갔다. 자칫하면 사람도 말도 물살에 떠내려갈지 모른다는 두려움에 '까르마빠 켄노'를 마음속으로 간절히 계속하여 불렀고, 다행히도 일행은 강을 무사히 건넜다.

쿠육 사원의 주지인 라마 뻬마는 출팀과 친한 친구 사이였으며 네낭 라마와도 안면이 있었다. 라마 뻬마가 방문의 본래 목적을 눈치 채지 못하게 해야 했다. 네낭 라마가 말했다.

"파오 린포체를 모시는 입징에시, 사원들을 방문해시 기원 기도를 올려 달라는 청을 하러 나선 길이지요. 양시가 곧 즉위식을 올릴 텐데, 어려움이 많습니다."

중요한 행사에 앞서 장애를 없애고 길을 닦는다는 의미에서 기원행사는 흔히 있는 일이었다. 라마 뻬마는 도울 일이 생겨 기분이 좋았으며, 파오 린포체는 까르마빠도 인정하는 까규 종파의 고승이었다.

첫 날밤을 지낸 후 네낭 라마는 무스탕에 사는 친척을 방문하는 일에 라마 뻬마의 협조를 부탁했다. 이것도 자연스럽게 보였다. 티베트 사람들은 순례나 사업상으로 들르면 친척을 찾아보는 것이 관례였다. 게다가 네낭 라마의 친척은 라마 뻬마의 쿠육 사원의 뚤꾸이기도 했다. 그는 전 까르마빠의 신임을 받던 사람이었고 라마 뻬마도 그를 잘 알고 있었다. 뚤꾸와 그의 동생은 로 몬탕(무스탕의 행정수도)에 살았는데, 지금은 모르고 있지만 앞으로 탈출에 기여할 것이었다. 네낭 라마는 라마 뻬마에게 그들이 환생 라마를 탐색 중이라고 말했다. 츄르프에서는 이것에 관해 언급하지 않았지만, 무스탕 지역이 민감한 국경지역이라서 쓸데없는 오해를 일으키지 않으려 했기 때문이다. 라마 뻬마는 비밀을 지켜야 할 것이며 라마들은 탐색시 으레 변장을 하였으므로 그들의 변복은 의심받을 일이 아니었다.

하루는 세 사람이 근처 산꼭대기에 올라갔다. 네낭 라마는 다르계에게 농담을 섞어 말했다.

"라마 출팀과 나는 인도로 도망갈 걸세. 같이 안 가려나? 일이 잘못 되면 자네도 다치겠지만. 잘 되면 자네에게도 좋은 일 아닌가?"

"아니, 난 도망치지 않을 거요. 그런 말을 함부로 하다니. 중국 사람들이 알면 어쩌려고. 가고 싶으면 가시오. 나는 안 갈 테요. 물론 운전수로 따라갈 생각도 없고."

"아, 농담이었어. 하지만 금년에 네팔에 갈 일은 있을 거야."

"무슨 일로요?"

"친척을 좀 보려고. 성하께서 무스탕에 사는 뚤꾸 탐색을 승인하셨어. 가서 확인해 봐야 해. 다음번에도 여기를 통과해야 할 거야. 지역을 잘 살펴 봐 둬."

두 사람의 행동은 구법 여행에 나선 보통 승려들의 행동이 아니었다. 다르게는 의심이 났다. '성하께서 탈출하려는 것이 아닐까? 아니, 그럴 리가 없지. 혹시 파오 린포체를 인도로 모시고 가려는지도 몰라'[124]라고 생각하면서도 의심이 가시지 않았다.

일행은 라마 뻬마의 친구로부터 차를 한 대를 빌렸다. 라마 뻬마는 이들을 당고 주둔 부대로 안내하고 자신을 포함한 네 명의 통행 허가서를 발급받았다. 이 지역의 유명 인사인 라마 뻬마가 이들의 신원보증을 한 것이었다. 지역 사령관은 이들이 상거래상 여행하는 것이며 2~3일 사이에 돌아올 것이라는 사실을 기입해 주었다. 일행은 군부대 부근에서 하룻밤을 지냈다. 그리고 네팔 국경에 있는 다음 군부대까지는 4~5시간이 걸렸다. 이들은 허가서를 보였다. 장교가 차를 검사하면서 말했다.

"꼭 돌아오시오!"

주변 사정을 눈여겨보면서 국경을 넘은 이들은 네충에 도착했다. 옛 시골길 모습을 그대로 간직한 이 길은 티베트에서 왕래하는

관정을 내려 주고 있는 까르마빠가 감뽀빠 모자를 쓰고 있다. 1999년 츄르프.(사진작가 미상)

상인들이 만들었다. 네충에서 남쪽으로 더 내려가는 네낭 라마의 친척 집까지는 말을 이용했다. 가는 도중 눈여겨봐야 할 것들이 많았다.

겉으로는 상인 모습이었지만 라마들은 까르마빠가 승인한 네낭 왕뒤라는 어린 환생자를 탐색하는 중이기도 했다.[125] 그는 파오 린포체 사원의 뚤꾸였으며, 따라서 그를 찾아내고 돌보는 것은 네낭 라마 책임이었다. 이들 여행은 세 가지 목표를 가지고 있었다. 겉으로는 상인이었고, 속으로는 뚤꾸 탐색반이며, 더 나아가서는 까르마빠의 인도 탈출 경로 확인이었다.

뚤꾸를 찾아내면 까르마빠의 확인문서와 대조해 보았다. 네낭 라마는 아이의 부모에게 티베트 정국이 나아지면 아이를 티베트로 데려갈 것이고, 그렇지 않으면 네팔로 데려갈 것이라고 앞으로의 계획을 말해 주었다.

"문제가 없는 건 아닙니다. 티베트를 출국하는 사람들이 주로 이용하는 댐을 통하는 길은 출국허가 유효기간이 지났습니다. 그래서 그 길로 갈 수는 없어요. 앞으로 지금 우리가 했던 것처럼, 이 길을 택하게 되면 도와주실 수 있을까요? 우리는 중앙 네팔로 갔다가 다시 티베트로 돌아와야 합니다."

부모들은 기꺼이 이들을 돕고자 했다. 카트만두에는 파오 린포체 소유의 사원이 있었고, 네낭 라마가 그곳을 방문하는 것은 당연한 일이었으므로 의심받을 만한 일은 전혀 없었다.

첫 요청에 대해 긍정적인 답을 들은 네낭 라마는 계속해서 물었다.

"츄르프로 돌아가면 까르마빠에게 어린 뚤꾸에 관해 보고할 것이고, 그가 승인을 확인해 주면 같이 카트만두로 와야 할지도 모릅니다. 그렇게 되면 일행이 꽤 많이 될 텐데, 괜찮겠지요?"

"그럼요."

부모들은 그들의 아들이 똘끼가 될 수 있으리리는 사실에 매우 행복해 하며 말했다.

"저희들은 최대한 도와드리고 싶습니다."

"한 달 후쯤에 예닐곱 사람이 오게 될 겁니다. 말과 말을 끌 사람도 구해 놓으시지요."

네낭 라마는 마지막 요점을 말했다.

조사를 계속하면서 도로사정에 대해서도 세밀하게 물었다. 다음에 쓸 예비비로 돈도 맡겨두었다. 일행은 국경의 군부대에 신고하면서 갔던 일이 잘 되었다고 말했다. 군인들은 이들이 약속대로 3일 만에 돌아온 것에 만족했다. 가져온 짐과 지프차를 조사받고 통과했다.

이들은 도로사정에 대해 기록하고 사진도 찍었다. 쿠육 사원에서 하룻밤을 잘 지낸 네낭 라마와 라마 출팀은 라마 뻬마에게 작별인사를 한 후 라싸로 돌아왔다. 그들의 1차 조사여행은 모두 보름 정도가 걸렸다.

*

라싸로 돌아온 네낭 라마는 라마 니마에게 전화를 했다.

"사업은 아주 잘 진행됐어요. 만나서 얘기하겠습니다."

그들은 안전한 장소에서 만나 이야기를 나누었다. 그리고 라마 출팀의 운전사 다르계도 탈출에 동참시키기로 결정했다. 그에게는 나중에 이야기해 줄 예정이었다. 이미 의논한 적이 있었지만 탈출 시기에 관해서는 까르마빠가 매년 겨울 동안거에 들어가는 관행이

라마 뻬마와 라마 출팀이 탈출경로를 조사하기 위한 여행에서 쿠육 사원에서 첫 번째 부대로 가는 길이다. 나중에 이 길로 탈출하게 된다. (사진·라마 출팀 제공)

있으므로, 그때를 택하면 의심받을 염려가 없으리라 생각되며 라마 니마가 까르마빠 역할을 하면 될 것이었다.

네낭 라마는 라마 니마에게 말했다.

"안거한 것으로 은폐하고 3일간만 버티면 우리는 국경을 벗어나 있을 것이요. 그 후엔 재주껏 빠져나오시오."

이 무렵 네낭 라마는 네팔의 지인을 접촉하고 있었다.

"로 몬탕으로 고위 승려 한 분을 모시고 갈 것이오. 좀 도와 줄 수 있겠소?"

"이런 일을 별로 좋아하지는 않지만 당신이니까 거절은 못하겠 군. 무스탕 지역은 좀 아니까, 도움이 될 거요. 언제 오시오?"

"결정되면 전화로 알려 드리지요."

조사를 갈 때는 차에 문제가 없었는데, 오는 길에 말썽이 있어서

수리를 의뢰했다. 라마 출팀은 라싸에서 사진을 현상하여 다음날 돌아왔다. 까르마빠는 지형과 도로·경비초소·거리 및 소요시간 등을 보고 받았다. 백할 수 있는 코스설명까지 마친 후 까르마빠의 결정을 기다렸다.

"우리가 알 수 있는 것은 이 정도입니다. 성하께서 결정을 내려 주십시오."

까르마빠는 귀 기울여 듣기만 하고 바로 결정을 내리지는 않았다. 나중에 다음과 같이 회고했다.

"상황에 대한 내 내부의 느낌과 감각에 주로 의지했습니다. 한번은 종이에 '간다'와 '안 간다'를 적어서 상자에 넣고 뽑기를 해 본 적도 있지요. '간다'가 뽑히더군요."

코스 선택에도 비슷하게 해보았다. 코스는 티베트 사람들이 택하는 댐코스, 서쪽 카일라스코스, 그들이 조사해 본 무스탕코스가 있었다.

세 라마들이 조마조마하게 기다리는 중에 이틀이 흘렀다. 드디어 까르마빠가 네낭 라마에게 츄르프로 오라고 전화를 했다. 그는 탈출코스에 관해 세세히 물었다.

"이 길로 무스탕으로 갈 수 있습니까?"

"그 길을 조사해 봤는데, 95퍼센트는 괜찮았습니다."

아는 것을 모두 설명한 뒤 네낭 라마가 까르마빠에게 말했다.

"탈출 여부는 성하의 결정에 달렸습니다. 결정하시는 대로 따르겠습니다."

까르마빠는 열네 살에 불과했지만 신중하고 의젓했다. 확신에 찬 목소리로 말했다.

"좋습니다. 갑시다. 결정했습니다. 준비를 하십시오. 나는 안거를 시작하겠습니다."

어려운 결정은 내려졌다. 젊은 까르마빠는 그의 고국·사원·승가·부모·형제 그리고 티베트 신도들을 떠나기로 결정했다. 그는 법맥의 계승자로서의 모든 책임을 걸고 그의 일생을 좌우할 결정을 내렸다.

네낭 라마는 급히 라싸로 돌아와 라마 니마에게 전화했다 .

"오늘 당장 거래가 성사되지 않으면 다 놓칩니다."

세 사람은 라싸에서 만났다. 네낭 라마는 까르마빠가 그들이 조사한 코스를 택했다고 하였다. 라마 니마는 까르마빠 대역을 하기 위해 츄르프로 돌아갔고 라마 출팀과 네낭 라마는 라싸에 머물며 여행준비를 하기로 했다. 그리고 네낭 라마는 네팔의 지인에게 전화를 해서 로 몬탕 도착일을 알렸다.

지프차는 엔진을 새것으로 갈았다. 내부도 손 보고 타이어도 가는 등 완벽하게 준비했다. 50리터짜리 예비연료통도 세 개나 지붕에 얹었다.

그 동안 까르마빠는 정화공양을 올렸다.[126] 종이 만다라가 바람에 휘날리고, 화려한 기도 깃발도 산 속에 날렸다. 이들은 앞으로의 여행에 장애물을 예방하는 것들이었다. 비록 아무에게도 말해 주지는 않았지만.

여행 경비는 네낭 라마가 여기저기 아는 사람들을 찾아다니며 마련했다. 파오 린포체의 네낭 사원 승려들에게는 6개월간의 물자를 마련해 주고, 학교 선생님들의 월급도 지급했다. 여행 준비물로는 짬파, 버터, 말린 쇠고기, 차 그리고 방한복 등을 구입했다. 까르마빠가 쓸 물건들은 최고급으로 준비했다. 따뜻한 침구, 다운재킷, 바지, 모자, 스카프, 장갑, 선글라스 등.

라마 출팀은 큰 사원들을 돌며, 가는 곳마다 그들의 앞길이 무사하기를 빌었다.

"부처님, 보살님. 우리는 당신들의 가르침과 모든 중생들을 위해 어려운 길을 갑니다. 어려움을 넘어 무사히 인도까지 갈 수 있도록 보살펴 주십시오."

라마 출팀은 녜모에 사는 친구들과 친척들에게 작별 인사를 하고 싶었다. 그는 츄르프에 머물고 있던 75세의 노모에게 구정舊正 때 집에 들르고 싶다고 말했다.(녜모에서는 티베트의 다른 지역보다 한 달 먼저 구정을 지낸다.) 구정 때는 온 가족이 모이며 종교행사에도 참가한다. 모자는 차를 타고 녜모로 가서 마지막으로 친척과 친구들을 만났다. 이틀 후 츄르프에 와 있던 라마 니마로부터 긴급한 전화가 걸려 왔다.

"빨리 와서 여행허가서를 받으시오."

장거리 여행 시에는 사원의 공식허가서를 받아야 했고, 라마 니마는 만일에 대비해서 미리 받아 놓는 것이 좋겠다고 생각했다. 라마 출팀은 다음날 마지막 점검을 위해 지프차를 몰고 갔다. 그는 네낭 라마와 함께 도로상태, 그리고 시가체로 가는 북부 하이웨이와 츄르프 도로가 만나는 계곡 끝 지역의 상태를 점검했다. 여기가 네낭 라마와 사원을 탈출한 일행들이 만나기로 한 지점이었다.

■츄르프를 탈출하다

12월 26일, 네낭 라마는 까르마빠에게 전화로 물었다.

"친구한테 빌려줄 돈은 마련 됐나요? 언제 보내실 수 있나요?"

"준비됐으니 걱정 마세요. 보자기에 꽁꽁 싸서 들고 가기만 하면 돼요."

네낭 라마는 출발준비가 완료됐다는 것을 알아차렸다.

까르마빠가 12월 27일부터 21일간의 안거에 들어갈 것임을 주위 사람들에게 널리 알렸다. 라마 출팀이 지프차를 몰고 츄르프로 돌아왔다. 사람들에게는 서부 티베트에 사는 신도가 기도의식을 올려 달라고 해서, 곧 다시 가야 한다고 말해 놓았다. 중국에도 신도가 생겨서 가봐야 한다고 말했다. 여행사를 운영하면서 해외에 많은 지인을 가지게 된 그가 중국에 간다면 중요한 일일 것이라고 주위에서는 생각했다.

계획대로 주방장 툽텐은 까르마빠의 방을 들락거리면서 그가 방에 있는 것으로 가장할 것이다. 라마 니마도 밤에는 까르마빠 방에 머물고 낮에는 시중드는 척할 것이다. 역시 평상시처럼 탕카가 공양되고 기도도 드릴 것이다. 주방장과 선생은 친한 친구로서 죽이 잘 맞았다.

28일 이른 새벽은 1년 중 가장 추운 때로 북극의 찬바람은 대지를 얼어붙게 하였다. 주위 산들은 하얗게 눈이 덮였고 강은 꽁꽁 얼어붙은 채 매서운 바람을 맞고 있었다. 아직 해도 오르기 전 라마 출팀이 츄르프로 돌아오고 있었다. 계곡의 좁다란 길을 오르던 지프차가 얼음 구덩이에 빠졌다. 사원의 사람들이 그를 도우러 내려왔다. 이들 중에는 푸르프라는 경비대장도 있었다. 지프를 끌어올리면서 푸르프는 3일간 휴가를 받아 양파첸으로 놀러갈 것이라고 했다. 부처님이 돕는 것 같았다.

아침 9시나 되어 사원에 도착한 라마 출팀은 까르마빠가 입을 옷을 싼 보자기를 수행원에게 넘겨주면서 말했다.

"라마 니마 옷인데, 좀 전해 주시오."

그리고 행정 사무실로 가서, 츄르프 흐라첸 사원 정원불사에 필요한 돈을 시주받으러 낙추에 좀 갔다 올 수 있는 여행허가서를 들고 방으로 돌아왔다. 라마 출팀은 너무 긴장되어 밥도 넘기지 못할 지경이었다.

*

바로 그날 라마 니마는 라싸에 있는 네낭 라마에게 전화했다.

"오늘 밤 10시 30분에 재미있는 비디오를 틀 거요. 아주 재미있으니 꼭 보시오."

"꼭 보지요."

네낭 라마는 대답했다. 경비원들도 비디오를 보고 있을 것이므로 탈출하기 적절한 타이밍이 될 것이라고 생각했다.

그날 오후에 라마 니마와 툽텐은 운전기사 다르계와 '아래 공원'

으로 산책을 나갔다. 그들은 차를 길가에 세워두고 숲속으로 걸어 들어갔다.

"중요한 얘기가 있어 보자고 한 것이오. 실은 성하께서 인도로 망명하실 예정이오. 당신이 운전을 맡아주면 좋겠소. 같이 가고 싶지 않아도 괜찮아요. 강제로 할 생각은 없으니까. 당신이 마음 내키는 대로 하시오. 부모·친척 모두 버리고 떠날 수 있겠소? 가기로 결정한다면 오늘밤 10시 30분에 떠날 것이오. 아니라면 비밀만 지켜주면 되겠소."

다르게는 '내가 사랑하는 가족과 친구들은 모두 티베트에 있다. 그러나 언젠가는 죽는 것이 인간인데. 죽으면 누구나 헤어지는 것 아닌가. 성하는 티베트인 모두의 위대한 스승이시다. 아마도 나는 그분을 위해 모든 것을 바쳐야 할 것 같다'라고 생각했다. 그리고 대답했다.

"같이 가겠소. 걱정 마시오."

오후 5시쯤, 라마 니마가 라마 출팀의 방으로 찾아와서 10시 30분에는 꼭 출발할 것을 다짐했다. 그리고 도중에 까르마빠가 경찰에게 발각되지 않도록 각별한 주의를 할 것을 당부하면서 말했다.

"성하께서 인도에 무사히 도착하셔서 룸텍까지 갈 수만 있다면 나는 죽어도 한이 없을 것이오."

*

네낭 라마가 전화로 준비상황에 대해 물었다.

"기원 기도준비는 잘 되어 갑니까? 곧 시작하겠지요?"

그 자신도 짐꾸리기, 택시예약, 도로 사정에 대한 점검 등을 마쳤음을 알려왔다.

저녁에 그는 운전기사 체왕 따시에게, "업무차 가야 할 데가 있는데 당신이 운전을 해야 되겠소"라고 엉뚱한 목적지를 말해 주었다. 그리고 택시를 불러 운전사를 태우고 약속 장소로 향했다. 도착한 시간은 밤 10시였다. 길가에 짐을 내려놓고는 택시를 보냈다. 네낭 라마가 체왕 따시에게 말했다.

"잘 들으시오. 당신은 인간으로 환생한 행운아요. 이번 생을 헛되이 보내서는 안 될 것이오. 실은 오늘밤 성하께서 인도로 탈출하실 텐데, 당신 도움이 필요하오. 잘 생각해 보시오. 성하를 위해 따라 나선다면 좋겠소. 당신의 결정에 따르겠소. 따르지 않겠다면 비밀만 지켜주시오."

체왕 따시는 놀랐지만 금방 결정을 내렸다.

"성하를 위해 봉사할 기회가 주어진 것만으로도 큰 축복입니다."

까르마빠에 대한 충직한 봉사정신이 다른 모든 걱정들을 잠재웠다. 그는 어머니와 네 명의 형제자매에게 작별인사도 못하고 영영 헤어져야 할 것이다. 체왕 따시는 평안한 마음 상태에서 결정을 내렸던 것으로 기억한다. 츄르프에서 여러 번 뵌 까르마빠 성하에 대한 존경심 덕이었다. 이로써 예비 운전수가 확보됐다.

*

츄르프에서는 다르계가 라마 출팀을 만나 경비상황을 보고하였다. 그날 근무하는 경비원 두 명은 라마 출팀도 잘 아는 사람들이었다. 주변 순찰은 어떤 때는 1시간 간격, 어떤 때는 5시간 간격으로 하는 등 예측하기가 어려웠다. 라마 출팀이 말했다.

"경비원들을 끌어내는 계략을 써야 하겠소. 당신은 차를 법당 뒤에 대고 숨으시오. 내가 법당 경비원에게 당신을 찾는 중이라고 도움을 요청하겠소. 그가 자리를 뜨면 성하가 차에 탈 틈이 생길 것이오."

출팀의 말을 들은 다르게는 까르마빠의 식사도구 등 짐을 지프차 안에 넣어두었다. 책자로는 유일하게 까르마빠의 활동상황을 기록한 츄르프 행정부의 문서를 챙겼다.

툽텐이 라마 출팀을 찾아와 말했다.

"중국 사람들에게 잡히지 않는다면 나도 인도로 갈 겁니다. 잡혀도 할 수 없지만 까르마빠께 기도해 달라고 해주십시오."

라마 출팀의 눈에 눈물이 고였다. 8시가 다 돼서야 라마 출팀의 '다섯 수호존 법당' 꼬라가 끝났다. 마하칼라·욘땐 괸캉·상틱 푸르바·도르제 돌도 그리고 쩨링마 모두에게 기도를 올리고 버터램프와 카타를 공양했다.

"수호신장, 보호자시여. 당신의 권능으로 안전한 여행이 되기를 빕니다. 성하께서 오늘밤 탈출하십니다. 보살핌의 가피를."

밤이 깊어지자 부엌에서는 모두 라마 니마가 빌려 온 쿵후 비디오를 보고 있었다. 부엌에 있는 다섯 명 중 수행원 셋은 중국 협력자로 알려진 사람들이었다. 주방 근무자 중 툽텐 만이 탈출 사실을 알고 있었다. 다른 승려들은 대부분 방에서 책을 보고 있었다. 대장이 휴가를 갔기 때문에 경비원들은 느슨해져 있었고 바깥은 너무 추워 돌아다니는 사람도 없었다.

수호존 불당 뒤에 차를 세워 놓고 라마 출팀의 방으로 다르게가 돌아온 것은 9시쯤이었다. 두 사람은 10시 20분에 방을 나와 승려들의 숙소를 지나 사원 외곽의 순환로까지 걸어갔다. 본당에서 멀리 떨어진 곳에서 헤어졌다. 라마 출팀은 지프차 쪽으로, 다르게는

츄르프 하첸이라고 부르는 건물로 향했다. 여기서 그는 벽에 몸을
바짝 붙인 채 기다렸다.

*

그 동안 까르마빠는 준비를 마쳤다. 까르마빠는 떠나는 이유를
적어서 남겨놓을 편지를 썼다. 까르마빠는 다음과 같이 회고했다.

"편지에 나는 나의 근본 라마들로부터 가르침을 받고자 떠난다
고 말했습니다. 수차례 여행신청을 했지만 거절당했고, 나는 조국
을 떠나는 것도 아니고 중국인들을 미워하지도 않는다고 밝혔습니
다. 또 티베트로 돌아올 것이라고도 썼습니다."

까르마빠는 룸텍에서 까르마빠의 법맥을 통해 전수돼 흑모[127] 그
리고 불상과 법구 등을 계승받을 것에 대해서는 언급하지 않았다.
그는 말했다.

"처음 쓴 편지에는 이들을 언급했지만, 이런 일들은 내가 법통을
이을 가르침을 구하는 것에 비한다면 사소한 일이라는 데 생각이
미쳤습니다. 이건 중요한 일이 아닙니다. 중요한 것은 가르침을 받
는 일입니다. 그리고 룸텍에서 해외의 제자를 만나는 일입니다. 그
래서 처음 쓴 편지를 구겨 던져버렸습니다."[128]

까르마빠는 그 자신의 편지와 달라이 라마로부터 온 편지를 테
이블에 남겨놓았다. 그는 다음과 같이 회고했다.

"탈출하기 몇 년 전 나는 달라이 라마 성하께 편지를 올린 적이
있는데, 그 답장이었습니다. 성하는 나에게 공부 열심히 하고 불법
을 잘 따르고 있으라고 말씀하셨습니다."[129]

떠나야 할 시간이 되었다. 까르마빠와 라마 니마 그리고 수행원
둥악은 맨 위층의 까르마빠 방을 나와 어둠에 싸인 본 건물 계단을

통해 2층으로 내려왔다. 조용히 재빠르게 접견실을 지나쳤다. 본당 한쪽에 서 있는 어둠 속의 16대 까르마빠 상을 가물거리는 버터램프의 황금불빛이 비추고 있었다. 이들은 주방 옆에 있는 창고의 창문을 열고 나와 쩨링마 불당 지붕으로 올라갔다.

마당 아래에서는 라마 출팀이 기다리고 있었다. 법당 건물들과 수호존 불당에 있어야 할 경비원 둘은 보이지 않았다. 그 중 하나는 비디오를 보고 있을 것이다. 안전하다고 판단한 라마 출팀은 지프차 쪽으로 손짓을 하며 작은 돌을 집어 지붕으로 던졌다. 그러자 라마 니마가 속삭였다.

"와 있었군?"

"물론이지."

그때 건물 저쪽 코너에서 불빛이 다가왔다. 라마 출팀은 재빨리 돌아서서 제자리로 돌아오고 있는 경비원에게 다가갔다. 다르계도 차 뒤로 빠르게 가서 문을 열고 지프차 속으로 들어갔지만 이미 늦었다. 경비원은 다르계를 보았던 것이다. 들킨 사실을 모른 채 라마 출팀이 경비원을 향해 말했다.

"다르계가 어디로 갔지? 지금 떠나야 하는데."

"지금 막 차 안으로 들어가지 않았습니까?"

경비원은 차 속으로 불을 비추었다.

라마 출팀은 시침을 떼고 "이런, 여기에 있었군!"하고 말했고, 물건을 찾는 척하는 다르계가 현장에서 들킨 것이었다.

바로 그때 툽텐이 툭 튀어 나왔다. 상황을 읽은 그는 경비원에게 다가가며 아주 친근한 목소리로 말했다.

"어이, 오늘밤 테이프 좀 빌려 줘."

"나 지금 근무 중이야. 나중에 빌려 주지. 정위치를 떠날 수는 없잖아."

툽텐은 더욱 상냥하게 말했다.

"그러지 말라고. 잠깐이면 될 길, 좀 봐줘. 여기 라마 출팀도 있고 다르게도 있잖아. 빨리 갔다 오자."

그러자 경비원은 툽텐을 따라 어슬렁어슬렁 사라져갔다. 지붕 위에 엎드려 숨도 못 쉬고 있던 사람들은 툽텐과 경비원이 멀어져 가자 비로소 뛰는 가슴을 쓸어내렸다. 그들이 어둠 속으로 완전히 사라지자 출팀은 다시 돌을 던져 신호를 보냈다. 까르마빠는 몸을 가볍게 날려 지프차 옆으로 뛰어내렸다. 뒤를 따라 둥악과 라마 니마가 지붕을 내려왔다. 까르마빠는 이미 옷을 갈아입었다. 일곱 살 이후로 처음 입어 보는 민간복장이었다.

일행은 재빨리 차를 출발시켰다. 정문을 피해 옆길로 몰았다. 이 길은 주리 사원 공사를 위해 임시로 낸 출입로였다. 차가 사원 앞쪽 벽을 지나고 있었을 때 경비원이 보았다 해도 지프의 지붕과 검게 칠한 창문 밖에 보이지 않았을 것이고, 라마 출팀과 다르게가 여행을 떠나는 것으로 생각했을 것이다. 곧 낯익은 퇴룽강 다리를 건넜고, 험상궂은 얼굴의 수호존 베르나첸 석상을 지나갔다.

일행이 계곡을 내려오고 있을 때, 늦어져 불안해진 네낭 라마로부터 핸드폰으로 연락이 왔다.

"빨리 와! 뭣들 하고 있어?"

그리고 얼마 안 돼 까르마빠 방에 처져 있던 라마 니마가 핸드폰으로 "다 잘 됐어"라고 연락하였다.

30분쯤 후 지프차는 네낭 라마가 기다리고 있는 북 시가체 도로 교차점에 도착했다. 네낭 라마와 체왕 따시는 빠르게 짐을 차에 실었다. 그리고 떠났다.

네팔지역 까르마빠 탈출경로
0 10 20
킬로미터

코레라
네충
쵸사르
로몬탕

12월 31일
아침에 로 몬탕을 떠나 쥬르로 향하다.
말을 타고 걷고.

차랑

1월 5일
아침에
다람살라 도착.

다람살라

체레
쥬르

뉴라

12월 31일
밤새 걸어 묵티나트를 지나서 뉴라를 넘다.

1월 1일 낮에 토롱 라를 넘고,
밤에는 헬기장 근처 관광객
여관에서 자다.

칵베니

묵티나트

좀솜

토롱라

델리

1월 4일
델리 도착. 오후 늦게 차로 다람살라로 출발하여 밤새 달렸다.

(상세지역지도)

로 몬탕
묵티나트

네팔

인도

럭나우

1월 3일
초저녁에 럭나우 도착 : 밤을 새워 델리로.

고락푸르

0 10
네팔지역 까르마빠 탈출경로
0 125 250
킬로미터

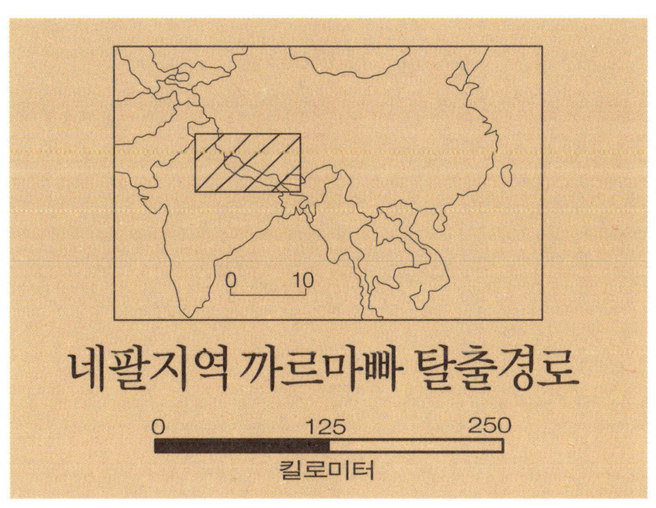

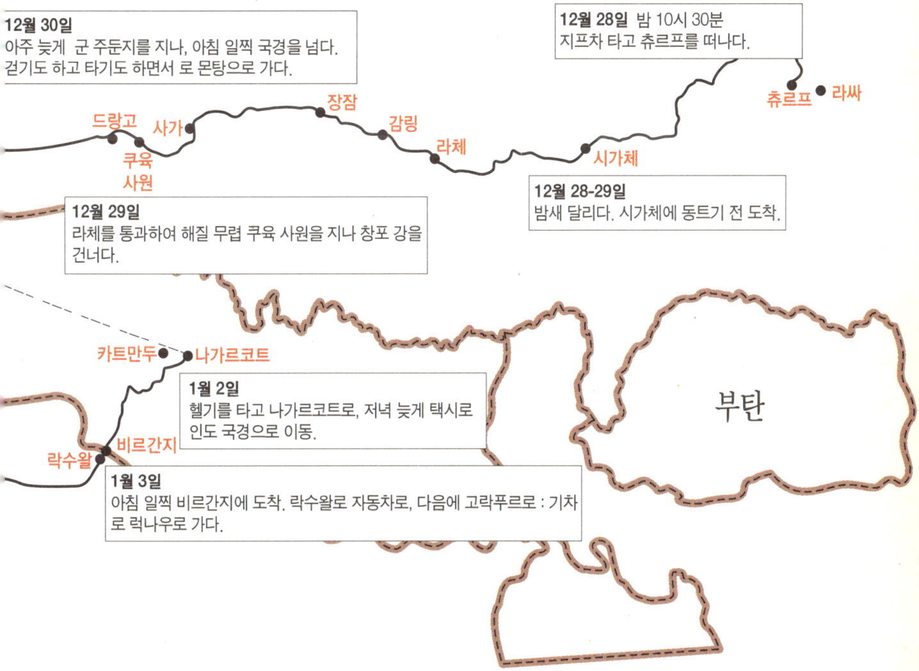
12월 30일
아주 늦게 군 주둔지를 지나, 아침 일찍 국경을 넘다. 걷기도 하고 타기도 하면서 로 몬탕으로 가다.
12월 28일 밤 10시 30분
지프차 타고 츄르프를 떠나다.
츄르프
라싸
드랑고
사가
장잠
감링
라체
쿠육 사원
시가체
12월 28-29일
밤새 달리다. 시가체에 동트기 전 도착.
12월 29일
라체를 통과하여 해질 무렵 쿠육 사원을 지나 창포 강을 건너다.
카트만두
나가르코트
1월 2일
헬기를 타고 나가르코트로, 저녁 늦게 택시로 인도 국경으로 이동.
부탄
비르간지
락수왈
1월 3일
아침 일찍 비르간지에 도착. 락수왈로 자동차로, 다음에 고락푸르로 : 기차로 럭나우로 가다.

■지구의 지붕을 넘어서

까르마빠는 지프차 뒷좌석 둥악과 네낭 라마 사이에 끼어 앉았다. 운전석에는 다르계가 그 옆으로 체왕 따시와 라마 출팀이 앉았다. 맨 뒤쪽에는 차와 물, 빵, 말린 쇠고기, 볶은 보릿가루, 침구 등의 짐들을 실었다.

티베트의 동맥이라고 불리는 도로에는 늦은 시간임에도 많은 트럭과 지프들이 왕왕거리며 달리고 있었다. 검은 밤을 가르며 달리는 차 속의 안온함에 그들은 행복할 지경이었지만 밖은 엄청 추울 것이었다. 그러나 중국인들이 뒤쫓지나 않을까 하는 불안감으로 졸리지는 않았다. 그들은 방금 전 잘못하면 들킬 뻔 했던 일을 이야기했다. 툽텐의 재치가 아니었더라면 큰일 벌어졌을 것이었다. 경비원은 전체를 알아차리고도 모른 체했고, 지금쯤은 중국 당국에 신고했을 수도 있었다. 그러나 다르계는 '성하가 공식적으로 안거에 들어가 있고, 나가는 것을 본 사람이 없었으니 걱정할 필요가 없다'고 생각했다. 시간이 흐르면서 그는 이 탈출이 성공할 것 같은 느낌이 들었다. 단 하나 언젠가는 티베트에 돌아올 수 있었으면 하는 마음뿐이었다.

이들은 간간이 '까르마빠 켄노'를 염송했다. 어려운 상황이 발생하면 까르마빠가 축복해 준 쌀을 뿌리곤 했다. 농황색의 사프론 쌀은 제액을 막아준다고 하며, 여행하는 승려들은 으레 이 쌀을 지니고 다녔다. 옛날에는 큰 사건이 일어나면 임시 경비초소를 세워 검문을 했는데, 이 쌀 덕분에 무사히 통과한 적도 있다고 하였다. 이 여행에서도 그러기를 빌었다.

예로부터 중요한 교역 중심지인 시가체에 우리가 도착했을 때는 아직 어두운 밤이었다. 한겨울이어서 날씨는 얼음처럼 차가웠다. 주유소에 들러 급유와 예비연료통도 채웠다.

시가체를 벗어나는 지점에서 길은 두 갈래로 나뉘었다. 일행은 그중 댐 방향으로 갈 예정이었다. 이 지점은 주요 검문장소 중 하나여서 모든 차량을 세워 여행허가증과 차를 검문하는 것이 보통이었지만 일행에게는 운이 따랐다. 경찰이 자리를 비운 것이었다. 네팔로 향하는 길은 긴 장대로 막혀있는 반면 서부 티베트로 향하는 길은 열려 있었다. 이들은 이 길로 접어들어 다음 목적지를 향해 달렸다.

시가체를 벗어나 라체로 달리고 있는 시간은 12월 29일 새벽이었다. 여명이 밤하늘을 밝혀 오고 있었다. 잠시 멈춰 체왕 따시가 다르게 대신 운전석으로 옮겼다. 두 운전사는 여기서부터 매시간 교대로 운전할 생각이었다. 쌍쌍 못 미처 응암링에서 비로소 처음 차를 멈췄다. 일행은 지프에서 내려 잠시 거닐기도 하고 푸른 하늘을 향해 심호흡을 하기도 했다. 도로에서 멀리 떨어진 마을들이 점점이 눈에 들어왔다. 사람들이 가까이 와서 보더라도 평상복을 한 채 선글라스를 낀 까르마빠를 알아보지는 못할 것이었다.

싸가[130]로 가는 길 내내 날씨는 쾌청했다. 늦은 오후 태양을 향해

탈출 도중 티베트의 쌍쌍 부근으로 지프차 앞 오른쪽부터 다르계·둥악·까르마빠·라마 체왕·체왕 따시이다. 민간복장으로 바꿔 입지 않았다면 까르마빠가 탈출하기는 불가능했을 것이다.(사진·라마 출팀)

달리는 앞 차창에는 마치 이들의 여정을 축복하는 듯이 무지개가 비추고 있었다.

라마 니마가 걱정스러워 다음 마을에서 차를 멈추고 전화를 했으나 받지 않았다. 목이 마른 라마 출팀이 콜라를 사려고 가게로 가다가 아는 사람들을 만났다. "우린 라싸로 가는 길입니다"라고 반대편을 가리켰다. 아는 사람들은 차 옆을 지나가면서도 차 안을 들여다보려고 하지는 않았다. 거의 발각될 뻔했던 것이다. 마을에서 48킬로미터쯤 더 간 일행은 차를 멈추고 예비탱크에서 휘발유를 차에 주유했다. 그리고 차를 길에서 안 보이는 곳에 세우고 날이 어두워지기를 기다렸다. 쿠육 사원을 지나야 하는데, 사람들이 지프차를 알아볼 수 있기 때문이었다.

다음 난관은 브라흐마푸트라 강을 건너는 일이었다. 그들이 조사

티베트 남쪽 국경 근처로 두 부대 사이로 길이 나 있다.(사진 • 라마 출팀 제공)

를 했을 때는 말을 타고 강을 건넜었다. 일행은 강물이 제대로 얼어 있는 안전한 지점을 찾아보았다. 깜깜한 밤에 쉬운 일은 아니었다. 확신이 서지 않자 당고 군에서 돌아오는 정부관리로 위장하고 지역 농부에게 물어보기로 했다. 그러나 불행하게도 네낭 라마와 라마 출팀을 지난 번 조사여행 때 보아서 알고 있는 사람이었다. 두 사람 은 농부를 피해 걸어서 강을 조사하기 시작하였다.

언제 얼음이 깨질지 모르는 위험한 일이었다. 네낭 라마는 곧장 건너편으로 지프차를 몰아 가보고, 라마 출팀은 다른 길을 살펴보 기로 하고 뒤에 남았다. 강을 건너면 또 다른 지류가 흐르고 있었 다. 지프차가 천천히 가물가물 멀어져 갔다. 라마 출팀은 차가 얼음 장에 갇혀 꼼짝 못할지도 몰라 가슴이 조마조마했다. 잠시 더 지켜 보던 그는 차를 따라서 걷기 시작했다. 멀리 앞쪽에 차가 보였다.

조금씩 조금씩 앞으로 나가고 있었다. 지프차를 따라 잡았을 때는 거의 강을 다 건넜을 즈음이었다.

일행은 지프차를 민가에 멈추고 길을 물었다. 가족들에게 안내를 부탁했다. 집주인이 안내를 해주었다. 안내를 받으며 어느 정도 가니 좋은 길이 나타났다. 그곳은 단단히 얼어 짐을 가득 실은 무거운 트럭도 거뜬히 지날 수 있는 곳이었다. 다시 안전한 길로 올라 온 일행은 약간의 돈으로 집주인에게 사례를 하고 집으로 돌아갈 때 쓰라고 전등을 주었다.

일행은 거의 길이라고도 할 수 없는 길을 따라 앞으로 나아갔다. 모래를 담은 바람이 대지를 휘몰아쳐 왔다. 길을 확인하려고 차를 멈출 때마다 살을 에는 바람에 덜덜 떨곤 했다. 당고 군기지로 가는 길을 찾을 때까지 민가 두 곳에서 길을 물어 확인했다.

29일 밤 10시 30분쯤 일행은 군기지 부근에 도착했다. 거기서 네팔과 국경을 접하는 당고까지는 약 3.2킬로미터 정도 거리였다.[131] 지난 번 조사로 경비대는 한밤중이 되어야 취침을 하고, 동네 사람들도 늦게까지 돌아다니는 것을 네낭 라마는 알고 있었다. 차 소리를 죽이기 위해 엔진과 전조등도 끈 채로 멀리 보이는 동네를 살펴보았다. 미등은 이미 깨져있는 상태였다.

앞쪽의 군기지에 보초는 보이지 않았다. 이렇게 추운 밤에는 막사에 모여앉아 불을 쬐고 있을 것이다. 다르게는 다음과 같이 그때를 회상했다.

"차 안에서 새까만 바깥을 내다보면 꼭 누가 앞에 나타난 것 같았다. 그것도 경찰인 것만 같아 밖에 나가 보면 아무도 없었다. 차 뒤에서도 무슨 소리가 나는 것 같아 나가 보면 아무 것도 없었다. 차 안에 있어도 잠이 오지 않았다. 성하는 '두려워하지 말아요. 저 사람들도 사람이고 우리도 사람인데 무서울 게 뭐 있어요'라고 하였다. 성하가 그렇게 말씀하셔도 무서운 건 어쩔 수 없었다.”[132]

새벽 1시 30분이 되어서야 앞쪽의 불빛이 꺼졌고, 다들 잠자리에 든 기색이었다. 일행은 칠흑 같은 밤길을 더듬으며 부대쪽으로 다가갔다. 몇 백 미터나 갔을까, 전등이 비쳤다.

“경찰이다!”

다르게는 숨이 멎는 것 같았다. 발각된 것이 틀림없었다.

까르마빠와 둥악 그리고 다르게는 산쪽으로 달아났다. 네낭 라마는 라마 출팀 그리고 체왕 따시와 작전을 짰다. 둘은 서서히 지프차를 몰아 군기지를 관통하고 라마 출팀과 나머지 일행은 산을 넘어서 군기지 반대편에서 합류하기로 했다. 차가 중국 군대에 잡히더라도 라마 출팀은 지난번에 만난 적이 있기 때문에 큰 문제없이 빠져나갈 수도 있었다. 네낭 라마는 까르마빠를 모시고 걸어서 국경을 넘을 것이다. 의논이 끝나자 네낭 라마는 재빨리 까르마빠 쪽으로 돌아왔다.

달이 없는 밤에 산을 올라가기는 어려웠다. 산은 의외로 가팔랐다. 모래와 자갈이 흐물거리는 흙이어서 자꾸만 미끄러졌다. 가시덤불을 헤쳐 가느라 까르마빠의 손은 여기저기 가시에 찔렸다. 끙끙거리며 3시간이나 산을 올랐을 때 라마 출팀과 체왕 따시가 부대 지역을 무사히 빠져 나갔을까 걱정할 여유가 생겼다.

한편, 발각된 것으로 생각한 두 사람은 아예 전조등을 킨 채로 갔다. 그리고 키롱으로 가는 핑계로 무엇이 좋은지 별별 생각을 다 떠 올리고 있었다. '장사 하러, 친척 집에, 친구 만나러' 등 상황에 따라 둘러대리라 생각했다. 몇 분간의 길고도 긴 시간이 지났는데, 아무런 제지도 없었다. 그들은 부대를 무사히 빠져나온 것이었다.

이들은 까르마빠가 오르고 있는 산의 반대편으로 차를 몰았다. 민가로부터 멀리 떨어진 곳에 이르자 불을 끄고 차를 멈췄다. 비로소 까르마빠 일행에 대한 걱정이 슬슬 커지기 시작했다. '중국 군인들한테 잡히지는 않았을까. 산에서 사고나 나지 않았을까.' 차에서 내려 여기 저기 살펴봐도 이들이 오고 있는 기척은 느낄 수가 없었다. 2시간 정도를 가슴 죄며 기다렸다.

한편 산을 다 오른 까르마빠 일행은 젊은 다르계를 지름길로 먼저 내려 보냈다. 다르계는 지프차가 있던 자리까지 내려왔으나 차는 사라졌다. 새로 난 바퀴자국을 따라가 보는 수밖에 없었다. 민가를 지나 부대자리를 통과해서 산쪽으로 갔다.

차에서 기다리는 두 사람에게 시간은 느리게만 흘러갔다. 드디어 다르계가 이들을 발견했다.

"잡히지 않았군요!"

"그래."

"그런데 성하께선 어디 계시나?"

다르계와 체왕 따시는 두 사람을 차에 남겨 두고 까르마빠 일행을 찾아 나섰다. 일행은 원래 자리에 없었다. 좀더 안전한 자리로 옮겼을 것이었다. 당장 잡히고 안 잡히는 것보다 날이 밝아지면 눈에 쉽게 띌 것이 더 문제였다. 빨리 까르마빠 일행을 찾아야 했다.

결국 멀리서 까르마빠 일행의 전등불이 반짝이는 것이 보였고, 라마 출팀은 즉각 전조등을 깜박거렸다. 까르마빠와 둥악 그리고 네낭 라마가 어둠 속에서 나타났다. 짧고도 긴 헤어짐 후의 만남이었다.(까르마빠는 이때가 제일 힘들었었다고 회고했다) 4시 무렵에는 모두가 다시 차 안의 온기와 안전 속으로 돌아왔다. 즉시 출발했다. 해가 뜨면 부대 초소원들이 순찰을 돌기 때문이었다. (다르계는 후일 그들이 본 전등 불빛은 길가 얼마 안 가서 칭야에 이르렀는데 다시 갈림길이었다.[133] 하나는 카일라스로 가는 길이고 다른 하나는 그들의 목표인 무스탕으로 가는 길이었다. 카일라스 쪽으로 183미터 쯤 가면 또 부대가 있다. 여기에는 4~50명이 주둔하는데, 이들은 국경을 지키는 게 임무였다. 혹시 주민들이 일행을 신고했을지도 모르는 일이기에 조마조마했다. 그러나 아직 따뜻한 잠자리에서 일어나지 않을 시간이었기에 정면 돌파하기로 작정했다. 일행은 네팔 쪽 길을 잡아 빠르게 달렸다.

국경을 통과해서 3.2킬로미터 정도 무스탕 쪽으로 가니 도로가 아주 험해졌다. 황량한 주위 풍경과 누렇게 변색된 돌덩이들로 울퉁불퉁한 길이었다. 코레의 높은 고개부터 내리막길이었는데 꽁꽁 얼어 있는 줄 알았던 얼음이 깨지면서 바퀴가 빠지고 말았다. 밀어도 보고 흔들어도 보았지만, 차를 빼내기는 불가능해 보였다. 선택의 여지가 없었다. 음식과 몇 가지 물건을 챙겨서 걷기로 했다. 모두가 피곤한 상태였지만 어쩔 수 없었다. 둥악이 미끄러져 넘어지려 하자 까르마빠가 재빨리 붙잡았다.

네충의 작은 마을을 지나 1시간 30분 정도 걸으니 초사르였다. 여기는 네낭 라마의 친척이 살고 있는 동네였다. 30일 이른 새벽에 친척을 깨워 당장 말이 필요하다고 말했다. 친척은 황급히 말을 빌렸다. 일행은 말을 타고 로 몬탕에 있는 친척의 형님 댁으로 향했다. 얼마를 가다가 지프차를 꺼내놓고 가는 것이 좋겠다고 생각되어 친척과 두 운전사를 돌려보냈다. 해가 뜨면 차를 꺼내기 쉬워질 것이고, 차를 방치해 놓는 것은 사람들의 주목을 받을 일이기 때문이었다.

차를 꺼내러 갔던 세 사람과 일행은 로 몬탕에 있는 친척집에서 다시 만났다. 일행 모두 좋은 음식과 편한 잠자리에 만족했다. 잠자리에 들 무렵, 친척과 그의 친구들은 유난히 따뜻한 날씨에 대해 이야기했다.

"작년에는 눈 때문에 밖에 나돌아 다니지도 못했었지. 바람도 대단했어. 애들은 밧줄로 묶지 않으면 날아갈 정도였으니 말이야."

친척들은 네낭 라마 일행에 관해 묻기도 했다.

"어디서 오는 길이야? 뭐하는 사람들이지?"

라마 출팀이 승려라는 것은 이미 알고 있었고, 두 운전사도 쉽게 설명할 수 있었다. 둥악은 네낭 라마의 조수라고 했다. 네낭 라마가 대장인 것으로 말했으며, 까르마빠는 중국 학교에 다니고 있는 행자승으로 행세했다. 방학이라 네낭 라마를 찾아왔다가 승려가 되려 한다고 둘러댔다. 네낭 라마가 네팔에 간다는 말을 듣고는 따라 나선 참이라고 하였다. 까르마빠는 차도 나르고 라마의 소지품들도 정성껏 거두는 등 천연덕스럽게 행자 연기를 잘했다. 아무 것도 안 하고 있을 때는 얼굴을 스카프로 싸서 반쯤은 가리게 했다. 널리 퍼진 까르마빠 사진은 이미 어렸을 때의 것이었고 그가 엉뚱한 곳에 나와 있었기 때문에 알아보기 힘들었을 것이다. 까르마빠와 네낭 라마는 비밀 얘기는 중국어로 했다.

덕이 높은 라마들이 마을에 왔다는 말을 듣고 많은 사람들이 몰려왔다. 네낭 라마가 츄르프에서 높은 직책에 있는 것을 아는 사람들은, "츄르프는 요새 어때요? 언젠가는 까르마빠를 꼭 뵙고 싶은데, 츄르프에 가면 꼭 만나게 해주시겠어요?"라고 물었고, 네낭 라마는 "염려 마시오. 꼭 뵙게 될 거요"라고 대답했다.

일행이 수도인 로 몬탕에 머무는 동안 한 친구가 극비리에 무스

탈출 당시 말을 타고 로 몬탕에서 첼레로 가는 길. 왼쪽에서 오른쪽으로 말 주인, 까르마빠, 체왕 따시, 라마 출팀, 또 하나의 말 주인.(사진 • 다르계)

탕의 왕과 만남을 주선하였다.[134] 일행은 인도의 라마 테남에게 전화했다. 여기서부터는 그도 도와 줄 수 있기 때문이었다. 로 몬탕에서의 무스탕과의 만남은 또 다른 중요한 이유가 있었다. 원래 계획은 네팔에서 안내자를 만나기로 되어 있었는데 나타나지 않았고 달리 연락할 방법도 없었다. 그가 없는 대로 대처할 수밖에 없다고 생각하면서 잠자리에 들었다. 예비대책이 있긴 했다. 네낭 라마의 친척들이 좀솜에 있는 작은 비행장까지 데려다 줄 수 있다고 했다. 거기서 비행기를 타면 될 것이었다. 일행은 다음날의 경로와 식사를 어떻게 할 것인가에 대해서도 의논했다.

31일 이른 아침, 네낭 라마가 먼저 길을 떠났다. 식사문제 등을 먼저 가서 해결하기 위해서였다. 한편 말들은 네충으로 보내지고 새말들을 로 몬탕의 친척으로부터 빌렸다. 조랑말들이었지만 다리는 튼튼하고 강인한 놈들이었다. 이 말을 타고 나머지 일행이 오기로 했으며 친척이 안내를 맡았다. 말 주인까지 합쳐서 일행은 많이 늘어났다.

남쪽으로 마랑과 차랑을 통과했다. 길은 산허리를 따라 깎아지른 듯 절벽에 갈지자를 그리며 내려가는 험난한 코스였다. 말조차도 가기 힘든 가파른 길이어서, 까르마빠는 말에서 내려 걸어야 했다. 길이 끊겨 나무토막으로 임시 길을 만들기도 여러 번 했다. 붙잡을 것도 없고 스스로 균형을 잡아야 했다. 아래를 내려다보면 아찔한 여러 개의 계곡과 고개를 내려가고 올라갔다. 강을 건넌 것도 여러 번이었다.

첼레에 도착하기 전에 좁은 계곡 한쪽 끝에 가까스로 서 있는 집에 들러 점심을 먹었다. 허옇게 색이 바랜 담장에 회색으로 바랜 나무 바닥에 나무지붕을 얹은 집이었다. 산중에서는 방문객에게 식사를 제공하고 돈은 거의 받지 않는 게 관례이다. 일행들은 손님 접대용으로 쓰이는 2층 방에서 김이 무럭무럭 나는 만두를 대접받았다. 고마운 마음으로 길을 나섰다. 까르마빠는 지친 말을 넘겨주고 라마 출팀의 말로 갈아탔다.

*

한 발 앞서 차가운 계곡을 내려가던 네낭 라마는 쭉의 한 식당에 들어섰다. 식당에 들어서자, 로 몬탕에서 만나기로 했던 안내자가 테이블에 앉아있는 것 아닌가. 길이 지연되어 일행이 내려올 길은 쭉을 통과하는 이 소롯길일 것으로 짐작하고 기다리던 참이었다. 네낭 라마와 안내자는 다음 여정에 대해 상의했다. 밤 11시가 되자 지치고 배고픈 일행들이 들어섰다. 안내자는 까르마빠를 알아보고 존경심에 가득 찬 인사를 올렸다. 국수로 늦은 저녁을 먹으면서 다음 일정을 의논했다.

일행은 아주 어려운 결정을 해야 했다. 쭉에서 좀솜까지는 약 3시간 걸리는 거리였다.[135] 거기서 비행기를 타면 일은 아주 쉽겠지만, 많은 수의 티베트인들이 한꺼번에 비행기를 타는 것은 네팔 경찰의 눈에 쉽게 띌 것이고, 그런 만큼 위험 부담이 큰 일이었다. 또한 좀솜에는 티베트인들이 꽤 많이 살고 있어 까르마빠를 알아 볼 가능성도 컸다. 비행기는 포카라에 잠시 들르는데, 거기서도 티베트인들 눈에 띌 가능성이 많았다. 안나푸르나 산맥의 멋진 경치 때문에 명소가 된 포카라에도 티베트인들이 많이 살고 있었다. 헬리콥터를 이용하는 마낭[136]을 통한 길을 잡는다면 훨씬 힘들고 긴 여정이 되겠지만 잡힐 위험은 작을 것이었다.

안내자와 일행의 논의를 들은 까르마빠가 결정을 내렸다. 훨씬 힘든 길이지만 마낭을 거쳐 가는 코스를 택하였고, 일행을 둘로 나눴다. 왜냐하면 헬리콥터가 작아서 다 탈 수 없기 때문이었다. 친척과 두 운전사가 한 그룹이 되어 카트만두로 가는데, 이들은 나중에 다람살라에서 까르마빠를 다시 만나기로 했다. 나머지 일행은 마낭을 거쳐 가는 코스를 택했다.

*

까르마빠와 둥악·네낭 라마·라마 출팀·안내자 그리고 말 주인으로 줄어든 일행은 나머지 일행과 작별인사를 하고 마낭을 향해 길을 떠났다. 제대로 먹지도 못하고 잠도 모자라는 상태에서, 일행은 밤새 계곡을 따라 걸었다. 그리고 새천년의 첫날 하루 온종일을 걸었다. 탈출 여정 중 가장 긴 하룻밤을 향하여 일행은 발을 떼었다. 그들은 곧 칼리 간다키 강을 건너게 되었는데 겨울이기 때문에 얼음 위를 쉽게 건널 수 있었다. 일행은 무크티나트 쪽으로 방향을 잡았다. 불교도와 힌두교도의 순례코스인 무크티나트는 천연가스로 인해 '영원한 불꽃'을 만들어내는 샘물로 유명한 곳이었다. 이 물과 불의 오묘한 조화는 수세기 동안 순례자들을 사로잡아 왔다. 일행은 바로 이곳 가까이로 지나갔지만 둘러볼 여유는 없다. 또 하나의 계곡을 지나고, 긴 오르막을 올라야 5천400미터의 첫 고개인 눌라 고개에 도착할 수 있을 것이다.[137]

이리구불 저리구불 내리막 계곡 길은 아찔한 낭떠러지의 연속이었다. 안내자는 최선을 다해 이끌었지만, 길을 잃어 헤매는 일도 생기고, 위험한 상황이 연출되는 것은 어쩔 수 없었다. 너무 가파른 곳에서는 말에서 내려 말을 끌고 가야 했다. 눌라 고개를 올라가기 시작했을 때부터 일행은 졸음과 싸워야 했고, 라마 출팀이 든 전등은 큰 건전지 네 개를 넣는 것인데, 도중에 두 번이나 갈았다. 2시간 정도 걸으니 계곡의 낮은 평지에 닿았다. 말들 간에 걷는 차이가 있어서, 일행 간에 거리가 생겼다. 둥악이 소리쳤다.

"출팀 감초, 돈둡은 어디 있소?"

"어, 여기 나하고 같이 있네."

여행 중 까르마빠는 그의 아버지 이름으로 부르기로 했다. 서로를 도와 가며 2시간 가까이 걷자 계곡 평지의 끝에 다다랐다. 이제 다시 오르막길이었다.

별들이 추운 겨울밤을 영롱하게 수놓고 있었다. 까르마빠에게 오르막은 무척 고통스러웠다. 고산병 증세가 나타난 것이나. 신장·위장의 고통은 참기 어려웠다. 후일 여행 중 어려웠던 때가 언제였냐고 물었다.

그가 대답했다.

"첫 번째는 군부대를 피해 가느라고 산길을 헤맬 때이고, 다음은 마냥 가는 길에 높은 언덕을 오르내릴 때였지요. 그때 난 꽤 힘들었어요."

네낭 라마 역시 고산병 증세가 나타났다. 밤새 배가 아팠고 무릎 통증으로 주저앉기 일보 직전이었다. 그러나 계속 걷는 수밖에 없었다.

남동쪽으로 걸어가던 일행은 드디어 여정에서 가장 높은 지점인 토룽라 고개를 보았다. 5천415미터로 안나푸르나 산맥을 돌아가는 코스 중 가장 높은 곳이다. 눈이 많을 때는 통과 자체가 불가능하고, 눈사태도 종종 일어난다. 안내책자에는 이곳에 너무 오래 머물면 동상에 걸릴 수 있으며, 고소적응을 위해 아랫마을에서 하룻밤 묵고 올라오라고 권하지만, 일행에게는 사치스런 말일 뿐이었다.

이날 아침은 먹은 것이 없었다. 등산로는 가파르고 너무 좁거나 구부러져 있어, 말들을 끌고 가야만 했다. 말들은 가파른 곳을 잘 올라가도록 적응되었지만, 이번 길은 말들에게도 만만치 않았다. 길이 완전히 끊겨 헤매는 경우가 한두 번이 아니었다.

말을 타고 가다가 졸면 자칫하면 낭떠러지로 떨어질 수 있는 위험도 있었다. 허기지고 목도 마른데다가 고소증세까지 겹쳐 모두들 힘들어 했다. 까르마빠는 계속 배가 아팠다. 보통 등산의 경우라면 고소증세가 오면 곧 하산하지만, 도망가는 이들은 그럴 수가 없었다. 어려움 속에서도 어린 까르마빠는 흔들리지 않았다. 그가 앞장을 서게 되자 네낭 라마에게 이렇게 말했다.

"지금 우리는 도망 중이지만, 이건 앞날을 위한 큰 발걸음입니다. 지금은 비상시기입니다. 용기를 내세요."

물론 다른 일행들도 까르마빠가 무사하기를 속으로 빌었다. 그들을 지탱하고 있는 것은 까르마빠에 대한 믿음과 존경심 때문이었다.

6시간이나 계속된 오르막길에 드디어 말들이 더 이상 움직일 수 없는 지경이 되었다. 말을 끌고 달래고 하여 드디어 고개 꼭대기에 도착했다. 저녁 6시였다. 일행은 고갯마루에 오르면 작은 산장이나 대피소 하나는 있으리라 믿었다. 그러나 그들을 맞이한 것은 황량한 풍경뿐이었다. 등산로를 따라 계속 행군하는 수밖에 없었다. 내리막길이라곤 하지만 지친 일행에게 어렵기는 마찬가지였다. 까르마빠와 네낭 라마 그리고 라마 출팀이 앞에 떠나고, 나이가 제일 많은 등악은 뒤에 처져서 안내자의 도움을 받으며 천천히 내려갔다. 반 정도 내려오는데 2시간 가까이 걸렸고 거기에 조그만 간이 찻집이 있었다. 다시 1시간 더 내려가자 헬기 착륙장이 나오고, 30분을 더 내려가니 드디어 큰 건물이 보였다. 객실 두 동이 날개처럼 이어져 있는 큰 건물이었다.

안으로 들어가니 마치 천국에 들어온 기분이었다. 일행은 늦은 저녁을 배불리 먹고 잠자리에 들었다. 한겨울이라 손님이라곤 까르마빠 일행뿐이었다. 다음날 헬기편을 예약했다. 허가나 증명서가 필요하지는 않았다.[138] 그리고 델리의 라마 테남을 전화로 불러 의논했다. 츄르프의 까르마빠 방으로도 전화했다. 라마 니마가 아직 있는지 확인하려는 것이었다.

"화이!(헬로!) 누구시오?"

"누구시오?"

츄르프에서 대답했다. 이건 라마 니마의 목소리가 아니었다. 낯익은 목소리가 아니었다.

"난 라마 노르부요."

까르마빠의 비서였다.[139] 일행의 도피가 발각된 것이 틀림없었다. 아무 말하지 않고 전화를 끊었다. 이제부터는 중국 정부의 추적을 대비해서 더욱 조심해야 할 것이다.

아마도 안거로 위장해 놓은 것이 12월 30일쯤 탄로 난 것 같았다. 라싸에서 네팔 국경 쪽으로 가는 길에 검문소가 세워지고, 인민 해방군과 공안국 사람들이 배치되었다는 소문이었다. 지나가는 사람들을 일일이 조사하고 여행증명서도 검사한다고 했다.

"츄르프의 승려들은 모두 잡혀 갔습니다. 공사 중이라고 며칠 후부터는 방문객들의 사원 출입을 금지시켰습니다."[140]

다음 날인 1월 2일, 일행은 일찍 일어나 헬기를 기다렸지만 오지 않았다. 밖에서 경치를 구경하고 있는 까르마빠에게 네낭 라마가 다가갔다.

"계곡 아래쪽에서 까마귀 두 마리가 날아오르더니 제 머리 위를 돌고는 멀리 날아갔습니다. 이제 곧 헬기가 오겠지요. 꼭 올 겁니다."

네낭 라마는 생각했다.

'어디를 가든지 까르마빠가 머무는 곳에는 언제나 부처님의 가호가 따르는 게 분명하다.'(까마귀는 까르마빠의 수호존과 특별한 관계가 있다.)

아침 9시가 되자 헬기가 도착했다. 그러나 세 명밖에 탈수 없는 작은 것이었다. 그래서 두 번에 나누어 가기로 하고 우선 까르마빠와 둥악 그리고 네낭 라마의 친구가 먼저 타고 갔다. 이들은 카트만두 교외의 나가르코트에 내렸다. 나가르코트는 눈 덮인 히말라야 산들의 경치로 유명해진 관광지였다.

뒤에 남은 네낭 라마와 라마 출팀은 짐을 챙겨 헬기장에서 기다렸지만 몇 시간이 지나도 헬기는 오지 않았다. 시간이 지날수록 걱정이 되었다. 중국 사람들이 네팔 당국의 협조를 얻어 까르마빠를 체포하려고 할 수도 있을 것이다. 염주를 굴리던 네낭 라마가 점괘를 뽑았다. 괜찮은 괘였다. 오후 3시가 돼서야 먼 하늘에 점같이 날아오는 물체가 보이기 시작했다. 점은 점점 커지더니 내려서 이들을 태우고 떠올랐다.

헬기가 늦어진 것은 비행 중에 계획이 바뀌었기 때문이었다. 가까운 곳에 내리지 않고 카트만두에서 멀리 떨어진 나가르코트에 내리기로 한 것이었다. 3분 뒤에 다시 비행을 시작했는데 조종사는 첫 번째 비행으로 고갈된 가솔린을 얻기 위해서 다시 예정에 없는 착륙을 했다. 그리고 그곳에서 악몽 같은 일이 일어났다. 비행기가 착륙한 곳에는 암청색 옷을 입고 모자를 쓴 근엄한 네팔 관리가 서 있었다. 두 사람의 라마는 그들이 발각되었다고 생각했다. 그리고 두 라마도 체포하기 위해서 다가오는 것으로 생각되었다. 까르마빠가 걱정되고 자신들이 죽을지도 모른다는 생각에 라마 출팀이 가지고 있던 전생 까르마빠의 네 가지 유물[141]과 네 가지 검은 환약[142]을 나누어 지녔다.

검은 환약과 흑모는 까르마빠에게는 특별한 물건이었다. 검은 환약을 먹으면 낮은 영역의 고통에서 벗어날 수 있다고 한다. 검은 환약은 까르마빠의 전생부터 전해오는 특별한 물질이다. 예를 들면 장수보호여신장인 쩨링마의 해골 잔에 있던 물을 눈 사자Snow Lion의 우유로 바꾼 것 같은 전설적인 물질로 만든다고 한다. 보통 환약은 승려가 집중적인 수행을 하고 나서 만든다. 그러나 검은 환약은 까르마빠 자신이 7일이나 14일간의 수행 정진 시에 많은 물질을 섞고 축복을 내리면서 직접 만든다. 검은 환약 중에는 모환母丸이라고 불

리는 특별한 환약이 하나 있는데 깊은 신앙심을 내보일 때 모환이
작은 검은 환약을 낳는다고 알려져 있다.

라마 출팀이 가지고 있는 유품들은 9대 까르마빠인 왕축 도르세
의 것이었다. 왕축 도르제는 현재까지도 사용되고 있는 '마음의 본
성'에 관한 논서를 저술했다. 사후에 왕축 도르제의 사체는 화장하
지 않고 탑에 안치해 두었다. 중국의 문화대혁명기간에 왕축 도르
제의 사체를 스투파에서 꺼내서 츄르프의 안마당 부근의 '따르촉'
이라고 불리는 기원깃발이 펄럭이는 곳에서 가까운 장소에서 불태
웠다. 9대 까르마빠가 화장된 수년 후에 그 화장터에서 검게 또는
유백색으로 빛이 나는 유물이 발견되었다. 이렇게 해서 그들이 가
장 특별한 물질이라고 여기는 것들과 함께 두 라마는 자신들의 죽
음에 대비하였다.

그런데 연료가 보충되자 그들과 함께 헬기에 오른 네팔 관리는
아무 말도 하지 않았다. 그들이 나가르코트에 도착했을 때에도 아
무 말 없이 가버렸다. 살아났다는 느낌에 기쁘고 안도된 마음으로
두 라마는 까르마빠와 등악 일행과 합류했다. 낮 동안에는 별장에
서 쉬면서 맛있는 음식을 먹으며 떠나온 곳과는 다른 쪽인 히말라
야를 원경으로 감상했다.

*

이제 남은 일은 인도로 들어가는 것뿐이었다. 인도의 핸드폰 그
리고 네팔의 공중전화를 이용해서 계획을 세울 수 있었다. 네낭 라
마와 델리의 라마 테남은, 로 몬탕에 도착한 후에 여관과 토롱라 고
개를 넘어서면서 전화를 했다. 마지막 통화에서 구체적인 계획을
세웠다. 라마 테남은 회고했다.[143]

"델리에서 전화를 받았는데, 고락푸르에서 럭나우로 가는 기차 편 시간을 세세히 가르쳐 주었다. 내가 묵을 호텔 이름도 가르쳐 주었다."

그날 저녁, 까르마빠의 남은 여정을 마무리할 택시 두 대가 인도로 갈 준비를 마쳤다.

히말라야 산자락의 구불구불한 도로를 밤새 달려 택시가 네팔 국경도시 비르간지에 도착한 것은 새천년인 2000년 1월 3일 이른 새벽이었다. 인도 국경을 통과하는 것이 마지막 남은 어려운 과제였다. 건너편 인도 도시는 락수월인데, 부처님이 성불하신 보드가야로부터 약 370킬로미터 떨어진 먼지가 많이 나는 곳이었다. 고락푸르까지 택시로 무사히 온 일행은 럭나우로 가는 기차에 무사히 올랐다. 럭나우까지는 6시간 거리였다.

한편 라마 테남은 델리에서 럭나우로 와서 호텔에 들었다. 그는 역으로 가서 기차를 기다렸다. 눈을 크게 뜨고 아무리 기다려도 낯익은 얼굴은 보이지 않았다. 중국 당국이 인도 정부에 까르마빠의 탈출을 알려 이미 붙잡힌 것이 아닌지 걱정이 앞섰다.

2시간이 넘게 기다려도 일행이 보이지 않자 하릴없이 호텔로 돌아왔다. 그런데 데스크 안내원이 누가 찾아왔다고 말했다. 급히 방문을 열자 까르마빠 일행이 방을 차지하고 있었다. 그들이 역에 도착한 것은 8시쯤이었는데, 라마 테남을 못 보고 호텔로 곧장 왔던 것이다. 라마 테남은 회고했다.

"일행을 만나니 기쁘고도 슬펐습니다. 보통 까르마빠는 항상 승복 차림이었는데, 지금은 평복에 긴 여행으로 지치고 여윈 모습이었습니다. 그래서 마음이 아팠고 기쁘면서도 슬펐습니다."[144]

라마 테남은, 할 수 있다면 그날 저녁 당장 델리로 떠나는 것이 좋겠다고 말했다. 달라이 라마 성하의 보호 하에 일찍 들수록 안전할 것이라고 생각했다. 잠시 생각해 본 까르마빠는 떠나자고 했다. 차 두 대를 낭장 물러 밤새 날린 이들이 델리에 노착한 것은 1월 4일 아침이었다. 여기서도 쉬지 않고 곧장 다람살라를 향해 출발했다. 이번에는 튼튼하기로 이름난 인도의 승용차인 앰배서더를 탔다. 앞차의 뒷좌석에는 라마 테남과 까르마빠가 타고, 네낭 라마와 등악은 앞좌석에 탔다. 안개 낀 도로를 질주하는 동안 눈을 붙일 수 있었다.

뒤차에는 라마 출팀이 구두를 벗은 채로 가부좌를 하고 앉아 있었다. 갑자기 앞차가 길옆으로 벗어나더니 쿵소리와 함께 나무에 비스듬히 걸치었다. 황급히 뛰어나온 라마 출팀은 까르마빠에게로 달려갔다. 까르마빠가 문을 열고 나왔다. 다행히 아무데도 다친 곳은 없었다. 다른 사람들도 다치지 않았다. 평지 길을 차가 천천히 달린 덕분이었지만 차가 많이 찌그러져서 더 이상 갈 수 없었다.

일행 중 한 명이 차를 얻어 타고 인근 읍으로 나가 쑤모 지프차를 빌려 타고 왔다. 승차감이 좋은 앰배서더에는 까르마빠와 둥악 그리고 라마 테남이 탔다. 쑤모 지프차에는 라마 출팀과 네낭 라마 그리고 라마 테남의 두 친구가 탔다. 일행은 달라이 라마가 계시는 다람살라에 점점 다가가고 있었지만, 아직도 맘이 안 놓였다. 라마 테남은 회고했다.

"다람살라에 도착할 때까지는 마음을 놓을 수 없었지요. 중국인들에게 발각된 걸 알고 있었으니까요."

무슨 일이 벌어질지는 아무도 모르는 것이다.

'작은 라싸'라고도 하는 다람살라는 '아래 동네'라 불리는 낮은 지역에서 높은 지역으로 좁은 길 두 개로 아슬아슬하게 연결되어 있다. 티베트 망명정부가 있는 곳이기도 하다. 이 두 길을 따라 가게와 행상이 줄을 잇고 있으며, 티베트인이 생활에 필요한 모든 것들을 팔고 있다고 해도 과언이 아니다. 불상, 법구, 향, 카타, 승복, 비단 블라우스, 추파, 영어와 티베트어로 된 불경들, 스웨터, 목도리, 여행사, 빵집, 피씨방 등 없는 것이 없었다. 상점 주인들은 길거리로 나와 행인과 흥정을 하거나 잡담을 하기도 한다. 정보도 교환하고 사람들 구경도 한다. 마을에 무슨 일이 있거나 혹은 누가 어디서 무엇을 하고 있는지는 어슬렁거리며 길을 돌아보면 금방 알 수 있다. 티베트인들의 인사인 "가와 페가(어디 가시오)?" 한 마디면 저장했던 정보를 술술 말하게 된다.

까르마빠의 손위 누이 누둡 뻴좀이 달라이 라마를 보기 위해 다람살라에 와 있었다. 그녀는 인도로 성지순례를 가기 위해 수년간 비자를 신청해 왔지만 번번이 거절당했었다.

"1999년에 나는 다시 비자 신청을 하기로 했다. 성하게 물어 봤다. '만일 비자가 나오면 인도에 가도 될까요?' '오는 건 괜찮지만 비밀로 하시오.' 이번에는 5년짜리 비자가 나왔다."

"떠나기 전에 캄에 있는 부모님께 전화했지요. '비자가 나와서 인도에 가려고 합니다. 라싸로 오시면 떠나기 전에 뵐 수 있을 텐데요.' 부모님들이 라싸로 와서, 나흘간을 같이 머무셨습니다. 아버지는 내가 떠나는 것을 슬퍼했습니다. 나는 3개월이면 돌아올 거라고 말했지요."[145]

11월 22일에 친구와 함께 네팔을 떠난 그녀는 달라이 라마 성하

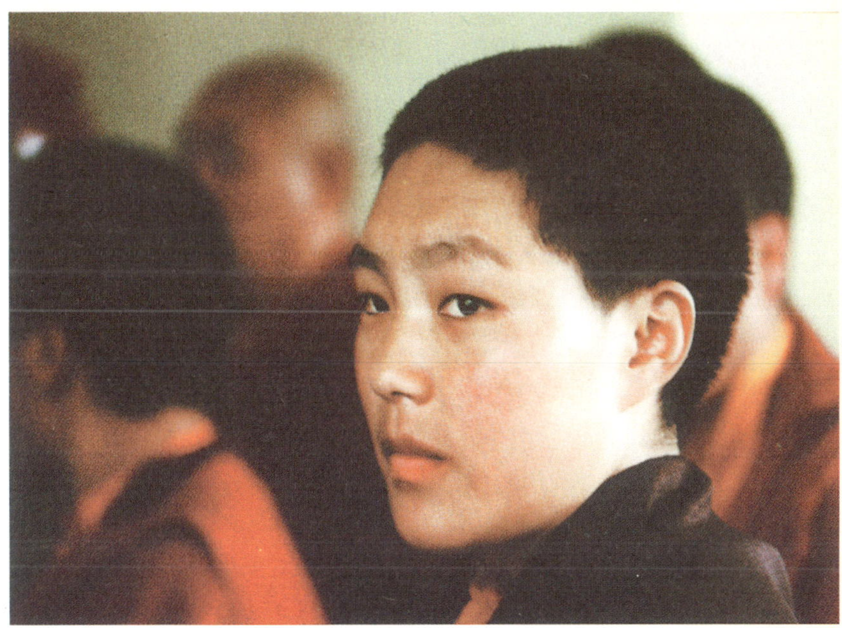

규또 라모체 대학 모임에서의 까르마빠의 손위 누이 누둡 뺄좀. 동생의 탈출 전에 티베트를 떠났다. (사진 • Michele Martin)

를 뵙고자 다람살라로 왔다. 시투 린포체가 보낸 두 승려를 만나게 된 그녀는 그들이 까르마빠를 돕기 위해 파견된 사람들이라는 것도 알게 되었다. 그들은 까르마빠가 다음날 오기로 되어 있다며, 그래서 박수호텔에 방을 잡아놓았다고 했다. 이처럼 반가울 수가 없었다.

*

시투 린포체는 망명에 관해 오래 전부터 알고 있었다.

"까르마빠의 메시지를 달라이 라마 성하께 전달하는 것이 내 임무였지요. 내 생각으로는 까르마빠가 탈출하려는 것은 너무 위험한 일이어서, 말리는 입장이었지요. 결국 그는 결정을 내렸지요. 이 소식을 들은 나는 그저 일이 잘 풀리라고 기도하는 수밖에 없었습니다. 큰 문제없이 무사히 탈출해 오신 것은 기적이라고 할 수밖에 없습니다. 당시 성하는 까르마빠의 안전에 대해 걱정이 대단하셨지요. 자신의 결정에 의해 탈출을 했고, 그것이 옳았음을 스스로 증명하셨습니다."

"내가 탈출 소식을 들은 것은 그들이 이미 티베트를 벗어난 후였습니다. 나는 너무 좋았어요. 아무 사고 안 나고 이미 큰 위험을 벗어났으니까요. 만일 그 이전에 알았더라면 걱정으로 잠도 못 잤을 겁니다. 늦게 알게 돼서 나로서는 다행이었지요."[146]

*

습기 차고 추운 날씨를 무릅쓰고 두 승려와 누둡 뺄좀은 동네 끝에 있는 박수호텔로 향했다. 예약했던 2층 방에서 까르마빠 일행을 기다렸다.

"두 승려는 상황을 살피려고 밖에 나갔고, 나 혼자 방에서 기다리고 있었습니다. 결국 새벽 3시가 되어서 전화 소리에 잠에서 깨어났습니다. 네낭 라마였습니다. '성하가 곧 도착하실 겁니다.' 나는 아래층으로 내려갔지요. 두 승려와 네낭 라마 그리고 라마 출팀이 먼저 도착했더군요."[147]

이들은 추운 새벽임에도 불구하고 밖에서 20여 분이나 기다렸다. 그러자 차 소리가 나더니 보통 옷을 입은 티베트인 몇이 올라오는 것이 보였다.

"성하를 뵈니 너무 슬퍼 그만 울음을 터뜨렸지요. 얼굴은 초췌한데다 바짝 여위셨더군요. 얼마나 고생을 했는지 알겠더군요. 나는 그 분이 별 고생 없이 인도까지 오시리라고 막연히 생각했던 거지요. 그 분이 뚤꾸로 인정받은 1992년부터 여태까지 승복 이외의 차

림은 처음이었습니다. 어쩐지 슬펐어요. 우리는 성하 몫으로 예약
했던 방으로 모시고 가서 목욕하시게 하고 시투 린포체가 세랍 링
에서 보내 온 승복을 드렸습니다."

라톡에서 성하의 어린 시절 옆에서 돌보았던 누둡 뻴좀은 회고
했다.

"그 분 손은 가시에 찔려 상처투성이였습니다. 내가 씻고 약을
발라 드렸지요. '젊긴 하지만 까르마빠이시다. 위대한 라마인 것이
다. 그런데 이런 큰 시련이라니.' 성하가 저한테, '별거 아니에요. 슬
퍼할 거 없어요'라고 하셨습니다."[148]

라마 테남은 근무시간이 되자 지체 없이 망명정부 종교문화국장
인 케둡에게 전화했다. 개인적 친분이 두터웠기 때문에 공식절차를
꼭 따를 필요는 없었다.

"즉시 박수호텔로 오시오. 아주 중요한 일이오."

1시간도 안 돼서 케둡님이 도착했다. 라마 테남은 그를 접객실에
서 맞았다.

"걀와 까르마빠가 오셨소. 달라이 라마 성하께 알리고, 안에 계
시니 뵙고 가시오."

방으로 들어 온 그는 삼배를 올렸다. 까르마빠도 그를 축복해 주
었다.

"오는 길에 고생 많이 하셨지요?"

홀로 밖으로 나온 그는 라마 테남에게 말했다.

"왜 사전에 알려 주지 않으셨지요? 추파도 입고 카타도 준비했
어야 했는데……."

그가 처음에 방에 들어가기를 주저하던 이유를 알 수 있었다. 전
화로 자세히 이야기하기 어려운 일임은 잘 알 것이었다. 케둡님은

까르마빠와 달라이 라마. (사진작가 미상)

탈출 후에 달라이 라마와 처음으로 만난 까르마빠 일행으로 까르마빠만 승복으로 갈아입었다. 왼쪽에서
오른쪽으로 라마 출팀, 네낭 라마, 까르마빠, 달라이 라마, 침푄 둥악, 누둡 뺄좀. 2000년 1월 5일 아침. (사
진 • 라마 출팀 제공)

달라이 라마와 까르마빠. (사진작가 미상)

까르마빠의 근본 스승 중 한 사람인 시투 린포체. 시투 린포체는 인도 북부에 있는 자신
의 사원인 '셰랍 링'에 살고 있다.

달라이 라마에게 즉각 보고한 후, 이번에는 목도리를 걸치고 카타를 가지고 와서 말했다.

"자, 달라이 라마 성하를 뵈러 갑시다."

한 달 간의 준비, 고난과 위험의 여행 길 그리고 기쁨의 도착을 마무리지을 만남을 위해 까르마빠 일행은 바로 출발했다. 달라이 라마는 까르마빠가 망명한다는 사실을 극비에 붙여왔었다. 시투 린포체는 달라이 라마가 보드가야에서 돌아오자 까르마빠의 일을 보고 드렸다.

"까르마빠가 도착하기 하루 전인 1월 4일, 나는 다람살라에 계신 달라이 라마 성하께 까르마빠가 곧 도착할 것이라고 보고 드렸습니다. 안전하게 도착할 것이라는 보고에 성하는 안심하셨습니다. 1월 5일 성하 혼자서 기다리고 있었습니다. 그때까지도 비밀을 유지하는 것이 좋겠다고 생각했기 때문이지요." [149]

까르마빠를 태운 차가 달라이 라마 궁전에 도착했다. 차에서 내리는 까르마빠를 문 밖까지 걸어 나온 달라이 라마가 반갑게 맞았다. 둘은 전통대로 이마를 맞대고 서로의 손을 잡았다. 달라이 라마가 안으로 안내했다. 여러 번 그를 머리에서 발끝까지 살펴보던 달라이 라마는 너무 행복하고 놀랍다고 하였다. 그는 까르마빠의 용기를 칭찬하며 인도까지 수많은 난관을 뚫고 온 사실에 감사했다. 누둡 뺄좀은 다음과 같이 회고했다.

"달라이 라마께서, '당신이 오겠다는 말을 들었을 때는 어떻게 올 수 있겠는가고 의심했었소. 인도로 통하는 길이란 길은 다 감시를 받고 있는 마당에'라고 하셨습니다."

성하는 까르마빠가 티베트에서 보여 준 환생자로서의 징표와 품성에 대해 잘 알고 있었다고 하였다. 목숨을 건 탈출을 감행한 이 젊은 승려에게 성하는 사랑과 애정을 숨기지 않고 나타내셨다. 이 특별한 만남에 대해 까르마빠는 말했다.

"나는 딜라이 라마 성하가 계신다는 이유 하나 때문에 다람살라까지 왔다. 그에 대한 나의 믿음과 신뢰는 오래된 것이다. 처음 뵐 때 나의 기쁨은 말로 다할 수 없었다."

달라이 라마께서는 까르마빠에게 며칠 더 쉬다가 시투 린포체 사원인 세랍 링에 가보라고 권했다. 나중에는 그가 주석할 시킴의 룸텍 사원으로 갈 것이었다.

■불확실한 시절

새천년의 새벽부터 텔레비전·라디오·신문·방송 그리고 인터넷 등 매체들은 까르마빠 망명사건으로 시끌벅적했다. 시킴의 룸텍에도 소식이 들려왔다. 사원 건물은 산기슭을 가파르게 올라간 곳, 깊은 골짜기를 내려다보는 곳에 세워져 있다. 주변에는 논들이 산굽이를 돌아가며 띠처럼 둘러져 있다. 티베트 전통양식의 건축물들이 대개 그런 것처럼, 사원의 흰 벽은 붉은 색깔의 창문 그리고 지붕과 잘 어울린다. 건물에는 법당, 승려들의 숙소, 나란다 고급 불교강원 등의 건물과 3년 안거센터가 있다. 신도들은 16대 까르마빠인 랑중 릭뻬 도르제가 사시던 이곳을 성스럽게 여긴다. 1959년 티베트를 탈출하면서 가져온 보물들이 모셔져 있기도 하다.

법당 중앙에는 금불상이 모셔져 있고, 푸르고 초록색인 벽에는 부처, 까규 스승들 그리고 법맥을 상징하는 성자들의 벽화가 그려져 있다. 2000년 겨울, 이곳에서 걀찹 린포체가 '귀한 법문' 의식을 통해 관정을 내리고 있었다. 갑자기 젊은 승려 한 사람이 중앙 통로로 걸어 나왔다. 모두들 놀라서 쳐다보았다. 원래 예정되지 않았던 돌발사태에 걀찹 린포체도 눈이 휘둥그레 된 채 놀란 표정이었다.

까르마빠의 근본 스승 중 한 사람인 걀찹 린포체. 걀찹 린포체는 인도 시킴에 있는 그의 사원 '라랑'에 살고 있다.(사진작가 미상)

젊은 승려는 봉투를 바쳤다. 린포체가 관정법문을 중단하고 받아보더니 눈물이 가득 찬 채로 편지를 들어올렸다. 그리고 중앙통로로 걸어 나왔다. 사람들이 웅성거렸다.

"무슨 일일까?"

다시 자리로 돌아온 린포체가 배석하고 있던 뚤꾸와 라마들에게 말했다.

"까르마빠가 인도로 망명해 오셨다."

이들을 통해 빠르게 소식이 밖으로 전달됐다. 사람들은 놀라고 흥분했다. 우는 노인들도 있었다.[150] 시투 린포체는 회상했다.

"나는 소식을 듣고 꿈을 꾸는 것 같았다. 이것이 사실이라는 걸 알고 나서 온몸이 행복감으로 가득 찼다."

잔치가 며칠간 벌어졌다.[151]

환영잔치는 전 세계 까르마빠 신도들 사이에서도 벌어졌다. 시투 린포체와 함께 5일 저녁에 도착한 후 까르마빠가 머무는 다람살라의 최노르 귀빈숙소에는 취재진이 몰려들었다. 인도 정부는 까르마빠의 망명배경이 무엇인지 확실히 파악하지 못하고 있었다. 그 자신의 결정이었는지? 중국 정부에 의해 보내졌는지? 티베트인들의 요청이 있었는지? 정보 기관원들이 까르마빠를 만나기 위해 방문했다. 이런 소란 속에서 초노르 귀빈숙소에 오래 머물 수는 없었다. 보안을 유지할 수 있는 좀더 안전한 장소와 더 넓은 공간이 필요했다. 달라이 라마의 지시에 의해 종교문화청이 까르마빠를 위해 선택한 곳이 규또 라모체 대학이었다. 다람살라에서 차로 20분 거리에 있는 이 학교로 까르마빠가 옮긴 것은 도착한 지 5일 째 되는 날 아침이었다.

망명지로서 인도는 탁월한 선택이었다. 무엇보다 인도 정부의 티베트인에 대한 너그러운 배려가 있기 때문이었다. 이곳에서 까르마빠는 자유롭게 활동할 수 있고, 해외로의 여행도 거침없을 것으로 기대했다. 그러나 그렇게 순조롭지만은 않았다. 인도에서 까르마빠의 법적 지위는 모호한 상태로 1년이나 끌게 되었다. 다양한 관측들이 나왔다. 인도를 떠나 다른 나라로 가게 될 것인가? 정치적 망명이 허용될 것인가? 다른 티베트 사람처럼 난민 자격으로 머물 것인가? 인도 정부와 중국 정부는 어떤 선에서 타협할 것인가? 망명에는 성공한 듯싶었지만 불확실한 구름이 주위를 둘러싸기 시작했다.

달라이 라마를 뵙기, 행사에 가끔 참석하기, 병원에 가는 경우를 제외하고는 규또에 갇혀 지내는 생활이 13개월이나 계속되었다. 뒤편으로 우뚝 솟은 히말라야의 산들을 배경으로, 규또 대학 본 건물은 완성돼 있었지만 숙소는 없었다. 운동장으로부터 두 개의 층계 위에 높이 지은 본 건물의 2층에 법당이 있으며, 1층은 여름에 시원하도록 천장이 높게 설계되어 있다. 오른쪽 옆으로 통로를 따라가면 경비실과 접견실이 있고, 시투 린포체와 탕구 린포체 등 라마들의 방이 있고, 비서실을 위시한 사무실들이 있다. 인도 보안요원 방, 조리실, 까르마빠 지원사무실 등도 있다. 3층에는 승려들 숙소가 마련되었고, 4층은 까르마빠의 누이인 누둡 뺄좀의 숙소와 까르마빠 수행원들의 숙소가 있다. 이곳은 임시로 머무는 곳이어서 언제 움직여야 할지 모르는 불안정한 분위기였다.

맨 윗층에는 까르마빠가 머물며, 조리실과 수행원들을 위한 사무실, 그리고 길게 난 창문에 적갈색 카페트가 깔린 접견실이 있다. 창문 밖에는 베란다가 둘러있으며 앞으로는 캉그라 계곡이 훤히 보이고 들과 논들이 한눈에 보인다. 뒤쪽의 히말라야는 흰눈으로 덮

규또 라모체 대학에서의 사진으로 모두 까르마빠와 같이 탈출한 사람들이다. 왼쪽에서 오른쪽으로 체왕 따시, 네낭 라마, 침푄 둥악, 까르마빠, 라마 출팀, 다르계.(사진 • Angus McDonald)

여 있다. 이 베란다 주위를 2시간 간격으로 경비원들이 순찰을 한다. 접견실에서는 규또 대학의 정면이 내려다보이고, 까르마빠는 이곳을 종종 산책했다. 방문객들은 접견실에서 밖을 내다보고 있는 까르마빠를 먼발치로 종종 볼 수 있었다. 건물 밖에서는 인도 정부의 보안요원들, 다람살라의 비밀경찰 그리고 티베트 망명정부 요원들이 건물입구와 주위를 경계하고 있었다.

까르마빠의 건강이 한동안 안 좋았다. 도착한 지 얼마 안 되어 그는 가슴 통증과 위장 장애를 호소하곤 했다. 새 환경에 적응하는 데 애를 먹고 있었던 것이다. 건조한 티베트와는 다른 기후와 환경 그리고 음식 등이 문제였다.

*

규또를 둘러싼 까규 스승들 및 관련 인사들은 현재의 상황을 타개하기 위한 회의를 소집했다. 소식이 끼규 라마들에게 전해지고, 룸텍의 행정부에게도 회의에 참석하라는 통지가 전해졌다. 규또에서 15분 거리에 있는, 티베트 예술문화센터가 있는 노불링카에서 2000년 1월 28일에 회의가 소집됐다. 시투 린포체와 걀찹 린포체가 회의를 진행하였다. 까르마빠와 누이를 포함해서 승려들이 어디에 머물 것인지, 그의 법적 지위와 서류처리, 여행에 관한 것과 그리고 룸텍 사원의 상황들, 앞으로의 활동에 관한 계획 등 까르마빠의 앞날에 대해 의논을 했다.

하루는 까르마빠 법맥의 해외 지도자들인 시투 린포체·걀찹 린포체·탕구 린포체·보카르 린포체·뗸가 린포체 그리고 폰롭 린포체가 까르마빠의 선생 선임문제를 의논하기 위해 달라이 라마를 방문했다. 까르마빠가 망명하게 된 큰 문제 중 하나인 이 문제는 아주 중요한 의미가 있었다.

훌륭한 학자이자 명상가인 탕구 린포체가 적격으로 생각되었다. 그는 동부 티베트 지역 출신으로 1933년생인데, 네 살 되던 해에 뚤꾸로 인정됐다. 어려서는 수행과 공부에 전념했으며, 관정과 구전전승을 받았으며 주석서를 연구했다. 특히 제16대 까르마빠로부터 가르침을 받아 열심히 연구함으로써 그로부터 켄첸(위대한 학자이자 스승) 칭호를 수여받았다. 그는 룸텍의 주지로 봉사하면서 네 명의 뚤꾸를 가르치기도 했다. 16대 까르마빠의 요청으로 해외포교를 시작한 것이 1976년이었으며, 아시아·유럽 그리고 북미에서 활발하게 활동했다. 어려운 경전을 쉽게 가르치며, 특히 자비의 미소로 유명해지기도 했다. 탕구 린포체는 네팔의 초등학교를 비롯해서 인도의 사르나트에 금강 비디야 강원 등 많은 교육기관을 설립했다. 그가 까르마빠의 스승이 될 것임은 틀림없어 보였다. 탕구 린포체의 겸손한 사양에도 불구하고 달라이 라마는 카타를 목에 걸어 주었다. 결정이 내려진 것이다.

＊

망명 후 몇 달간 까르마빠는 문화와 전통에 대해 생각했다. 그는 규또 대학에서의 강연과 달라이 라마 취임 60주년 기념식 등에서 여기에 관해 거듭 언급하고 있다.

세계 여러 곳에서 개인의 자유와 지식의 전파를 억제함으로써 많은 갈등이 야기되고 있습니다. 눈의 나라 티베트를 예로 들더라도 과거에는 부처님의 가르침과 문학을 위시한 찬란한 문화를 누렸습니다. 그러나 지난 20~30년 동안 티베트 문화와 종교 전통은 총체적 말살이라 할 수 있는 심각한 위기에 처해 있습니다.[152]

탈출 중에 쓴 그의 시 '환희의 기도'에서도 문화적 유산의 보존에 관한 그의 관심이 잘 나타나 있다.

찬란하게 빛나는 공덕, 문화는 조용히 흐르는 물과 같아
연꽃 핀 맑은 호수에 머무는 아름다운 마음.
이 장엄한 길에 꿀같이 달콤한 노래
활짝 핀 지혜의 상큼한 이슬을 마시리라.

이 노래 전체는 다람살라의 티베트 연주예술협회(TIPA)에 의해, 1

월 까규 라마들의 모임에서 공연되었다.[153]

까규 종파에는 깨달음의 게송 전통이 이어져 오고 있으며, 그중 밀라레빠(1040~1123)의 노래는 모든 티베트인들의 사랑을 받고 있다. 까르마빠가 망명해 온 지 두 달 된 3월 7일, 밀라레빠의 전기를 그린 '지금강의 웃음, 요기의 왕'이 티베트 연주예술협회에 의해 공연되었다. 이 공연에 참관하고 있는 까르마빠에 대해 달라이 라마는 다음과 같이 말했다.

밀라레빠에게 두 신실한 제자가 있었습니다. 신의神醫 닥포(감뽀빠)와 라마 레충빠입니다. 감뽀빠의 제자 중 첫 까르마빠가 나왔으니 그가 뒤쑴 켄파(삼세의 현자)입니다. 까르마빠 법맥은 오늘에 이르기까지 전승되고 있습니다. 바로 이 자리에 17대 까르마빠가 참석하고 계십니다. 아마 참석한 여러 분들이 예상 못했던, 깜짝 놀랄 일이겠습니다. 까르마빠는 어려서부터 원숙한 성품을 갖추셨습니다. 전생으로부터 이어 내려온 품성인 것입니다. 위험과 난관을 극복하고 건강한 모습으로 이곳에 도착하셨습니다.

까르마빠 린포체가 티베트로부터 이곳으로 망명할 의사를 들었을 당시, 나는 '어떻게 이 어려운 일을 해낼 수 있을까?'[154] 하고 걱정을 했습니다. 그러나 내가 보드가야에서 돌아온 날, 린포체가 무사히 도착했다는 말을 전해 들었습니다. 놀라운 일이었습니다. 나중에 린포체로부터 티베트 불교와 티베트인들을 위해 망명을 결정하게 됐다는 말을 들었습니다. 티베트에서는 이제 불가능해진 일이라는 의견이었습니다. 이런 배경 속에서 그는 왔습니다. 나는 이렇게 그를 환영했습니다. '잘 생각하셨습니다.'

젊은 까르마빠를 만난 첫 자리에서, 나는 그의 장래에 관해 이야기를 나누었습니다. 앞으로 10년간 그는 경전을 공부하고 염송 전승을 받으며 스승들로부터 안거 수행, 독경 등 수행지도를 받을 것입니다. 그가 전생으로부터 갖추고 있는 자질들을 이생에서 갈고 닦는 것은 중요한 일입니다. 그도 전적으로 같은 생각이었습니다. 여기서 여러분들에게 까르마빠를 소개하게 되어 기쁩니다. 까르마빠 린포체의 앞날에 대한 여러분의 기도를 통해 부처님의 가피가 내리실 것으로 믿습니다.[155]

어려운 상황에서도 달라이 라마의 개인적, 정치적 지원은 까르마빠에게 무엇보다 큰 힘이 되었다. 일상생활도 안정되어 갔다. 규또에서의 아침은 명상으로 시작해서, 식사를 끝낸 후 9시부터 11시까지의 불경공부로 이어진다. 그를 둘러싼 긴장이 풀어지면 11시부터 정오까지 접견실에서 제자와 신도들을 만나기도 한다. 1시까지 점심시간이고, 오후에는 시, 그림 등을 공부한다. 2시 30분부터는 일반 신도를 위한 법문을 한다. 그에게 카타를 공양하는 신도들의 줄이 지나가면 한 사람씩 가피 끈을 나누어 준다. 대중이 좌정하면 관세음보살상 앞에서 독경을 시작한다.

티베트 전통에 따르면 불경 독송소리를 듣는 사람에게는 부처님의 가피가 내린다고 한다. 독경은 전통적인 절차의 가르침에 따른다. 독경이 끝나면 설법을 한다. 그리고 공양의식을 행한다. 3시 30분부터는 스승들로부터 구전 전승을 받거나 불경에 대한 토론을 한다. 그리고는 마하칼라 의식이 이어진다. 이 의식은 그가 일곱 살 되던 해인 1992년 12월부터 매일하는 일과이다. 간간이 산책을 하거나 누이와 잡담을 한다거나 스승들, 행정요원들, 승려들과 한담을 나누기도 한다. 그가 나타나면 언제나 활기를 띠고 방안 가득 생기에 찬다. 그의 주변 사람과 환경에 대한 관심은 끝이 없다.

규또 라모체 대학의 법당에서의 까르마빠.(사진•따시 가와 제공)

*

불안정한 가운데서도 까르마빠는 뚤꾸 찾아내는 일을 계속했다. 족첸 폰롭 린포체는 이를 아래와 같이 묘사했다.

> 어느 날 저녁 우리는 마하칼라 뿌자 의식을 거행하고 있었는데, 까르마빠 성하께서 나에게 컴퓨터를 가져오라고 하셨다. 왜 의식 중에 가져오라는지 납득이 안 갔지만 성하의 지시여서 따를 수밖에 없었다. 성하는 그의 말을 받아 적으라고 하셨다. 한 말씀 하시고는 다마루(작은 손잡이 북)와 요령으로 음악을 연주하고, 그러다가 또 말씀하셨다. 처음에는 무슨 말씀이었는지 알 수 없었지만, 나중에 가서 보니 어린 뚤꾸에 대한 승인 편지를 쓰신 것이었다. 거기에는 장소, 아버지와 어머니 이름, 탄생년도 등이 들어 있었다. 놀라웠다! 이런 일을 말로는 들어 봤어도 직접 보기는 처음이었다.[156]

처음 망명할 당시의 계획대로, 까르마빠는 수행과 공부의 폭을 넓혀 갔다. 탕구 린포체가, 행복을 선사하고 고통을 나누어짐으로써 보리심을 수행하는 아티샤의 『마음 수련의 일곱 요점』에 대해 구전과 주석 강의를 했다. 이 책은 일과를 통해 마음을 수련함으로써 자신의 마음과 일치되게 하는 수련법을 명쾌하게 제시하고 있다.

> 모든 현상을 꿈으로 알라.
> 모든 이에게 감사하라.
> 겉모습에 흔들리지 말라.
> 남의 잘못을 헐뜯지 말라.

깨달음의 뿌리를 연구하라.

언제나 즐거운 마음을 유지하라.

남의 칭찬을 구하지 말라.[157]

탕구 린포체는 좀더 철학적인 저술인 『아비달마구사론』[158]을 8대 까르마빠인 미꾀 도르제의 주석과 함께 가르쳤다.[159] (까르마빠가 배우는 것들은 그가 전생에 이미 알고 있었던 것을 다시 기억해 내는 과정으로 여겨지고 있기 때문에 전 까르마빠들의 주석서가 종종 사용된다.) 이 저술은 철학과 감각이론을 조화시킨 심리학의 보고이다. 정신작용과 감각이론을 다루는 논설들은 불교철학의 기본원리를 이룬다. 예를 들자면 오온이 정신물리학적 구성요소이며 여기에는 마음과 정신 요소들이 아우러지는데, 우리가 겪는 다양한 정신세계를 묘사하고 있다. 실제 명상 수행에서도 이 분석들이 우리 마음의 기능을 관찰하는 틀이 된다.

다른 까규 고급강원으로부터 규또로 온 선생들과 까르마빠 간에도 학술적 전승이 이루어졌다. 시투 린포체 사원에서 켄포 출팀 남닥과 켄포 따시 걀첸이 왔고, 룸텍 사원에서 켄포 걀왕이 방문했다. 까르마빠의 논쟁 상대역을 맡으러 온 승려들도 있었다. 경전에 대한 활발한 논쟁을 통해 배우는 것이 티베트 불교의 전통방법이다. 활발한 토론은 깨달음에 이르는 좋은 방법인 것이다.

관정과 구전도 받기 시작했다. 전승은 개인의 영적 역사에 중요한 사건이다. 특히 구전은 법맥의 혈통으로 간주되어, 수행을 성취한 스승으로부터 직접 전수받아야만 된다. 이에 대한 기록을 철저히 유지하며, 여기에는 경전의 구체적인 제목과 저자, 전승하는 스승 그리고 시간과 장소가 기록된다. 이 기록은 특정한 라마의 가르침과 깨달음의 형성과정과 영적 경력을 반영하며, 다음 세대에 물

시투 린포체가 까르마빠에게 관정을 내리고 있다. (사진 • Michele Martin)

러줄 유산인 것이다.

구전을 위해 시투 린포체와 걀찹 린포체가 종종 방문하였다. 시투 린포체는 까르마빠에게 관정·독송·구전 그리고 자비존慈悲尊과 분노존忿怒尊[160] 수행 모음집, 까규 전통의 중심인 본존 수행과 만다라 전통에 관한 '까규 만트라 모음집' 등의 구두 강의를 베풀었다.[161] 자신의 법맥뿐만 아니라 '모든 불교 계파의 중요한 가르침을 집대성한 것. 성취한 스승의 깨달음의 핵심을 기록한 것'[162]이라는 '영적 가르침 모음집'도 공부했다. 시투 린포체는 마하칼라 수행 및 마하무드라에 관한 주요 논서들 그리고 마음의 본질에 관한 까규파의 가르침 등을 전수했다.

걀찹 린포체는 수년간에 걸쳐 까르마빠에게 '뗄마(숨겨진 비전 전승의 경

2002년 6월 규또 라모체 대학 행사에 참석한 가르마 묀람 랍셰(왼쪽). 까르마빠에 의해 환생자로 공인된 그를 찾아낸 곳은 네팔의 무스탕이었다. (사진 • Michele Martin)

전)모음집'에 의거해 관정을 내려주었다. 편집자인 잠곤 꽁툴은 이 책을 발견된 논서들(뗄마) 중 가장 중요한 것이며 진본이라고 여긴다. 1천 년 이상의 세월에 걸쳐 발견되어 온 뗄마는 세월의 변화에도 불구하고 티베트 불교를 활기차고 시대에 어울리는 종교로 만들어 왔다. 뗄마들은 종파에 따라 배척되기도 한다. 다른 의견이 있을 수도 있겠지만 스승의 진면목을 접근해 볼 수 있는 중요한 통로이다.

모든 불교 전통에 공통되는 것은 아상我相의 부재不在이다. 즉, 영원하며 근원적인 '나'라는 실체는 없다는 가르침이다. 티베트 불교 전통의 철학적 뿌리는 찬드라키르티의 저서 『중관론 입문』 제6장에 기초를 둔다. 개인 혹은 현상에는 영원한 자립적인 실체가 없다는 가르침이다.[163] 까르마빠는 셰랍 링에서 온 켄포 따시 걀첸과 함께 전통적인 방법인 원전 암기와 주석서 연구 등을 통해, 공성에 관한 이 철학을 공부하였다.[164]

달라이 라마는 까르마빠의 공부 진도에 관해 관심이 많았다. 인도 정부와의 일에 대해서도 몸소 나서서 돌보아 주었다. 첫 해의 우선적 과제는 까르마빠의 법적 지위와 관련된 일들이었다. 이 문제가 해결되지 않고는 여행은 물론이고 규또 안에서의 움직임도 자유롭지 않을 것이었다. 또한 시킴의 룸텍 사원으로 가는 것도 해결해야 할 일이었다. 오랫동안 법정에 계류된 문제로서 중국과의 국경 문제가 개재된 일이었다. 달라이 라마는 이 모든 문제들을 풀어나가는 데 절대적인 지원을 아끼지 않았다. 까르마빠가 그를 만나고자 하면 언제나 시간을 내주었다. 마치 그의 가족처럼 돌보아 주었다.

*

까르마빠의 열다섯 번째 생일이 다가오고 있었다. 그리고 까르마빠의 법적인 지위에 확실한 보장은 없었지만 생일이라는 것은 축제 분위기를 만들어내게 마련이었다. 2000년 6월 2일에 처음으로 열린 인도에서의 생일잔치는 까르마빠가 규또에 머무는 동안 매년 되풀이되었다.

생일잔치 계획은 몇 주 전부터 시작되었는데, 생일날에는 좋은 자리를 잡아 까르마빠를 보고 춤 공연도 보려고 일찍부터 군중들이 모여들었다. 잔치계획에는 아침에 법당에 참배하고 까르마빠의 장수를 기원하는 만다라를 바치는 순서가 있다. 그때에 자신의 앞을 지나가는 사람들에게 까르마빠가 축복을 주게 된다.

법당에는 축제를 위해 대형 탕카(탱화)가 걸려있었다. 그리고 테이블 위에는 서양식 분위기를 내는 정교하게 장식된 케이크가 놓여있있다. 오전의 행사가 끝난 뒤에 생일을 축하하기 위해서 모인 모든 군중에게 점심식사가 제공되었다. 오후행사에는 티베트 연주예술 협회와 지역학교, 문화단체들이 노래와 춤 그리고 민속의상에서 독특한 티베트 문화의 다양성을 나타내는 공연을 했다. 이러한 공연은 분산된 공동체사회에서 티베트 문화를 보존할 수 있는 방법 중 하나이다. 시투 린포체와 걀찹 린포체의 건너편 법당 베란다 위층에서 보고 있는 까르마빠는 아마 츄르프에 있는 자신의 사원에서 봤던 춤공연을 회상하고 있었을지도 모른다.

비록 해외여행을 할 수는 없었지만 까르마빠는 타임지의 표지 기사로 다루어지는 등 국제적 인물로 주목을 받기 시작했다. 인도에 머무는 것은 문제없을 것 같은 조짐도 보였다. 이들 문제를 해결하기 위한 전략으로 대규모 행사가 기획되었다. 전 세계에 있는 명상센터에서 까르마빠를 초청하는 모양새를 갖추고, 인도 정부와 달라이 라마에 감사의 뜻을 표하는 학술회의를 기획한 것이다. 2000년 8월 18일부터 사흘간 열린 이 세미나에는 인도·네팔·미국·아시아 등 약 30개국에서 400여 명의 승려들이 제3차 국제 까르마 까규 학술회의장인 규또에 모여 들었다. 여태까지 참석자들 대부분이 까르마빠를 친견할 기회가 없었던 것이다.

회의를 주도적으로 이끈 것은 시킴에서 온 승려들이었는데, 합의로 도출된 의견을 인도 정부에 전달했다. 즉, 까르마빠를 보호해 준 당국에 감사를 표함과 동시에 그가 룸텍으로 와서 주석하며 수행을 함으로써 중생들을 가르침으로 이끌 수 있게 배려해 주어야 한다는 내용이었다.[165]

까르마빠의 주 법석이 있는 룸텍 사원으로 인도 시킴에 있다. (사진 • Scott Unterberg)

회의 마지막날 참석자들은 다람살라의 달라이 라마가 계신 남걀 사원을 찾았다. 따뜻한 황금빛 법당에서 이들을 맞은 달라이 라마는 모인 사람들에게 그 날의 관심사에 대해 이렇게 말했다.

"인도 정부의 배려 덕분에 우리는 까르마빠의 인도 내에서의 법적 지위에 관해 의논할 수 있었습니다. 나는 인도 당국에 까르마빠가 있어야 할 자리인 티베트의 츄르프와, 다음으로 선택할 자리인 시킴의 룸텍을 상기시켰습니다. 이제 인도로 온 마당에 까르마빠가 룸텍으로 가서 자리를 보전해야만 할 것이라고 말했습니다."[166]

달라이 라마는 다음의 감상을 덧붙였다.

지금의 지도자들은 늙어가고 있으며, 나 자신도 이미 예순다섯의

규또 라모체 대학의 꼭대기 층에 있는 숙소에서의 까르마빠. (사진 • Angus McDonald)

나이라는 사실을 까르마빠에게 상기시켰습니다. 훌륭한 스승들이 우리와 영원히 같이 있을 수 있으면 얼마나 좋겠습니까만, 현실은 누구나 늙고 언젠가는 이 세상을 떠나며, 여기에는 추호의 이론이 있을 수 없습니다. 부처님도 예외는 아니었습니다. 내가 망명길에 나선 지도 41년이 지났습니다. 우리는 아직도 티베트의 자유를 위해 노력하고 있는 중입니다……. 머지않은 장래, 10년이나 20년 후, 사캬파·겔룩파·까규파 그리고 닝마파의 새로운 지도자들이 절실히 필요하게 될 것입니다. 그 때가 되면 젊은 법맥의 지도자들이 모든 일을 맡아서 해야 할 것입니다. 지금 나이로는 15세 내지 20세의 지도자들 말입니다. 사캬 티첸 성하와 17대 까르마빠인 오겐 틴레 도르제 같은 분들입니다.[167]

달라이 라마의 말씀에 힘을 얻고, 안목에 감동받은 일행은 규또로 돌아와 까르마빠의 설법과 축복을 받았다. 까르마빠는 이들이 회의에 참석한 데 대해 그리고 그들의 사원과 센터로 초청해 준 데 대해 감사했다. 그는 보리심 수행을 강조하고, 모든 중생들이 고통에서 벗어나 해탈에 이르기까지 노력해 줄 것을 부탁했다. 이를 위해 기원기도로 끝을 마감했다.

그해 가을과 긴 겨울 동안 인도 당국과 협의를 계속했다. 힘든 시기였다. 다음 보고서에는 이런 분위기가 잘 나타나 있다.

아무도 살지 않던 작은 사원에서 거의 감금 상태로, 무장한 인도 군인의 허가가 없으면 정원을 거닐기 조차 어려운 환경에서 지내는 까르마빠였다. 이 어린 소년은 점점 더 불안해하고 허약해지고 있다. 평민인 티베트 난민들에게는 여행의 자유가 있다. 그러나 까르마빠는…… 달라이 라마 성하를 만나기 위해 다람살라로 가는 제한된 여행 외에는 허락되지 않았다.

최근 한 방문객에게 그는 말했다. '티베트를 탈출한 것은 전 세계에 나가 있는 신도들의 소원을 들어 주고 불법을 이어가려는 희망에서였습니다. 그러나 지금으로서는 이런 것들이 불가능…….' 규또에서의 숨 막히는 생활과 행동의 규제는 그의 건강과 정신에 깊은 자국을 만들고 있었다.[168]

기자에게 이런 말을 하기도 했다.
"누가 내 자유를 뺏어갔는지 모르겠습니다."[169]
이 당시 까르마빠를 후원하고 있는 티베트 망명정부의 책임자는 종교 문화부의 따시 왕뒤 장관이었다. 오랜 경험을 가진 노련한 외교관인 그가 인도 정부와의 연결고리였다. 열일곱 살 난 아들을 둔 장관은 젊은 영혼이 얼마나 고통받고 있는지를 잘 이해하고 있었다.[170] 그는 기회가 닿는 대로 까르마빠가 룸텍으로 돌아가야 할 당위성과 필요성을 강조했다.

"그가 (룸텍으로) 돌아가는 것은 너무 자연스럽고 당연한 그의 권리이다. 까르마빠는 룸텍을 까규 법맥의 성소로 만든 16대 까르마빠의 환생자임을 잊지 말아야 할 것이다. 규또나 바투의 세랍 링 사원 등 어떤 다른 선택도 미봉책에 지나지 않는다."[171]

법적 문제가 해결 조짐이 보이지 않는 와중에도 따시 왕뒤는 이렇게 말했다.

"까르마빠의 존재가 종잇조각에 의해 규정되지는 않는다. 그 분의 존재 자체로서 충분하다."[172]

겨울도 중반에 접어들면서 구름이 걷히기 시작했다. 1년 이상 끌던 불확실한 상황의 끝이 보이기 시작했다. 2001년 2월 3일, 따시 왕뒤가 기자회견을 했다.

"오늘 우리는 제17대 걀와 까르마빠 오겐 틴레 도르제의 정치적 망명을 허락한다는 공식 통고를 인도 정부로부터 받았습니다."[173]

마침내 살 집을 찾은 것이다. 또한 우선 인도 안에서 여행의 자유를 의미하는 것이기도 했다. 그리고 언론과의 만남도 가능한 것이다. 문은 천천히 열렸다.

■지도자로 등장하다

자유를 되찾은 까르마빠는 우선 인도 북부의 우타르 프라데쉬와 비하르 주를 찾아 성지순례를 떠났다. 2001년 2월이었다. 불교도들에게 4성지를 순례하는 것은 필생의 꿈이다. 부처님이 나신 네팔의 룸비니, 부처님이 깨달음을 성취한 인도의 보드가야, 최초로 설법하신 사르나트, 반열반에 드신 쿠시나가라였다.

까르마빠가 제일 먼저 찾은 곳은 사르나트였다. 이곳에는 그의 선생 탕구 린포체가 세운 금강 비디야 고급 불교강원이 있다. 여기서 예전에 '성자들이 모이는 곳'이었다는 녹야원까지는 몇 분만 걸어가면 되는 거리다. 부처는 이곳에서 처음 불법을 가르치셨다. 근처의 바라나시는 인도의 케임브리지라고도 하는데, 옛날부터 이름난 대학들이 있어서 세계 각지의 학자들이 모여들던 곳이다.

까르마빠가 방문한 때는 우연히도 티베트 설날(로사)이었는데, 보통 2월이나 3월이다. 마하칼라 축제일 바로 다음에 오는 로사는 티베트 음력상 중심이 되는 축제일이다. 사원에서 하는 마하칼라 의

인도 보드가야의 스투파에서 까르마빠가 아미타불 관정의식에서 정화의식을 하고 있다. 2001년 12월 29일.(사진 • Tom Schmidt)

식은 지난해의 악업을 씻고 새해를 맞는 의미이다. 민간에서는 주위를 깨끗이 하고 음식을 마련하는 등 방문과 휴식을 준비한다. 설날이 되면 스승을 찾아뵙기도 하고 가까운 사원을 찾아 새해를 축원한다. 2월 24일, 강원의 법당에서 멀리서 온 방문객들의 새해 인사를 받았다. 까르마빠를 위해 지은 달라이 라마의 기도문을 염송했다.

> 다르마를 향한 당신의 걸음은 밝은 빛
> 거듭 태어나는 까르마빠는 줄줄이 진주라.
> 가없는 열반을 이루어 머무시니
> 대중의 밝은 의지처, 영원하리라.[174]

까르마빠의 법석 앞으로 이어진 긴 행렬의 대중들은 축복을 받았다. 까르마빠는 세상의 평화, 특히 조국 티베트의 평화를 위해 기도했다.

까르마빠는 열흘 동안 강원의 맨 꼭대기 층에서 머물렀는데, 법당과 응접실과 서재가 있다. 발코니에서는 사원의 정원과 연못, 녹야원의 돔과 첨탑 등이 잘 보인다.

까르마빠는 장수 관정을 내리고 학교도 방문하고, 강원 학생들을 위한 설법도 했다. 하루는 북쪽 코샴비를 방문했다. 이곳에서 부처가 한때 여름 안거를 했다고 전하며, 아쇼카 왕의 첨탑이 아직도 건재하다.

까르마빠는 탕구 린포체와 녹야원을 구경했다. 이곳의 사원들, 탑, 유적들에 대해 린포체가 설명했다. 불교가 융성할 당시를 말해주는 유적들은 아쇼카 왕이 기원 전 3세기에 이 아름다운 탑들을 사르나트에 건설했던 것이다. 지금도 사방을 경계하는 사자상은 인도의 국가 상징으로 쓰이며, 국기와 화폐의 문양으로도 쓰이고 있다.

다메크 불탑을 돌아본 까르마빠는 근처 정원에 마련된 법좌에 앉았다. 적황색 법의를 입은 승려들이 그의 옆에 늘어앉고, 전면으로는 버터 램프가 줄줄이 공양된 가운데, 의식을 거행하고 세계 평화를 기원했다. 다음날 돌아온 까르마빠는 물라간다쿠티 사원의 불보佛寶에 경의를 표했다. 이 특별한 의식을 위해 탑에 보관 중이던 보물들을 공개했고, 까르마빠는 이들의 축복을 직접 받았다.

사르나트를 떠난 까르마빠는 반나절 남동쪽 거리에 있는 보드가야를 방문했다. 이 성지는 왕자 고타마가 보리수 아래 두르바 풀밭에 앉아 명상에 든 곳이다. 깨닫지 못하면 죽으리라 한 곳이다. 명상은 밤낮없이 계속되었고 드디어 모든 욕망이 사라졌다. 새벽에 그는 마음을 보았다. 즉 깨달았으며 부처가 되었다. 금강좌는 지금도 보리수의 자비로운 그늘 아래 있으며, 그 자손 나무의 심장모양 잎을 사람들이 따간다. 바로 뒤에는 기울기와 종 모양이 멀리서도 알아 볼 수 있는 정교한 불탑이 서 있다. 이곳은 오늘날 전 세계의 순례자들이 모여드는 신성한 장소이다. 2001년, 까르마빠와 함께하기 위해 많은 사람들이 이곳에 왔었다.

보드가야는 불교가 전 세계로 퍼져나간 많은 종파의 근본으로 국제적 명소가 되었다. 본당에서 바지라사나에게 공양을 하고 의식을 마친 까르마빠는 부탄·버마·일본·태국·베트남 등의 전통을 잇는 사원들을 방문했다. 겔룩파 사원(달라이 라마는 이 종파에 속함)에서는 장수 관정을 내리고 짧은 법문을 했다. 바쁜 가운데서도 제자들과

규또 라모체 대학을 떠나 다람살라로 향하는 까르마빠. 2002년 6월.(사진 • Michele Martin)

의 인터뷰 시간을 냈다.

보드가야에서는 하루에 갈 수 있는 불교 성지가 많다. 까르마빠는 부처가 두 번째로 만야 지혜의 법륜을 굴리신 라지기르를 방문했다. 보통 대승, 즉 마하야나로 불리는 이 전통은 자비심에 그 초점을 두고 있으며 공성을 강조한다. 여기서 얼마 안 가면 불교 가르침의 중심이었던 나란다 대학이 있다. 초기 불교 전통, 특히 마하야나의 산실이었던 도서관은 중요한 유적이다. 넓은 마당은 용수와 그의 제자인 아리야 데바(성천聖天)·아상가(무착無着)와 바수반두(세친世親)·찬드라키르티(월칭月稱)와 마이뜨리아(미륵彌勒) 같은 학자들을 길러냈다.[175] 이들의 저작은 티베트 전통에 살아 있으며 지금은 까르마빠 가르침의 핵심을 이룬다.

주요 불탑들을 둘러 본 후 까르마빠는 델리로 갔다. 여기서부터는 눈에 띄게 경호가 삼엄해졌다. 차로 이동할 때는 일곱 대의 오토바이가 둘러쌌다. 그가 머무는 곳에는 보안요원 네 명이 뒤따랐다.

수도에 머무는 동안 특별한 만남이 주선되었는데, 그 중 라다크 시민들과의 만남도 있었다. 시킴의 총리 파완 쿠마르 챔링 등 시킴 정부 관리들과도 만났다. 시킴 정부와 시민들은 까르마빠가 룸텍으로 돌아올 것을 청원함과 동시에 준비와 지원을 약속했다. 이 자리에서 까르마빠는 달라이 라마와 인도 정부에 대한 감사를 표명했다. 까르마빠는 시크 구드와라에게 경의를 표했다.

간디 기념공원을 방문해서는 헌화를 하고 기도를 드렸다. 티베트인들은 간디를 존경하여 진정한 보살로 여긴다. 까르마빠는 부처 탄생 2500주년을 기념하여 세운 부다 자얀타공원을 방문했다. 1956년의 행사에는 16대 까르마빠가 참석했었는데, 2001년에는 17대 까르마빠가 방문한 것이다.

방문을 마친 까르마빠는 찬디가르를 지나 달 호수로 향했다. 이 지역에는 오랫동안 비가 오지 않고 있었다. 농부들은 곤경에 처했고 까르마빠가 와서 도와주기를 바랐다. 특별 의식을 행한 후 그는 말했다.

"앞으로는 이 호수를 깨끗하게 지켜야 합니다."

이날 밤새 비가 내렸고 이 비는 들을 적셨다.

3월 중 달라이 라마께서는 다람살라에서 『람림첸모』 설법을 하였다. 22일에는 달라이 라마에 대한 존경심과 감사의 표현으로 그의 강연을 들으며, 음식 공양을 올리고, 모인 1천400명의 비구 · 비구니에게 100루피씩을 공양했다. 이러한 공양은 사회에 대한 지원으로 여겨진다. 일반 승가에 대한 지원으로서 승려들과 보시자들의 공덕으로 쌓이는 것이다.

곧 이어 까르마빠는 리왈사 호수(초 뻬마, 즉 연꽃호수)로 순례를 갔다. 이곳은 티베트 불자들이 구루 린포체의 생애와 관련해서 성스럽게 여기는 곳이다. 구루 린포체와 그의 영적 부인 만다라바가 마라티카 동굴에서의 장수 수행 후 돌아온 곳으로 알려져 있다. 만다라바의 아버지인 자호르 왕은 이에 몹시 화를 내고 구루 린포체를 기름불에 태우려 했다고 한다. 불은 며칠간 탔으나, 구루 린포체는 연꽃에 둘러싸인 채 호수에 건재해 있었다고 한다.[176]

까르마빠가 초 뻬마를 방문하는 중에 많은 사람들이 그를 뒤따라 걸었다. 호수의 물고기들은 먹이를 좇아 수면 위로 솟아오르곤 했다. 닝마 사원에서는[177] 2대 까르마빠인 까르마 팍시를 위한 특별 공양에 참석했고, 세뢰 웅아닥[178] 정화 공양의식도 거행했다. 잇따라 인도 북부 히말라야 지역 키롱 주민들의 춤과 노래 공연이 벌어졌다. 이곳에서도 까르마빠는 음식과 돈을 보시했고 사람들은 그를 환대했다.

다음날, 호수와 나무숲들이 경계를 이루는 곳에 관정의식을 위한 목조 가설물이 설치되고 징식물들이 호수를 수놓았다. 승려들은 소매 없는 노란승복을 입고, 무대와 탑은 비단과 양단으로 덮여 있었다. 법좌가 설치되고 참가자들을 위한 좌석도 마련되었다. 공원 한 쪽에서 야영을 한 사람들도 적지 않았다. 관정에는 8천 명 이상의 사람들이 모여 들어 호수둘레를 가득 메웠다. 화려한 색깔의 기도 깃발이 축복 끈과 어우러져 빛나는 태양 아래 휘날렸다. 까르마빠는 종파 전통에 따른 의식을 좇아 까르마 팍시의 관정을 내렸다. 악업을 정화하고 선한 공덕을 쌓는데 대한 짧은 법문도 베풀었다.

그 이튿날 까르마빠는 호수를 내려다보는 산 위에 있는 명상동굴을 찾았다. 구루 린포체 동굴에서 기도를 올린 후, 그곳 작은 사원에서 점심공양을 받았다. 초 뻬마를 떠나기 전에 다시 힌두 사원과 시크 구드와라를 방문했다. 옛말에, 법력이 높은 스님이 가까이 있으면 호수의 갈대가 주위를 돈다는 이야기가 전해온다. 오랫동안 이런 일이 없었는데, 까르마빠가 이곳에 머무는 동안 갈대 무리 두 개가 호수 주위를 동그랗게 맴도는 것을 사람들은 보았다.

규또로 돌아온 3월 28일, 까르마빠는 '수자 어린이집'을 방문했다. 여기에는 티베트 학생 1천700명이 살고 있다. 대개 10대 소년소녀들로, 까르마빠와 비슷한 나이들이 많다. 광장에 자리잡은 까르마빠 앞에서 수자 단원들이 티베트 전통춤과 음악을 공연했다. 공연 중에 청회색 구름이 까르마빠 머리 위에 몰려들어, 불상이나 불탑에서 볼 수 있는 장방형의 부처님 눈 모습을 명확하게 만들었다. 구름은 오랫동안 형체를 유지하고 있어서 사진에 찍혔으며, 공연이 끝나갈 무렵에는 빗방울이 떨어지기 시작했다.

다람살라 인근에 있는 규또 라모체 대학. 까르마빠의 임시 거처이다.(사진 • Michele Martin)

*

자유롭게 언론을 만날 수 있게 되었지만 2001년 4월 27일에 최초로 기자회견을 갖기로 했다. 인도의 북부 외진 곳에 있기 때문에 준비에 다소 애를 먹었지만 몇 주일 전부터 홍보를 시작했다. 작은 피씨방에서 전 세계로 이메일을 보냈다. 팩스는 차로 20분 거리에 있는 것을 이용했는데 고장이 잦아 애를 먹었다. 보도자료를 정리하고 행사용 가구와 음식을 주문했다. 까르마빠는 전 과정을 흥미롭게 관찰했다. 영어연설문 낭독연습을 하다 보니 'thanks'에서의 th발음이 안 되어 애를 먹었다. 티베트 말에는 없는 발음이기 때문이다. 그는 라마 테남에게 "좋아요. 내가 이 부분에 오면 아저씨가 일어나서 대신 하세요"라고 농담을 했다.

델리로부터 불편한 여행을 감수하고 올 기자들이 많지 않으리라는 생각이 지배적이었다. 예상인원은 잘 해야 25명 정도라고 생각했다. 그러나 막상 회견일이 되자 규또에 모여든 기자단은 100명에 이를 정도였디. 법당 뒤편에는 텔레비전 키메라가 줄을 지었고 기자단은 까르마빠를 취재하기 위해 열띤 경쟁을 벌였다. 까르마빠 앞은 마이크로 밭을 이루었다. 준비과정에서 사람들은 사전 준비된 시나리오대로 진행할 것인지 자유로운 취재를 허용할 것인지에 대해 의견이 엇갈렸다. 결국 모든 것을 까르마빠의 순발력에 맡기기로 하고 자유취재 형태로 진행하기로 했다. 결국 까르마빠의 자신에 찬 태도와 능란한 답변으로 주위 사람들의 걱정은 기우가 되었다.

까르마빠는 기자들에게 츄르프로부터의 탈출 경위를 간략하게 설명한 후 망명동기에 관해 언급했다. 그는 까르마 까규 전통에 따라 관정 및 구두 전승을 받고자 함이 중요한 동기였으며, 지금 인도에서 그 과정을 받고 있다고 하였다. 또한 그가 주석할 룸텍으로 가야만 하는 이유를 특히 중점적으로 언급했다.

"룸텍 사원으로 가서 나의 선임자들의 업적을 이어가는 일이, 나에게는 집에 돌아가는 것과 같은 것입니다."[179]

그는 인도 정부와 달라이 라마에게 감사의 뜻을 밝혔다. 까르마빠는 전통적으로 정치에 관여치 않았으며, 자신도 이에 따를 것임을 밝혔다. 티베트 문제와 관련해서는 달라이 라마 성하의 노력에 감사하고 있으며, 그의 지도에 따를 것이라고 하였다.

질문에 답변하는 과정에서 까르마빠는 명쾌한 의사표명과 자신 있는 태도로 좌중의 감탄을 샀다. 뛰어난 유머감각도 좋았다.

질문: 성하가 인도에 온 이유를, 중국 측은 여기에서 살기 위한

것이라기보다는 흑모와 선대 까르마빠의 유물들을 차지하기 위해서라고 주장하고 있습니다.

대답: 나는 중국 탈출 시 편지를 남겨놓고 왔습니다. 나는 오랫동안 일관되게 해외여행을 요청해 왔습니다만 아무런 반응도 없었습니다. 그래서 떠났습니다. 흑모에 대해서는 언급하지 않았습니다. 그걸 되찾아 중국으로 가지고 갈 이유가 어디 있습니까? 장쩌민 머리에 씌워 주려고 입니까?

질문: 달라이 라마가 돌아가신 후에는 티베트 독립운동이 무산될 것이고, 그런 후에 티베트 문화를 한족 문화에 흡수시키려는 중국의 의도가 있다고 보십니까?

대답: 달라이 라마 성하는 아직 늙지 않으셨고 건강도 좋습니다. 나는 성하의 장수를 기원하며, 성하가 앞으로도 오랫동안 살아계시리라 생각합니다. 그 이전에 중국이 변할 가능성도 충분히 있습니다. 달라이 라마의 염원과 자비심은 지극합니다. 티베트의 젊은이들이 노력하는 한, 영적 문화적 전통은 이어지리라 믿습니다. 달라이 라마 성하께서도 이런 노력을 지지하고 계십니다.

질문: 티베트의 장래에 관해 말씀해 주십시오.

대답: 티베트인들의 영적 전통은 비폭력과 평화를 바탕으로 합니다. 나는 티베트가 비폭력 평화 속에 번영하는 나라가 되기를 빕니다.[180]

기자들은 깊은 감명을 받았고 어떤 사람은 "이렇게 멋있는 인터뷰는 처음이다"라고 하였다. 일부는 주말에 까르마빠의 응접실에서 진행된 개인 회견에 참여하려고 머무르기도 했다. 이 자리에서 까르마빠는 약간 앞으로 기울인 자세에서 질문들에 경청했다. 한 여기자의 말은 다음과 같다.

> 그의 눈이 끼르미뻬의 권위를 잘 말해 주고 있다. 검고 아름다우며 최면적이기도 한 가로로 찢어진 눈은 1천 년의 비밀을 간직하고 있다. 적갈색과 사프론에 감춰진 구릿빛 살결은, 젊은 오겐 틴레 도르제가 처한 검소한 환경과도 매우 닮았다.[181]

기자 회견은 텔레비전과 라디오를 탔고, 전 세계의 신문과 잡지 모두가 그를 칭찬했다. 어떤 기자는 '가장 영향력 있는 10대가 입을 열다'라는 제목의 기사에서 "우리가 어제 보았던 사람은 단순히 위엄을 과시하는 라마가 아니라 자신에 찬 젊은 지성인이었다"라고 평했다.[182] 어떤 이는 "이 열다섯 살 난 까르마빠는 섬세한 지성과 능수능란함을 겸비한 정치가·외교관·종교 지도자의 모습을 보여주었다"[183]라고 말하기도 하였다. 뛰어난 유머감각에 관해서는 '구백 살의 지혜를 10대의 젊은이가 보여주다'[184]라는 기사로 보도하였다.

*

규또 사원 4층 구석방에서 세둡 용두라는 카트만두 출신의 화가가 두 제자와 함께 탕카작업을 하고 있었다. 이들은 2000년 가을부터 까르마빠의 비전과 꿈을 큰 캔버스에 그려내는 작업을 하고 있었다. 나무틀로 된 거대한 캔버스에 받침대를 높이 올려쌓고 물감을 칠하는 작업 중이었다. 탕카의 중심인물은 모든 부처의 화현이라고 하는 세뢰 웅아닥이다. 보통 탕카에서 산·강·나무 등 풍경이 주위를 둘러싸고 있는 것에 비해, 이것은 까르마빠가 꿈과 비전을 통해 얻은 이미지들로 채워져 있다.

까르마빠가 말했다.

"누구나 꿈을 꾼다. 나도 사람이기에 꿈을 꾼다. 모든 꿈이 의미가 있는 것은 아니다. 많은 선배들이 꿈을 통해 미래를 예측해 왔다. 중요한 의미를 지닌다고 생각되었기 때문에 그림으로 남기고자 한다. 내가 꾼 꿈의 의미는 미래의 티베트 그리고 세계와 관계있는 것들이다." [185]

까르마빠는 또 말했다.

"한번은 붓다 바가바트에 관해 꿈을 꾸었다. [186] 꿈속이었지만 나에게 생생하게, 마치 친척을 만난 것처럼 다가왔다. 아직도 기쁨으로 가득 찬 느낌이다." [187]

탕카의 맨 위에는 부처가 하늘하늘한 사프론 법의를 입고 서있고, 주위를 무지개빛이 감싸고 있다. 아마 그가 화가에게 설명해 준 이미지가 이것이었을 것이다.

*

명상 스승 보카르 린포체가 5월 중순에 규또를 방문하여 까르마빠에게 감뽀빠의 「해탈보장론」을 가르쳤다. 이 저술은 까규 전통의 기본을 이루며, 명상과 철학을 다루고 있다. [188] 불성, 즉 마음의 궁극적 실체, 본연의 선성에 관한 설명으로 시작하는데, 인간 삶의 고귀함과 구도의 길에서의 영적 스승의 소중함에 관한 설명이 뒤따른다. 수행에 중점을 두며, 귀의와 보리심(깨달은 마음) 내기 그리고 육바라밀 수행을 설명한다. 보시·지계·인욕·정진·선정·지혜를 끝으로 해탈의 경지로 이끄는 깨달음의 각 단계를 설명한다. 이 저술은 명상 수행을 하는 모든 이에게 종합적이며 완벽한 지침서로 알

라다크에서의 까르마빠. 2001년 가을.(사진작가 미상)

려져 있다.

　6월부터는 걀찹 린포체가 '뗄마의 진수'에 의거한 관정을 내려주기 시작했는데 3개월이 걸렸다. 룸텍 나란다 강원에서 온 켄포 걀왕은 매일 아침 강의를 했는데, 8대 까르마빠인 미쪠 도르제의 『중관학 입문』 논소와 관련된 내용이었다.[189] 까르마빠가 희망해 왔던 대로, 배움과 관정은 여름 내내 계속되었다.

　9월 초에 까르마빠는 라다크를 방문했다. 이곳은 수려한 경관의 봉우리들로 유명하며, 8세기 이래로 티베트 불교의 고향인 곳이다. 많은 사원들이 산 속에 숨은 듯 자리잡고 있으며, 인근 주민들에게는 일상생활의 중심으로 자리잡고 있다. 수도 레에는 구 실크로드를 따라 상가가 자리잡고 있다. 라다크 주민들은 길에 늘어서서 꽃과 꽃병을 공양하는 등 열렬한 환영으로 까르마빠를 맞았다. 까르마빠는 라다크 전역의 사원들을 둘러보며 수천 명에게 관정을 내리

법문을 하고 축복을 내리는 등 주요 행사를 여는 규또 라모체 대학 법당에서 까르마빠.
(사진 • Angus Mcdonald)

로키 산에서 명상 중인 켄포 출팀 걈초. 까르마빠의 선생이다.(사진 • Blair Hasen)

고 불탑, 사원 등에도 축복을 내려주었다. 길가의 주민들에게는 관세음보살 주문을 염송했으며 공식 연회에도 참석했다.

9월 11일 델리로 돌아왔다. 연초에 구자라트 지진 희생자를 위한 기도를 했지만, 이번에는 국제무역센터 희생자를 위한 기도를 올렸다.

"미국의 이번 참사는 애석한 일입니다. 9월 11일 이래로 나는 많은 희생자를 낸 이런 비극이 앞으로는 세계 어디에서도 다시 벌어지지 않기를 기도하고 있습니다. 인류가 평화롭게 살기를 기원합니다. 어떠한 분쟁에서도, 전쟁이 아닌 모두를 위하는 해결책을 모색해야 합니다."[190]

그리고 까르마빠는 그의 룸텍 사원과 까규의 모든 사원 승려들이 평화를 위한 기도에 동참할 것과 10만 배를 포함한 특별공양을 할 것을 권유했다.

11월에는 켄포 출팀 걈초가 가르침을 주기 위해 왔다. 1934년에 동부 티베트에서 태어난 켄포 출팀은 법통의 위대한 선지식들을 좇아 티베트 전역을 방랑하며 은둔 수행자로 살았다. 그는 츄르프에서 16대 까르마빠의 가르침을 받았고 안거 수행자인 딜락 듀폰의 추인을 받았다. 인도로 탈출한 이래로 9년간을 박사에 있는 범불교 고급 강원에서 지내고 있다. 켄포라는 이름은 16대 까르마빠가 내려주신 것이며 룸텍에서 뚤꾸와 학자들의 교육을 맡아달라는 초청을 받았다. 또한 네팔에 마르빠 번역사 양성학원을 설립하였고, 이 학원 졸업생들이 전 세계에서 활약하고 있다. 그는 토론과 노래도 잘하며 어려운 주제를 명쾌하게 설명하는 능력으로 유명하다. 그는 까르마빠에게 중관철학과 밀레라파가 지은 해탈의 노래를 가르쳤다.

*

12월 초부터 까르마빠와 걀찹 린포체 그리고 승려들은 까르마빠에게 특별한 의미를 지니는 수호존, 바즈라킬라야를 중심으로 하는 10일 수행을 시작했다. 곧 이어 그는 보드가야의 까규 묀람에 참석했는데, 이 1주일간의 기도축제에는 매년 수천 명의 성직자와 일반 신도가 참여해서 부처님의 깨달음을 명상하고 세계 평화를 위한 기도를 드린다. 까르마빠는 이 행사를 진행하고, 감뽀빠의 「해탈보장론」을 날마다 강의했다. 저녁에는 해외에서 온 신도들을 위한 설법을 열었다.[191]

까르마빠가 저술한 까규 전통에 관한 책자를 축제에 참가한 모든 이들에게 증정했다.

"귀한 고전에서 중요하고 유용한 부분들을 뽑아 엮었습니다. 까규 전통을 이어가는 데는 옛 스승들의 가르침을 정리해 보는 것이 중요하다고 생각했습니다."[192]

두 권으로 기획된 저술의 첫 번째 책에는 식가모니 부처와 여성 부처인 타라에 대한 찬송과 옛 까르마빠들의 수행기록, 감뽀빠의 명상에 관한 저술 등이 다루어지고 있다. 기도문과 공덕 보시로 마무리 짓고 있다. 까르마빠가 7개월 후에 출간할 두 번째 책에서는 멸실위기에 처한 까규 전통의 희귀한 저술들을 다룰 예정이다.

까르마빠의 선생인 탕구 린포체는 까르마빠가 책을 좋아한다고 지적하면서 "그는 많은 책을 갖고 있으며 소장한 희귀한 책들은 큰 자산이다"[193]라고 하였다. 탕구 린포체는 다음과 같이 증언했다.

> 16대 까르마빠는 동물 중에서도 특히 새를 좋아하셨다. 기르던 새들이 죽을 때면 마치 명상에 든 것처럼 보였다고들 한다. 17대 까르마빠는 책 중에서도 까규 스승들의 옛 희귀본을 좋아한다. 좋은 책을 얻기 위해서라면 어떤 값을 주더라도 구한다. 열일곱 살의 젊은 나이에 이미 희귀본과 진귀본에 대한 해박한 지식을 쌓았다. 그 나이 젊은이들이 음악이나 춤 등 노는 것에 몰두하는 것과는 참으로 다르다. 그가 왜 이렇게 책을 좋아하는지에 대해 생각하다가, 문득 16대 까르마빠가 급작스럽게 티베트를 떠나 인도로 오실 때에 책을 챙겨 오지 못한 사실을 기억해냈다. 사원과 강원을 지을 때마다 책을 구하는데 애를 먹어야 했다. 내 생각에는 이전의 생에서 형성된 책에 대한 관심이 그 원인인 것으로 보인다.[194]

전 까르마빠가 새를 좋아하고, 자신은 책을 좋아하는데 대해 까르마빠는 다음과 같이 말했다.

히말라야에서 안거 중인 탕구 린포체로 까르마빠의 선생이다. (사진 • Michele Martin)

"나는 책도 좋아하고 새도 좋아합니다. 만일 새를 잡아 먼 곳으로 데려오면 집을 그리워할 것입니다. 슬픈 일이지요. 우리가 새를 소유하지 않으면 새는 자유로워지겠지요. 또한 새들의 감정이나 생각도 우리는 잘 모릅니다. 따라서 잘 돌보기 어렵습니다. 이런 이유 때문에 새를 키우지 않습니다."[195]

까규 묀람이 끝난 1월 초, 까르마빠는 그의 선생이 운영하는 사르나트의 금강 비디야 강원을 두 번째로 방문했다. 그가 강원을 방문한 것은 책 출판에 대한 관심 이외에도, 명상 수행의 중요성을 깨닫고 있었기 때문이었다. 까규 법맥의 중요한 인물인 번역승 마르빠(1012~1097)는 딴뜨라 수행과 연구를 위해 인도를 여러 번 여행했다. 이것이 마르빠 까규 전통의 13딴뜨라로 결실을 맺는다. 여기에는

까르마빠가 탕구 린포체의 금강 비디야 강원을 방문하고 있다. 2001년 3월.(사진 • Scott Unterberg)

특별한 관상, 만트라, 무드라, 만다라와 똘마, 북과 부는 악기 등에 의한 음악, 라마 춤 등을 통한 수행 들이 포함된다. 열여섯 살의 까르마빠는 이들 수행법들을 모두 재현하려는 꿈을 가지고 있다. 그는 말했다.

이전에는 마르빠 까규의 13딴뜨라들의 수행이 살아있었습니다만, 오늘날 이들 각 부문의 10일 집중 안거 중 남아있는 것은 많지 않습니다. 오늘날 사원에서는 세 가지 중요한 사다나인 걀와 걈초, 도르제 팍모 그리고 콜로 뎀촉을 수행하는데 그치고 있습니다. 이를 고치지 않는다면 과거 까규 스승들의 위대한 성취들은 명맥을 잃고 말 것입니다.

처음에는 모든 사원에서 13개의 사다나를 모두 수행해야 할 것으

2002년 생일잔치에서 까르마빠가 장수기원 행사에서 불상을 공양받고 있다.(사진 •
Angus McDonald)

로 생각했습니다. 그러나 시작부터 그렇게 하는 것은 어려울 것이기
에, 각 사원들이 하나 혹은 두 수행법으로 출발하려 합니다. 그러나
앞으로 각 사원이 마르빠 13부문의 딴뜨라 모두를 수행할 수 있는 날
이 오기를 바랍니다. 나아가 사부四部 딴뜨라에 속하는 다른 수행법도
살아났으면 합니다.[196]

츄르프에서는 100딴뜨라를 수행하곤 했습니다. 둑빠, 디궁, 바롬 등
다른 까규 전통 모두는 그들 자신의 고유한 수행 전통을 지켜왔으나,
이중 많은 부분이 사라졌습니다. 앞으로는 이들을 다시 살려내고 지
켜나감으로써 중생을 이롭게 할 수 있기를 바랍니다.[197]

까르마빠의 이러한 희망은 린포체, 라마 그리고 관리들 모두에게
지지를 이끌어냈으며, 13수행법은 까르마 까규 사원들에게 분담시

켰다. 큰 사원들은 두 개 이상을 맡도록 하였다.

2002년 1월, 달라이 라마가 사르나트를 방문했다. 녹야원에서 까르미뼤와 니란히 앉아 세계 평화를 위한 기도를 올렸다. 까르마빠는 쿠시나가라로 순례여행을 갔다. 쿠시나가라에는 아쇼카 왕이 건설한 불탑들이 남아있다. 여기에서 부처는 열반에 들기 직전에 승가에 이런 부탁을 했었다.

"모든 중생은 유한有限합니다. 열심히 수행하십시오."

조용히 지켜보는 나무들에 둘러싸인 사원은 지금은 북쪽으로 머리를 둔 채 오른쪽으로 누워있는 불상을 지키고 있다. 다른 순례자들처럼 까르마빠도 이들 유적을 탑돌이 한 뒤 꽃과 불을 공양했다.

1월 24일, 까르마빠는 보드가야로 돌아와서 달라이 라마가 내리는 깔라차크라 관정에 참석하려 했으나 달라이 라마가 병이 났다. 다음날 까르마빠와 간덴 티 린포체는 수만 명의 승려를 이끌고 보리수나무에서 달라이 라마의 건강과 장수를 비는 의식을 거행했다. 그런 후에 규또로 돌아온 까르마빠는 물 말의 해를 맞는 전통의식을 거행했다. 이번 새해는 룸텍이나 세랍 링에서 맞을 것이었으나 승인이 나지 않았다. 3월과 4월에도 달라이 라마와 티베트 망명정부의 강력한 청원이 잇달았지만 결과는 신통치 않았다.

*

한편, 세계는 까르마빠를 계속 주목하고 있었다. 〈타임〉지 4월 22일자 아시아판에서는 '세상은(Time) 우리를 감동시키는 분을 기다린다'라는 기사에서 까르마빠를 아시아 25영웅 중 하나로 꼽았다. 이 기사를 쓴 사람은 티베트에서 나고 인도에서 자랐는데, 까르마빠의 젊은 사람들에 대한 영향을 다음과 같이 말했다.

그 분의 망명소식은 혼란과 갈등을 쓸어버리는 상큼한 소용돌이 바람처럼 우리를 쳤다… 그럼에도… 젊은 그를 세뇌시키려는…불구하고, 까르마빠는 확신에 찬 의지를 가지고 성장했다……. 사회적인 요구와 자신의 신념이 충돌할 때(특히 달라이 라마를 비난하는 것 같은), 그래서 화해의 길이 안 보이는 시점에 그는 망명을 결정했다……. 까르마빠의 망명소식은 평생을 망명자처럼 허비하는 우리를 후려치는 큰 외침으로 다가왔다.[198]

한 인도 기자가 까르마빠와 만났다. 그녀는 까르마빠가 플루트 작곡을 즐겨한다는 사실을 알고는 다음과 같이 썼다.

이 젊은 분의 영혼은 빛난다. 그는 자신의 확고한 견해를 가진 개성 있는 사람으로 보인다. 그의 대답을 들으면서 나는 환생한다는 것은 그들의 지혜가, 어떤 특정한 인생이 아니라, 다시 태어난다는 것을 의미하는 것은 아닐까 하는 생각을……. 그에게서는 무한한 정적이라고 표현할 수밖에 없는 무엇이 뿜어져 나온다. 그는 무심히 주변을 바라보는 것으로 보인다. 소용돌이는 찻잔 속의 사라지는 물결에 지나지 않을지도 모른다.[199]

까르마빠의 주임 선생인 탕구 린포체는 4월, 5월 중에 '깊은 가르침의 보고寶庫' 강의를 마무리하고자 규또를 다시 찾았다. 그는 까르마빠에게 책도 공양했다. 티베트 책들은 긴 장방형 형태로 낱장씩 되어 있으며, 수기로 기록되어 두 장의 판자를 대고 헝겊으로 쌓아둔다. 이런 책들과 관련하여 다음과 같은 일화를 들려주었다.

나는 기적이란 말을 못 믿겠습니다. 그렇지만 직접 체험하게 되니 또 다른 일이었습니다. 금년에 나는 희귀본 여섯 권을 발견하고는 까르마빠를 위해 사진을 찍었습니다. 원래 번호도 안 매겨져 있었지만 사진판도 그랬습니다. 여섯 권의 각 권은 수많은 작은 페이지들로 되어 있고, 우리 셋은 이들을 순서대로 맞추는 작업을 며칠간이나 해야 했지요. 마지막에 세 페이지가 남아 맞추다 보니 한 페이지가 누락되어 있었습니다. 찾을 수가 없었습니다. 까르마빠가 평소처럼 아래층으로 내려와서 묻기를 '그래 짝은 다 맞췄습니까?' 그래서 내가, '한 페이지가 없어졌습니다.' 까르마빠는 내가 들고 있던 책에서 한 페이지를 뽑아냈습니다. 바로 그 없어졌던 페이지였습니다.[200]

*

5월 말, 까르마빠는 쇼튄(요구르트) 축제에 손님으로 초대받았다. 티베트 오페라가 일주일 내내 공연되었다. 다람살라의 티베트인들은 공연자들 주위에 캠프를 치고 피크닉을 즐겼다. 긴 가락과 반복되는 음률 속에, 여러 면에서 유럽 중세의 권선징악적 연극과 많이 닮았지만 불교적 가치관을 담은 티베트 전설이야기였다. 밝은 의상에 멋진 율동이었고 이야기 내용은 현대적으로 각색되었다. 여신이 충성스런 어부에게 내려 주는 상은 꿈의 나라 미국으로 가는 비행기 표와 비자였다. 이 축제의 끝에 까르마빠는 티베트 전통을 지키는 것이 중요한 일이며, 동시에 현대 문화와 상호 교류해야 할 것이라고 하였다. 전통에 대한 깊은 이해와 포용성을 아우를 때에 예술은 그 뿌리를 지키며 살아남을 수 있을 것이다.

*

6월에 걀찹 린포체는 다시 한번 '뗄마의 보고'에 의한 관정을 주었다. 까르마빠는 매일 아침 의식을 준비하고 오후에는 관정을 받았다. 켄포 출팀도 중관철학 강의를 위해 돌아왔다. 이번 중심은 가장 유명한 공성에 관한 용수의 논술인 『중론송』이었다. 27장인 이 책에서는 운동, 시간, 고통, 원인과 결과, 탄생과 소멸 등을 다루고 있다. 이 중 어느 것도 구체적·영구적 실체가 아니라는 점을 상세히 논증하고 있는 용수는 이들의 공성을 통해 각각을 분석한다. 그의 논점은 다음과 같이 요약된다. 모든 현상은 상호간의 의존성 속에서 일어난다. 따라서 공하다. 만일 책의 첫 구절만 깨달아 알아들을 수 있다면—이 자체가 명상 주제로 쓰이는 데—나머지는 읽을 필요도 없다고들 한다.

> 의존해서 생기는 무엇인들
> 시작과 끝이 있으랴.
> 소멸도 영원도
> 감과 옴도
> 다르지도 같지도 않거늘
> 정신작용이 완전히 멈출 때
> 이것이 평화로세.[201]

6월은 까르마빠가 규또에서 맞는 세 번째 생일이었다. 라마들과 정부 관리들 그리고 티베트 망명정부의 수반으로 새로 뽑힌 삼동 린포체가 참석했다. 룸텍에서도 축하행사가 벌어졌는데, 잠곤 꽁튤 린포체가 참관하였다. 승리의 깃발과 황단, 긴 고둥 나팔, 향 그리고 흰 스카프가 룸텍 사원 정문까지 이르는 길에 길게 너울거리며 그 전생의 거의 전부를 바로 이 사원에서 지낸 젊은 뚤꾸를 환영하는 것이었다.

까르마빠가 달라이 라마로부터 '구하 사마자' 관정을 받은 것도 6월의 일이었다. 이 의식은 미르빼의 13만뜨리 중 하나이며, 까르마빠가 되살리고자 하는 전통이다. 7월에는 달라이 라마가 걀찹 린포체의 시중을 받으며 까르마빠에게 사미계를 내려주었다. 다음은 탕구 린포체의 설명이다.

1992년 조캉에서 까르마빠가 삭발의식을 받은 것은 귀의서원을 한 것으로 볼 수 있다. 다르마의 문에 처음 들어가는 의미인 것이다. 까르마빠가 이미 받은 계는 사미계이고, 다음 계는 온전한 계, 즉 겔룽(비구) 계에 해당한다. 보통은 자신의 의사를 세울 수 있는 나이인 스무 살이 되어야 받는 것이다.

금강승 계율에 따르면 예비서원으로 간주되는 것이다. 까르마빠가 이런 절차를 밟아야만 하는 것은 아니지만, 비나야를 따르겠다는 의지를 상징하는 의미에서, 티베트 불교의 영적 지도자인 달라이 라마로부터 삭발식 그리고 사미계를 받은 것으로 보면 된다. 특히 17대 까르마빠와 달라이 라마 간에는 매우 밀접한 인연을 바탕으로 하고 있으며, 젊은 까르마빠에 대한 달라이 라마의 특별한 관심과 애정을 상기하기 바란다. 옛 까르마빠들도 달라이 라마들로부터 이와 똑같이 계를 받았던 것이다.[202]

8월 내내 몬순 장마가 계속되었다. 중국인들이 까르마빠의 츄르프 시절 선생인 라마 니마와 주방장 툽텐을 구속했다는 소식이 들려왔다. 이들이 인도로 탈출해 올 수 있다고 믿었는데 명상 지도법사인 라마 파남도 구속되었다. 아시아 자유 라디오는 "라마 파남이

3월에 구속되었다. 라마 툽텐은 인도로 탈출을 기도하던 중 체포됐다. 라마 니마는 6월에 꽁포에서 체포되었다…. 그리고 감방에서 단식투쟁을 하고 있다"[203]라고 보도했다. 까르마빠는 중국 측에 이들의 석방을 촉구했다.

　나는 중국 정부와 티베트 자치지역 정부 당국에게, 구속된 이들의 조속한 석방과 감옥에서의 가혹행위를 즉각 중단할 것을 촉구하는 바입니다. 매우 유감스럽고 우려할 일입니다. 내가 망명한 것은 종교적 자유를 위한 것이지 정치적 목적이 아닌……. 라마 니마는 나의 스승이며 나는 그에게 깊이 감사하고 있습니다. 나는 그의 가르침과 지도를 받아 성장했습니다. 툽텐은 나의 요리사이자 충실한 동지였습니다.[204]

까르마빠의 지도 아래 관심 있는 인사들이 국제조직과 정부의 협조를 받아 이들의 석방을 중국 정부에 촉구하고 있다.

*

까르마빠는 꼴까타[205]에서 9월에 열린 제138차 아나가리카 다르마팔라 기념식에 참석했다. 인도 불교계의 가장 유력한 지도자인 다르마팔라는 1891년에 마하보디연합회를 창립했으며, 불교의 진흥과 순례지의 재건이 그의 목표였다. 1893년에 시카고에서 세계종교총회를 개최함으로써 국제적 명성을 얻게 된 그는 수차례의 해외여행을 했다. 그의 주요 업적은 인도와 관련된 것이었으며, 마하보디연합회는 학교와 도서관 그리고 승려들을 위한 숙소 등을 건설했다. 1931년에는 사르나트에 물라간다쿠티 비하라를 세워 부처님

유물을 보존하고 있다. 까르마빠와 달라이 라마가 2001년에 세계 평화를 위한 행사를 주관했던 것도 이곳에서였다.

끌까다에시의 첫날, 까르마빠는 두 번째 기자회견을 가졌다. 그는 구속된 세 승려에 대해 다시 언급했다. 그가 처한 정치적 상황에 대한 성숙한 인식을 엿볼 수 있었다. 룸텍 사원으로 돌아가려는 의지도 다시 표명했다.

"돌아가기 위한 준비가 필요하다는 점을 잘 압니다. 왜냐하면 시킴과 중국 간의 국경문제가 있고, 또한 나의 귀환이 가지는 역사적·종교적 의미 때문입니다. 모든 준비가 끝나야 귀환시점에 대해 말할 수 있을 것입니다…. 어떠한 난관일지라도 곧 극복될 것입니다. 아직 말하기에는 이르지만, 2년 안에 답이 나올 것이라고 믿습니다. 인도의 일부이기도 한 시킴 주민들은 나를 원합니다."[206]

인도에 사는 티베트 난민들이 해외여행 시 필요한 서류인 신분증명서 발급을 신청한 까르마빠는 세계 여행을 고대하고 있다. 그는 오랫동안 기다리고 있었다. 지나간 일들을 회상하던 그는 미소를 지었다. 그리고 심각한 표정이 되었다. 옛일을 회상하던 그가 세계를 향해 호안虎眼을 치켜떴다.

2부

규또 라모체 대학에 온 까르마빠는 곧장 대중을 상대로 가르침을 펴기 시작했다. 법당은 2층에 있었는데 엷은 노랑색이 칠해진 밝고 상쾌한 건물이었다. 3면에 창문이 있고, 약간 높은 법당은 앞쪽에 커다란 황금빛 불상을 모셨다. 옆으로는 종파 스승들의 초상과 여러 줄의 버터램프들과 중앙에는 달라이 라마의 법석이 마련되어 있다.

대중들이 자유롭게 앉게 되어 있는 바닥에는 초록빛 색깔의 천이 깔려 있다. 월요일에서 금요일까지 2시 30분쯤이면, 가까운 다람살라를 비롯한 인도 전역 그리고 외국에서 다양한 계층의 청중들이 모여든다.

큰 키에 적갈색 법의로 치렁치렁 감싼 까르마빠는 당당하게 법당 앞쪽 의자로 걸어간다. 불상 앞에 서서, 그의 앞을 지나가는 긴 행렬의 대중들로부터 흰 카타를 공양받고 이들에게 축복을 준다. 모두가 자리에 앉은 다음에는 자비의 화신이며 티베트에서는 특별히 공경하는 관세음보살 수행을 위한 법문을 읽는다. 까르마빠 자신도 관세음보살의 화신으로 여겨지고 있으므로, 이 수행과는 아주 가깝고 특별한 관계가 있는 것이다. 다음에는 보통 설법을 하거나 제자들의 질문에 응하기도 한다.

까르마빠는 관세음보살 수행과 보리심을 일깨우는 것의 중요성을 강조하곤 한다. 그의 가르침에 관한 이 장의 첫 부분은 그가 15세와 16세에 행한 법문으로 이루어져 있다. 다음에는 문화적 유산의 보전의 중요성, 철학적 관점, 명상하는 방법, 마음을 수련하는 방법 등 여러 분야의 주제를 다룬다. 까르마빠가 제자들과 대화할 때면 그의 뛰어난 유머감각이 특히 잘 드러난다.

첫 부분은 2000년부터 2001년까지의 법문이 연대순으로 배열되었다. 인도에 처음 도착한 까르마빠의 관심과 흥미가 잘 드러나 있다. 그의 법문이 세월이 흐름에 따라 어떻게 변하는지도 알 수 있다. 마지막 부분은 밀라레빠의 노래를 논한 까르마빠의 보드가야에서의 설법이다. 승가학교 학생 고학년에게 행한 압축된 세 강의로 되어 있다. 불교에 갓 입문한 사람들에게는 약간 어려울 수도 있다.

　다음 부분은 2002년부터 설법한 것으로, 입문으로 시작해서 좀더 어려운 내용의 가르침으로 나아간다. 마지막 부분은 제자들 모두에게 중요한 명상법과 좀더 고차원의 깨달음에 관한 내용이다. 강연에는 전통적 교수방법인 수사적 질문·반복 그리고 겸양 등이 잘 드러나 있다. 청중들은 문외한에서부터 명상가에 이르기까지 다양했다. 강연은 극히 간명하며 핵심을 찌르는 것이어서 모든 이에게 값진 것이었다.

　매 강연마다 공양과 까르마빠가 모든 중생의 행복, 세계 평화, 특히 그의 강연을 듣고 축복을 받으러 모여든 각국 청중의 행복을 비는 기도가 올려졌으나 여기서는 생략하였다.

평화의 안정. 승리의 깃발, 16대 까르마빠의 비전임.

■관세음보살 수행과 보리심 일깨우기
2000 • 2

다르마를 수행하는데 있어서 바른길의 핵심은 모든 중생의 깨달음을 바라는 마음, 즉 보리심을 내는 것입니다. 우리는 진정으로 남을 행복하게 하고자 하는 마음과 소망으로 보리심을 발심해야 합니다. 지혜와 지식은 우리 마음속에 있는 이러한 품성들을 찾아낼 수 있게 해줄 것입니다.

그러기 위해서는 관세음보살 같은 본존에게 의존하는 것이 중요합니다. 왜냐? 거룩한 관세음보살은 자비의 화신이기 때문입니다. 불가의 용어로 말하자면, 그는 모든 시간과 모든 공간, 모든 부처의 자비의 체현이시기 때문입니다. 그의 자비를 체현하는 6마디 관세음보살 만트라를 염송함으로써, 온전한 보리심에 의해 우리는 바른길로 들어설 수 있습니다. 이 수행의 공덕은 두 가지입니다. 우리는 온전한 깨달음을 얻을 수 있고, 남들도 그렇게 되게 도울 수 있습니다. 이것이 부처가 경전에서 누차 가르치신 보리심의 바른길입니다.

보리심은 궁극적인 것과 상대적 보리심 두 면으로 볼 수 있습니다. 궁극적 보리심은 모든 현상이 공하다는 것을 깨닫는 것이라 할 수 있습니다. 상대적 보리심은 보리심의 실제 수행을 말합니다. 즉, 덕행을 인지하고 실천함을 말합니다. 보리심의 실천을 위해 나는 으레 관세음보살 수행에 관한 설법을 합니다. 이들을 명상함으로써 우리 자신은 마음을 닦을 수 있고, 다른 사람들은 우리들의 순수한 사랑과 자비행을 통해 도움을 받을 수 있습니다.

보리심을 어떻게 냅니까? 이 땅에 사는 우리들의 눈으로는 비록 조금밖에 보이지 않지만, 우리는 무수히 많은 다른 몸을 받은 존재들과 어우러져 살고 있습니다. 우리가 수행하는 것은 이들 모두가 깨달음을 얻어 온전한 불성을 이루게 하기 위해서입니다. 우리의 수행은 애초부터 순수한 마음의 본질을 깨닫고, 모든 중생을 깨달음으로 인도하기 위한 것입니다. 도우려는 염원의 일차적인 단계에서는 모든 중생이 오래 건강하게 살기를 비는 것입니다. 이것이 관세음보살 수행을 하는 이유입니다.

나는 대승의 가르침을 분석하고 숙고하며 명상하는 젊은이입니다. 관세음보살 만트라를 염송함으로써 나는 그 공덕을 깨닫습니다. 우리가 대승의 길을 따르거나 수계를 받아 승려가 되지 않더라도, 관세음보살에게 기도하고 발원을 할 수 있습니다. 그에 대해 우리의 마음으로부터 명상하며, 가르친 대로 수행할 수 있는 것입니다. 이런 수행의 공덕은 누구에게나 마찬가지로 나타납니다. 누구에게는 크고 누구에게는 작게 나타나는 것이 아닙니다.

수행의 공덕은 믿기만 하면 되는 것은 아닙니다. 우리의 스승 석가모니께서는 모든 의심을 떨쳐버리고 확고한 신념을 확립하기 위해서는 그의 가르침을 분석적 사유로 철저히 연구하여야 한다고 말씀하셨습니다. 주문을 큰 소리로 외운다거나 염송만 함으로써 득도할 수 있는 것은 아닙니다. 부처님의 심원하고 방대한 가르침의 뜻을 깊이 새기고, 훌륭한 학자와 스승의 글들을 공부하는 것 등이 도움이 될 것입니다.

보리심이 단순히 대승불교만의 진부한 가르침인 것은 아닙니다. 열반과 윤회계 모두의 기본인 것입니다. 마치 태양처럼 이 두 가지 장애를 밝혀 없애는 것입니다. 마치 달처럼 윤회의 고통스런 열을 식히는 것입니다. 보리심은 단순한 경전의 글귀에 그치는 것이 아닙니다. 옛 학자와 스승들의 수행의 일부였습니다. 보리심이야말로 우리를 불자로 만드는 것입니다. 대승불교를 수행하는 자들에게 있어 보리심은 우리의 눈처럼 혹은 우리가 걷는 땅처럼 중요한 것입니다. 위대한 성취자들은 누구나 이 보리심의 길을 끝까지 추구했던 것입니다.

보리심은 이 생과 변치 않는 행복의 근간입니다. 깨달음으로 가는 최상의 정도이며 모든 슬픔으로부터 해방시키는 길입니다. 우리로 하여금 깨달음에 이르게 하는 최상의 기술이며 현재의 모든 잘못을 몰아내고 선과를 이루게 하는 동력입니다.

*

오늘날 세상에는 많은 해악과 고통이 존재합니다. 왜 그럴까요? 사람들의 마음속에 진지하고 긍정적인 동기가 없기 때문입니다. 우리가 진지한 동기를 갖고 있지 않다면 우리는 잘못된 길을 갈 수밖에 없습니다. 질투심 때문에 혹은 최고가 되려는 욕심 때문에 우리는 남을 해치는 부정적인 생각에 매어 있습니다. 그래서 엄청난 불화가 조성됩니다. 이 모든 것을 제거하고 평화를 이루기 위해, 나는 평화와 행복의 빛 그리고 세상의 평화를 기원하는 기도를 드립니다.

*

두 가지 보리심을 수행함으로써 우리는 보리심이 단순히 우리가 원하거나 관계를 맺는 것 이상의 것이라는 점을 알게 됩니다. 대승 불교에서는 보리심을 불성 혹은 모든 현상의 전존재적 확장이라고 합니다. 우리가 윤회계에 매어 있는 한, 이 광대한 영역, 승리자의 심장인 우리의 보리심은 우리에게 보이지도 알 수도 없는 것이 되고 맙니다. 눈 먼 채로 우리 자신의 미혹으로부터 일어나는 습관적 틀에 좌우되고 맙니다. 구름에 가린 태양처럼, 보리심은 어리석음에 가리어 있는 것입니다. 보리심을 실현하는 것은 근면과 지혜입니다.

우리는 내적으로는 마음을 닦고 외적으로는 행함으로써, 무한 공덕의 보리심을 수행합니다. 결과는 두 가지입니다. 우리 자신이 윤회의 굴레에서 벗어나며, 윤회의 고통에서 신음하는 온 우주의 무수한 다른 존재들을 고통으로부터 깨달음의 기쁨으로 나올 수 있게 도울 수 있는 것입니다. 이와 같은 기원을 한다면 부처님의 가피로 틀림없이 이루어지리라 믿습니다.

■ 평화롭게 살려면

2000 · 2 · 3

동양과 서양으로부터 많은 불자들 그리고 다람살라와 다른 지역의 많은 티베트 사람들이 오늘 여기에 모였습니다. 지난 수년간 나는 여러분들과 만나고 싶었습니다. 그러나 티베트에 있는 동안에는 외국으로 여행하는 일이 매우 어려웠기 때문에, 오늘 여러분을 만나는 것이 나에게는 더 한층 행복한 일이며, 여러분들이 여기에 오신 데 대해 마음속 깊이 감사하게 생각합니다.

티베트는 지식 및 영적 전통에 있어서 남들과 비교하더라도 뒤질 것 없는 훌륭한 유산을 가지고 있었습니다. 그러나 최근 40여 년 동안 티베트 사람들은 대단한 불운을 겪고 있습니다. 여러 분야에 있어서 우리의 지식 및 영적 전통은 심하게 손상되었습니다. 우리는 이러한 전통과 지식을 되살리기 위해 총력을 기울이고 있습니다. 우리는 이들을 열심히 연구해야 할 뿐만 아니라, 이들에 대한 진지하고 순수한 열정을 되살려야 할 것입니다.

우리는 오랜 세월에 걸쳐 행복과 슬픔을 겪어 온 민족입니다. 우리 하나 하나가 용기를 내고 마음을 다잡는 것이 매우 중요합니다. 불교의 가르침은 티베트의 특별한 유산입니다. 이 유산은 너무 방

대해서 우리는 그 끝을 모릅니다. 이 유산들은 경전에 대한 철저한 연구와 고찰의 결과입니다.

이 세상에는 평화와 행복이 실현되어야 하며, 티베트라고 예외는 아닙니다. 우리는 우리가 행복을 추구하듯이, 남들도 그들의 행복을 추구한다는 사실을 알아야 합니다. 사람들이 자신에게 도움이 되고 결국에는 행복을 가져다 줄 길을 걷지 않기 때문에 많은 문제들이 생기고 있습니다. 아침에 눈을 떠서 밤에 잠들기까지, 우리가 만약 하루 종일 상냥한 마음과 웃는 얼굴로 지낼 수 있다면, 그리고 사람들과 좋은 관계로 즐거운 대화를 할 수 있다면, 잠들 때의 우리 마음은 평화로울 것입니다. 반대로 우리가 하루 종일 다른 사람을 화나게 만들고 그들과 싸우고, 그래서 비록 이길지라도 잠자리에 드는 우리는 후회하게 될 것이고 마음이 편안하지 못할 것입니다.

무엇보다 값진 우리의 마음은 약국에서 파는 물건도 아니요, 몸 안에 넣을 수 있는 것도 아니요, 사제司祭를 통해 얻을 수 있는 것도 아닙니다. 아무리 큰 도시에서 아무리 많은 돈을 주고 사려 해도 순수한 마음은 살 수가 없습니다. 어디에서 찾을 수 있을까요? 진정으로 찾으려 한다면, 진실한 마음으로 우리 마음을 단련시키면 됩니다. 이런 진지한 동기가 우리 안에 생길 때 비로소 우리와 남들을 이롭게 할 수 있고, 우리의 생활이 의미 있게 되는 것입니다. 시들지 않는 순수한 동기와 꺾이지 않는 용기를 가지고 우리 각자는 자신의 생활을 의미 있게 만들기 위해 노력해야 할 것입니다.

■ 전통문화의 중요성

여러분들이 잘 알듯이 이 세상을 살아가는 데는 많은 지식과 좋은 품성이 필요합니다. 무엇보다도 우리나라의 전통이 잘 지켜지고, 긍정적 동기와 진지함을 잃지 않는 것이 가장 중요한 것입니다. 또한 우리나라 고유의 관습과 생활양식 그리고 예술과 과학이 후퇴하지 않아야 할 것입니다. 티베트에는 주로 농민과 유목민들이 살고 있는데, 이들은 각기 특별하고 고유한 전통을 지니고 있습니다. 한 나라의 문화와 관습은 오랜 세월에 걸쳐 한 세대에서 다음 세대로 가르쳐지고 전승돼 오는 것입니다. 이들을 연구하고 이어 나감으로써 이들의 생각과 활동을 계발하는 것은 아주 중요한 일입니다. 모든 전통에는 그 나름의 고유한 언어와 유머감각을 포함하는 문화의 배경이 있습니다.

각각 다른 전통을 유지함과 동시에, 우리 모두가 한 지구촌에서 사는 사람들이라는 점도 잊어서는 안 됩니다. 나라 · 언어 · 인종이 다를지라도 사람이라는 점에서는 같습니다. 사람 중에는 키가 큰 사람도 있고 작은 사람도 있으며, 각자 느끼는 감정도 다릅니다. 그러나 우리를 인간이게 하는 원인과 조건은 똑같습니다.

다람살라에서 공부하는 외국 제자들과의 담화

2000 • 2 • 3

나는 이 지구상에 사는 모든 중생들에 대해 깊은 존경심을 가지고 있습니다. 젊은 제자들에 대해서는 특히 더 깊은 애정을 느끼며, 오늘 여러분을 여기에서 만나게 되어 행복합니다. 여러 교육기관을 돌아다니며 공부하던 지난 날들이 생각납니다. 여러분들은 과학 등 여러 분야에 대한 깊은 지식을 쌓을 수 있는 좋은 교육을 받았습니다. 거기에 비한다면 나는 단지 별 재주 없는 티베트 난민에 불과합니다. 자, 질문을 받겠습니다.

*

질문: 요즘 세상에도 밀라레빠 같은 깨달은 스승이 나타날 수 있습니까?

대답: 나는 중앙 티베트에서 8년간 살았으며 불교 가르침 중 까규 전통을 공부했습니다. 거기서 밀라레빠 같은 분은 마치 여름날 천둥이 치는 것처럼 명성을 사방에 드날렸습니다. 밀라레빠 같은 깨달음의 경지에 도달한 스승은 매우 드뭅니다. 자신만을 위한 경험과 어느 정도의 깨달음을 성취한 스승들조차도 드물다고 말할 수

있습니다. 이 생에서 이 몸으로 밀라레빠와 견줄 만한 경험과 깨달음에 도달한 라마들의 숫자는 아주 적다고 해야 할 것입니다. 스승들은 때때로 '제2의 밀라레빠' 혹은 '제3의 밀라레빠' 등등으로 불리기도 하지만, 이들이 밀라레빠처럼 쐐기풀을 먹으면서 살 수 있었을지는 의문입니다. 아마도 누들 수프 정도를 먹었겠지요.

진지하게 말하자면, 오늘날 밀라레빠와 같은 사람이 나타나기는 쉽지 않을 것입니다. 하지만 수행자가 떨쳐버려야 할 것은 떨쳐버리고 수행에 몰두한다면 그와 비슷한 경지의 깨달음에 도달할 수는 있으리라 생각합니다.

*

질문: 밀라레빠는 수행을 위해 모든 것을 포기했습니다. 우리도 그렇게 해야 될까요?

대답: 속세를 떠나 집을 버리고 정식으로 승려가 된 사람들의 경우도 있습니다. 또한 가족과 아이들을 가지고도 수행하는, 옛 인도의 인드라 보디 왕이라든가 까르마 캄창 전통에 속하는 번역가 마르빠와 같은 일반 수행자도 있습니다. 이들 모두가 대승불교 전통에 속하는 밀교의 수행을 잘 해냈습니다. 밀라레빠처럼 쐐기풀을 먹고 무명옷을 걸치는 금욕적 수행만이 깨달음에 이르는 유일한 길은 아닙니다. 어째서 그럴까요? 불법왕 인드라 보디 등은 세속적 삶을 살았습니다. '왕'은 멋져 보이지만 세속적 삶인 점에서는 다르지 않습니다. 사람들이 이들에 대해 어떻게 말하든 간에 깨달음을 성취한 이들은 모두 세속의 평범한 인간이었습니다. 이와 같이 비록 세속적 삶을 살더라도 깨달음을 이루어낼 수 있다고 생각됩니다.

밀라레빠는 거지로 살았고 인드라 보디는 왕으로서 깨달음을 얻었습니다. 우리에게 적합한 수단이라면 어떤 것이라도 깨달음에 이르게 해줄 수 있다는 좋은 예입니다. 자기 목에 난 큰 혹의 진정한 모습을 보고 깨친 인도의 위대한 스승도 있었습니다. 자기에게 맞는 길을 발견하는 것이 중요합니다.

*

질문: 고립된 안거 속에서 홀로 명상함으로써 모든 중생을 도울 수 있습니까?

대답: 어떤 사람들은 '수행한다'는 것을 동굴 속에 앉아서 혹은 홀로 숨어, 그 진정한 의미도 모르는 채 기도드리고 주문을 외우는 것 정도로 생각합니다. 그러나 이런 것은 진정한 수행이 아닙니다. 불교 정신의 핵심은 모든 중생을 이롭게 하는데 있습니다. 안거에서 수행하는 것은 보리심을 내어 중생을 도울 수 있는 힘을 키우기 위한 것입니다. 우리는 마음으로 수행합니다. 『입보리행론』은 중생들의 모든 업과 행위는 일차적으로 그들의 마음으로부터 나온다고 말하고 있습니다. 예를 들자면, 만일 우리가 무엇을 옮기려 할 때, '이걸 옮겨야지'라는 마음이 일어나지 않으면 우리의 손은 움직이지 않을 것입니다.

마찬가지로 우리로 하여금 동굴 혹은 안거처에 머무르게 하는 것은, '모든 중생들을 위해 이런 일을 해야지'하는 생각이 원천이 된 것입니다. 확고하게 보살심을 일으키게 하기 위해 일상의 모든 번잡함에서 벗어나 안거 수행을 하는 것입니다. 잘 먹어가며 명상 중에는 졸거나 하면서 이룰 수는 없을 것입니다. 호텔에 들어가듯이 또는 침실에 자러 들어가듯이 안거를 하는 사람도 있습니다. 안

락함과 편함을 원하는 마음이라면 제대로 된 수행의 자세가 아닐 겁니다. 따라서 성취하는 바도 없을 것입니다. 밀교 전통에 의하면, 안거를 하는 것은 8만 4천 기맥 및 풍기風氣를 통해 수행하는 것과 관계가 있다고 합니다. 3년간 안거 수행을 제대로 하면 이들이 정화되어 본존의 마음과 하나가 될 수 있다고 합니다.

티베트의 중관학파는 마음 및 마음의 공성을 강조합니다. 안거 중에도 중요한 것은 자신의 마음을 닦는 것입니다. 안거를 함으로써 속세의 끊임없는 잡일로부터 벗어날 수 있습니다. 깨달음을 얻기 위한 방편인 것입니다. 완전한 깨달음에 이르기까지는 아득한 세월이 걸린다고 보통 말합니다. 그러나 밀교에서는 그렇지 않습니다. 밀라레빠가 수년간의 안거로 깨달음을 얻은 것이 좋은 예입니다. 이와 같이 안거는 우리에게 깊은 수행을 할 수 있게 해주고, 남들을 좀더 효과적으로 도와 줄 수 있게 해줍니다.

*

질문: 스승과 제자의 관계는 어떤 것입니까?

대답: 불교에는 세 가지 큰 갈래가 있고, 사제관계를 보는 관점에도 차이가 있습니다. 소승에 따르면 스승은 영적 동반자라 하며, 귀의한 자로서 일곱 서원 중 하나를 세운 사람이라 합니다. 대승불교에서는 영적 동반자를 『입보리행론』에서 이렇게 그립니다.

대승의 큰 뜻에 헌신하는 이들은
보살심의 수행을 결코 놓지 않으리.
생명이 다 하더라도

　이들 스승들은 대승의 뜻을 세우는 것을 지고至高의 목표 —혹은 지고의 기쁨 —로 삼으며, 소중한 보살심을 위해서라면 목숨도 기꺼이 바칠 수 있습니다.

　금강승의 전통에 따르면, 구전口傳교육과 전승은 깨달은 스승으로부터 준비된 제자에게 전해지며, 이 제자는 다시 다음 세대로 다음 세대로 전승하게 됩니다. 이와 같이 진정한 라마들은 구전교육·주석·전승·독경 및 지극히 비밀스런 수준의 설명 등을 전해왔습니다.

＊

　질문: 어느 한 전통만을 고집해야 합니까. 아니면 여기저기서 조금씩 배워도 됩니까?

　대답: 세상에는 매우 다양한 영적 전통들이 있습니다. 티베트에도 다섯 개의 주요 전통이 있습니다. 영광의 사캬파, 비밀교의 닝마, 겔룩파, 즉 간덴의 산에서 온 자들, 중생들의 수호자인 까규파, 변함없는 뵌뽀(티베트 최초의 자연종교로서 주술적인 면이 강하다. 뵌교라고도 하는데 지금까지 그 전통과 수행이 계승되고 있다.) 등이 그것입니다. 이들 각 파는 나름대로의 특정한 관점을 가르칩니다. 맛으로 비유하자면 어떤 사람은 빵을 좋아하고, 그들에게는 빵을 줘야 할 것입니다. 차를 좋아한다면 차를 줘야 하지요. 마찬가지로 공부를 함에 있어서도 우리의 관심과 헌신을 이끌어내는 것들을 공부하고 수행하게 되겠지요.

　『입보리행론』을 공부해 보셨겠지요. 많은 다른 영적 전통이 있고, 많은 중생들이 이것을 공부합니다. 불법에 들어가는 다양한 경로가 필요합니다. 오직 하나의 전통만 있다면, 어떤 사람은 이것을 좋아하겠지만 싫어하는 사람도 있을 것입니다. 다양한 전통이 있음으로써 각자가 자신에 맞는 것을 선택할 수 있을 것입니다. 칠리(매운 고추)를 먹지 않는 사람에게 칠리 먹기를 강요한다면, 매워서 고통스러울 것이고 매우 불편할 것입니다. 이런 것은 아무에게도 도움이 안 됩니다.

부처님이 가르침을 펴신 것은 모든 중생들의 이익과 행복을 위해서이지, 어떤 특정한 영적 전통의 수행을 강요하기 위한 것은 아닙니다. 어떤 사람은 겔룩파의 노란 모자를 좋아하고, 어떤 사람은 까규의 검은색 모자를 좋아합니다. 자기가 좋아하는 것을 따르다 보면, 결국에는 그들의 숨겨진 느낌을 이해하게 될 것입니다. 따라서 각각의 영적 전통들은, 각자 다르게 보는 관점을 가진 개인의 관점에 맞추어진 것입니다.

석가모니 부처는 모든 중생들이 덕을 쌓고 행복을 얻으라고 불교라는 영적 전통을 가르치셨습니다. 이 전통을 수행하라는 어떠한 강제도 없었습니다. 칠리의 예처럼 강압하는 것은 아무 도움도 되지 않습니다. 부처의 가르침은 불편을 일으키기 위한 것이 아닙니다. 모든 중생들이 안녕과 행복을 가져오는 생의 모든 즐거움을 누리게 하자는 것입니다. 특히 우리가 살고 있는 현세에서는 독립·평화 그리고 행복이 중요합니다. 자유로운 영적 전통 속에서 개인은 그에게 맞는 전통을 선택하고 지킬 자유가 있습니다. 다양한 전통이 있음으로써 불교의 가르침은 좀더 성장하고 널리 퍼지고 이 세상에 복을 가져올 수 있을 것입니다.

■고통의 바다

2000 • 4 • 6

우리가 우는 것은 대개 고통 때문입니다. 눈물은 짭짤하고 별로 맛있지 않습니다. 이 세상의 바다도 맛이 짭니다. 우리가 쾌적하고 유용하게 쓸 수 있기 때문에 대부분의 우리가 살고 일하는 곳은 딱딱한 육지입니다. 짠 바다가 육지보다 큰 것처럼, 인간도 행복보다는 고통을 더 많이 겪습니다. 이렇게 말하니 유치하게 들리지만, 지구의 사해四海는 육신을 가진 자가 태어나고 늙고 병들고 죽는 사고四苦와 비슷합니다. 세상의 중생들은 모두 고통을 피하고 행복을 바랍니다.

어떻게 해야 행복해질까요? 진정한 다르마를 수행함으로써 입니다. 본존과 마음의 본성에 대한 명상, 만트라 염송 그리고 깨달음의 보리심을 내는 것, 신심을 일으키고 헌신하는 것이 다르마 수행의 필수조건입니다. 이 두 가지가 자연스럽고 강하게 일어난다면, 우리는 결국 깨달음의 경지에 도달할 수 있을 것입니다. 여러분 모두 성불하십시오.

■수행은 중생을 위한 것

2000 • 4 • 19

허공과 같이 많으며 한때는 우리의 어머니였을 모든 살아있는 존재들을 고통 없는 행복으로 이끄는 것이 우리의 책무입니다. 살아있는 존재들을 고통으로부터 행복으로 이끄는 것이, 모든 감정과 정신적 장애를 극복한 고귀한 존재인 보살의 의무입니다.

이런 고귀한 존재에 비해 보통의 개인은 아직 감정적으로나 지적으로나 어둠에서 벗어나지 못하고 있습니다. 그래서 그들의 마음은 모든 장애가 사라진 순수 현상의 세계에 들어가지 못하고 있습니다. 이런 사람들을 위해 석가모니 부처님은 바라나시에서 고苦·집集·멸滅·도道의 사성제를 가르치기 시작하셨습니다. 또한 대승불교와 금강승불교도 가르쳤고, 이 세 가르침들을 통해 모든 중생들이 업을 씻고 해탈할 수 있게 하셨습니다. 그 분 덕택에 오늘날 우리는 자비의 마음과 이타행을 가르치는 다르마를 알게 되었습니다.

부처의 눈으로 보거나 속세의 눈으로 보거나 모든 중생들은 고귀한 것입니다. 한 무리의 사람 중에서 지도자로 부상하는 사람의 예를 봅시다. 만일 그 지도자가 대중으로부터 지지를 받지 못하여, 돌이나 집 같은 무생물들만이 따른다고 합시다. 지도자가 무슨 명령을 하더라도 이들은 꼼짝도 하지 않을 것입니다. 이들 무생물은 들을 수 있는 의식이 없기 때문입니다. 지도자는 의식 있는 대중을 전제할 때에만 존재합니다. 만일 대중이 없다면, 지도자가 된다는 것은 아무 의미도 없습니다. 그가 말하는 것을 들을 사람이 없으므로 그가 지도자가 될 대상도 없는 것입니다.

모든 단계의 다르마 수행자에게 모든 중생은 지원자가 되는 것입니다. 왜냐하면 그들이 바로 정열을 받쳐 수행하는 목적이기 때문입니다. 석가모니 부처를 포함한 모든 보살들은 그들 자신뿐만이 아니라, 수행의 초점인 모든 다른 중생들을 위해 깨달음을 성취한 것입니다. 만일 자신만을 위해서라면 어떤 보살도 깨달음을 성취하지 못했을 것입니다. 깨달음에는 모든 존재가 이미 전제되어 있기 때문입니다. 따라서 모든 존재가 중요합니다. 부처나 하등한 존재나 우리에게는 모두 똑같이 필요한 존재라고 할 것입니다.

■불성은 어디에나 있다

부처님의 가르침은 크게 두 가지로 볼 수 있습니다. 가르침과 드러내 보임입니다. 아래와 같은 게송이 있습니다.

> 스승의 가르치심은 두 얼굴이라.
> 가르치심과 진면목을 드러내 보이심이라.
> 달리 어찌하랴
> 이를 지키고 말하고 행할 뿐.

우리가 듣고 생각하고 명상할 때 가르침은 우리를 무거운 고통의 어둠에서 해방시켜 줍니다. 이것은 지구 끝까지 비추는 지지 않는 밝은 태양빛과 같습니다. 티베트 경전과 주문의 전통은 부처님의 8만 4천 가르침에 근거합니다.

이 가르침은 많은 가지를 가진 나무와 같습니다. 다양한 라마들이 다양한 전통을 따릅니다. 이 다양성은 제자들의 각기 다른 성격과 여러 가지 혼동에 기인합니다. 이 가르침들은 이원성의 미혹을 극복하는데 있어서 8만 4천 가르침에 도달하는 무수히 많은 방법들 중 개개의 중생들에게 열려진 다양한 가능성을 보여줍니다. 이 가르침들은 언어 이전의 지혜를 눈에 보이게 해주며, 공성의 감로를 맛보게 해준다는 점에서 소중한 것입니다. 손 안에 과일을 쥐어 주 듯이 이 가르침들은 두 가지 지혜를 보여주고 있습니다. 모든 현상 의 다양성을 명료하게 깨달을 수 있는 지혜와 그들의 본질을 꿰뚫 어 볼 수 있는 지혜입니다.

적절한 방편에 의지할 때 수행의 결과가 뚜렷하게 나타납니다. 모든 중생의 마음흐름에는 어디에나 불성이 있기 때문에 이것이 가 능합니다. 「구경일승보성론」의 제4장 〈금강품〉에서 보호주 미륵보 살께서는 세 가지 이유를 들고 있습니다.

원만한 부처 마음은 어디에나 있으며
여여함은 다르지 않으니
모든 중생이 갖출 수 있는 것
그래서 누구나 언제나 불성을 지니고 있는 것.

첫 번째 줄은 부처의 원만한 마음은 어디에든 있다고 말합니다. 모든 중생의 의식흐름에 존재합니다. 두 번째 줄에서는 여여함은 다르지 않다. 즉 '부처의 불성과 모든 중생들의 불성은 다른 것이 아니다'라고 말합니다. 마지막으로 중생들은 그들의 의식흐름에 불 성의 씨앗을 가지고 있다. 즉 '부처와 다르지 않다'라고 말합니다.

비록 우리의 불성이 미혹이나 일시적 흐려짐에 의해 조금도 영 향을 받지는 않지만, 무명은 우리 안에서 구름처럼 일어나 태양의 빛, 즉 우리의 불성을 순간적으로 가릴 수 있다는 것입니다. 구름이 걷힌다면 태양은 빛날 것입니다. 우리가 용맹 정진하여 보리심을 수행하고 적극적 동기를 계발하면 가능할 것입니다.

윤회계의 모든 중생들을 고통으로부터 구원하기 위해, 우리 자신부터 윤회적 삶으로부터 벗어나야 할 것입니다. 일단 벗어난 다음에는 자신만의 행복을 추구하는 길로 떨어져서는 안 될 것입니다. 수행의 결과인 지혜와 공덕 자량을 가지고 우리는 남을 위해 수많은 일을 할 수 있습니다. 이런 이타적인 마음은 대승불교의 특별한 면모입니다.

눈의 나라 티베트에 부처의 다르마는 태양 빛처럼 퍼져나갔습니다. 금강승 가르침에는 네 갈래가 있는데, 각각 위대한 창시자와 스승들이 있습니다. 까규 전통에는 마르빠·밀라레빠·감뽀빠, 겔룩파 전통에는 삼계의 왕인 쫑카파와 그의 제자들, 사캬파 전통에는 몸·말·마음의 화신인 문수보살, 닝마에는 샨타락시타·구루 린포체 그리고 티송 데첸이 있습니다. 이들은 모든 현상의 한 측면을 통해 각각 깨달음과 법열의 경지를 이루었습니다. 어떤 측면에서 보면 이들은 각각 다른 길을 보여준 것입니다. 각 개인이 서로 다르듯이 여러 가지 형태·말버릇·이름이 존재합니다. 이 모든 다른 것들을 통해 위대한 스승들은 생각이나 말로 표현할 수 없는 경지의 깨달음을 마술처럼 보여주신 것입니다.

티베트뿐만 아니라 세상의 모든 중생들을 위해 부처와 보살들은 무변광대한 다르마를 펼쳐 보입니다. 방편과 자비의 부드러운 비를 통해 중생들은 행복과 비폭력의 길로 인도되는 것입니다.

■무엇이 문제인가

2000 • 9 • 8

오늘날 세상의 수많은 분쟁과 어려움은 주로 자만심, 질투, 남보다 잘 나려는 욕심 등이 그 원인입니다. 이들은 어디에서 옵니까? 이들은 진정한 마음, 적극적인 마음, 남을 위하는 애정의 부족, 상호 존경심의 부족 등에 그 이유가 있습니다. 그래서 티베트에서와 같은 무시무시한 유혈사태가 다른 복잡한 문제와 함께 생기는 것입니다. 이런 사태는 우리가 직접 눈으로 보고 있는 일들입니다. 보이지 않는 고통들도 있습니다. 억겁의 우주를 통해 우리는 윤회의 고통에 시달리고 있습니다. 우리가 직접 볼 수 없는 고통 받는 모든 중생들에 대해서는 편견 없는 시선으로 큰 자비심을 가지고 깊이 명상해야 합니다. 이것이 우리 자신만이 아니라 남의 공덕을 위해 수행하는 길입니다.

사람들은 모두 평화와 안녕을 바란다고 말은 하지만, 행동으로는 분쟁을 조성하고 남을 해치는 무기를 만들고 있습니다. 군인들은 손에 총을 들고 밤낮으로 돌아다닙니다. 누구도 이익을 보는 사람은 없습니다. 진정한 마음이 없다는 점이 문제의 근원입니다. 진정한 마음을 일으켰다 해도, 그것을 기술적으로 실행하고 바른길을 따르는 데에는 행동이 필요합니다.

무한한 자비의 화신이신 우리의 스승 부처님께서는 우리가 다르마의 감로에 대해 듣고, 생각하고 명상하여, 이것을 설명·논의·서술 등을 통해 남들에게 주어야 한다고 말씀하셨습니다. 쉬운 일은 아닙니다. 그럼에도 불구하고 세상의 모든 중생의 진정한 마음에는 평화와 안녕을 바라는 간절한 염원이 있습니다.

이런 점을 생각하며 나는 세상의 모든 중생들이 전쟁과 분쟁으로 야기되는 모든 육체적 정신적 상처로부터 보호받기를 기원하는 기도를 드립니다. 또한 삼세에 쌓은 모든 공덕을 바쳐 기도하오니, 모든 중생들이 태양을 가리는 구름이 걷히듯이 모든 재난으로부터 보호받기 바라옵니다.

스코틀랜드, 삼예 링에서 온 제자들과의 담화

2000 • 11 • 22 (*삼예 링은 서양에 세워진 까규전승을 따르는 최초의 사원이다.)

우리는 나서 나이 먹고 병들고 그리고 죽습니다. 이 4고 중에서 죽음을 살펴봅니다. 이생에서 긍정적인 결과를 얻을 것인지 아니면 윤회의 굴레를 계속 돌 것인지는 전적으로 수행에 달려 있습니다.

바르도는 죽기 직전에 일어나는 선명한 빛에 대한 가르침입니다. 우리가 수행을 열심히 해서 그 빛을 알아본다면, 바로 그 순간에 우리는 깨달음을 성취합니다. 수행이 모자라는 대부분의 사람들은 이 빛을 보면 혼란스러워져서 제대로 인지하지 못합니다. 그래서 수행의 정도에 따라 어떤 사람은 다시 인간계에, 어떤 사람은 축생계에, 또 어떤 사람은 다른 세계에 떨어지는 것입니다.

불교 중에서도 금강승불교를 수행하는 우리는 죽음에 대해 많은 것을 배웁니다. 죽음의 순간에 맞는 여러 현상에 대해 바르도 퇴돌(『사자의 서』)은 가르치고 있습니다. 금강승의 가르침을 잘 따르면, 경전에 설명한 것과 같은 결과를 성취할 수 있습니다.

바르도 퇴돌의 뜻은 이렇습니다. 모든 것은 우리의 마음이 미혹에 빠져 있느냐 아니냐에 달려 있습니다. 일상의 현상은 우리를 미혹에 빠뜨립니다. 본래의 마음은 그렇지 않더라도 세속사世俗事에 잡혀 있는 마음은 무지에 가려 있습니다. 한때의 먼지와 그것이 일으키는 미혹은 우리로 하여금 진정한 본성인 궁극적 실체 자체를 깨닫지 못하게 합니다. 그래서 우리는 윤회의 굴레를 돌고 도는 것입니다.

라마들은 바르도 상태에서 일어나는 현상에 대해 이렇게 가르칩니다. 바르도 상태에서 일어나는 것을 경험함과 동시에 라마가 말로 가르쳐 주는 것을 기억해 내서 생각한다면, 그리고 '이것들이 그 본질상 모두 미혹'이라는 것을 생각할 수 있다면, 우리는 이 나타나는 현상들의 본질을 알아차릴 수 있다는 것입니다. 이것이야말로 진실로 '들음으로써 해탈하는 것'이라 할 수 있습니다.

*

질문: 수많은 사람들이 삶에 어려움을 겪습니다. 너무 어렵게만 생각되는 이 세상에서의 삶에 대처하는 간단하고도 실용적인 충고를 해주실 수 있습니까? 감당하기 힘든 문제를 어떻게 해야 되지요?

대답: 보통 사람에게 윤회되는 이 삶은 본질적으로 고통입니다. 따라서 많은 문제와 고통스런 일들이 일어납니다. 얼핏 보아서는 이들이 보이는 그대로 존재하는 것으로 생각됩니다. 현상에 갇혀사는 우리는 가여운 존재입니다. 우리는 삶에서 엄청나게 많은 문제에 봉착합니다만, 이것들이 우리의 과거 업에 의한 것임은 깨닫지 못합니다. 이것들은 과거 우리 행동의 업에 의한 결과인 것입니다.

우리가 어떤 행동을 한 후, 그로 인한 결과는 바꿀 수 없는 것으로 보입니다. 그러나 '그래, 그건 업보야'라고 생각하고 포기하는 것은 옳지 않습니다. 문제가 무엇이든 우리는 그것을 극복할 방법을 찾아야 합니다. 만일 우리가 진정한 다르마 수행자라면, 진정한 스승에게 다르마의 감로를 받아 문제들의 정확한 본질을 깨달음으로써 해결해 낼 수 있습니다. 특히 당신이 매일 일하는 보통 사람이라면 열심히 일하면서 그리고 다양한 활동을 하면서, 그런 중에서도 나타난 현상의 본질을 깨달으려고 노력함으로써 문제를 해결하는 것이 가능합니다.

어려움을 극복하는 여러 가지 방법이 있습니다. 그러나 모든 것을 감싸는 사랑인 친절과 자비의 보리심을 누를 것은 없습니다. 우리가 보리심에 대해 제대로 명상한다면 해결 못할 것이 없습니다. 다양한 고통을 겪는 것이 오히려 다르마 수행을 이끄는 도움으로 변할 수 있습니다. 아무 문제가 없다면 다르마 수행을 기억조차 못하겠지요. 모든 문제와 고통을 오히려 수행을 돕는 방편으로 삼을 수 있습니다. 수행의 방편으로 삼는 정도만큼 좋은 수행의 결과를 얻을 수 있습니다.

*

질문: 저는 환상과 미혹으로 인해 많은 고통을 초래했습니다. 이 생에서 이것들을 모두 해결할 수 있습니까, 아니면 다음 생까지 기다려야 합니까? 제가 이미 저지른 일을 수행을 통해 모두 씻을 수가 있는 겁니까?

대답: 밀라레빠 같은 사람은 한 생애 한 몸으로, 명상 중의 의식에 집중하고 생각하고 들음으로써 지금강불(Vajradhara)이라는 경지를 성취하였습니다. 이렇게 특별한 사람이 아니라도 가르침을 명상하고 들으며 잘 수행할 수는 있겠습니다만, 다음 생에는 다시 윤회의

굴레를 돌게 될 수도 있을 겁니다. 밀교에서는 깨달음을 성취하는데 일곱 혹은 열여섯 생 등이 필요로 한다고 합니다. 그러므로 현재 수행의 결과는 언젠가 분명히 나타날 것입니다.

궁극적 단계인 지금강불의 경지에 확실히 도달하기 전에는, 우리의 몸·말·마음은 이원성의 장애와 일상적 관습에서 자유롭지 못한 것입니다. 이 굴레를 벗어나지 못하는 한 악업, 장애, 불운한 조건, 두려움 등은 지속될 것입니다. 그런 중에서도 열심히 다르마를 수행함으로써 미혹이 점차 걷히고 마침내는 사라질 것입니다. 불성의 완전한 경지에 도달함으로써 마침내 사라지는 것입니다. 우리 모두가 깨달음을 얻을 때까지 수행을 게을리하지 말아야 할 것입니다. 어쨌든 그 전까지는 고통과 문제가 끊이지 않겠지요.

*

질문: 열반과 윤회의 차이는 두려움, 즉 생각과 자아에 달려 있는 것입니까? 그리고 모든 피조물, 맛, 행복 등이 열반의 세계에 있습니까?

대답: 모든 현상은 마음이 짓는 것입니다. '윤회다 열반이다'라고 우리가 말하는 것은 모두 우리 자신의 미혹에 지나지 않습니다. 궁극적 실재의 차원에서 보면 윤회계와 열반은 아무 차이도 없습니다. 모든 현상적 실재는 그 본질상 똑같은 것입니다. 이것을 깨닫지 못하면 윤회는 낮은 것이며 따라서 부정적으로 보고 해탈은 긍정적이라 생각하여 높이 생각하는 것입니다. 윤회는 고통이고 해탈은 행복이라는 것이지요. 궁극적 실재의 차원인 부처의 입장에서 본다면, 윤회도 지복의 정토로 보이고 해탈도 지복의 정토로 보이는 것입니다.

어떤 사람들은 지복의 정토라는 것이 행복에 지나지 않는 것이며, 그곳에는 현재 이곳에서 고통받는 어떤 다른 원인이 있을 수 없다고 합니다. 그러나 그렇지 않습니다. 지복의 정토에는 모든 고통과 지복 자체가 없습니다. 본성이 흐려져 있지 않으므로 고통과 지복의 원인 자체가 없는 것입니다. 보통 말하는 지복은 미혹에 지나지 않으며, 정토에는 지복이라고 불리는 미혹의 원인 자체도 없는 것입니다. '고통'이라든가 '지복'이라는 말조차도 없습니다. 대 지복, 즉 최상의 지복이 마음의 본질입니다. 그것은 대 지복의 근원적 지혜인 이원적 의식과 공성의 확장입니다. 그렇기 때문에 우리는 윤회나 열반이 모두 마음의 미혹에 지나지 않는다는 것을 깨달아야 합니다.

■온전한 깨달음의 길

2000 • 6 • 1

어떻게 해야 온전한 깨달음에 이를 수 있습니까? 깊은 지혜의 관점에서 말한다면 공성을 깨닫는 것이고, 방편의 관점에서 본다면 보리심을 통해서라고 말할 수 있습니다. 이런 방편들은 삼승의 가르침 모두에 있습니다. 소승불교에서는 우리가 따라야 할 훌륭한 방편을 제시합니다. 아상에 집착함을 극복하고 윤회계의 고통에서 벗어날 수 있는 길을 제시합니다.

그럼에도 만일 누가 소승불교의 가르침을 따르면 우리의 의식흐름을 온전히 다스리고, 중생의 의식흐름을 성숙하게 할 수 있겠느냐고 묻는다면, 아마 아니라고 해야 할 것입니다. 왜 그럴까요? 소승에서 얘기하는 깨달음으로는 미혹을 완벽하게 제거할 수 없기 때문입니다. 마음의 본질에 관한 명상을 가르치고 있지만, 그들의 길은 온전한 행복으로 이끌지 못합니다. 왜냐하면 그것은 삼세에 존재하는 모든 중생들에 대한 큰 자비와 사랑인 보리심까지는 이끌지 못하기 때문입니다.

이런 소승과 대승 간의 차이점 때문에 어떤 사람들은 소승은 대승에 못 미치느니 수행할 가치가 없느니 하는 말들을 합니다. 이건 틀린 생각입니다. 두 가르침 사이에는 전혀 차이가 없습니다. 그들은 똑같은 것입니다. 그럼에도 불구하고 각 가르침에 고유한 내용을 이해하는 일은 매우 중요합니다. 왜 그런가요? 특정한 가르침에 들어가기 위해서는 그 가르침의 특성을 잘 이해해야 합니다. 철학적 체계에 관해 열심히 토론하거나 편견을 쌓아올리라는 말이 아닙니다. 우리의 스승 석가모니는 행복을 성취하고 모든 중생(우리 자신을 포함해서)을 돕기 위해 가르침을 펴셨습니다. 석가모니 부처는 모든 가르침의 원조(소승 및 대승)입니다. 따라서 한 스승의 가르침이 서로 조금이라도 차이가 난다는 것은 있을 수 없는 것입니다. 우리 자신이 소승과 대승의 고유한 특질을 이해하는 것이 중요한 것입니다. 그런 후에 존경심을 가지고 수행하면 되는 것입니다. 다르마를 제대로 이해한다면, 어떠한 편견 없이 정견을 가지는 것이 중요하다는 것을 알 수 있습니다. 이 말씀은 불교의 두 계파뿐만 아니라 모든 종교적 전통에도 들어맞는 것입니다.

다르마 수행이든 다르마 그 자체이든 아니면 세속적 방편이 되었든 가장 중요한 것은 보살심입니다. 진지한 이타행에 대한 열망은 많은 종교 전통에서 찾아볼 수 있습니다. 앞으로는 순수한 행동과 말을 통해 남을 이롭게 하며, 순수한 마음으로 할 수 있는 모든 것이 가능한 세상이 되기를 기원합니다.

■ 장애가 일어나면

2000 · 7 · 8

다르마를 수행하다 보면 갖가지 부정적인 상황에 마주치고 다양한 두려움이 생기게 됩니다. 그러면 의심이 일어납니다. '왜 이런 일이 일어날까?' 이런 의심은 다르마를 포기하게까지 만듭니다. 그러나 출가한 승려든 삼보에 귀의한 일반인이든, 다르마를 수행하는 누구에게나 이런 부정적 상황이 일어난다는 사실을 잘 알아야 합니다.

다르마는 실로 귀한 것입니다. 다르마는 우리와 모든 중생들을 온전한 해탈을 이루는 보리심으로 인도하는 수승한 방편인 것입니다. 우리가 이루려는 목표가 위대한 것인 만큼, 거기에 따르는 문제도 있기 마련입니다. 나아가 다르마 수행뿐만 아니라 우리가 하는 모든 활동에는 일시적인 이런저런 문제들이 따를 수밖에 없습니다. 수행 중에 이런 문제들을 만나는 것은, 동시에 그것들이 내포하는 본성과 만난다는 사실입니다. 문제가 일어남과 동시에 해탈의 가능성도 일어난다는 것이지요. 우리는 우리 자신만이 아니라 삼세의 모든 중생들을 위해서 수행하고 있다는 사실도 기억해야 합니다.

해탈을 추구하는 수행자에게 부정적인 생각은 장애가 됩니다. 수행하며 해탈을 성취하려는 명상가의 마음을 위축시키는 것입니다.

이런 사정을 잘 이해하고 수행자는 좀더 부지런하고 열심히 다르마 수행에 정진해야 하는 것입니다. 여기에는 두 가지 이익이 있습니다. 첫째로, 장애가 일어나는 것 자체를 막을 수 있습니다. 두 번째로, 수행에 들인 공을 하나도 잃지 않고 계속 수행해 나갈 수 있다는 것입니다.

요즈음 보면, 다르마의 좋은 점들을 얻기 위해 열심히 수행을 한다고 하면서도 자신들의 종파에서 가르치는 관점, 명상 혹은 수행 등의 진면목을 모르는 수행자들이 많습니다. 이들은 부처님의 이런저런 면목이 그들에게도 나타나고 곧 깨달음이 성취될 것이라고 믿습니다. 그렇게 되지 않으면 이들은 "다르마는 소용없어. 아무 효과도 없어. 열심히 수행했지만 헛일이었어"라고 말합니다.

다르마 가르침 중에서도 밀교인 금강승과 같이 효과가 빠른 것들이 있습니다. 그들의 구전 전승에 의하면 "지금 당장 수행하여 곧바로 깨달음에 이를 것이다"라고 합니다. 부처와 그 제자들도 이것을 계속 가르쳐 왔습니다. 그러나 우리 마음의 정신적 능력이 부족하다면 이런 신속한 해탈을 기대할 수는 없을 것입니다.

부처님이 이런 신속한 성취의 가능성을 가르친 것은 사실입니다. 그러나 그것을 성취하고 못하고는 전적으로 우리에게 달린 것입니다. 우리의 모든 노력을 기울이지 않는다면 다르마는 속에 숨어 자신을 드러내지 않을 것입니다. 자신의 능력이 부족하거나 자질이 부족해서, 한 종파의 가르침을 수행해 봐도 결과를 얻지 못하면 다른 종파로 가고, 거기서도 안 되면, '이 가르침도 소용없어' 하면서 또 다른 곳으로 가는 사람들이 있습니다. 이런 행태는 종교적 전통과 개인 간의 가르침과 자신의 능력과 한계의 차이를 구별하지 못하는 데에 있습니다.

불교에서 '종교적 전통'이라 함은 마음에 관한 하나의 철학이나 관점을 수행하는 것을 말합니다. 종파들에서 볼 수 있는 모든 방편들이 마음과 관계가 있습니다. 부처와 그를 따르는 수많은 스승들이 마음을 다스리는 일이 가장 중요하다고 가르쳤습니다. 여러분들도 불교의 주요 경전들을 공부했겠지요.(과학 등 다른 형태의 연구가 얼마나 마음 연구에 도움이 되는지는 분명치 않습니다.) 예비 수행[207]에 대한 지도를 받거나 관정을 받거나 하는 것은 우리들 마음에 도움이 됩니다. 이들은 다르마의 핵심이며, 우리들 마음에 진정한 행복을 위한 습관적 노력을 형성합니다. 이들이 도움이 안 된다면 관정을 받는 것도 효력이 없겠지요. 의미 없이 머리에 꽃병을 얹는 일(관정을 받는 예식)은 라마에게는 괜한 일거리에 불과할 겁니다.

관정을 받으면 다른 좋은 점도 있지만, 중요한 것은 우리로 하여금 마음의 본성을 깨닫게 해준다는 것입니다. 우리의 마음에 도움이 되거나 합일되는 본성을 경험하게 만드는 것과 같은 일상적 습관을 우리 마음에 형성시키는 것이라면 도움이 되는 일이겠지요. 이런 효과가 없다면 아무리 많이 경전을 읽거나 관정을 받거나 하더라도 소용없는 일입니다. 우리 마음의 본성을 다루는 것이어야 합니다.

■ 장애의 근원

2001 • 7 • 13

다르마를 수행하는 데 장애를 일으키는 네 가지 '마라'가 있다고들 말합니다. 얼핏 보면 우리가 성취하고자 하는 것을 방해하는 이 '마라'들은 몹쓸 것으로 생각됩니다. 티베트에 있을 때, 나는 소위 마귀라고 불리는, 윗입술은 하늘에 닿고 아랫입술은 땅에 닿는 무시무시한 괴물의 출현 같은 것을 경험했습니다. 티베트에서는 이들을 피를 마시고 살을 먹는 무시무시한 것들이라고 합니다. 그러나 다르마에서는 '마라'를 이런 존재로 생각하지 않습니다. 수행자가 깨달음을 성취하거나 해탈하는 데 방해되는 것들에 대한 이름이 '마라'일 뿐입니다.

네 가지 '마라'는 고통·오온·신의 자식들 그리고 죽음의 신입니다. 고통의 '마라'는 보통 탐·진·치 삼독으로 설명됩니다. 오온이란 우리의 몸과 마음을 이루는 색·수·상·행·식을 이릅니다. 일반적으로 고통의 근원이 오온이라고 합니다. 신의 자식들이란 '마라'는 우리 생의 원대한 목표로부터 멀어지게 하는 일곱 쾌락으로 설명합니다. 제8대 까르마빠 미쩨 도르제는 이것을 삼독의 하나인 탐에 속하는 것으로 설명하기도 했습니다. 죽음의 신 '마라'는 우리를 저 세상으로 데려가는 무서운 존재입니다. 우리가 죽은 후 만나는 것이 이 '마라'이며, 죽음의 공포로 부르기도 합니다. 이 네 가지 '마라'들은 수행과정에서 우리가 떨쳐버려야 할 것들입니다. 윤회와 열반의 현상에 이 네 가지 '마라'들이 모두 존재합니다. 이것들은 우리가 관념화하는 마음에서 일어나며 그곳에서만 존재합니다.

오늘날 티베트를 포함한 많은 나라의 언어·전통·관습 등이 변하고 있습니다. 이 변화는 왜 일어나고 있습니까? 언어·전통·관습들은 우리 마음이 만들어내는 관념에 의한 것이기 때문입니다. 우리의 관념이 변하면 거기에 의존하는 것들도 변하기 마련입니다. 그렇기 때문에 모든 경전과 딴뜨라 전통에서는 우리의 관념 전체인 네 가지 '마라'와 관련된 것들을 떨쳐버리는 것이 중요합니다. 이것을 근원적으로 떨쳐버리는 것이 초보자에게는 어렵습니다. 그러나 훌륭한 라마의 설법을 듣고 이것을 수행에 잘 조화시킨다면 서서히 소멸시킬 수 있을 것입니다.

고통의 '마라'를 없애는 방법은 많이 있습니다. 그중 제일은 보리심입니다. 왜 그럴까요? 눈의 나라 티베트나 고귀한 땅의 나라 인도의 옛 학자들과 명상 스승들은 모두 개인적 수행으로 보리심을 택했습니다. 이들은 보리심을 공성과 자비의 합일로 이해하였고, 이 길을 따라 중생들을 도울 수 있었습니다. 나 역시 그 길을 가고 있습니다. 과거의 라마들이 수행만으로 훌륭한 스승이 된 것은 아닙니다. 그들의 직관적 깨달음이 옳은지 아닌지를 분석하고 시험해 봄으로써 진리에 도달하고자 했습니다. 깨달음의 왕도이자 직접적인 방법을 가르치는 밀교에는 다양한 가르침이 있으며, 이들은 모두 보리심과 관계있는 것들입니다. 보리심으로 정진하여 성불하십시오.

■ 믿음과 수행

2000 • 7 • 15

다르마 수행자들은 자신의 본존을 직접 보고 그로부터 축복을
받고자 하는 염원을 가지고 있습니다. 그러기 위해 우리는 열심히
수행하고, 만트라를 외우며 꼭 이루겠다는 희망을 가지고 생기단계
와 원만단계를 수행합니다. 그럼에도 대부분 보통 수행자들은 본존
을 직접 보거나 특별한 징표를 얻지 못합니다. 본존 수행은 만트라
를 되풀이해서 외우고 생기단계와 원만단계에 대해 명상하는 것이
중요합니다. 또한 고대 인도에서는 위대한 학자 아상가(무착無着)가 12
년간의 은거 중 미륵불을 명상했던 것처럼, 다른 문제는 모두 제쳐
놓고 특정 본존 수행과 관련된 사다나(명상을 진행하는 의식집)에 전념하곤
했습니다.

본존을 직접 볼 수 있으려면 무엇보다 깊은 믿음이 있어야 합니
다. 수백 년간 열심히 수행하는 것보다도 가식 없고 틀림없는 믿음
이 더 중요합니다. 꾸밈없는 믿음 외에도 마음의 공성을 깨달아야
합니다. 우리가 도달하려는 목표는 본존을 직접 보고 축복받으려는
염원만으로는 달성되지 않습니다.

우리는 보통 다양한 습관이나 상이한 까르마를 가지고 있으며,

여러 가지 기원기도를 올립니다. 우리에게 영향을 미치는 다른 요소에는 수많은 원인과 조건이 있습니다. 무엇보다 우리는 순수한 믿음과 걸림이 없는 마음의 자유가 필요합니다. 이렇게 되었을 때에 본존을 직접 보고 우리가 추구하는 것을 얻을 수 있습니다.

우리의 본존을 직접 만나고 그의 축복을 받는 것이 왜 중요합니까? 경전을 공부하여 훌륭한 학식을 쌓으려다 보면 부처님의 가르침은 한도 끝도 없습니다. 그리고 가르침에 대한 주석도 엄청납니다. 의미를 제대로 알려면 이 모든 것들을 열심히 공부해야 합니다. 또한 한층 더 어려운 단계의 공부도 해야 합니다. 이 모든 공부와 수행에 중심이 되는 것은 우리 자신의 마음입니다. 한없는 축복과 구태의연에서 떨쳐 일어나는 깨달음이 없이는 근원적 지혜를 성취하기를 바랄 수 없습니다.

미륵불께서는 깨달음의 여러 단계에 매어 있는 보살은 무량지혜를 즉각 성취하지 못하며, 불교의 다섯 가지 전통과학을 모두 잘 알 필요도 없다고 하셨습니다. 여기에는 마음을 다루는 마음의 과학의 분별지혜가 다 모여 있습니다.

밀교 수행에서는 마음이 작용하는 한 분별심은 사라지지 않을 것이라고 합니다. 해탈과 관념의 동시성을 깨닫지 못하는 한, 하나의 현상을 깨닫는 것이 모든 것을 깨닫는다는 지혜의 축복을 받지 못하는 한, 가르침의 여러 측면에 대해 생에서 생으로 이어지는 수행을 해야만 합니다. 만일 다섯 가르침의 과학 모두에 통달하거나 지식을 습득하려 한다면, 우리의 수행은 끝나지 않을 것입니다. 그렇기 때문에 본존으로부터의 축복과 성취를 비는 것입니다. 수호존의 축복을 통하여 우리의 과거로부터의 긍정적 습관이 깨어나게 되며 우리의 마음을 가리고 있는 의심의 구름도 걷히게 되는 것입니다.

■ 밀라레빠의 노래
진리의 여덟 가지 보석 · 2001. 12. 25 - 27

이번 까규 묀람기간 동안에 세계 각국 각처에서 여러분들이 삼세제
불三世諸佛이 성불하신 이곳 보드가야에 오셨습니다. 이곳에 오신 여
러분들의 공덕과 진리의 힘으로 이곳에서 올리는 기도가 성취되리
라 믿습니다.

오늘 나는 '진리의 여덟 가지 보석'이라는, 밀라레빠의 노래와 그
의미에 관해 말씀드리려 합니다.[208] 자신의 공부와 사고를 중심으로
마음과 마음의 의미에 관해 의논하고 주장할 수도 있지만, 이것만
으로는 불충분합니다. 물론 듣고 생각하는 것도 나무랄 것 없지만,
우리가 여기에만 의존한다면 마음의 의미를 깨달을 수 없습니다.
다르마와 마음을 일체가 되게 하는 명상 수행이 필요합니다. 밀라
레빠는 불자가 공부하고 수행할 이유를 여덟 연의 노래로 묘사하고
있습니다.

밀라레빠의 노래 첫째 연에서는 정견에 관해 말합니다.

내부의 선입견을 잘라내는 것이야말로
모든 극단으로부터 벗어난 견해가 아닌가?

여기에 경전과 사고를 더하라.

아름답게 피우기 위하여.

정견이란 무엇입니까? 우리가 진리에 덧씌우는 모든 것을 꿰뚫고 보는 것을 말합니다. 티베트어로는 '바라보다' 혹은 '보다'라는 말이며, 지혜의 눈으로 보는 것을 가리킵니다. 우리 일상의 상대적 진리와 마음의 궁극적 진리를 바로 봄으로써 두 진리의 합일성을 가리는 선입견을 꿰뚫어 보는 것입니다.

달리 표현하면, 정견이란 현상을 실제로 보는 혼돈된 모든 생각을 정화시키는 바라봄이라 할 수 있습니다. 정견은 우리를 극단들로부터 해방시켜 줍니다. 예를 들면, 어떤 것이 항상 존재한다고 생각하는 영원주의나 아무것도 존재하지 않는다는 허무주의는 극단입니다. 그래서 우리는 정견을 중도라 부릅니다. 꿰뚫어 봄은 '저건 물질적 존재다', '저건 비물질적이다', '이것의 이름은 이것이다' 혹은 '저것은 새 이름이다.' 등등의 성숙되지 않은 생각을 초월하는 내부로부터 일어나는 어떤 것입니다.

우리가 보는 세상은 자연스럽게 존재하고 실재하는 것처럼 보이지만, 우리의 마음이 만들어낸 것에 불과합니다. 마음은 이름을 만들어 내고 이것은 현상에 붙이는 것에 불과합니다. 이런 언어적 이름은 실재 자체로 존재하는 것이 아닙니다. 현상을 이렇게 보는 것이 불교적 정견이라 할 수 있습니다.

극단적 관점은 영원주의와 허무주의로 요약해 볼 수 있습니다. 한쪽은 사물이 항상 존재한다고 믿으며, 한쪽은 아무것도 존재하지 않는다고 믿습니다. 예를 들면, 어떤 사람은 부처는 영원하여 태어나지도 죽지도 않았다고 생각합니다. 또는 부처의 경전은 어떤 특정한 사람이 쓴 것이 아니며, 시작도 끝도 없는 영원한 것이라고 생각합니다. 이런 가정은 존재하지 않는 것을(영원한 현상) 존재한다고 봅니다. 허공에 핀 장미에 비유할 만한 오류입니다.

이 반대편에는 아무것도 존재하지 않는다는 극단이 있습니다. 이 입장에서는 까르마의 구성원리인 원인과 결과의 작용은 물론 온전하고 비온전한 작용을 모두 부인합니다. 첫 번째의 오류에 비해 이 견해는 상대적 수준에서 존재하는 것들의 존재를 부정하는 오류를 범하고 있습니다. 예를 들면, 우리는 '현상이 실재가 아니다'라는 생각에 사로잡힐 수 있습니다. 만들어 낸 것에 불과하며 따라서 아무 것도 아니라고 말입니다. 모든 것을 무화無化하는 이 견해는 허무주의의 극단에 매어 있음을 드러내고 있습니다. 결국 우리는 온전한 것에 매이는 것도, 비온전한 것에 매이는 것도 잘못이라는 것을 깨달아야 합니다. 어느 극단에 매이거나 혐오하는 것 모두를 극복해야 합니다.

우리가 부처와 관련해서 영원이라고 하는 것은 부처의 활동과 행위를 말하는 것이지 실존하거나 영원한 어떤 것을 가리키는 것은 아닙니다. 모든 고통받는 윤회계의 존재들이 구원받을 때까지 부처님의 활동은 계속될 것입니다. 이것이 '영원'이라고 이름 붙여진 연속적으로 존재하는 성질인 것입니다. 그러나 이것이 어떤 실재를 의미하는 것은 아닙니다. 마찬가지로 어떤 사람들은 열반이 영원한 현상이라고 생각합니다. 그러나 이것도 실재하는 것이 아닙니다. 따라서 영원이라는 것은 우리가 현상에 붙여놓은 하나의 성질인 것입니다. 현상의 입장에서 본다면 영원이라고 이름 붙여질 만한 것은 없는 것입니다. 부처·열반 등등은 '현존하지만 실재하지 않는다'라고 말할 수 있습니다.

나아가 현상은 내용을 가짐으로써 존재하는 것이 아닙니다. 분석해 보면 내용의 핵심을 발견할 수 없기 때문입니다. '존재'란 상을 짓는 미음이 만들어내는 것이지 궁극적 진실이 아닙니다. 이런 관점에서 원인과 결과의 까르마란 존재하지 않는 것입니다. 그러나 마음의 궁극적 성질을 깨닫지 못한다면, 그 깊은 깨달음에 도달하지 못한다면, 우리는 아직도 내적으로 상대적 진리에 머물고 있는 것입니다. 다시 말하면 이원적 사고의 미망에서 벗어나지 못하고 있는 것입니다. 여기에서 벗어나지 못하는 한 객체와 주체의 현상이 계속될 것입니다. 이 객체와 주체의 이원성에서 벗어날 때 원인과 결과라는 형태의 까르마가 존재하는 것입니다. 따라서 우리가 까르마가 존재하지 않는다고 말한다면, 존재하는 것이 존재하지 않는다고 주장하는 허무주의의 극단에 빠지게 되는 것입니다.

공성을 깨달으면, 모든 현상은 까르마의 원인과 결과와 다르지 않으며 정신적 구조물이 아닌 실재로 이해되는 것입니다. 이 궁극적 깨달음의 수준에서 온전한 혹은 비온전한 행위가 없다라고 말할 수 있는 것입니다. 우리가 모든 현상의 성질을 깨닫게 되면 부정적 행위는 자연히 사라지고 긍정적 행위가 절로 성취될 것입니다. 그렇게 되기 전까지는 '까르마 혹은 긍정적이거나 부정적 행위와 같은 것이 없다'라는 상대적 진실 현상을 주장하는 것은 허무주의의 함정에 빠지는 일입니다.

이 진정한 정견을 이해하는 것만으로는 부족합니다. 다른 사람들도 이것을 경험하게 하기 위해서는, 우리는 경전을 이해하고 논리를 세워 가르칠 수 있어야만 할 것입니다. 이런 지식이 뒷받침되지 않는다면 다른 사람들이 우리가 말하는 것을 믿기 어렵습니다. 그래서 밀라레빠는 경전과 논리를 깨달음을 꽃 피우는 것이라고 말하는 것입니다.

> 생각을 법신 안으로 녹이는 것이야말로
> 저절로 일어나는 명상이 아닌가?
> 여기에 경험을 더하라.
> 아름답게 피우기 위하여.

명상은 우리 마음에 일어나는 많은 생각들을 다루는 수행으로 생각할 수 있습니다. 깨달음은 마음의 요체가 저절로 일어나는, 즉 법신이 순수한 현상으로서 일어나는 것으로 생각할 수 있습니다. 이 생각의 진실 된 성질을 확연히 아는 것을 일컬어 '저절로 일어나는 수준을 성취하는 것'이라 합니다. 이때 일어나는 생각에는 아무런 차이가 없습니다. 왜냐하면 우리는 각 생각들을 법신으로서 일어나는 공성으로 보기 때문입니다. 명상은 부처의 법신을 깨닫는 것으로 정의할 수 있습니다.

각양각색의 생각이 일어나면, 우리는 이것들을 실질적인 존재로 받아들입니다. 이것은 명료하게 보는 것이 아닙니다. 왜냐하면 먼지 낀 거울을 바라보는 것이기 때문입니다.

정견은 먼지를 깨끗이 없애는 것입니다. 명상을 제대로 하려면 정견과 자신의 견해를 가져야 합니다. 부처는 여러 가지 정견과 명상하는 방법을 가르쳤습니다. 그렇지만 결국 진정한 정견은 우리 마음에서부터 일어나는 견해를 말합니다. 바로 이것을 깨닫자는 것이지 다른 것이 아닙니다. 정견을 곧바로 깨닫는 것은 억지로 만든 관념들로 되는 것이 아닙니다. 소위 '경전을 통한 깨달음'에 지나지 않습니다. 마음의 본질인 법신, 즉 수가타가르바(열반에 든 자)는 저절로 일어납니다. 또한 선입견의 견해도 동시에 일어날 수 있습니다. 따라서 이들은 혼동을 일으키기도 하며 동시에 해탈을 성취하게 할 수도 있습니다.

우리는 명상 수행을 통해 깨달음을 성취할 수 있습니다. 그러나 명상은 우리 마음 안에서 이루어지는 것이며 남에게 설명할 수 없는 것이기도 합니다. 그러면 무엇을 설명할 수 있는가? 우리는 '나는 이런 명상을 수행해서 이런 체험을 했다'라고 말할 수 있습니다. 즉 체험에 관해 말할 수 있으며 이것은 우리의 명상을 빛내는 일입니다.

6식을 정화하는 것이야말로
일미一味의 결과 아닌가?
여기에 바른 때를 취하라.
아름답게 피우기 위하여.

이원적 인식에는 5감(마음을 포함하면 6감)의 객체와 의식의 일종인 주체가 관련되어 있는데, 학파에 따라 설명이 달라지기도 합니다. 어떻게 설명하든, 인식하는 객체와 주체의 관점에서 설명하는 한 이원성에 매어 있는 것입니다. 우리는 이들 경험을 평등한 감각으로 환원시켜야 합니다.

단맛과 신맛의 예를 봅시다. 단맛을 원하는 것은 거기에 매이는 것입니다. 신맛을 회피하는 것은 혐오감을 일으키는 것이며, 우리의 무지도 두터워 집니다. 다른 음식이 별로 없기 때문에 티베트에서는 고기를 많이 먹습니다. 이를 회피한다면 굶주릴 것입니다. 따라서 상대적으로 고기 먹는 것이 허용됩니다.

밀교의 관점에서는 축복이나 정화받은 것은 무엇이든 먹을 수 있다고 가르칩니다. 고기를 먹든 안 먹든 요점은 음식에 관해 평등한 감각을 가지는 것입니다. 어떤 음식을 먹는 것이 다른 것에 비해 더 낫다고 생각하지 않고 모든 것을 평등하다고 생각하여야 합니다.

음식을 평등하게 생각하는 것과 마찬가지로, 법성을 깨달은 경지에서는 행복과 고통이 원천적으로 존재하는 것이 아닙니다. 행복이 다가왔을 때 그것을 체험한다면 우리의 마음의 본질을 깨달을 수 있을 것입니다. 이때 그것은 원만하고 명확하며 공성 그 자체일 것입니다. 고통이 닥친다면 그때는 그것을 기반으로, 고통으로 선입견을 잘라냄으로써 다르마를 수행할 수 있는 것입니다. 우리 마음을 닦는데 고통을 이용한다면 고통은 사라질 것입니다. 이것이 바로 모든 현상의 평등한 맛, 즉 평등감각을 체험하는 방법입니다.

켄포 출팀은 안거 중인 큰 스승 겐둔 최펠에 관해 이런 일화를 소개합니다. 수행이 잘 이루어져 공성을 체험하게 될 무렵, 그는 손을 뻗쳐 벽을 만지게 되었다고 합니다. 왼쪽 손의 자국이 나타나게 되자 겐둔 최펠은, '좀더 멋있는 손자국을 내야지'라고 생각하고는 손에 힘을 더 주었습니다. 손만 아팠을 뿐이었습니다. 우리 모두가 이와 같습니다. 공성의 체험이 강하게 일어나거나 깨달음의 첫 단계에 이르렀을 때, 우리는 그것을 꽉 쥐거나 매달려서는 안 됩니다. 본존불이 현전하거나 혹은 일상 수행 중에 본존불을 친견하지 못하거나, 우리의 모든 체험은 실재하는 것이 아니라는 점을 명심해야 할 것입니다. 이들은 허상인 꿈과 같은 것입니다.

다르마 수행 정도가 깊고 낮건 간에 우리는 우선 보리심을 내야 합니다. 왜냐하면 우리는 모든 중생들의 이익을 위해 수행하는 것이기 때문입니다. 우리는 사랑과 자비심을 일으켜 우리 자신과 남을 도우려는 마음을 가져야 합니다. 귀의를 할 때에도 역시 집착해서는 안 됩니다. 수행 중에 부처를 관상할 때에도 이 관상이 실재하는 것이 아님을 잊어서는 안 됩니다. 집착하지 않을 때 수행의 결과가 나타날 것입니다. 우리가 꽉 잡고 매달린다면, 아무리 부처의 축복과 신비체험을 간구한다 하더라도 헛일입니다. 그러므로 언제나 집착에서 벗어난 정견의 상태를 유지하여야 합니다.

> 지복과 공성의 체험이야말로
> 구전법맥의 가르침 아닌가?
> 여기에 4관정을 더하라.
> 아름답게 피우기 위하여.

대체로 라마의 말씀을 통한 가르침은 우리로 하여금 현상을 있는 그대로 볼 수 있게 그리고 환희와 공성의 체험을 할 수 있게 해줍니다. 일단 마음의 본질을 깨달으면, 이들 중요한 가르침은 우리로 하여금 왜곡되지 않은 공성에 머물 수 있게 해줍니다. 마음의 본질을 깨닫게 해주는 가르침을 '인욕의 용기를 주는 가르침의 말씀'이라고 합니다. 이 인욕의 용기는 라마가 중요한 가르침을 베풀 때 제자의 마음속에 생기는 것입니다. 제자가 라마의 가르침을 수행할 때, 가르침에 의지한 명상적 체험이 제자의 마음흐름에 생겨나게 됩니다. 이러한 내용의 말씀으로 가르침을 받을 수 있어야 합니다.

말씀 가르침은 자체로서도 훌륭한 것이지만, 더 좋은 것은 네 관정이 더해지는 것입니다. 예를 들자면 이미 고상하고 매력적인 경지에 이른 사람이라도, 이들을 빛내기 위해 또 다른 무엇이 더해질 수 있습니다. 여기서는 네 관정을 통하여 가르침을 빛나게 장식하고 더욱 깊게 하며 확신을 주는 것 등을 말합니다. 네 관정은 보병·비밀·지혜—지식 그리고 귀한 말씀의 관정을 일컬음입니다.

> 확연히 나타나는 공성이야말로
> 깨달음(보살십지)과 수행(오위)의 단계가 아닌가?
> 이들에 길의 징표를 더하라.
> 아름답게 피우기 위하여.

보살의 십지와 오위란 무엇을 말함인가요? 불법을 수행하는 초기 단계에 있어서 우리는 공부와 분석을 통하여 공성을 이해하게 됩니다. 현상을 바라보며 우리는 '이들의 본질은 무엇인가?'라고 묻게 됩니다. 이 의문의 과정을 통하여 그들의 본질이 공성인 것을 알게 됩니다. 이런 이해, 즉 견해를 가지고 우리는 명상에 흔들림 없이 머무르면서 공성과 환희의 체험이 일어나게 됩니다. 혹은 원만명료의 체험의 명상에 머물 때 기쁨이 일어나고, 이것으로부터 신성과 징표가 나타납니다. 보살지와 오위에 관한 명상을 통하여 오류와 관념화가 줄어들며 지혜의 작용이 새로 나타납니다. 이런 식으로 우리는 보살지와 오위를 지나게 되고, 지혜가 더욱 더 확실하게 나타납니다. 이런 발전은 공성의 체험에 의한 것이며, 계속되는 깨달음과 수행의 단계를 지나가게 해줍니다.

보살지와 오위 수행에는 징표들이 있는데 왜냐하면 단계를 성취하는 것만으로는 불충분하기 때문입니다. 우리는 깨달음의 징표를 보일 수 있는 능력이 있어서 다른 사람들이 체험하고 알 수 있게 해줘야 합니다. 초지보살에서는 우리는 한순간에 수많은 부처를 보

이고 기적을 행할 수 있습니다. 요약하자면, 명상을 통하여 불성을
수련하여 바깥에 보임으로 보살지와 오위를 장식하는 셈입니다.

상을 짓는 마음을 녹이는 것이야말로
한 생에서의 깨달음 아닌가?
여기에 사신四身(법신·보신·응신·자성신)을 더하라.
아름답게 피우기 위하여.

밀라레빠는 한 생에 깨달음을 성취하였습니다. 어떻게 그랬을까
요? 그는 상像을 짓는 마음을 녹였던 것입니다. 그는 마음의 타고난
공성을 보았던 것입니다. 관념화의 층들을 녹여가면서, 그는 모든
현상들이 확고하거나 진실한 것이 아님을 깨닫게 된 것입니다. 현
상들은 원천적 존재가 아닙니다. 그는 공성이 우리의 마음을 떠나
서 존재하지 않는다는 점도 역시 가르쳤습니다. 공성은 모든 것에
존재하는 것입니다. 따라서 확고하고 진실한 존재로서의 현상이란
없는 것입니다. 그럼에도 불구하고 객체가 나타나면 우리는 이것을
우리와는 다른 어떤 독립된 것으로 보며 이것에 집착합니다. 이 집
착으로 말미암아 수행의 궁극적 결과를 성취할 수 없는 것입니다.
강의 저편에서 보는 관점(공성을 보는 것)은 이편에서의 관점(이원성을 보는
것)과는 매우 다릅니다.

한 생에서 온전한 깨달음에 이르려면 어떻게 해야 하는가? 우리
의 마음에 어떤 현상이 나타나더라도 이들을 공성으로 알아야 합니
다. 이생에서 불성을 이루려면 우리의 마음은 모든 현상이 공한 것
임을 깨닫고, 그 안에서 머물러야 합니다. 이것을 일컬어 한 생에서
의 해탈이라고 합니다.

하지만 만일 우리가 남들에게 증명할 수 없다면, 모든 현상이 공함을 깨닫고 온전한 불성을 성취하는 것만으로는 충분하지 않습니다. 니르마나카야(화신) · 삼보가카야(보신) · 다르마카야(법신) 그리고 스바하비카카야(위 세 신의 일체화된 신인 자성신) 같은 사신의 징표가 필요한 것입니다. 이 모든 경지를 깨닫는 단계를 성취해야만 된다고 말할 수도 있습니다. 사람들은 우리의 바깥만 보고 안의 마음은 보지 못하므로, 우리들이 성취한 깨달음을 믿지 못합니다. 눈으로 볼 수 있는 변화를 보여주어야만 되며, 이는 사신의 현현顯現이 지니는 의미입니다.

> 경전 · 논리 그리고 훌륭한 가르침을 갖춘 자야말로
> 법맥을 잇는 라마 아닌가?
> 이에 자비심을 더하라.
> 아름답게 피우기 위하여.

라마라고 해서 모두가 진정한 라마는 아닙니다. 진정한 라마인가 아닌가는 그들의 마음을 들여다보아야만 알 수 있습니다. 부처의 가르침을 듣고 명상함으로써 그 가르침을 잘 알고 있어야 합니다. 또한 경전을 다른 사람들에게 가르치고 논리를 잘 펼 수 있어야 합니다. 나아가 마음의 궁극적 의미를 알며 깨닫고 있어야 합니다. 이런 자질들을 갖추고 있어야 진정한 라마라고 할 수 있습니다. 다시 말하면 경전에 대해 두루 통하고 이것을 다른 사람들에게 가르칠 수 있어야 합니다. 또 소승과 대승 전통의 논리를 연구하고 그들 자신의 마음을 수련해야만 합니다.

이런 자질들에 덧붙여, 남들의 이익을 위한 자비심을 갖추어야

합니다. 자비심이 없이는 제자를 기르거나 수련시킬 수 없는 것입니다. 예를 들어 깨달음을 성취하고 윤회계의 세 경계를 모두 알며 가슴 아파하면서도 중생들을 고통으로부터 구원할 수는 없다고 생각하는 라마가 있다고 합시다. 진정한 라마라면 이렇지 않을 것입니다. 진정한 자비심을 통하여 남을 이롭게 하며 염려해 줄 것입니다. 이와 같이 진정한 라마는 그들 마음속에 많은 자질들을 갖추고 있으면서 자비심으로 남들의 마음에 이익을 주고 꽃피우게 하는 것입니다.

라마로 모셔진 사람은 우리보다 훌륭한 사람이어야 합니다. 만일 우리보다 못한 사람이라면, 그는 우리를 나쁜 길로 끌고 갈 뿐입니다. 우리와 같은 수준의 라마라면 서로가 도움이 되지 않을 것입니다. 따라서 우리보다 자질이 훌륭한 사람이 필요합니다. 그는 더 깊은 의미를 알고 있고 무지한 우리는 그에게 의지할 수 있게 될 것입니다.

> 깊은 믿음과 자비심을 갖춤이야말로
> 제대로 된 제자 아닌가?
> 이에 진실한 헌신을 더하라.
> 아름답게 피우기 위하여.

스승의 자질을 자세히 살펴본 후 그에 의지하는 제대로 된 제자가 없다면, 진정한 라마도 아무 도움이 안 될 것입니다.

제자는 라마에 대해 세 가지의 믿음을 지녀야 합니다. 신뢰하는 믿음이란 라마를 따름으로 해서 잘못 인도되지 않으리라는, 나아가 그를 따라서라면 못할 일이 없으리라는 확신을 의미합니다. 촉발된 믿음이란 라마를 만나 절로 행복해지며, 이 기쁨을 통해 우리 안에 믿음이 생겨나는 것을 가리킵니다. 희구하는 믿음은 우리 자신과 남들을 위해 윤회를 극복하고 열반을 성취하려는 소원을 가리킵니다.

우리는 귀의의 목표가 얼마나 중요한 것인지를 깨달음으로써 귀의를 하게 됩니다. 따라서 이 희구하는 믿음은 우리가 수행해 나가는 과정에서 끊임없이 일어나 우리를 촉발하는 것입니다.

이 세 가지 믿음 외에 훌륭한 제자는 자비심도 갖추어야 합니다. 그것은 모든 중생들을 고통과 그 원인으로부터 구원하려는 염원인 것입니다. 중생들이 고통의 구렁이에 빠져 있는 것을 아는 수행자는 이들을 구하려는 회원의 자비심을 내야 합니다. 이 모든 믿음의 자질들에 덧붙여 자비심을 갖추었을 때 제대로 된 제자인 것입니다.

훌륭한 제자는 좋은 그릇에 비유해 볼 수 있습니다. 신의 감로는 그 자체로 황홀한 것이기는 하지만, 그것이 세 가지 결함이 없는 적당한 그릇에 담겨 있을 때라야 빛이 납니다. 그릇이 거꾸로 놓여 있다면 아무 것도 담을 수 없을 것이요. 구멍이 나 있다면 물이 샐 것이요. 더럽다면 담긴 물을 오염시킬 것입니다. 적당한 그릇이라면 똑바로 놓여 있고 새지 않으며 깨끗해야 할 것입니다. 세 가지 믿음과 자비 그리고 세 가지 결함이 없는 제자라야 적당한 그릇에 해당하는 것입니다. 여기서 제자의 징표는 진정한 헌신으로 제자가 라마를 부처로 모시는 것을 의미합니다. 그러므로 이상적 스승과 제자의 관계란, 필요한 자질을 다 갖춘 진정한 라마와 믿음·자비심 그리고 가르침을 수행하고 받들 수 있는 능력을 갖춘 제대로 된 제자와의 관계를 말합니다.

마지막 연에서 노래는 이렇게 요약합니다.

> 결국 정견으로 마음을 확인한다.
> 명상으로 마음을 체험한다.
> 행동으로 완성한다.
> 사신四身으로 나타난다.
> 그 결과는 마음 그 자체라고 한다.
> 모든 것이 같은 것임을 깨닫는다.

우리는 이 특별하고 신성한 장소에서 우리의 모든 공덕을, 우리가 아는 사람들뿐만이 아니라 우리 자신을 포함하는 이 세상 모든 중생들을 위한 발원기도를 올리는 데 바쳐야 하겠습니다. 이 모든 것들의 행복과 안녕을 빕니다.

■ 남을 이롭게 하는 일

이 세상에서 살아가거나 다르마를 수행하는데 있어서 남을 이롭게 하는 태도는 중요한 것입니다. 이 세상과 그 안에 사는 사람 모두를 위해 평화와 안녕이 필요합니다. 우리 마음에 변화가 일어나고 남을 해치려 하지 않고 이익을 주려는 소망을 가질 때만 이루어질 일입니다. 행복에 이르고 남들과 자신에게 이익을 가져오는 길을 제시하는 각양각색의 믿음과 종교적 전통이 세상에 존재합니다. 내가 제일 잘 아는 것은 불교인데, 여기서는 이타행의 열정을 특히 중요하게 여깁니다. 성문승과 독각승 전통에서는 남을 해치려는 마음과 그 원인을 끊을 것을 강조합니다. 이 전통 위에 대승전통에서는 남을 이롭게 할 뿐만 아니라 나아가 이타행의 근본을 확립할 필요도 강조합니다.

중생을 돕는 것이 내 수행의 중심이며, 그 기본이 되는 세 가지 자질에 관해 간략히 소개하려 합니다. 참사랑·자비심 그리고 깨어있는 마음인 보리심이 그것입니다. 참사랑은 모든 중생들의 행복과 행복의 결과를 비는 열망입니다. 자비심은 중생들이 고통과 그 원인으로부터 해방되기를 비는 열망입니다. 보리심은 모든 중생들이 고통에서 벗어나고 우리들이 그들을 불성의 깨달음이라는 경지에 오르도록 도우려는 열망입니다.

자비심을 수행하면서 고통을 생각하면 슬퍼지는 경우가 있습니다. 중생들의 고통에 관해 명상을 지속하다 보면, 점점 더 위축되어 심지어는 병이 나기까지 합니다. 자비심이란 정의상 중생이 고통과 그 원인으로부터 해방되는 것을 의미하므로, 수행이 고통을 유발한다면 제대로 된 자비심 수행이라 할 수 없을 것입니다.

참사랑과 자비심이 일어나면, 우리는 자신이나 몇몇 만을 생각하지 않습니다. 우리의 희망은 전생에 우리의 훌륭한 어머니였던 모든 중생들을 위한 것으로 확장됩니다. 그들의 사랑에 보답하고 감사하기 위해 우리의 사랑과 자비심을 그들에게까지 확장하는 것입니다. 모든 중생들이 고통받고 있다는 이유만으로도 이 자질들을 계발하는 것이 중요할 수 있습니다. 우리 자신의 신체적·정신적 고통을 생각해 보면, 모든 중생들의 고통도 이해할 수 있을 것입니다. 그들의 고통을 생각해 본다면, 우리는 행복이 그 자리에 들어오기를 간절히 원하게 됩니다.

불교에서는 거칠고 미세한 모든 고통들을 세 가지로 나누어 봅니다. 편재하는 고통(괴고壞苦)과 변화의 고통(행고行苦) 그리고 고통의 고통(고고苦苦)입니다. 부처님은 모든 왜곡된 현상에는 고통이 수반된다고 말씀하셨습니다. 왜곡된(아집에 빠지는 경우) 혹은 불완전한(상황에 의해 조건 지워 진) 모든 현상은 일시적입니다.

일시적인 모든 현상은 원인과 조건에 의지해 일어납니다. 현상은 참 원인과 조건이 있을 때 일어납니다. 만일 원인과 조건이 없다면 현상이 일어나지 않을 것입니다. 이렇게 생각해 본다면, 부처는 모든 현상은 원인과 조건이 모여서 일어나는 것이며, 따라서 고통을 수반한다고 말씀하신 것입니다.

예를 들자면 우리의 몸은 일시적인 것이며, 따라서 신체적 형상에는 필연적으로 고통이 따르게 됩니다. 우리는 많은 형태의 질병을 앓습니다. 아프지 않더라도 우리의 신체적·심리적 형성체인 오온은 제한적인 것으로 고통을 수반합니다. 보통 사람들은 이 점을 알지 못합니다. 보살만이 압니다.

변화의 고통이란 비록 지금은 행복하지만, 모든 현상은 일시적입니다. 이것은 머지않은 장래에 이것이 변할 것이라는 것을 가리키는 말입니다. 고통의 고통이란 모든 현상에 수반하는 고통에 덧붙여 고통을 실제 체험하는 것을 가리키는 말입니다.

모든 육신을 가진 존재는 이 세 가지 고통을 겪습니다. 우리가 이런 문제를 당하고 마음이 평화롭지 못할 때 어떠했는가를 명심한다면, 남들도 이와 똑같은 고통을 겪고 있다는 것을 잘 알 수 있을 것입니다. 우리 자신의 불편과 아픔을 해소하기 위해 그리고 행복의 기쁨을 위해 노력하는 것과 마찬가지로, 우리는 남들을 돕기 위한 노력을 해야 하는 것입니다. 그러면서 우리의 참사랑과 자비심에 충만한 깨끗한 마음을 유지해야 하는 것입니다.

남의 행복에 대해 명상함으로써 우리의 마음은 행복을 깨닫게 됩니다. 결국 남들에게 이익이 될 수 있는 것입니다. 남을 돕는 것과 수행의 진전에는 직접적인 상관관계가 있습니다. 남들을 돕고자 하는 수행의 진지한 정도만큼 그 이익과 결과도 따를 것입니다.

영적 동반자

2002

불교의 가르침은 주로 우리의 마음을 수련하는데 그 목적이 있습니다. 불법에 들어가는 문은 무수히 많지만, 이들은 방편과 지혜의 두 가지로 요약될 수 있습니다. 거기에 이 두 방법이 결합된 제3의 문을 들 수 있습니다. 물론 방편의 단계에 따라 상이한 차원이 있습니다. 기본적인 방편인 성문승과 독각승은 주로 마음을 해치는 모든 것들을 정복하는 데 초점을 맞춥니다. 이들은 갈등을 극복하기 위해, 개인에게 있어 무아無我를 깨닫는 지혜를 가르칩니다. 그리고 출리심出離心내기, 무상함에 대한 명상, 12연기법에 대한 공부 등을 가르칩니다. 좀더 높은 방편인 대승에서는 육바라밀[209]의 가르침과 제자 모으는 네 가지 방법[210] 등을 가르칩니다.

대승의 목표는 마음을 가리고 괴롭히는 많은 번뇌들로부터 우리를 해방시키는데 있습니다. 무시無始이래로 우리 마음의 진면목은 평화롭고 혼동 없는 것이었습니다. 그럼에도 우리의 무지 · 번뇌 · 온당치 못한 행동 등으로 인해, 일순간의 진에瞋恚가 일어나는 것입니다. 우리의 본마음은 깊은 지혜와 정신적 평화를 이루고 있지만 이들 장애물로 인해 가려집니다. 우리의 마음으로부터 나오는 온당치 못한 행위는 우리에게 다시 되돌아와서 정신적 고통을 주게 됩니다. 그래서 여러 방편들이 가르치는 것은 마음을 순화시키고 업장을 정화시키는 방법들입니다.

마음을 순화시키는 방법은 여러 가지이지만, 그것을 실천해야 하는 것은 바로 우리 자신입니다. 마음이 순화되는가의 여부는 우리들 마음의 질에도 달려 있습니다. 만일 안정되고 사려 깊은 상태라면, 우리 마음은 불필요한 관념으로 채우고 혼란을 일으키는 번뇌에 시달리지 않을 것입니다.

우리의 마음이 순화되고 본질을 깨닫게 되는가의 여부는 두 가지에 달려 있습니다. 순화시키는 기술적 방법과 이것을 실천하는 사람입니다. 근면하게 수행하고 깊은 지식을 쌓아야 합니다. 특히 깨달은 마음에 관해 핵심적인 가르침을 받고 공성에 관해 명상해야 합니다. 이런 것들이 가능하려면 실제로 수행을 얼마나 열심히 하느냐가 관건입니다. 우리가 정진한다면 마음을 순화시키는 것이 어렵지만은 않습니다.

그러나 수행법을 제대로 알지 못한다면 아무 결과도 얻지 못합니다. 법을 특히 핵심적 내용을 수행하기 위해서는 반드시 진정한 라마에 의지하여야 합니다. 라마의 도움이 없다면 명상을 한다한들, 다르마 수련은 괴로운 몸부림이 되고 맙니다. 장애물이 나타나기도 하고 부정적 상황이 우리의 길을 막기도 합니다. 다르마가 가르치는 진리를 깨닫지 못하는 한, 우리는 영원히 사라지지 않는다고 생각하는 영원성의 극단에 빠지거나 혹은 이를 완전히 부인하는 소멸의 믿음이라는 극단에 빠지게 될 것입니다. 이런 이유로 영적 동반자는 매우 중요합니다. 그가 없다면 해탈의 도시에 들어가는 것은 불가능합니다. 우리가 한 번도 가본 적이 없는 장소를 무지한 상태에서 여행하려 한다면, 길을 잃고 목적지에 도달하지 못할 것입니다. 영적 동반자는 우리의 여행에 안내자로서 우리의 여행길이 수월하고 순탄하게 인도해 줍니다.

다르마에 관해서 쥐꼬리만큼의 지식밖에 없는 말로만 영적 동반자는 도움이 안 됩니다. 진정한 영적 동반자는 경전과 딴뜨라를 포함하는 모든 논서에 통해 있어야 합니다. 또는 모든 자질을 갖추고 있거나 적어도 사랑과 자비심이 충만한 사람이어야 합니다.

영적 동반자는 좋은 자질을 갖추고 있을 뿐만 아니라 정통 법맥을 따르는 사람이어야 합니다. 석가모니 부처가 가르침을 펼 때, 다르마 수행으로부터 나오는 깨달음과 축복이 그의 제자들 마음흐름 속으로 흘러 들어갔습니다. 그리고는 제자로부터 제자로 오늘날까지 흐름이 계속되고 있습니다. 가르침과 스승의 진정성이 유지되려면, 한 제자가 법맥을 다음 제자로 전달하는 흐름이 절대적으로 필요합니다.

법맥에 속하지 않으면서 가르침을 펴는 스승에 의지하는 경우, 제자가 아무리 열심히 수행한다 하더라도, 스승이 정통성이 없으므로 제자가 온전하게 수행하기는 어렵습니다.

비유를 한다면 라마는 전기변압기와 비슷합니다. 변압기에 전기가 들어오지 않는다면 전구를 켜거나 기계를 돌릴 수 없습니다. 이들은 변압기로부터 전기를 받아야 작동할 수 있기 때문입니다.

마찬가지로 영적 동반자가 진정한 축복과 정통 다르마를 가능하게 하는 정당한 법맥에 속하지 않는 사람이라면, 비록 다르마의 축복과 힘이 우리의 마음을 뚫고 들어와 채운다 하더라도, 이들이 더 이상 늘어나지는 않을 것입니다. 따라서 우리에게 필요한 스승은 영적 동반자로서의 자질을 갖춘 동시에 정통 법맥에 속하는 라마여야 합니다.

다르마 수행을 처음 시작하는 많은 사람들은 라마가 중심축이라고 생각하고, 라마로부터 가르침을 받으려는 욕심에서 그들을 찾아나섭니다. 나는 좋은 라마를 찾는 것은 쉬운 일이 아니라고 많이 들었습니다. 불경에서는, 우리가 진정한 라마를 찾으려는 간절한 소원을 마음 깊은 곳으로부터 낸다면 자연스레 찾아진다고 말합니다. 만일 '저 라마는 어때? 여기 이 사람은?'라는 등 의심하는 마음을 일으킨다면, 불확실성 속에서 헤매는 우리는 양분된 마음에 갇혀 '이 사람이야말로 진정한 라마다. 그는 나의 참된 영적 동반자이다' 라고 말할 수 없게 됩니다. 확신이 서지 않습니다. 그러나 우리가 마음 깊은 곳으로부터 '라마를 꼭 찾아야 하겠다'라는 힘찬 동기가 일어난다면, 우리는 찾을 수 있을 것입니다.

스승을 찾으려는 강렬한 열망이 중요합니다. 그러나 분석적 지혜 또한 필요합니다. 경전과 딴뜨라에서는 '라마로 모시기 전에 그 사람을 조사해 봐야 된다'라고 말합니다. 라마를 어떻게 조사해 봅니까? 그의 재산이나 추종자의 수를 봐서 알 수 있는 것은 아닙니다. 그것보다는 그가 경전과 딴뜨라에 의지해서 가르침을 펴는가를 봐야 합니다. 자신이 이 조사를 직접 해봐야지, 남의 말을 따르거나 유행을 따라서는 안 됩니다. 무엇을 살펴봅니까? 속마음의 깨달음과 그 질을 주의해서 봐야 합니다. 마음의 본질을 깨달은 자의 특성이 라마에게 있는지 알아봐야 합니다.

라마의 외모나 밖으로 드러나는 행동은 그리 중요하지 않습니다. 옛날의 깨달은 요기들 중에는 공격적이고 엉뚱한 사람들이 있었습니다. 그러나 이들의 속마음은 매우 높은 단계의 깨달음과 경험을 성취하고 있습니다. 따라서 우리는 스승의 마음과 그 자질을 주로 살펴보아야 하는 것입니다. 만일 우리가 직접 조사해 보지 않는다면, '저 사람은 훌륭한 라마이다. 저런 사람한테 배운다면 잘 될 거야'라는 등 타인의 의견을 맹목적으로 따르기 쉽습니다. 이들의 권고를 받아 들여 그를 우리의 스승으로 모신다면, 그가 우리가 소원하고 희망하던 방식으로 행동하지 않을 수 있다는 곤란한 문제를 뒤늦게야 알 수 있습니다. 우리는 스승에게서 결함을 발견하고 이를 다른 사람들에게 말할 것입니다.

"이 라마는 형편없어. 그에게 배워서는 안 돼."

우리 자신의 수행이 제대로 안 되는 것을 라마에게 핑계 대는 것일 수도 있습니다.

"저 라마는 깨달음도, 권능도 없어."

진정한 라마에게 의지하지 못하면 그 결함은 화살이 되어 되돌아옵니다.

우리는 라마를 비판한다는 결함을 드러내게 되는데 이는 많은 문제를 일으킵니다. 그러니까 제대로 분석하지 않으면 세 가지 문제가 따릅니다. 첫째로, 의지해서는 안 될 사람에게 의지하게 됩니다. 둘째로, 말해서는 안 될 험담을 하게 됩니다. 그리고 셋째로, 정말로 중요한 우리 자신의 마음에 집중할 수가 없습니다. 수행을 하여 좋은 결과를 얻으려면 우리는 처음 시작할 때 철저히 분석해야 합니다. 그럼으로써 스승을 택하는데 '실수를 하지 않음'과 '확신을 가질 수 있음'의 두 가지 이득을 볼 수 있습니다.

요약하자면, 라마는 훌륭한 자질을 갖추어야 하고 제자는 믿음과 헌신 그리고 존경심을 갖추어야 합니다. 우리는 라마를, 신·구·의 삼문을 바쳐 존경해야 마땅합니다. 부처와 그의 제자들—고귀한 나라 인도 그리고 눈의 나라 티베트의 모든 학자와 스승들—이

가르친 것이 바로 이것입니다. 이 분들의 공덕은 우리에게 축복과
지혜로 가득 찬 경전이라는 유산으로 전해졌으며, 우리는 이런 사
실을 마음 깊이 새겨야 할 것입니다.

■아집

우리는 번뇌와 마음에 꽉 차 있는 관념을 정화하기 위해 다르마를 수행합니다. 가르침으로 마음을 녹임으로써 다르마는 번뇌와 관념을 정화시키는 힘을 발휘하는 것입니다. 겉으로는 다르마를 수행하는 것처럼 보이면서도, 속으로는 다르마의 수행이 번뇌나 관념을 지우지 못한다면, 자신을 진정한 수행자라고 말할 수 없습니다. 그렇다고 해서 세상에 보이는 드러난 행동이 중요하지 않다고 말하는 것은 아니지만, 그보다 더 중요한 것은 마음을 다스리는 훈련을 하는데 있습니다.

우리는 세 가지 번뇌를 다스립니다. 어리석음·탐착 그리고 성냄입니다. 어리석음은 나머지 두 개의 원천으로서, 자신은 영원하며 독립적이라고 생각하는 것으로 자신에게 끊임없이 집착하는 것으로 정의됩니다. 이 아집이 윤회의 굴레에 빠지는 주된 원인입니다. 우리는 이기심에서 천국에 살기를 원합니다. 자신을 위해 모든 고통을 없애고자 합니다. 이 '나'에 집착하고 특별한 것으로 간주하여, 아무 고통도 없이 부와 권력 그리고 카리스마를 가지려고 합니다. 우리의 마음을 사심 없이 들여다 본다면 이와 같이 조악하고 눈에 띄게 자기에 매달려 있다는 사실을 쉽게 알 수 있습니다.

다른 생각이 떠오르기 전에 재빨리 나타나는 우리 자신에 대한 생각이나, 자아(나)에 대한 또는 그것에 속하는 것(내 껏)에 대한 집착 같은 미세한 형태의 집착이 있습니다. 다르마를 수행하는 것은 이런 자아에 대한 거칠거나 미세한 집착을 다스리고자 하는 것입니다. 그렇지 못하면 우리의 번뇌는 일시적으로 억압되어, 잠시 먼 곳으로 도망가 있는 정도라 할 것입니다. 번뇌를 완전히 끊어버리려면 꾸준히 수행해야 합니다.

자아에 대한 집착에서 벗어나 마침내 뿌리째 뽑아내는 여러 가지 수단이 있습니다. 이 수행법들은 아주 중요합니다. 왜냐하면 자아에 대한 집착은, 고통과 윤회 속에서 환생의 원인인 번뇌와 번뇌가 원인이 되는 행동들의 원인이기 때문입니다. 이 모든 일들은 윤회계는 환상 같은 것이라는 핵심을 모르기 때문에 일어납니다. 우리는 아집에 빠진 마음이 '나다'라는 생각 때문에 자아에 집착하며 그것을 즐긴다는 사실을 깨닫지 못합니다. '자아'라는 것이 참으로 존재하는 것이 아님을 깨닫지 못합니다. 그것은 허상인 꿈과 같은 것입니다. 자신이 꿈꾸고 있다는 사실을 깨닫지 못한 채, 자아를 진실된 것으로 한 번만이 아니라 여러 번 되풀이해서 집착합니다.

윤회계를 돌고 돌면서 우리는 두터운 번뇌와 그것이 불러일으키는 업장만을 쌓아가는 습관적 행위에 빠집니다. 우리는 윤회계가 착각의 결과물이라는 점을 깨달아야 합니다. 이것은 진정 중요한 일입니다. 그렇게 되기만 한다면 큰 매듭은 풀린 것입니다.

만일 윤회계가 미망임을 깨닫지 못한다면, 아무리 자아의 집착을 끊어버리기 위한 명상을 하더라도, 다르마 수행은 아무 효력이 없을 것이며 진정한 힘을 발견하지도 못할 것입니다. 수행함에 있어

우리는 자아에 집착하는 대신에 다르마에 집착하지는 않는지 조심
해야 합니다. 다르마에 집착하는 것 역시 자아의 집착에 불과한 것
이며 집착을 끊는 원인으로 작용하지는 않을 것입니다.

■공덕을 즐거워 함

오늘날 만일 우리가 참으로 선한 공덕을 쌓을 수 있다면 그것은 자신과 남들을 위해 특별한 힘을 가질 것입니다. 그러므로 선업의 효과에 대해 믿음을 가져야 합니다. 우리의 모든 행동이 덕을 쌓는 행위가 되도록 노력해야 합니다. 일이 잘 풀려나갈 때일수록 남을 도우려는 특별한 노력을 하는 것을 잊지 말아야 합니다. 왜 그런가 하면 모든 일들은 상호연관성 속에서 일어나는 것이기 때문입니다. 이런 방식으로 일어나지 않는 현상은 세상에 없습니다. 모든 일이 이렇게 연관되어 일어난다는 것을 깨달았다면, 어떻게 남을 도울 수 있을 것인지를 염두에 두어야 합니다. 깊이 생각해 보아야 할 일입니다.

불교에서는 행복해지는 데는 원인이 있는데, 그것을 선업이라고 생각합니다. 원인은 많은 다양한 조건에 달려 있는데, 이것들을 모두 거둬들이려면 온전한 행위의 단계들과 그것의 원인과 결과들 그리고 그것들이 어떻게 완성되는지를 아는 것이 중요합니다.

선업의 결과를 성취하는데 무엇이 관건이겠습니까? 즐거움입니다. 즐거움이라는 것은 훌륭한 행위에 관해 듣거나 보게 될 때, 우리의 마음은 저절로 행복해지고 즐거워진다는 것을 이르는 것입니다. 선한 행위를 보는 것만으로도 즐거워지는 것입니다.

즐거워함에는 두 가지가 있습니다. 원인으로서의 공덕을 즐거워함과 결과로서의 공덕을 즐거워함입니다.

만일 전지全知의 단계를 성취하려면 어떻게 해야 하겠습니까? 10선행을 성취하고 10악행을 끊어야 하겠지요.[211] 자신이 이런 선업을 쌓는다면 자신에 대해 좋게 느낄 것이며, 다른 사람이 그렇게 하는 것을 본다면 '그것 참 대단하군'이라고 생각하면서 그들의 업적에 즐거움을 느낄 것입니다. 이것이 원인으로서의 선업을 즐거워함입니다.

결과로서의 선업을 즐거워함이란, 원인적 공덕이 무르익어 환희나 편지를 이루어 온전한 행위의 결과에 즐거워함을 말합니다.

즐거워함은 신·구·의를 통하여 표현됩니다. 우리의 몸은 마음속의 즐거움을 표현하는 여러 가지 방법을 갖고 있습니다. 눈물이 날 수도 있고 몸이 떨릴 수도 있습니다. 우리는 말로 칭찬합니다.

"당신은 멋진 일을 해낸 거야. 장한 일이야."

머리로는 우리의 것이든 남의 일이든, 온전한 행위를 보면 절로 마음에 기쁨이 일어나는 것입니다. 이런 의미에서 즐거워함은 질투에 대한 훌륭한 해독제도 됩니다.

이런 자비의 즐거워함을 표현하면 어떤 득이 있습니까? 타인의 공덕과 해탈일 수도 있는 그 결과인 그들의 성취를 진정으로 즐거워한다면, 성취한 사람보다도 더한 결과를 자신이 받을 수도 있습니다. 자신의 행위 결과에 즐거워한다면, 그 결과는 어마어마해질 것입니다.

즐거워함에 대한 이 설명은 원대한 대승의 관점에 바탕하고 있

습니다. 보통 선한 행위를 하면 그에 적절한 결과를 얻는 것이 전부
입니다. 그러나 우리가 남의 행위에 대해 즐거워한다면, 우리는 우
리 행위의 결과뿐만 아니라 타인의 행위의 결과까지도 얻게 될 것
입니다. 즐거워함은 이와 같은 확장성이 있습니다. 그래서 거의 모
든 수행과정에서 볼 수 있는 7가지 기도문[212]을 이루는 7기본수행
중의 하나인 것입니다.

　　이상으로 즐거워함의 이득·수행·종류·본질 등에 관한 간략
한 소개를 마칩니다. 당신들이 많은 공덕을 쌓고, 그 결과인 즐거움
을 성취하며 그 즐거움을 통해 많은 중생들에게도 어서 빨리 도움
을 줄 수 있게 되기를 기원합니다.

■감정에 관해

부처는 우리에게 마음을 어떻게 다스려야 할지를 가르치기 위하여 원대한 불법의 바퀴를 세 번 돌리셨습니다. 불교의 수행은 마음을 닦는 것입니다. 우리는 우선 다르마와 우리의 마음을 연결해야 합니다. 이것은 기쁜 마음으로 정진하고, 날카로운 지혜와 모든 존재에 대한 깊은 사랑을 통해 이루어집니다. 여기에 라마의 축복을 더하여 모든 것들이 공덕을 쌓는데 쓰입니다.

다르마는 진에瞋恚와 무지에 의해 마음속에 일어나는 모든 불온전한 생각들을 씻어내는 특별한 성질이 있습니다. 수행에 집중하면 마음은 다르마와 연결되어 그 힘이 우리 안으로 들어옵니다. 그 선과는 이루 말할 수 없습니다. 오늘날 사람들은 때로는 강렬하고 어떤 때는 감당하기 어려운 많은 감정을 경험합니다. 그래서 나는 여기에 관해 그리고 다르마가 어떻게 도움이 되는지에 대해 말해 보려고 합니다.

이 세상에 존재하므로 우리는 감정을 가집니다. 감정은 보통 외부 객체에 의해서 일어나며, 우리 마음에 체험과 생각을 불러일으킵니다. 전통적으로 감정은 행복·고통 그리고 여기에 포함되지 않는 중성이라는 세 가지 종류로 분류합니다. 모든 인간 존재는 이 감정들을 느끼며 다른 중생들도 감정을 가지리라고 생각할 수 있습니다.

감정에 대해 내가 이야기하고자 하는 이유는 그것이 과도하게 되는 경향이 있기 때문입니다. 행복을 느낄 때 그것은 엄청나고 걷잡을 수 없습니다. 고통스러운 상황에서는 어마어마하게 깊은 아픔을 느끼기도 합니다. 삶에 있어 우리는 적당한 정도로 행복해야 합니다. 적절한 균형을 취하는 것은 우리 마음입니다. 만일 우리의 감정이 극단으로 치닫는다면 많은 폐해와 문제가 발생합니다. 내가 듣기에 사실인지 아닌지는 모르지만, 너무 행복해서 죽는 사람도 있다고 합니다. 나 자신은 이런 체험을 해본 적이 없기 때문에 뭐라고 할 말이 없습니다. 그러나 고통에 대해서는 어느 정도 아는 것이 있습니다.

고통을 느끼는 것은 자연스런 것이며, 우리는 적절한 균형을 유지함으로써 이에 적응할 수 있습니다. 만일 마음이 슬픔과 비참함에 젖어 있다면 이것은 잘못된 것입니다. 왜냐하면 우리의 마음이 쪼그라들고 위축되기 때문입니다. 어떤 사람들은 고통 때문에 자살하기도 합니다. 그래서 나는 극단적으로 심한 고통을 느끼는 것은 잘못이라고 생각합니다. 그런 강한 느낌을 갖기를 원하는 것도 잘못입니다.

윤회계의 본질이 고통이므로 고통에 너무 집착할 이유는 없다고 생각합니다. 오히려 행복을 가져오는 것에 초점을 맞추고 계발해야 합니다. 우리는 일시적이며 쉽게 변하는 감정에 의지해 결정을 내리는 수가 많습니다.

예를 들면 어떤 라마를 만나 깊은 감명을 받은 사람이 '정말 좋은 느낌을 받았다'라고 생각하면서 그를 스승으로 삼는 결정을 내렸다고 합시다. 반대로 라마를 만나 별로 좋은 감정을 못 가지고 그 사람이 좋은 스승이 될 수 없으리라고 생각했다고 봅시다. 여기서 우리는 다양한 감정의 체험을 기초로 결정을 내린다는 사실을 알 수 있습니다. 우리가 결정을 내릴 때, 상황을 분석해 보기보다는 느낌을 더 신뢰하는 것입니다. 그러나 느낌은 순식간에 바뀝니다. 인생의 고비를 겪을 때마다 우리는 안정적이지도 훌륭하지도 여유 있지도 못한 체험을 할 수 있습니다. 느낌은 중요합니다. 그러나 그것에 휘둘린다면 상황은 어려워질 것입니다. 이 생에서 우리에게 복을 가져오는 참되고 근본적인 길을 추구하고 그곳에 들어서야 합니다.

행복에 매이지도 고통에 주눅 들지도 않으면서, 안정되고 변하지 않는 길을 추구해야만 합니다. 언제나 좋은 느낌만 추구하다가 자신의 마음을 잃어버린다면 인생은 무엇이 되겠습니까? 우리의 진정한 목표에서 벗어나 자신을 해치고 맙니다.

우리는 여러 단계의 행복과 슬픔을 느낍니다. 이것들을 모두 없앨 수는 없습니다. 만일 고통을 느낀다면 우리는 인내해 냄으로써 원하는 길을 계속 갈 수 있습니다. 만일 행복감이 일어나서 우리를 미망에 빠뜨린다면 그 결과는 무엇입니까? 긴 안목으로 보아야 합니다.

우리는 각자의 인생길을 가고 있고, 그 길 위에서 많고 다양한 문제와 고통을 만납니다. 아무리 많은 어려움이 있더라도 그동안 해낸 일을 돌아보고, 가고자 하던 길을 잊지 말아야 합니다. 우리의 여정을 끝내고 목표를 달성할 때까지 어떤 고통이나 즐거움에도 매이면 안 됩니다. 우리가 추구하는 목표에 도달할 수 없기 때문입니다.

나는 하나의 관점을 이야기한 것뿐이지 모든 사람들이 이렇게
생각해야 하는 것은 아닙니다. 자신만의 소원과 열망을 가지는 것
이 중요합니다. 자신의 길을 행복하게 기쁨으로 갈 수 있다면 이 세
상의 모든 부를 가지는 것보다 더 값진 일입니다. 우리의 소원이 중
요합니다. 하지만 이것들을 잘 살펴보아야 합니다. '이들이 앞으로
어떤 결과를 가져올 것인가? 나를 어디로 이끌어 갈 것인가?' 지금
우리를 둘러싼 상황 역시 고려해야 합니다. 우리는 자신에게 '이 상
황을 어떻게 슬기롭게 대처할 것인가?'라고 물어봐야 합니다. 우리
는 소원이나 충동을 맹목적으로 따라가지 말고 심사숙고해야 합니
다. 이 생에서 우리 하나하나가 중요하며 특별한 존재입니다. 누구
도 우리와 같거나 우리를 대신할 수 없습니다. 다음 생이 있거나 없
거나 간에 현재의 우리 생을 대신할 수는 없습니다. 우리의 이 생은
소중한 것이며 지혜롭게 잘 살아야 합니다.

■스스로 책임지기

우리는 자신의 엄격한 주인이어야 합니다. 스스로 자신의 원칙을 세우고, 버릴 것은 버리고 지켜야 할 것은 지켜야 합니다. 성패는 우리 자신에게 달려 있습니다.

평화와 행복은 자신의 마음을 통해 옵니다. 우리가 만들어낸 허상도 아니며 과학자들에 의해, 심지어는 부처에 의해 만들어진 것도 아닙니다. 우리의 행복과 평화는 무시이래로 있어 왔습니다. 다른 사람이 없앨 수 있는 것도 아닌 이것은 전적으로 우리 자신의 몫입니다. 행복을 성취하지 못하게 하거나 깨뜨리는 것은 바로 우리 자신입니다. 같은 논리로 우리는 자신의 마음속에 있는 행복을 체험할 수 있습니다. 그것을 체험하는 것은 남이 아닙니다. 내적 행복을 발견하는 것 역시 자신의 열망의 강도에 달려 있습니다.

반면에 우리 모두는 조화를 이루며 서로에게 의존하며 살고 있다는 사실을 잊지 말아야 합니다. 조화를 이루는 것은 중요합니다. 여기에는 자유·평화 그리고 참 행복이 포함되어야 합니다. 이 세 가지가 갖추어지지 않은 생은 의미가 없습니다. 특히 자유가 있을 때보다 나은 긍정적 결과와 이익이 가능합니다.

우리는 윤회계를 흔히 거칠고 피상적으로 바라봅니다. 시간 개념을 봅시다. 우리는 1년을 하나의 구체적인 단위로 생각합니다. 그러나 논리적으로 분석해 보면 구체적으로 보이는 것은 없습니다.

우리가 존재한다고 가정하는 시간에 관한 다른 단위도 마찬가지입니다. 한 달, 하루, 한순간 등 많은 순간들을 더한다면 1년이 될 것입니다. 그러나 한순간의 본질을 고찰해 보면, 내재하는 어떤 시간의 단위도 발견하지 못할 것입니다. 우리 눈으로 볼 수 있는 아무런 내재적 시간의 단위도 없는 것입니다. 다시 말하면 구체적으로 잡히는 확고한 객체가 없는 것입니다. 누가 깨달았다고 해서 현상의 본질이 나타나는 것도 아니고, 새로 발견했기 때문에 생겨나는 것도 아닙니다. 공성은 무시이래로 현존하는 것입니다.

깐규르(경經)와 땐규르(논소論疏)에 나오는 많은 불교 교리들은 부처의 가르침과 학자와 명상가였던 그의 제자들의 기록에 의존합니다. 여기에서는 공성, 즉 참 진리의 본질을 밝히고 있습니다. 일반적으로 우리가 공성에 대해 명상할 때는 우리가 우리 것으로 간주하는 소유물 등 외적 객체 혹은 우리가 우리 자신으로 간주하는 내적 객체인 '나'라고 하는 것 등을 분석하는데 사용합니다. 각종 논리적 분석과 깊은 지식을 사용하여 이들 객체를 분석하여 공성을 확인해 내고자 합니다.

그러나 이것과 명상을 통해 직접적으로 깨닫는 공성은 다릅니다. 우리의 깊은 지식을 이용하여 먼저 '공성은 이런 것이다'라고 정의 하는데, 이 과정에서 다음과 같은 생각이 따라옵니다. '이것이 공성 이다. 모든 현상은 공하다. 모든 현상은 가고 옴이 없다. 어떤 현상 도 자체로서 생기지 않고, 다른 것으로부터 생기지도 않으며 등등' 공성을 설명하기 위해 무수히 많은 종류의 서술과 논리를 동원합니 다. 이것 모두는 우리 마음속에 생겨난 관념으로서 공성, 즉 우리의 지성이 새로 만들어낸 공성입니다. 그러나 이것은 진정한 공성이 아닙니다. 왜냐하면 이것을 만들어낸 것은 우리의 지성이기 때문입 니다.

우리가 듣고 사색함으로써 분석할 때의 공성은 객체입니다. 우리 가 공성에 관해 명상할 때는 분석이나 조사를 하지 않습니다. 왜냐 하면 마음이 편한 상태로 있어야 하기 때문입니다. 분석할 때는 날 카롭고 정확한 지성을 이용해야 합니다. 하지만 이것이 명상 시에 일어나면 수행 속에 머물기 어렵기 때문에, 그 때에는 공성을 분석 해서는 안 되는 것입니다.

명상을 할 때는 공성의 의미가 우리 마음속에 자연스럽게 떠오 릅니다. 마음속에 공성의 본질이 떠오르는 것은 수행의 단계들을 통해서입니다. 우리가 공성의 본질을 모른다면 그것을 알아야만 합 니다. 일단 안다면 그것과 친밀해져야 할 것입니다. 그런 연후에 명 상을 통한 우리 안에 원초적 지혜가 떠오를 것입니다.

마음이 공성을 직접적으로 깨달을 수 있어야만 합니다. 논리만으로는 모든 현상의 공성을 확인할 수 없습니다. 왜냐하면 논리는 현상이 공한 본질에 머물러 있는 것을 방해하기 때문입니다. 우리가 아무리 많은 논리적 분석을 한다 하더라도 현상의 본질은 여여如如하게 존재합니다.

탁자를 보고 우리의 막강한 논리를 적용하여 공성에 대해 숙고해 보는 경우를 예로 봅시다. 비록 탁자가 원초적으로 존재하는 것이 아니지만, 논리가 그것을 사라지게 하지는 않습니다. 논리만으로 모든 현상을 구체적이고 실존적으로 여기는 경향을 막아내지 못합니다. 그러면 어떻게 해야 합니까? 우리의 관념적 사고에의 집착을 정화해야 합니다. 그런 연후에야 현상의 공성을 깨달을 수 있습니다. 가장 중요한 것은 안으로 향하여 우리의 마음에 관해 명상하는 일입니다.

이렇게 할 때 우리는 모든 현상의 본질이 공성만은 아니라는 것을 깨닫습니다. 거기에는 원만하고 명료한 측면 역시 있는 것입니다. 우리들이 '공성'이라고만 말한다면 단순히 '존재하지 않음'만을 의미할 수도 있습니다.

무시이래로 현상에 대해 대부분의 사람들은 존재하는 것처럼 보아왔지만 실제로 존재하는 것은 아닙니다. 현상의 공성을 발견하기 위하여 분석해 보면 이것은 잘못된 것입니다. 그러나 우리는 공성을 빈 것, 즉 비어서 아무 것도 없는 것으로 생각해서는 안 됩니다.

마음의 본질 역시 눈부시게 명석한 측면이 있습니다. 즉, 마음은 인식하고 나타나는 능력이 있습니다. 우리가 현상의 공성을 이해하면 그것은 환하게 나타납니다. 따라서 명료함과 공성은 일체로써 나타난다고 말할 수 있습니다. 그렇지 않다면 우리는 공성을 깨달을 수 없을 것입니다.

■두 개의 진리

가르침을 듣거나 숙고하거나 명상할 때, 상대적이고 절대적인 두 진리를 반드시 이해해야 합니다. 이것이 가르침의 주요 부분이기 때문입니다. 이 둘은 어떻게 다를까요? 객체를 잘 조사하고 분석해 보면, 이것들이 참으로 존재하는 것이 아니라는 것을 알게 됩니다. 이것이 궁극적 진리입니다.

고찰·분석하지 않았을 때, 우리는 이것이 존재한다고 생각하는데 이것이 상대적 진리입니다. 두 진리를 어떻게 정의해야 할까요? 상대적 진리는 잘못된 견해입니다. 이 세상의 속견에 머무는 우리 마음이 보는 객체입니다. 절대적 진리는 바른 견해입니다. 마음의 본질을 깨달은 자의 의식이 보는 객체입니다.

각 학파에서 제시하는 두 진리의 정의에는 거의 차이가 없습니다. 다만 정의의 기반 — 실제로 무엇을 가리키는가 — 에 대해서는 설일체유부, 경량부, 유식학파 그리고 중관학파 마다 견해가 매우 다양합니다. 오늘날 듣기·반성·명상 등에 가장 널리 수행되는 것은 중관학파 중에서 귀류논증파라고 하겠습니다.

이들의 견해에 의하면 상대적 진리를 정의하는 기반은 다음과 같습니다. 지옥으로부터 완전한 깨달음의 경지에 이르기까지, 말이나 생각으로 표현될 수 있는 대상이라면 무엇이든 간에 상대적 진리라고 간주할 수 있습니다. 우리에게 보이는 산·벽·돌·집 등 모든 현상들은 모두 말이나 생각으로 표현될 수 있는 객체입니다. 따라서 이것들은 상대적 진리라고 할 수 있습니다. 모든 현상에 대한 상대적 진리는 공성을 깨닫지 못한 세속의 인간이나, 이미 명상의 단계를 넘어 초지初地에서 십지十地의 경지에 이른 공성을 깨달은 보살들에게나 모두 보입니다.

궁극적 진리는, 초지初地에서 십지十地에 이르는 명상의 경지에 이른 보살들의 원초적 지혜로 깨닫고, 부처의 원초적 지혜로 깨달은 공성으로 정의할 수 있습니다. 궁극적 진리는 말이나 생각으로 표현할 수 있는 것을 초월합니다.

귀류논증파에 의하면 두 진리는 각각의 정의의 기반이 다르다고 합니다. 이들은 같은 것입니까? 다른 것입니까? 상대적 진리의 관점에서 보면 두 진리는 본질적으로 같은 것으로 생각할 수 있지만 다른 면을 생각해 본다면, 한편으로는 같고 다른 한편으로는 다른 것입니다. 궁극적 진리의 관점에서 보면, 두 진리는 같지도 다르지도 않은 것입니다.

두 진리를 자세히 아는 것은 아주 유용합니다. 불가의 가르침에서는 우리가 알 수 있는 모든 객체는 두 진리라는 범주로 요약될 수 있다고 합니다. 두 진리를 완벽하게 이해한다면, 불경의 의미를 완벽하게 이해할 수 있을 것입니다.

특히 상대적 진리의 의미를 안다면, 무엇이 온전하고 무엇이 아닌지에 대한 설명을 깨끗하게 이해할 수 있습니다. 그래서 불필요한 문제를 피할 수 있고, 좀더 고차원의 기쁨을 발견할 수 있습니다.

　절대적 진리의 내용을 완벽하고 정확하게 안다면, 윤회의 바다를 넘어 해탈의 경지에 이를 수 있을 것입니다. 두 진리에 관해 명상하고 연구하는 이익과 원대한 목표는 바로 여기에 있습니다.

　지금까지의 두 진리에 관한 간략한 설명은, 두 진리를 상세히 논의하고 있는 불경과 논서의 바다에서 조그만 물방울에 불과합니다. 가르침을 이해하기 위해서는 두 진리를 반드시 알아야 하며, 원한다면 경전을 찾아 연구하면 많은 도움이 될 것입니다.

■ 귀의하기

어떤 종교를 믿든 우선적으로 그 전통의 기본을 이해하여야 합니다. 귀의는 불교에서 수행을 위한 기초입니다. 이것은 소승에 속하는 성문승이나 독각승에게도, 유식학파나 중관학파에게도 그리고 네 가지 딴뜨라 전통의 밀교에도 해당합니다. 어떠한 경전이나 딴뜨라 수행에서도 첫 입문은 귀의서원으로 시작됩니다. 불자라면 누구나 부처님의 가르침을 진심으로 받아들이는 토대가 되는 서원을 합니다.

좀더 상세히 말하자면, 불교 수행의 실질적 토대는 계율이라고 할 수 있으며, 지계의 서약을 할 때는 그 보조로 귀의서원을 하는 것입니다. 귀의서원을 내지 않고서는 소승의 구원서약이나 대승의 보살서원, 밀교의 많은 서원들 등 어떠한 다른 서원도 낼 수 없는 것입니다. 귀의서원은 필수적입니다.

이것은 또한 모든 훌륭한 자질의 원천이기도 합니다. 불살생계·불투도계 혹은 불망어계와 같은 십선업의 수행은 다른 종교나 도덕적 삶을 사는 세속인에게서도 볼 수 있습니다. 그러나 결국 선행만으로는 불충분한데, 윤회계의 뿌리를 뽑아내기에는 역부족이

기 때문입니다. 우리를 윤회계의 고통으로부터 헤어나게 하는 원인 중의 최고는 무엇입니까? 귀의서원입니다. 서원을 한 후에야 우리들의 선행이 비로소 해탈의 원인으로 되는 것입니다.

밀교에서는 기맥·풍기 등 심오한 가르침을 폅니다. 이 미묘한 가르침을 수행하려면 기초가 든든해야 합니다. 그렇지 않으면서 수행을 한다면 궁극적 결과인 큰 깨달음에 도달하지는 못합니다. 별로 심오하거나 중요하지 않다고 생각하여 귀의서원을 무시하는 사람들도 있습니다. 이들은 밀교 수행의 고급 경지인 마하무드라를 선호합니다. 그러나 귀의서원을 가볍게 여겨 배척하고는 다른 방편도 성취할 수 없습니다. 이것은 아주 중요한 의미가 있습니다.

귀의서원의 핵심은 우리로 하여금 윤회계에 빠진다는 두려움에서 해방시켜 준다는 데 있습니다. 서원하기는 세 가지로 나눌 수 있습니다. 세속적이고 소승적이고 대승적인 의미에 따른 귀의입니다. 첫 번째 범주는 바위·나무 등에 깃들어 있다고 믿는 세속적 영에 귀의하는 것을 가리킵니다. 잘해 봐야 일시적 행복이나 고통으로부터 해방되는 정도에 불과합니다. 이들은 자신 역시 고통에 빠져있기 때문에 궁극적 행복이나 고통으로부터 궁극적 해방을 가져오지는 못합니다. 세속의 성자와 세상을 초월한 성자의 차이는 이들이 영원하며 자율적인 자아를 깨달았느냐 아니냐에 달려 있습니다. 불가에 의하면 세상을 초월한 삼보—불·법·승—가 있는데, 이것이 바로 귀의의 대상입니다.

귀의서원이 모든 불교학파의 기반이긴 하지만 동기의 깊이·삼보의 이해·서원의 지속기간 등에는 약간의 차이가 있습니다. 가장 큰 차이를 보이는 것은 소승불교와 대승불교 간의 서원의 동기입니다. 소승불교는 윤회의 고통으로부터 우리 자신이 벗어나기 위해 귀의한다고 합니다. 대승불교는 삼세의 모든 중생들을 해탈시키기 위하여 귀의한다고 합니다.

우리는 삼보를 어떻게 이해해야 할까요? 부처는 다르마를 가르쳤습니다. 그는 모든 가르침의 원천이므로 우리는 그를 스승으로 모십니다. 다르마라는 길을 통해 우리는 궁극적 목표를 달성할 수 있고, 도道라고 마음에 새기고 있습니다. 승가는 이 도를 수행하는 데 있어 우리의 반려자, 즉 충분한 체험을 통해 도를 수행하는 자라고 생각합니다. 우리를 포함해 누구도 도를 체험하지 않았다면 어떻게 그 본질을 깨닫겠습니까?

그렇다고 진정한 스승으로부터 귀의의 서원을 받는 것으로 충분한 것은 아닙니다. 서원할 때 주어진 계율을 지켜야 합니다. 주된 계율은 삼보와 관련된 것입니다. 일단 부처에 귀의한 다음에는 세속의 신에게 의지해서는 안 됩니다.

부처는 일시적·궁극적 귀의처를 주는 충분한 권능이 있으므로 다른 귀의처를 찾아다닐 필요가 없습니다. 진정한 다르마에 귀의처를 구했다면 어떠한 중생에 대해서도 해를 끼쳐서는 안 됩니다. 승가에 귀의했다면 나쁜 친구를 사귀어서는 안 됩니다. 그것은 우리의 생각과 행동이 그들을 닮을까 두려워함이오, 남을 해치지 않으려는 귀의서원을 꺾을까 두려운 때문입니다. 같이 지내야만 한다면 우리의 생각이나 행동이 그들을 닮지 않도록 조심해야 합니다.

이상이 모든 선행의 원천인 귀의서원을 낸 사람들을 향한 짧은 충고입니다. 우리는 윤회가 얼마나 두려운가를 알기에 서원을 하였습니다. 우리가 고통을 벗어나려고 많은 방법을 시도해 보았지만 헛일이었기 때문에 결국 귀의서원을 한 것입니다. 서원을 지키고 부처의 도를 수행한다면 앞으로는 이 세상의 고통을 두려워하지 않아도 될 것입니다. 다른 귀의처가 필요 없는 우리는 우리 자신에게 두려움의 피난처를 마련해 준 셈입니다. 이 모든 과보가 우리 자신의 노력과 근면에 달려 있습니다.

■보리심 일으키기

불도를 수행하는 우리는 모든 중생들의 행복을, 궁극적으로는 해탈
을 이루기를 원합니다. 이것이 성취된다면 번뇌의 장애, 미혹된 인
식 그리고 미혹된 관습적 행위에 속하는 모든 장애가 사라진 것이
며, 모든 성취되어야 할 것이 실현된, 현상의 본질을 실현하는 지혜
와 그것의 엄청난 복잡성을 깨닫는 지혜를 얻는 것입니다.

　요약하면, 온전한 깨달음이란 모든 결함을 떨쳐내고 모든 선행(덕
행)을 이룬 경지라 하겠습니다. 이 점은 매우 중요합니다. 왜냐하면
부처는 단순히 위대한 학자인 것만은 아니기 때문입니다. 부처는
명상을 통해 수승한 선행을 이루었기 때문입니다. 이런 깨달음의
경지에 오르려면 온전한 원인인 깨달은 마음, 즉 보리심을 일으켜
야 합니다. 보리심을 낸 연후에는 궁극적 결과를 성취하기 위한 수
행을 해야 합니다. 보리심을 일으키는 방법에 대해서는 여러 가르
침이 있는데, 그중 수승한 것이 위대한 스승 아티샤의 가르침입니
다.

　아티샤는 7단계를 제시했는데, 해탈을 이루는 온전한 첫 번째 원
인은 보리심(1)인데, 이것은 발發보리심과 행行보리심 두 가지로 이

루어져 있습니다. 첫 번째는 모든 중생을 윤회의 바다를 건너게 해주고 해탈을 이루게 해주자는 동기입니다. 이 동기가 충만할 때에 우리는 신·구·의의 선행에 전심하여 침여하게 됩니다. 이것이 행 보리심입니다. 이 두 종류의 보리심은 원과, 즉 이타심(2)에 의하여 일어나게 됩니다. 누구나 행복해지고 고통의 아픔을 피하고자 합니다. 이타의 마음으로 남들을 도우려는 짐을 져야 합니다. 이타심이란 무엇입니까? 남의 행복과 고통의 해방을 기원하는데 그치지 않고 실천하는 것입니다.

자비심(3)이 이타심을 낳습니다. 안으로부터 자비심이 일면 이타심도 일어납니다. 자비심은 무엇입니까? 모든 고통 받는 중생들에 대해 우리는 '나는 이들 모두를 고통에서 해방시키겠다'라고 생각하는 것입니다. 실제 고통만이 아니라 그 원인까지도 말입니다.

자비심은 사랑으로 일어납니다(4). 불행한 존재를 보면서 마음속으로 '모든 사람들이 행복해지기를 원한다'라고 생각하는 것입니다. 일시적이 아니라 끊임없이 하는 것이며, 바로 이것이 우리가 타인들도 행복의 원인을 이루기를 원한다는 것의 의미입니다.

사랑은 어떻게 생기는가요? 우리의 마음이 움직이는 것, 즉 참여하는 것을 기반으로 해서 생깁니다(5). 여기에는 두 가지 측면이 있는데 우리의 마음이 참여하는 것과 타인의 마음이 참여하는 것입니다. 자세히 말하자면, 우리를 포함하는 모든 중생들은 행복해지고 고통으로부터 벗어나기를 원한다는 것을 알 수 있습니다. 우리 자신도 비슷한 존재이며, 그렇기 때문에 남들을 우리 자신처럼 생각할 수 있는 것입니다.

무시이래로 중생들은 우리의 가까운 이웃이며 우리는 '그들의 행복과 고통으로부터 해방을 원하게 된다'라고 생각해 볼 수도 있습니다. 우리의 친구와 이웃을 위한 이런 소망을 가까운 이웃인 모든 중생을 포함하도록 확장시켜야 합니다. 이렇게 우리의 마음을 참여시키는 것으로부터 행복과 참사랑이 일어납니다.

한 원인으로부터 다른 단계들이 일어나면, 우리를 참여시키는 단계가 일어납니다. 남들이 무엇을 했는가를 인식하고 그것에 대해 감사할 때에 일어납니다(6). 남이 우리를 도와주면 우리는 그것을 기억합니다. 그들의 도움을 잊지 않고 감사하는 것입니다. 감사의 마음은 한 사람이나 소수의 사람만이 아니라 우리에게 자비로운 어머니였던 모든 중생들을 향한 것입니다(7). 이들이 우리를 낳아주고 길러주었으며, 무엇을 구하며 무엇을 버릴 것인가를 가르쳐 주었습니다. 이 친절에 대한 보답으로 우리의 감사의 마음을 '나는 모든 중생들을 윤회에서 구하고 이들을 해탈시키겠다'라는 생각으로 표현한 것입니다. 이것이 모든 중생들과 가깝고 오래된 관계를 인식함으로써 타인에 대한 감사의 마음을 가지는 것입니다.

이상 말씀드린 간략한 사고의 과정들은 일련의 관계 고리를 이루는데, 하나의 원인과 결과는 다른 것의 원인이 되며 이런 과정들이 연속되는 것입니다. 만일 모든 존재를 우리의 어머니로 생각하지 않는다면, (1)다른 사람의 고마움에 대한 감사의 마음(2)이 일어나지 않을 것입니다. 감사의 마음이 없다면, 우리의 마음을 참여시키는 일(3)이 일어나지 않을 것이며, 만일 그렇다면 사랑(4)은 없을 것입니다. 사랑이 없다면 자비심(5)이 일어나지 않을 것이며, 자비심이 결여된다면 이타주의(6)가 나타나지 않을 것이며, 이타주의가 없으면 보리심(7)이 일어나기는 어려울 것입니다. 이와 같은 원인과 결과의 고리를 따라갈 수 있다면 깨달은 마음인 보리심이 우리 안에 일어날 것이며, 손쉽게 수행이 무르익을 것입니다.

수승한 아티샤의 보리심에 대한 이 가르침은 어떻게 마음을 깨
달아야 하는지를 보여 주며, 수행을 처음 시작하는 사람들에게도
큰 도움이 됩니다. 참 행복을 소원하며 이 수행을 좇는다면 우리에
게 득이 될 것이 틀림없습니다. 이 수행의 궁극적 목표에 여러분들
이 이를 수 있기를 기도드립니다.

■수식관

부처는 수많은 다양한 사람들에게, 그들 각각의 성격·열망·능력 등을 고려하여 다르마를 가르쳤습니다. 그렇기 때문에 다르마를 수행하는 데는 수많은 다른 방법이 있는 것이며, 삼승법을 비롯한 많은 방편이 존재하는 것입니다. 이 모든 것의 뿌리는 진정한 다르마입니다. 모든 방편과 가르침의 핵심은 배움과 수행 또는 경전과 깨달음의 두 범주로 요약해 볼 수 있습니다.

'경전'이란 부처의 모든 가르침을 가리키며 '깨달음'은 명상을 통해 안정된 상태를 지칭하는 삼매지와 같은, '우리 자신의 깊은 지혜가 발현되어 나타난 것'으로 정의할 수 있습니다.

불법에 의지하여 해탈을 이루기 위해서는 완전무결한 부처님의 가르침을 배워야 합니다. 또한 가르침을 배우고 생각하고 명상하는 과정을 잘 따라야 합니다. 이 세 가지가 불법에 입문하는 핵심입니다. 이런 수행을 행함과 아울러 다르마의 방편을 잘 적용하고 궁극적 결과를 성취할 수 있게끔 만드는 훌륭한 자질도 필요합니다.

명상은 우리의 마음을 닦는 영역에 속합니다. 마음을 잘 닦으려면, 비교적 편견이 적고 세속적 즐거움에 휘둘리지 않는 순수한 마음을 지녀야 합니다. 그렇지 않으면 번뇌와 망상이 생길 것입니다. 이것은 우리가 명상을 통해 이루려는 품성에 반대되는 것입니다. 이것들을 위한 방편들인 수행의 길을 가는 단계들에 대한 수많은 가르침들은 소승과 대승 그리고 금강승에서 찾아볼 수 있습니다.

이 가르침 중에서 숨쉬기의 들숨과 날숨에 대해 초점을 맞춘 수행법은 망상을 잠재우는 방편으로 초심자들에게 도움이 됩니다. 누구나 숨을 들이쉬고 내쉽니다. 여기에 집중해서 무슨 득이 있을까요? 우리 마음속의 상은 신체의 미묘한 기맥을 흐르는 풍기에 의지하여 일어납니다. 호흡의 균형을 이루게 되면 마음의 상념들이 줄어들게 되며, 마침내는 고요한 상태에 이르게 됩니다.

숨쉬기 방법으로 명상수련을 하려면, 우선 적당한 자세를 취해야 합니다. 가부좌를 틀고 앉아 허리를 쭉 폅니다. 이런 특별한 자세를 취하는 이유는 뭘까요? 마음은 호흡에 의지해 움직이며 호흡은 기맥을 따라 흐릅니다. 좋은 자세를 취하지 않으면 기맥이 굽게 되고, 그 속을 흐르는 공기가 잘 소통될 수 없습니다. 그러면 마음이 안정된 명상의 상태에 머물 수 없습니다. 따라서 몸을 명상 자세로 유지하고 경락을 바르게 해야 합니다.

바른 자세를 취한 다음에는 숨쉬기에 대한 명상을 시작합니다. 이 명상은 공성에 대한 명상만큼 근원적이지 않으며, 깨달은 마음에 대한 명상만큼 광대하지도 않습니다. 이 수련에서는 날숨과 들숨을 셉니다. 예를 들자면, 내쉴 때 '하나'를 생각하고 들이쉴 때 '하나'를 생각합니다. 숨을 쉴 때마다 '하나, 둘, 셋' 세기를 빠뜨리지 않고 계속합니다. 전념해서 세기에 집중함으로써 우리 마음이 흐트러지지 않게 됩니다. 왜냐하면 마음의 관심을 잡아놓으면 잡념이 일어나 수행을 방해하지 못하게 하기 때문입니다. 이렇게 숨이

들어오고 나가고 하는 것을 셀 때, 우리 마음속에서 조용히 하면 되는 것이지 크게 소리를 낼 필요는 없습니다.

이 수련을 할 때 조심해야 할 함정이 세 가지 있습니다. ①'하나'라고 해야 할 것을 '둘'이라고 잘못 셀 수 있습니다. 예를 들면, 날숨을 '하나'로 센 다음 들숨을 '둘'로 세는 것입니다. 일반적으로 날숨과 들숨은 확연히 다른 것이며, 두 가지 다른 측면임에도 불구하고 우리가 혼동을 일으키면, ②둘 중 하나를 둘로 셈으로써 하나를 더 세거나 혹은 ③둘을 하나로 셈으로써 하나를 덜 세는 것입니다. 예를 들면 들숨을 날숨으로 보고, 숨쉬기 한 주기의 한 부분을 둘로 세는 것입니다. 혹은 날숨을 들숨으로 보고 한 개를 빠뜨릴 수도 있습니다. 이와 같이 더 많이 혹은 덜 세는 수가 있습니다.

들숨과 날숨에 관해 명상할 때는 평상시대로 숨을 쉬어야지 다르게 변화시켜서는 안 됩니다. 더 빠르게 혹은 느리게 쉬려하지 말고 자연스럽게 숨이 흐르도록 놓아두어야 합니다. 더 빠르게 쉬려고 하면 우리 마음을 흐트러뜨립니다. 숨을 막아 느리게 쉬어도 역시 명상을 방해합니다. 있는 대로 자연스럽게 흐르는 숨을 셉니다. 열을 넘겨 세지 않습니다. 너무 큰 숫자까지 세면 혼란스러워질 뿐 아니라 잡념이 생겨 수행의 득을 볼 수 없습니다. 열보다 적은 것도 역시 안 좋습니다. 왜냐하면 숨을 따라 안정된 명상상태에 이를 수 없기 때문입니다. 따라서 더도 덜도 말고 꼭 열까지만 세어야 합니다.

일상적 수련은 어떻게 해야 할까요? 처음에는 한 번에 너무 많이 할 필요가 없습니다. 첫날에는 조금 그리고 다음날에는 약간 더, 그래서 열 번씩 열 번까지 늘립니다. 그런 다음 아침에만 하다가 저녁에도 하고, 다음에는 아침·점심·저녁으로 늘립니다. 이런 식으로 점차 늘려가다 보면 망상과 잡념이 줄어듭니다. 수련이 주는 득이지요.

이 숨쉬기 수련은 이렇거니 난헤히지 않습니다. 숨의 흐름에 마음을 맡김으로써 몸에도 도움이 되어 병을 고칠 수도 있습니다. 명상은 '익숙해지기'입니다. 매일 수련함으로써 수련이 몸에 익고 친숙해 집니다. 결국 명상의 지혜를 얻을 수 있습니다.

명상을 하는데 너무 서두르는 사람들이 있습니다. 그것도 한 방법이겠지요. 그러나 전념하여 자연스럽게 고요한 마음을 내는 것은 어려운 일입니다. 너무 서둘러서 무리해서 명상하는 것보다는 저절로 되는 때까지 기다리는 것이 좋습니다. 하루도 빠짐없이 수련하고 단계적으로 완성시키는 것이 훌륭한 수련방법입니다.

■지止 수행

행복과 즐거움을 주는 일은 세상에 많습니다. 그중 가장 중요한 것은 우리들 마음에 행복과 평화를 가져다주는 것입니다. 어떻게 이것들을 키울 수 있을까요? 보통 우리 마음은 마음을 흔드는 상像의 움직임으로 차 있습니다. 마음이 이런 식으로 흔들려 한 곳에 머무르지 못하며 흐트러져 있으면 내적으로 안정될 수 없습니다. 이럴 때 마음의 행복은 사라집니다. 이 망상들을 마음의 본질에 녹임으로서 행복을 체험할 수 있습니다.

한 곳에 머무르며 환희에 찬 마음을 갖도록 하는 많은 방법 중에 수승한 것이 명상입니다. 불가에는 다양한 명상방법이 전해 내려오는데, 기맥·풍기·빈두(Bindu) 등을 통해 수행하는 단계적 방법들이 대승과 밀교의 전통에 많습니다. 이것들의 중심이 되는 것은 무엇이겠습니까? 지(사마타)와 관觀(위파싸나)입니다. 이것 중 지를 먼저 수행해야 하는데, 이것이 필수적인 것이며 초보수행자에게 더 쉽기 때문입니다.

지를 수행하려면 그것의 특성·본질·종류 등을 알아야 합니다. 이들을 알아야 명상법을 배울 수 있습니다. 우선 보통 때와는 다른 자세를 취하는데, 숨 세기에서 배운 것보다 더 철저한 방법입니다. 삼매지 수행자들이 배우는 많은 자세 중에서 비로자나불 7자세[213]가 세일 좋습니다. 앞에서 말했듯이, 우리가 곧은 자세로 앉아 명상 상태를 잘 유지하고 있으면 호흡이 기맥을 따라 부드럽게 흘러갑니다. 마음에 집중할 때 곧은 자세를 취함으로써 안정을 유지할 수 있기 때문에 자세가 중요한 것입니다. 자세가 좋으면 지 수행을 잘할 수 있습니다.

보통은 지를 '옳은 의지처에 기대어 마음이 한 곳에 머무는 것'이라고 합니다. 이것은 세 단계로 나눌 수 있는데 의지처에 기대어 마음 내는 것, 의지처에 기대지 않고 마음 내는 것, 진리에 기대어 마음을 내는 것입니다.

외부 보조물인 물건을 사용하는 경우, 우리 눈앞에 꽃 같은 것을 놓습니다. 이 물건들에 집중함으로써 마음에 떠도는 수많은 망상을 없앨 수 있습니다. 보통 물건, 예를 들면 조약돌이나 작은 막대 등에 집중하여 한 곳에 머무는 수련을 '세속적 외부보조에 의한 지 수행'이라고 부릅니다. 다르마와 관련된 물건인 불상 · 부처님 모습 · 신장상 · 불경 등을 이용한 수련을 '청정한 외부보조에 의한 지 수행'이라고 합니다.

첫 단계인 이 수련에 익숙해지고 마음이 안정되어 보조물에 집중할 수 있으면, 지 수행의 다음단계인 보조물 없는 수련으로 넘어갑니다. 여기서 우리는 안으로 집중하여 부처의 상을 마음에 떠올립니다. 첫 단계를 하지 않고 두 번째 수련에 들어가는 것은 매우 어렵습니다. 왜냐하면 마음을 안정시켜 망상이 일지 않게 하기가 어렵기 때문입니다. 따라서 첫 번째 수련이 잘 이루어진 후에 두 번째 수련으로 나아가야 합니다. 이 순서를 따르면 수행이 잘될 겁니다.

세 번째는 마음을 본질 자체에 대해 지 수련을 하는 것입니다. 여기는 내부 보조물도 외부 보조물도 없습니다. 마음이 집중되어 상념 없는 상태에서 명상하는 지 수행의 최고단계입니다. 앞의 수련단계를 밟아야만 가능합니다. 우리 마음이 망념에 흔들리지 않을 때 밝은 지혜와 환희의 마음이 떠오릅니다. 지 수행의 체험이야말로 값진 것입니다.

위대한 라마들의 가르침에는 마음을 내는 여러 방법들이 있습니다. 그 가르침에 의하면 지나간 것을 따르지 말며, 앞으로 올 것을 앞당기지 말고, 지금의 망상에 흔들리지 말라고 합니다. 의지처에 완벽하게 집중하여 머물며, 과거·현재·미래의 생각에 흔들리지 않아야 합니다. 공부와 수행을 통해 이 경지에 이르렀을 때 명상체험이 가능합니다. 경전과 딴뜨라에 상세히 설명되어 있는데, 다음 다섯 가지로 요약할 수 있습니다.

첫 번째는 흔들림의 체험이라고 알려진 것입니다. 처음 지 수련을 하면 번뇌와 망상이 더 늘어나는 것처럼 보입니다. 잘못된 일인가요? 아닙니다. 이런 현상은 이전에 지 수행의 경험이 없었고, 망상 자체를 몰랐기 때문입니다. 지를 수행함에 따라 번뇌와 망상을 깨닫기 시작한 것입니다. 수련이 이것을 만들어낸 것은 아닙니다. 마음을 들여다 볼 때, 이미 거기에 있었던 것이 보인 것뿐입니다. 이 단계에서 경험하는 망상과 번뇌의 엄습은 협곡으로 쏟아지는 격렬한 강물과 같습니다.

두 번째 단계는 성취의 단계입니다. 첫 번째 단계를 통하여 망상과 번뇌는 어느 정도 줄어들었습니다. 우리의 체험이 아직은 안정적이지 않습니다. 망상과 번뇌에 휩쓸리기도 하고 어떤 때는 좀 덜

하기도 합니다. 그러나 첫 번째 단계처럼 항상 흔들리는 것은 아닙니다. 점차 덜해 지지요. 그러다가 강물은 협곡을 지나 넓은 들을 전전히 흐르게 됩니다.

세 번째는 성숙의 단계입니다. 여기서도 번뇌와 망상이 일어나지만 이전단계처럼 심하지 않습니다. 좁은 계곡에서의 엄습감은 사라지고, 강물은 여유 있게 제 길을 흘러갑니다. 그렇다고 망상과 번뇌가 사라진 것은 아니고, 번뇌가 약하게 좀더 길들어져 마치 넓은 강이 평화롭게 흐르는 것과 같이 되었습니다.

이 세 단계를 지나면 안정적인 체험단계에 이르는데, 여기서는 지의 수련이 안정에 이릅니다. 마치 거대한 바다가 파도에도 평화롭게 머무는 것과 같습니다. 자연히 망상도 사라집니다. 광대한 느낌이 첫 번째 단계의 좁은 느낌과는 대조적입니다. 이 광대함이 망상과 번뇌의 물결을 잠재웠습니다.

다섯 번째 단계는 적정의 체험단계입니다. 지 수련에 완전히 익숙해지면, 진정한 안정을 성취할 뿐만 아니라, 밝고 원만한 마음의 측면을 약간씩 체험하게 됩니다. 지 수련을 통해 본원적 지혜를 보기 시작한 것입니다. 이것은 마치 물결이 잔잔할 뿐만 아니라 맑고 투명해진 바다와 같습니다. 어떤 바다는 오염돼 있기도 합니다. 이 바다는 애초부터 맑습니다. 이 단계는 마음이 흔들리지 않을 뿐 아니라 본질적 측면인 맑고 깨달은 상태가 나타나기 시작합니다. 지 수련의 결과입니다. 본원적 지혜인 법성의 맑고 환한 본질의 일시적 체험입니다.

지 수행에서 어떻게 마음을 닦는가에 대해, 그리고 명상적 체험이 어떻게 일어나는가에 대해 간략하게 설명해 드렸습니다. 부처님의 가르침에는 단계가 있습니다. 첫 번째 단계는 지 수행이며 다음

단계는 깊은 깨달음입니다. 옛 라마들은 이 단계적 수행을 통해 해탈에 이르렀으며 본원적 지혜를 깨달았습니다. 위대한 스승들이 도달한 경지에 우리도 갈 수 있습니다. 모든 것은 우리가 얼마나 근면하게 노력하는가, 깊은 지식을 쌓는가, 옳게 발심하는가에 달려 있습니다.

처음 다르마에 입문해서 우리는 믿음과 확신을 가져야 합니다. 동시에 이것이 왜 필요한 것인지 알아야 합니다. 아무 생각 없이 헌신하는 것은 맹목에 빠지는 것입니다. 분석과 연구를 통해 참 신심을 일으켜야 합니다. 그런 후에 귀의서원을 포함해서 계율을 잘 지켜야 합니다. 그러면서 가르침을 공부하고 숙고하며 명상합니다. 훌륭한 라마로부터 가르침을 받고 그것을 우리의 지성으로 분석합니다. 그러나 여기서 멈춰서는 안 됩니다.

불교의 특징은 공부와 숙고 이외에 명상을 강조한다는 점입니다. 일반적으로 연구와 분석은 흔히 하지만 명상은 그렇지 않습니다. 불교에서는 다르마를 공부하고 숙고합니다. 그런 후에 우리가 배운 것을 마음에 충분히 녹여서 명상 속에 차분히 머물기를 수련합니다.

본원적 지혜로 이끄는 마하무드라나 마하산디 같은 고급수련을 단번에 이루어 낼 수는 없습니다. 이런 수련을 제대로 하려면 단단한 기초를 쌓아야 하는데, 이것이 바로 지 수련입니다. 망상과 번뇌에 차 있는 혼란스런 마음으로는 고급수련이 불가능합니다. 처음에는 뿌리부터 튼튼하게 해야 합니다. 마찬가지로 명상에서 가장 중요한 것은 지 수행입니다. 그래서 여러분들에게 이런 설명을 드리니, 명상을 통해 행복과 안녕을 이루기 바랍니다. 진심으로 기원합니다.

■관觀이란 무엇인가

지 수행을 잘 하고 나면 번뇌에서 벗어나거나 억누를 수 있습니다. 고통도 줄어들며 얼마간 벗어날 수도 있지만 완전히 제거하기는 어렵습니다.

관 수행이 번뇌와 고통으로부터 완전히 벗어나게 해주는 처방입니다. 관 수행을 하기 위해서는 우선 그 본질을 알아야 합니다. 현상의 본질인 그 구성을 깨닫기 위해 깊은 지식으로 분석하는 과정이 포함됩니다. 지 수행과 마찬가지로, 관 수행도 우선 명상으로 우리의 마음을 집중할 수 있습니다.[214]

마음을 안정시킨 상태에서 본질을 깨닫기 위해 깊은 지식을 이용합니다. 분석의 대상은 모든 현상이겠지만, 한 번에 다 파악하기는 어려우므로 형태를 가진 것과 형태가 없는 것 두 가지로 나누어 보겠습니다. 첫 번째는 기둥, 꽃병 등 기본적으로 우리 눈으로 볼 수 있는 것들이 여기에 속합니다. 우리의 육체적 형체도 여기에 속합니다. 어떻게 분석합니까? 각 부분들을 살펴보고 이것들을 이루는 또 다른 부분들을 점점 더 작은 조각으로 나누어 분석합니다.

우리 몸을 예로 들자면, 두 팔과 두 다리 그리고 머리로 되어 있습니다. 팔을 분석해 보면 이것들이 개별적인 단위로 존재하는 것이 아니라 손·팔 등 부분들로 이루어져 있습니다. 손을 보면 이것 역시 손가락 다섯 개 그리고 손바닥 등으로 이루어진 것을 알 수 있습니다. 이렇게 분석을 하다 보면, 우리는 마침내 작은 조각들 그리고는 더 미세한 조각들로까지 내려갑니다. 그러나 이것들도 부분으로 이루어졌으며 가변적입니다. 이 조각들도 다시 살펴보면 윗조각·아랫조각·동서남북의 조각들로 이루어져 있음을 알 수 있습니다. 이것들은 서로 다른 부분들로 이루어진 것으로 조악하거나 미세한 조각이거나 독립적 실체로 존재하지 않는다고 말할 수 있습니다. 이것들을 나타내는 측면의 관점, 조악한 단계의 관점에서 보면, 부분들의 집합체인 모든 형태를 갖춘 현상들은 실재하는 것으로 보입니다. 그러나 면밀히 분석해 보면 조악한 입자들, 나아가 미세한 입자들까지도 실재하는 것이 아니며 근원적 존재가 아니라는 것을 알 수 있습니다. 우리의 깊은 지식을 이용하여 현상을 분석한 결과입니다. 대상을 가장 작은 부분까지 살펴서 그것 자체도 실체가 아님을 깨닫는 것입니다.

두 번째, 형태가 없는 현상이란 마음 및 정신적 요소를 가리키는 것입니다. 모든 정신적 현상은 형태가 없는 것으로 생각들 합니다. 그리고 마음 자체는 상대적 수준에서 그것을 정의하는 과정적 특질들을 통해서 그 존재를 증명할 수 없습니다.

마음은 다중적 측면이 있는데 과거·미래·현재의 세 범주로 요약해 볼 수 있습니다. 이 세 가지를 분석해 보면, 과거의 마음은 지나가 버렸으며 지금은 존재하지 않는다는 것을 알 수 있습니다. 미래의 마음은 아직 태어나지 않았으며 지금은 존재하지 않습니다. 현재의 마음은 한순간의 것이며 곧 사라질 것입니다. 개개의 순간이 존재한다고 생각할 수 있지만, 분석해 보면 이들은 과거의 측면, 미래의 측면 그리고 현재의 측면입니다. 따라서 한순간이라는 한 개의 실체가 아니라 많은 부분들로 이루어져 있는 것입니다. 이렇게 분석해 보면 '현재의 순간'이란 것은 없습니다. 따라서 지금 이 순간이라고 정의할 수 있는 어떠한 순간이라는 특질도 존재하지 않으며, 본질적인 면을 지니고 있는 것도 아닙니다.

마음은 형태의 속성인 색깔이나 모습을 가지고 있지 않습니다. 어디를 살펴봐도 독립된 마음이란 없습니다. 공간처럼 말입니다. 시간의 세 차원과 관련된 마음을 분석해 보면, 이것들 어디에도 본원적으로 존재하지 않음을 알 수 있습니다. 마음의 존재를 증명할 수 있는 어떠한 정당한 논리도 없습니다.

불교에서는 형태가 있든 없든 모든 현상들을 이렇게 이해하고 있습니다. 통찰력을 가지고 분석해 보면, 모든 객체는 궁극적 실체가 아님을 알 수 있습니다. 뿐만이 아니라 주체 자체도 본원적 존재가 아님을 알 수 있습니다. 왜 그렇습니까? 두 개의 나무를 서로 비비면 불이 일어나 나무가 탑니다. 나무가 다 타고 나면 불은 저절로 꺼집니다. 이와 마찬가지로 영원하며 본원적으로 존재하는 객체는 존재하는 것이 아니며, 나아가 이를 살펴보고 있는 주체인 통찰력도 본원적인 존재가 아닌 것입니다. 나무도 불도 모두 사라집니다.

궁극적으로 주체도 객체도 존재하는 것이 아니라는 것을 깨닫고 나면 관념도 사라집니다. 물질적인 것이든 정신적인 것이든, 객체의 근거가 없는 것입니다. 파악할 물건이 없으므로 발견될 실재도 없는 것입니다. 과거를 기억하는 생각도, 미래를 만들어내는 생각도 없는 것입니다. 마음의 본질인 자유롭고 넓은 세계에 평안히 머무는 것이 관 수행입니다. 이 상태를 계속 유지하면 무엇을 보더라도 그 본질을 깨달을 수 있으며, 여기에 익숙해지고 이것이 참임을 확신할 수 있습니다.

수행의 한 과정을 마친 다음에는 어떻게 합니까? 우리의 마음속에 일어나는 모든 것은 환상인 영화와 같다는 깨달음을 잊지 말아야 합니다. 이 현상은 실재하지 않지만 나타납니다. 이것들은 나타나지만 실재하지 않습니다. 영화 속의 사람은 실제로 존재하는 것은 아니지만 사람으로 보입니다. 사람이 우리 눈에 보이지만, 요점은 이 사람이 실재인가하는 점입니다. 아닙니다. 그것은 간밤의 꿈에서 본 이미지와 같은 것입니다. 같은 식으로 모든 현상은 환상을 닮았습니다. 왜 그런가 하면, 그들의 본질이 공성이기 때문입니다. 요약하자면 명상 다음단계에서는 현상들을 환상인 영화의 이미지로 보는 공성을 인식하는 훈련을 합니다.

꾸준히 관을 공부하고 수련하면(명상에 흔들림 없이 머물며 그런 다음에 수련을 계속하는 것) 수행에 더욱 진전을 이룰 것입니다. 마지막으로 마음의 공성인 법성을 직접 깨닫고 나면, 현상이 환상이라고 가정하는 일은 필요 없습니다. 모든 현상이 환상을 닮았다는 진리를 직접적으로 깨닫게 됩니다. 법성을 직관하며 모든 고통으로부터 궁극적 해방을 이루는 것은 우리의 관 수행 기술과 부처님의 지와 관의 가르침을 단계적으로 진지하게 수련해 나가는가 아닌가에 달려 있습니다. 부처님의 가르침과 이것을 수련하는 방법을 설명한 인도와 티베트의 학자나 명상 전문가들의 논술이 많습니다. 우리가 이것들을 잘 배우고 수련을 계속해 나간다면 우리의 미래는 밝습니다. 여러분의 밝은 미래를 기원합니다.

■관을 수행하는 방법들

안정되고 평안한 마음을 가지는 것은 중요합니다. 왜냐하면 우리가 고통의 문제를 겪는 것은 주로 마음 때문입니다. 정진함으로써 장애를 일으키는 번뇌를 떨치고 마음을 평안하게 할 수 있습니다. 명상으로 가능한데, 왜냐하면 명상은 안정된 마음을 주기 때문입니다.

많은 명상법 가운데 지와 관의 방법이 중심입니다. 지 수련 시 우리는 마음을 안으로 향하게 함으로써 번뇌를 억누르며 마침내는 나타나지 않도록 합니다. 번뇌는 우리로부터 멀어진 것처럼 생각됩니다. 그러나 지 수행만으로 이것들을 없애는 것은 쉽지 않습니다. 근원을 제거하려면 관 수련을 해야 합니다.

관 수련에는 세 단계가 있습니다. 관 수련을 하려는 발심, 수련의 여러 방법들 그리고 후명상입니다. 발심할 때에는 진정한 스승에 의지해야 합니다. 스승에게 진정한 다르마를 배우고 올바른 방법으로 이것을 지녀야 합니다. 세 단계를 제대로 완수하지 못하면 현상을 원인으로 볼 수 없습니다. 왜냐하면 좀더 근본적인 지식을 통한 관이 이루어지지 않았기 때문입니다.

진정한 스승은 경전에 나오는 부처님의 가르침을 우리 마음에 녹여줍니다. 그런 스승에 의지하는 것이 중요합니다. 그러나 스승의 가르침에 의지하는 것만이 아니라 예비수준 및 완성수준의 다르마 가르침을 정확하게 이해하여야 합니다.[215] 나아가 우리 마음의 흐름에 정확한 견해를 확립하고 의심을 떨쳐내기 위하여 관 수행을 계속해야 합니다. 그렇게 하지 않으면 관의 지혜를 이룰 수 없습니다. 속세의 비불교적인 견해를 따르면 관의 지혜는 이룰 수 없습니다. 왜냐하면 이것들은 잘못된 견해이기 때문입니다.

경전과 논서를 배우고 사색함으로써 의심을 떨쳐내고 논리를 통해 견해를 확립합니다. 견해에 대해 그리고 견해가 제시하는 마음의 본질에 대해 확신을 가진 다음, 이것을 우리 자신의 마음에 녹입니다. 이럴 때 관을 향한 온전한 발심이 이루어지는 것입니다.

옛 라마들은 먼저 마음의 본질에 관해 숙고하며 수련을 쌓음으로써 마음의 본질이 공성이라는 정확한 깨달음에 이를 수 있었습니다. 이 깨달음을 기반으로 다음단계의 명상을 수행할 수 있습니다. 이것이 수련의 정도입니다. 그렇지 않고 정견 없이 수행에 나선다면 마치 가파른 절벽을 손 없이 오르려는 것과 같습니다. 우리 마음 흐름에서 깨달음을 이루려는 목표는 달성되기 어려울 것입니다. 정견을 우선 확립한 뒤에 명상을 수련한다면, 가는 길이 마치 하늘로 솟구치는 가루다의 비행처럼 탄탄대로일 것입니다.[216] 수행이 잘 되어 깨달음에 이를 것입니다. 그래서 완벽한 정견을 가지고 시작하는 것이 중요한 것입니다.

두 번째는 관을 수행하는 여러 방법 중 어떤 것을 택하느냐의 문제입니다. 세속적 및 비불가적 방법도 있고, 성문승 및 독각승들의 방법도 있으며, 대승 그리고 그 안의 밀교 등의 방법도 있습니다.

비불가적 세속의 관 수련은 거친 단계에서 세련된 단계로 넘어가는 명상을 수행합니다. 예를 들면, 안정된 명상의 첫 단계에 이르게 되면 그 앞단계인 낮은 차원의 욕망의 세계를 되돌아보고, 그것이 폭력과 증오 등의 결함을 가지는 적절한 명상의 목표가 아니었음을 깨닫습니다.

또한 안정된 명상이라는 첫 번째 단계[217]에는 그런 폭력과 증오가 없음도 깨닫습니다. 이런 방식으로 전 단계의 낮은 차원에서는 높은 단계에는 없는 결함이 있음을 깨달음으로써 안정된 명상의 네 단계를 점차로 밟아 올라가면서 그 앞의 결함들을 극복해 나가 좀 더 세련되어지는 것입니다.

이 세속적 방법에 따른 관 수련을 통해 번뇌를 누르고 일시적으로 이것들이 나타나는 것을 막을 수는 있습니다. 하지만 완벽하게 제거할 수는 없습니다. 때문에 다시 윤회계를 떠돌고 그 이전의 존재상태로 떨어지기도 하는 것입니다. 그러나 우리가 욕계의 집착과 욕망에서 벗어나고 세속적 관 수행을 계속할 수 있다면, 깊은 지식 세계의 원대하고 멋진 자질들을 성취할 수는 있습니다.

성문승 전통에서도 관 수행을 하는데, 여기서의 초점은 사성제와 그의 16관점에 있습니다. 부처는 법륜을 세 번 굴리셨는데, 초전법륜에서는 사성제를 가르쳤습니다.

고통의 진리, 그것의 원인의 진리, 그것을 끝내는 진리 그리고 끝내는 과정에 관한 진리입니다. 이들은 본질·기능·결과의 세 범주를 각각의 네 범주에 적용시켜 나오는 12연기법의 개념으로 설명될 수도 있습니다.[218] 또 다른 방법으로는, 사성제 각각에 무상·공성·무아법 등의 네 측면을 적용하여 16관점으로 설명할 수도 있습니다. 성문승의 관 수행은 16관점, 즉 16가지 마음 다스리는 방법에 관해 명상하는 것입니다. 독각승 전통에서는 무지로부터 시작하는 12연기에 집중합니다.[219] 이들은 관 수행 시 이 12측면인 마음을 다스리는 방법을 명상합니다.

교종 전통에서는 연기법이 중요한 열쇠인데, 다양한 철학체계가 있습니다. 그러나 12연기의 생성 고리에 관해서는 원칙적으로 동일합니다. 예를 들면 중관학파는 모든 현상은 원인과 결과의 상호의존으로 나타나는 것이라고 합니다. 현상은 영속하지 않으며 근원적인 존재가 아니라는 것입니다. 모든 현상의 본질은 공이며 지적 작용과 무관합니다. 그러나 상대적, 즉 일반적 수준에서 우리가 체험하는 것은 현상이며 여기에 대해 생각합니다. 이들은 원인과 결과가 서로에게 의존하는 관계에서 나타납니다. 불가 가르침에서 의존적 발생은 중요한 것이며, 중관학파에서는 더욱 중요합니다.

여러 가지 관 수행방법 중 가장 중요한 것은 육바라밀에 기초한 중관학파의 것입니다. 이 학파에는 자립논증파라고도 하는 스바탄트리카, 랑통 혹은 '아공견파我空見派'라고도 하는 프라상기카파 또는 귀류논증파, 셴똥 또는 타공견파他空見派라고 하는 3파가 있습니다. 스바탄트리카파에서는 명상과정을 두 개로 나누어 관을 수행합니다. 명상하는 자와 명상을 하는 대상입니다. 전자는 명상하는 주체인 마음을 가리키며 후자는 명상의 객체인 마음이 명상하는 법성 그 자체를 가리킵니다. 명상은 어떻게 진행됩니까? 명상하는 주체의 의식과 관련해서, 또 명상의 객체인 모든 현상과 관련해서, 존재와 비존재를 구별하는 등 모든 정신적 활동을 그칩니다. 그런 후에 텅 빈 하늘과 같은 그것들을 부정하면서 머뭅니다. 이것이 스바탄트리카파가 제시하는 관의 수행입니다.

프라상기카파는 약간 다른 방법을 씁니다. 법성이 명상의 목표이며 주체는 인식하는 마음입니다. 그렇다면 '이 둘은 같은 것인가 다른 것인가?'라는 의문이 듭니다. 이 둘은 같은 것도 다른 것도 아님을 알게 됩니다. 이 둘은 실제로는 물에 물을 부은 것처럼 분리될수 없습니다. 두 잔의 물이 합쳐진다면 어느 것에 어느 것을 부었는지를 구분할 수 없습니다. 우리는 이와 같이 주체의 의식과 객체인모든 현상 간에 차이가 없는 상대에 머물고 있는 것입니다. 프라상기카파는 관 수행을 이렇게 봅니다.

센똥파는 '근본적 지혜는 주·객의 이원성이 없다'고 주장합니다. 자신의 본질을 자신이 의식하는 것으로 명료한 것입니다. 이 지혜를 달리 말하면 '이원성이 없는, 무시이래의 반사적 깨어있음'이라 할 수 있습니다. 이 본질적 관점에서는 아무 것도 더하거나 뺄것이 없는 것입니다. 극복할 번뇌의 장애도 없으며 성취할 부처의품성도 없는 것입니다. 아무 꾸밈없이 있는 그대로의 마음의 본질에 머무르는 것입니다. 달리 말하면 원만명료성에 평안히 머무는것입니다. 이것이 센똥파가 말하는 관 수행입니다.

대승 전통에 속하는 모든 학파에서는 우리가 왜곡되지 않은 모든 현상의 확장 위에 평안한 명상상태로 머물 것을 권합니다. 이때우리는 존재와 비존재에 의지한 정신적 구조물로부터 자유로울 수있습니다.

수승한 밀교의 관 수행법은 대승의 것과는 약간 다릅니다. 이원성을 극복한 공성이 마음의 본질이라고 말합니다. 그러나 여기서공성이라는 것이 단순한 무존재, 공허 혹은 무를 의미하는 것이 아니라는 점을 강조합니다. 본질은 공성이지만 이것은 무엇으로도 나타날 수 있는 측면이나 능력을 가진 것으로, 따라서 원만명료성을띠고 있다고 말합니다. 공성은 원만명료성만을 가지는 것이 아니라, 이 명료성의 측면에는 본질적으로 대환희를 포함하기도 합니다. 있는 그대로의 공성 안에, 무한한 축복을 받으며 평안히 머무는 것이 관에 대한 대승의 견해입니다.

관 수행의 이런 방법들인 성문·독각·스바탄트리카·프라상기카·센똥 그리고 밀교를 통해 우리는 번뇌의 뿌리를 끊을 수 있습니다. 세속적 관 수행법에 의해서도 높은 명상의 경지에 오를 수 있고, 관을 개발할 수 있지만 번뇌를 억누르는 정도이지 뿌리를 잘라내는 것은 아닙니다. 불가의 관 수행을 통해서만 윤회의 뿌리를 잘라내고 진정한 해탈에 이를 수 있습니다.

마지막 관 수행의 단계는, 명상의 단계에 이른 후에 어떻게 더 마음을 닦느냐에 관한 후명상입니다. 우리 눈에 우선 띄는 것이 우리의 몸입니다. 무지한 우리는 이것들이 실재한다고 생각하지만, 명상을 통해 본다면 이것은 본질적 존재가 아니며, 존재하지 않으면서도 그렇게 보이는 환상과 같은 것임을 알 수 있습니다.

우리가 보는 것은 마술사가 만들어낸 것 같은 허구입니다. 따라서 우리의 몸은 환상과 같은 것이라고 생각할 수 있습니다. 우리는 육체적 존재 이외에도 고통에서 행복감에 이르는 다양한 범위의 감각을 체험합니다. 이것들 역시 우리가 체험하지만 실재하는 것은 아닙니다. 이들은 꿈속의 감각과 비슷합니다. 꿈속에서 팔을 자르면 깨어 있을 때와 같은 아픔을 느끼기도 합니다. 그러나 팔을 자른 것은 꿈속에서만 있었던 일입니다. 깨고 나면 팔에는 아무 일도 없었음을 알게 됩니다. 보통 때의 우리 감각도 이와 같습니다. 실재하지 않으면서도 진짜처럼 보이는 것입니다.

마음의 본질은 허공과 같습니다. 비록 우리가 논리·경전·체험을 통해 마음이 본질적으로 존재하는 것이라고 생각하더라도 마음은 실재하는 것이 아닙니다. 마음은 공입니다. 사물이 실재한다고 생각하는 순간 우리의 마음은 속은 것입니다. 우리 마음의 본질은 공성이지만 무는 아니며, 단순한 부정의 결과물도 아닙니다. 공성은 윤회와 열반 모두가 나타나는 기반인 원만명료성이기도 합니다.

마음은 공간과 같으며, '이것은 허공이다'라고 말할 수 있으며, 명료하고 인식하는 기능도 있습니다. 우리는 '공空하고 맑음'이 본성本性인 마음에 머물 때 자연스럽고 편하게 수행의 길을 닦을 수 있습니다. 몸·감각·마음 등 모든 현상들은 하늘의 구름과 같은 존재입니다. 구름은 어디에서 옵니까? 이들은 어디로 사라집니까? 알 수 없습니다. 몸·말·마음과 같이 다른 현상들 역시 생겨남과 없어짐, 오고 감이 없는 것입니다. 이들의 본질은 공성입니다.

모든 중생들은 정신적 행복을 원하며 고통을 피하려 합니다만 원하는 것만으로 이루어지는 것은 아닙니다. 반대로 될 수도 있습니다. 번뇌는 윤회의 원인이며 모든 정신적 불만족과 고통의 원인입니다. 치료제는 명상입니다. 모든 수행법 중에서도 관이 최고입니다. 수행하지 않고 해탈하려는 소망이나 기원은 헛일입니다. 해탈을 이루기 위해서는 치료법을 써서 번뇌와 뿌리를 제거함으로써 가능한 것인데 이 근원적 해독제가 관입니다. 그래서 이렇게 길게 설명을 해드렸습니다. 여러분의 수행에 도움이 되었기를 바라며, 어서 빨리 마음을 다스리고 성불하기를 바랍니다.

■ 회향의 중요성

우리 모두는 자비의 마음을 내었습니다. 그래서 원대한 결과를 이루 것인지 아닌지는 공덕을 회향하는 방법, 즉 훌륭한 회향을 하느냐 여부에 달렸습니다. 회향에 관련된 모든 요소들이 조화를 이루어야 완벽한 보시가 됩니다.

우선, 회향하는 것의 공덕에 관해 알아봅시다. 전통적으로 두 가지 범주를 이야기합니다. 우리가 쌓은 공덕과 남이 쌓은 공덕입니다. 첫 번째 범주에는 우리가 공부와 가르침에 대한 명상을 통하여 이룬 공덕과 남들의 격려에 힘입어 베푼 공덕이 포함됩니다. 두 번째 범주에는 남들이 쌓고 우리들이 같이 즐거워한 공덕과 우리와는 아무 관련이 없는 남들이 쌓은 공덕이 포함됩니다.

다음으로 우리의 공덕, 즉 자비의 행위를 회향하는 다양한 이유에 대해 알아봅시다. 우리는 자신이 강력하고 자비로운 지도자가 되기 위하여 혹은 좀더 높은 세상에 태어나 행복을 추구하기 위해 자비의 행위를 회향할 수 있습니다. 이런 회향도 괜찮습니다. 그러나 이런 회향은 그 결과를 이루고 나면 공덕은 사라집니다. 나아가 회향의 결과가 나오기 전에 화를 낸다든가 하면 공덕도 무너져 버럽니다. 그렇다면 좀더 나은 회향의 목적을 찾아야 합니다. 가장 최선의 목표는 깨달음을 이루고자 하는 것입니다. 이런 회향을 한다면 목표가 달성될 때까지 우리의 공덕은 늘어나지만 줄지는 않을 것입니다. 또 어떤 부정적 감정으로 화를 내더라도 공덕이 무너지지는 않는데, 이것은 회향의 덕택으로 공덕이 강하게 보강되었기 때문입니다. 최상의 목표를 위한 회향의 강점이라 하겠습니다.

세 번째로 우리는 남들의 이익을 위하여, 수많은 중생들이 고통에서 벗어나고 천상에서 진정한 행복인 해탈의 경지의 성취를 위해 회향할 수도 있습니다. 자신의 이익을 위해 회향하는 것도 괜찮습니다. 그러나 이런 공덕은 크지 않습니다. 예를 들어 내가 거울 하나가 있다면 나는 한 얼굴만 볼 수 있겠지만, 만일 천 개의 거울을 갖고 있다면, 얼굴은 하나지만 천 개의 얼굴을 볼 수 있을 것입니다. 이와 같이 자신을 위해 회향하는 것도 괜찮지만 그 공덕은 넓은 것은 아닙니다. 따라서 남을 위한 넓은 회향을 하는 것이 좋습니다.

우리의 공덕과 함께 남의 공덕도 회향할 수 있습니다. 어떻게 그렇게 할 수 있습니까? 나를 예로 들면, 나는 네 종류의 공덕을 압니다. 내가 쌓은 것과, 남들의 격려로 내가 쌓은 것, 내가 같이 즐거워하며 남들이 쌓은 공덕과, 나와 상관없이 남들이 쌓은 공덕입니다. 처음 두 가지는 내가 회향할 수 있습니다. 그러나 부처나 문수보살 등을 포함하여 남이 쌓은 공덕은 어떤가요? 내가 쌓은 공덕과 남이 쌓은 공덕을 모두 합쳐서 나와 모든 중생들의 해탈을 성취하기 위한 회향을 할 수 있습니다.

해탈을 이루기 위해 그리고 남의 이익을 위해 순수한 목적으로 회향하면 무슨 득이 있습니까? 우리 마음이 안정되는데 이것 자체가 큰 득입니다. 우선적으로 다치거나 병들 염려가 없어집니다. 미래에는 좀더 좋은 곳에 다시 태어나게 됩니다. 나아가 지금부터 온전한 깨달음까지 이 회향의 공덕과 힘은 우리와 같이 할 것입니다. 그래서 이런 종류의 보시가 넓고 영구하다고 말하는 것입니다.

한 가지 중요한 사실이 또 있습니다. 회향 행위의 세 측면이 온전히 순수해야, 즉 공해야 한다는 점입니다. 회향하는 주체, 회향하는 행위 그리고 회향의 목적, 이 세 가지 모두 공성이 깃들여야 합니다. 이를 명심하고 회향해야 합니다. 이 세 가지가 갖추어져야 완벽하게 순수하며 효과적인 회향입니다.

초보자는 세 측면의 공성을 깨닫고 회향하는 것이 쉽지 않습니다. 이런 관점에서 회향하는 것은 쉽지 않습니다. 그렇게 회향할 수 없다면 '관세음보살이나 문수보살 같은 위대한 보살들이 공성의 세 측면을 깨닫고 회향하셨듯이, 나의 회향도 그렇게 이루어지기 바랍니다'라고 서원을 내야 합니다.

회향에 격식을 갖출 수도 있습니다. 예를 들면 부처나 그의 제자들이 지은 회향게를 염송하는 것입니다. 다음에는 우리가 원하는 서원기도를 드리는 것입니다. 만일 순수한 마음을 가지고 삼보의 상징 앞에서 서원하고 회향한다면 매우 강력하고 거칠 것 없는 회향이 될 것입니다.

회향하는 방법, 즉 목표·이익 그리고 제대로 된 회향의 각종 공덕을 깨닫고 회향한다면, 우리가 그토록 열심히 닦아 온 공덕이 목표로 하는 궁극적 결과인 광대하고 끝이 없는 해탈의 경지를 이룰 수 있습니다.

이 세상에서 쌓여지는 모든 공덕에 대해 기뻐하는 것도 중요한 일입니다. 우리의 생과 자비의 행동을 통해 우리는 공덕을 쌓는 것입니다. 그러나 좋은 결과를 얻기가 쉬운 일만은 아니며, 그렇게 때문에 회향하는 것이 중요합니다. 이런 말씀을 드리게 되어 기쁘게 생각하며, 우리가 쌓은 모든 공덕과 모든 부처들의 공덕을 회향합니다. 모든 중생들이 해탈을 이루고 여러분들이 이 수승한 수행을 잘 마치기를 기원합니다.

3부

시가詩歌는 티베트 문학에 스며들어 있다. 거의 모든 명상 수행과 철학적인 교재들은 시詩로 되어 있다. 시는 통찰력을 고취하고 기억을 돕는 장치로 수를 세듯이 단어를 마음속에 정착시키는 기능을 한다. 시적 기법을 위해서 사용되는 중요한 것은 은유·직유·활음조滑音調·대화·보통 일곱이거나 아홉 또는 열한 줄인 홀수 행의 운율이다.

여기에 있는 17대 까르마빠의 시들은 티베트 시가의 여러 형태를 반영하는 것이다. 4행으로 된 짧은 시들은 마음의 본성을 지적하는 것으로서 명상의 보조적인 수단으로 사용하기 위한 것이다. 다른 것들은 순수하고 깊은 성찰과 시공時空을 넘나드는 환상적인 시다. 또는 존재의 다른 모습은 정토淨土나 황금시대를 발원하는 것으로 나타난다.

긍정적인 결론과 상서로운 때를 위해서는 특별한 장소에 대한 찬탄이나 평화와 행복을 위한 기도를 한다. 고승들을 위한 장수기도에는 장수와 더불어 심오한 가르침이 포함되어 있다.

어떤 시들은 특정한 마음상태를 일깨운다. '아 라 라'로 이어지는 소리는 반복되는 후렴과 더불어 보다 흥겨운 느낌이 나게 한다. 텍스트에 따라 언어는 달라진다. 어떤 시에서는 단순하고 꾸밈이 없고, 다른 시에서는 서로 뒤엉킨 은유와 고아한 티베트 문화와 함께 울려 퍼지는 고전 산스크리트어의 풍부한 수사적 표현으로 난해하다. 이러한 시들은 거듭 반복해서 읽지 않으면 안 된다. 종종 법에 관한 시들은 우리의 마음에 더 친숙해질 수 있도록 암송되기도 한다.

어떤 시들은 두 개의 제목이 있다. 하나는 산문이고 다른 하나는 운문이다. 대부분의 티베트 경전에 나타나듯이 많은 시들의 끝부분에는 시작업의 상황을 나타내주는 판권이 있다. 주요내용은 누가 작업을 요청했고, 어디서 언제 쓰여 졌으며, 누가 썼고, 번역자·편집자는 누구이며, 때로는 출판인까지 표시된다. 저자를 알기 어려운 경우가 많은데 그 이유는 각각 다른 상황에 따라 저자들이 다른 이름을 쓰기 때문이다. '왕의 옷을 입은 한 어릿광대' 등으로, 전통에 따른 겸손한 방식을 통해서 해당 작품을 창작하는 불손함에 대한 의심을 없애려 한 것이다. 판권 뒤에 나오는 것은 불교용어 풀이를 포함한 저자의 간략한 설명이다. 하나 이상의 시에 나타나는 보기 드문 단어나 구절은 처음 그 단어가 나타날 때 풀이했다.

17대 까르마빠는 시에 특별히 관심이 많아서 전통적인 티베트 시가들을 광범위하게 공부했다. 이에 관해서 까르마빠는 다음과 같이 말했다.

세상에는 여러 종교의 전통과 매우 다양한 문화의 범주를 포함한 여러 유형의 지식이 존재합니다. 이 중에 나는 시의 고전인 『시의 거울The Mirror of Poetry』에 영향을 미친 인도의 『베다』를 폭넓게 공부했습니다. 이 책에는 마히슈바라와 범천梵天 같은 신들에 관한 경탄, 비쉬누 신의 열 아바타들과 인드라 신의 도르제 등등에 관한 내용이 들어 있습니다.

이 책은 시적 은유가 필요할 때에 그것을 표현해야 할 의미와 단어와의 조화를 가능하게 합니다. 이러한 울림을 통해서 시의 효과적인 구성을 가능하게 합니다. 비밀진언에 관한 닝마의 전통에 의하면, 이 모든 인도의 신들은 부처의 가르침의 안내자이며 선善·은혜·행복을 가져다주는 존경받을 만한 대상이 되기도 합니다.[220]

본존불의 문제에 관해서는 힌두교와 불교가 많은 부분에서 공통점이 있다. 까르마빠는 "시의 여신은 양첸마(사라스바티)[221]인데, 나는 시인으로서 양첸마와 특별한 인연이 있다고 느낍니다"[222]라고 말했다. 좀더 개인적인 질문을 했을 때, 까르마빠는 다음과 같이 말했다.

내가 츄르프에 온 지 3년이나 4년이 지나서 시를 쓰기 시작했습니다. 내 시작詩作의 스승은 라마 니마 님인데『시의 거울』을 가르쳐주셨습니다. 그 후로 나는 조금씩 시를 쓰기 시작해서 지금까지 계속해오고 있습니다. 보통 나는 느낌이 너무 많지 않았을 때 시를 씁니다. 행복하다는 느낌은 강한 것이 아니며, 고통스럽다는 느낌도 마찬가지입니다. 때때로 기쁘다는 느낌을 가질 때 시가 아주 잘 써집니다. 내가 슬플 때 나는 시를 몇 줄밖에 쓸 수가 없습니다. 내가 시를 쓸 때, 아직 궁리하는 동안에는 곰곰이 생각해야 합니다. 나는 어떻게 시를 지을지 기억하지 못합니다. 그런데 갑자기 시가 떠오르는 것입니다. 대부분의 나의 글쓰기는 이렇습니다. 그것이 내가 시를 쓰는 방법입니다.[223]

그림 그리기를 언제 시작했느냐는 질문에 까르마빠는 다음과 같이 대답했다.

나는 여기 규또에서 그리기 시작했습니다. 그러나 티베트에 있는 동안 바깥윤곽이 그려진 그림에 색칠을 하곤 했습니다. 그리고 인도에 와서 실제로 그리기 시작했던 것입니다. 시 짓기와 그림에는 밀접한 관련성이 있습니다. 그림을 그릴 때 당신은 눈을 즐겁게 하기 위해서 산·호수 그리고 나무와 같은 선이 그려진 아름다운 형태를 이용합니다. 음악과 노래는 귀를 즐겁게 하는 것들인데 시와 밀접하게

연결되어 있습니다. 내가 시를 좋아하게 되면서 그림이나 음악, 노래도 좋아하게 되었습니다. [224]

까르마빠는 작곡을 하고, 음악과 명상의 관계에 대해서 이야기하는 것을 좋아했다.

아름다운 멜로디를 들으면 당신의 몸에 지혜가 생기고, 그 때문에 당신의 마음이 평화롭고 조화로워지는 효과가 있습니다. 마찬가지 방법으로 고요하게 명상을 하면 변치 않는 내면의 평화를 얻을 수 있습니다. 당신이 이러한 고요함을 유지시키면 내면적인 계발로 깊은 통찰력이 생겨서 마침내 최고수준의 깨달음의 경지에 도달할 수 있을 것입니다. [225]

까르마빠는 자신의 작품에 대해서 대체로 겸손하지만, 달라이 라마는 그의 시를 높이 평가했다. 특히 달라이 라마에게 증정된 시 〈환희의 기원〉에 대해서 다음과 같이 말했다.

나는 17대 까르마빠가 티베트로부터의 탈출기를 운문의 형태로 쓴 심오한 시를 읽었을 때 매우 놀라고 또한 기뻤다. 나의 시조차도 까르마빠 작품의 수준이나 심오함에 미치지 못한다. 거기서 더 나아가 나는 까르마빠가 실제로 내면의 지혜에 대한 명석함을 소유하고 있고, 불교철학과 논리를 배우는데 매우 예리하다는 것을 알 수 있다. 나는 많은 사람들에게 그의 시가 불법과 그 안에 담긴 지혜의 관점에서 얼마나 놀라운 것인지 이야기했다. [226]

이 시는 다음에 이어지는 시선詩選 중 첫 번째에 나온다.

까르마빠의 그림으로 티베트 글자는 '현상'을 의미한다.

환희의 기원

인연이 있는 이들을 위한 달콤한 멜로디

오른쪽으로 감아도는 몸, 말, 마음의 순수한 자비의 소라는
결코 변치 않는 선한 의도의 물줄기를 쏟아내네.
그렇게 비할 데 없이 감미롭게 울려퍼지는 멜로디는
음악처럼 덕성과 빼어남과 선함의 연꽃잎을 개화시키네.

그것은 모든 소원을 성취시키는 나무라는
수승한 이름으로 불리는 신성한 나무네.
모든 소원을 이루어 주는 순수한 나무의 음조는
감미롭고 기쁨을 주네.
가지마다 영원한 행복의 보석들이 잎 사이에 깃들어 있네.
세상의 주재자이시여, 이 나무의 아름다움이
온 세상을 영화롭게 하소서.

티베트를 위한 기원
향기로운 화환과도 같은 눈 덮인 산들은 고요하고 맑으네.
백색의 향 연기가 달콤하게 피어오르는 치유의 땅에서,

천상계와 이 세상의 빛인 눈 부신 달빛의 고귀한 아름다음으로
그늘진 곳의 어둠을, 모든 갈등을 정복하게 하소서.

달라이 라마를 위한 기도
눈의 나라에서 공덕의 잔치를 베푸시는
당신께선 순결한 백색 연꽃을 들고 계신 고귀한 분이십니다
모든 선한 품성의 아름다움으로 보배와도 같은 분이시여,
금강저처럼 오래도록 건강하게 사소서.

문화와 지식을 위한 기도
가장 고귀한 덕은 눈부시고도 고요히 흐르는 문화이니.
순수한 마음을 지닌 이들이 밝은 연꽃호수 안에서 노니네.
달콤한 꽃가루의 꿀과도 같은 노랫가락인 이 수승한 길을 통해,
그들이 장엄한 지식의 감미로운 이슬을 마시게 하소서.

세상을 위한 기도
이 광대한 세계의 소중한 대지의 광활함 위에 쏟아지는
무수한 달빛처럼 중생들을 위한 이로움이 있게 하소서.
그 달들이 있음으로 안락함과 행복이 생겨나니
평화와 기쁨의 표시인 밤에만 피는 백합들이
다투어 아름답게 피게 하소서.

맺는 말
두 가지 공덕이 쌓여 생겨난 흰 구름의 천개天盖에서
미망에서 벗어난 복 있는 제자들이 머무는 아름다운

공원에 떨어지는 영롱한 빛이나 빗방울처럼
이 진실한 말씀이 화합의 꽃을 피게 하고,
행복과 기쁨이 만개하게 하소서.

이 기원의 말씀은 까르마빠라는 고귀한 이름을 갖고 있는 오겐 틴레가 티베트를 탈출하는 도중에 작성한 것으로 진지한 마음에서 솟아난 것이었다. 어느 날 밤 꿈의 환영 속에서 청명한 달빛에 잠긴 호수가 활짝 핀 연꽃들로 물결치고 있었다. 그 호수에는 세 명의 브라만이 순백의 비단 옷을 입고서 북·기타·플루트 등을 연주하고 있었다.

즐겁고 서정적인 음조로 솟아나는 아름다운 노래가 나의 귀에 들려왔다. 나는 티베트의 모든 사라들을 이롭게 하려는 강하고도 진지한 열의에 충만해서 이 기원문을 지었다. 아름답고 장엄한 눈 덮인 산들이 줄줄이 늘어선 티베트 땅에 깨달음을 위한 이 수승한 열망의 태양빛이 어서 나타나기를.(켄첸 탕구 린포체가 제목을 달았다.)

주석

개관에서 언급했지만, 이 시는 까르마빠가 티베트를 탈출할 당시 보았던 비전을 바탕으로 쓴 것이다. 이 시는 곧 망명 중인 티베트인들 눈에 띄어 음악으로 만들어졌고, 티베트 연주예술협회(TIPA)에 의해 녹음되었다. 영어 번역판은 인터넷 여러 사이트에 소개되었다.

시는 부처의 가르침이 마치 음악처럼 모든 곳에 퍼지고 모든 중생을 제도해 주십사 하는 기원으로 시작된다. 8길상[227] 중 하나인 오른쪽 감김 소라고둥은 부처 설법이 울리는 소리를 상징하며, 더 나아가 그의 가르침을 상징한다. 소라고둥은 의식과 행사에 쓰이는 악기 중 하나다.

오른쪽으로 감김은 그 희귀성과 천체의 시계방향으로 돎 그리고 부처 머리카락의 살상투를 가리킨다. 여의수와 여의주는 원하는 어떤 것도 실현시켜 주는 신비한 물체를 상징하는 고전적 이미지다. 여기서 큰 나무는 풍요와 행복을 나타낸다. 힌두 신화에 의하면 인드라가 사는 제석천 정원의 한가운데에 서 있는 나무라고 한다. '이 천상의 나무들은 계절마다 모양이 바뀌는데, 아름다운 꽃과 과일, 성스러운 향기와 진귀한 보석의 빛 등을 갖추고 있다.'[228]

도입부 다음에는 네 개의 기원문이 나온다. 티베트에는 평화, 달라이 라마에게는 장수, 티베트 문화의 고귀한 지식의 보존과 향수, 이 세상에는 평화와 행복이 이루어지기를 빈다. 티베트를 위한 기도에서 까르마빠는 그의 조국이 영적 세상과 세속 세상을 서로 보완시킬 수 있는 화해의 땅이 될 것임을 희망하며, 그의 조국을 뒤덮은 어둠이 걷히리라 믿는다. 눈의 나라는 티베트를 가리키는 것이며 금강은 부서지지 않는 견고함, 빛나는 그리고 변하지 않는 것을 상징하는 티베트의 금강승 불교 그리고 부처의 온전한 깨달음과 관련된다.

달라이 라마의 장수를 기원하는 시에서 '순백의 연꽃을 든 자'는 자비의 화신인 관세음보살을 가리키며, 달라이 라마는 그 화현이다. 문화는 지식을 암브로시아처럼 즐기는 달콤한 길로 표상하였다. 다음 시에서는 공간에 무한히 뻗어나가는 흰 달빛이, 달빛에 의해 꽃을 피우는 지상의 백합으로 상징되었다. 전 우주에 스며 든 조화와 평화의 이미지이다. 마지막 시의 두 공덕이란 ①타인을 이롭게 하는 고귀한 행위에 진력함으로써 쌓는 공덕과 ②공부, 사고 및 명상을 통해 얻은 지혜로 모든 현상의 공성을 깨닫는 것을 가리킨다. 까르마빠는 그의 시에서 표현된 보다 좋은 세상을 만드는데 그의 말들이 도움이 되기를 비는 것으로 끝맺는다.

■ 중도_{中道}에 들어서기

단순성 그 자체인 금강의 마음이라는 태양이
무한한 현상의 공간에 어디에나 스며듭니다.
마음의 원초 본성은 부서지지 않습니다.
마음의 본성은 눈부신 광명 큰 지복, 광활히 펼쳐진 공성입니다.

장막에서 자유로운 앎인 당신의 심오한 지혜가
모든 중생을 위해 떠오릅니다.
복 있는 세대(겁)의 안내자이시여, 당신의 이름 '고타마'를 통해
상서로운 꽃비가 내리게 하소서.

주석

이 시는 제7대 까르마빠 최닥 갸초가 쓴 『논리의 바다』 출간 시에 쓴 것이다.[229] 이 책은 중관학파 혹은 마드야미카라고 불리는 계열의 책으로 중관학파는 허무주의나 영원주의 같은 극단을 피하는 길을 좇는다고 한다. 제목이 암시하듯, 내용은 논리를 광범위하고 세세하게 다루고

있다. 지각에 대한 섬세한 논의, 즉 '우리가 무엇을 알 수 있는가, 우리가 안다고 하는 것을 어떻게 알게 되는가' 등을 다루고 있다. 이에 대한 우리의 지식이 깊어지면 깨달음도 깊어지리라.

　첫 시의 주제는 깨달음이 무엇으로 이루어져 있는가에 관한 것이다. (원래 15비트 박자인데, 여기서는 두 줄로 나누었다) 첫 줄에서는 마음의 두 면을 다룬다. 태양으로 나타낸, 밝고 맑으며 아는 측면과, 공간의 확장으로 이미지화한 공한 측면이다. 두 측면은 마치 하늘이 햇빛으로 물들어 있는 것같이 나뉠 수 없는 것이다. '정신적 산물이 아님' 즉 '정신 작용 없음'은 단순성으로 표현할 수 있는 것인데, 마음이 분별심을 내지 않는 상태를 말한다. 단순하고 개념적 걸림이 없는 것이다. 현상계의 확장(법계)이라 함은 일어나는 모든 현상의 공함과 공간적 본질을 가리킨다. 두 번째 줄은 나눌 수 없고, 밝으며 환희에 찬 넓은 그리고 공한 마음의 본질을 나타냈다. 복 있는 세대(겁)이란 황금시대와 같은 말이다. 고타마는 부처의 탄생 시에 받은 싯다르타 고타마의 이름에서 유래한다. 다음 두 줄은 모든 중생이 자신의 지혜를 깨칠 수 있는 가능성에 대해 언급하고 있다. 번뇌와 인지의 두 가지 장애에서 자유로운 상태에 이르는 것을 말한다. 마지막으로 장엄한 세상을 기원하는 것으로 시는 끝난다.

■삼신三身

법신은 저절로 일어나는 궁극의 것
보신은 어디에나 있는 멈춤이 없는 지복과 공성,
화신의 기쁨을 통해
만물의 장엄함이여.

주석

'저절로 일어나는'은 '스스로 일어난'으로 번역할 수 있는데, 다른 어떤 것에 의지하지 않는다는 의미이다. 자신 안에서부터 그리고 자신의 본질로서 일어난다.(스스로 일어 나는의 '자아'는 영원하며 자율적인 자아를 상정하고 있는 것이 아니다.) 법신은 궁극적 몸, 진리의 몸, 진리의 차원, 실재의 몸 등 여러 말로 번역된다. 말이나 언어를 넘어선 법신은 궁극의 실재와 같은 말이고 법신에서 생겨나는 다른 두 카야(몸 혹은 차원)의 근거다. 보신은 기쁨의 몸이나 광휘의 몸인데, 무수한 본존불의 장엄한 만다라를 포함한다. 자신의 마음의 본질을 깨달은 자만이 볼 수 있다고 한다. 화신은 눈에 보이는 몸(뚤꾸)인데, 보통의 중생들이 친견할 수 있는 부처들이다. 석가모니 부처가 이 중 하나이다. 전반적으로 이 시는 가르침을 주기 위한 시다. 라

마들이 철학적 입장이나 개념을 시로 나타내는 것과 비슷하다. 이 짧은
시로 의미를 명료하게 하고 보다 더 기억하기 쉽게 한다.

평화롭고 고요한 승리의 깃발

마귀를 물리치는 싸움을 노래함

심오하고 맑은 지혜 여명의 달빛 화환이
눈부신 기쁨을 비춥니다.
이 살아 있는 달빛의 무리, 눈부신 맑음의 수승한 징표들이
청량하고도 상쾌하게 희론에서 벗어난 공성과 광명이
하나가 된 우아한 춤 안에서 돌아갑니다.
드넓고 고요한 색조가 이로움과 기쁨을 주면서
온 우주에 가득합니다.
장엄한 공덕과 수승함의 달콤한 선율이
모든 중생들을 위해 삼계의 황홀한 장식으로 울려 퍼집니다.

감겨 올라간 두 개의 순금선은 자애롭고도 눈부신
미소의 위대한 기쁨
진동하는 푸른색은 기운차고 생명력 넘치는
태양이 비추는 궁극의 법신
이 손은 심원함과 광대함, 평화와 위안이 하나인
날아오르는 이미지 안에 담습니다.

온 우주에 불법의 승리의 깃발이 드높고 감미로운 노래로
울려 퍼지게 하소서.

이 기도문은 제17대 까르마빠 법맥 전승자에 의해 네 마귀로부터 중생들을 해방시키기
위해 지어졌다. (번역에 켄첸 탕구 린포체의 도움을 받았다. 깃발의 모습은 사진을 참조하
시라.)

주석

이 시가 그리는 이미지는 서양에 꿈의 깃발로 알려져 있는데, 제16대
까르마빠가 1970년대 중반 어느 날 밤 꿈속에서 본 것이라고 한다. 그
는 비전을 묘사하면서 깃발을 만들라고 지시했다. 목적은 불교의 가르
침을 펼치고 모든 사람에게 행복을 가져다주기 위해서이다. 이 깃발들
이 오늘날 전 세계 곳곳에서 펄럭이고 있으며 많은 법구의 디자인으로
사용되고 있다.

깃발의 이름은 '평화롭고 고요한 승리의 깃발'이다. 이 시의 부제목은
마귀, 즉 다르마 수행의 장애물을 물리치는 싸움이다.[230] 첫째 연 네 줄
에서는 광명과 공성의 눈부신 나타남이 춤추는 달의 이미지로 형상화
되었다. 인도의 시 전통에서 달은 선선함을 나타내는 밤과 관련된다. 더
운 나라에서는 그림자가 좋은 의미를 가질 수 있을 것이다.

'희론에서 벗어난'이란 표현은 개념작용에서 벗어남을 나타내는 것으
로 인식 작용이 없는 것을 말한다. '삼계' 중 욕계는 다시 여섯 계로 나
뉘는데, 지옥계·아귀계·축생계·수라계·인간계·천상계가 그것이
다. 불가에서 흔히 말하는 '윤회를 반복한다'는 것은 이 세계들을 의미
한다. 이 여섯 세계를 돌아가며 계속 태어난다는 것이며, 정신적 태어남
을 의미하는 것으로 해석할 수도 있다. 다른 두 세계는 색계와 무색계
인데, 각각 다른 형태의 신들이 산다는 관점에서 본다면 다른 정신적
세계를 의미한다.

첫째 연은 다음 연을 준비한다. 다음 연에서는 깃발의 문양인 두 황금물결이 깊고 푸른 하늘로 솟아오르는 이미지를 그리고 있다. 황금물결은 기쁨을 나타내고, 푸른 하늘은 법신인 마음의 본성을 나타내는데 단순한 비었음이 아니라 빛나는 것이기도 하다. 16대 까르마빠의 깃발에 관한 원래 개념은 법신의 푸른빛과 기쁨의 순금 빛이 겹친다. 이것은 지복과 공성의 불가분리를 상징한다.[231] 그리고 이 시는 또 다른 형태의 불가분리인 심원함과 광대함(지혜와 방편)의 단일성에 대해서도 노래하고 있다. 끝으로 불법이 전 세계에 울려 퍼지기를 기원한다.

■공덕을 쌓는 들의 축제

옴 타레 투타레 투레 소하.

아 호.

단순성의 본질은 근본의 영원하고도 순수한 확장.

본래부터 존재하는 맑고 빛나는 지혜의 황홀한 노래 소리에 닿
으면

삼불신이 하나 되어 내리는 기쁨의 보석 비에 젖으면,

주재자, 진리의 스승, 내 마음 속 한가운데 기억되어 일어나리라.

삼문三門의 보살행이

태양빛 화환으로 비추네.

수십만 빛의 공덕 행위 저절로

서늘한 그늘 만들어 인연 있는 제자를 쉬게 하네.

세 환희의 연꽃 그들 가슴 가운데 피어난다.

여유로움과 원만함을 갖춘 이 생의 연꽃 중심에

출세간의 꿀로 향기로운 벌을 위로하는 꽃술이 있네.

진정한 스승의 연꽃 발을 햇빛에 씻어주시고,
공덕의 무량한 꽃잎 남 위해 열리도록 축복하소서.

눈부시고 자연스런 상태에서 스스로 생겨난 근원적
지혜를 똑바로 보면서,
더할 것도 덜어낼 것도 없이 수행의 길에서
편안히 머물면서, 무시이래로 존재했던
공성의 확장, 법신의 진면목, 궁극의 실재 안에서 왕좌에 앉도록
축복하소서.

하늘에 흰 구름 우산 되어 무지개 지붕 쓰고
하늘과 땅 사이에, 덕성과 빼어남 꽃비 되어 내린다.
땅에는 행복에 찬 사람들 즐거이 노래하고
이 기쁨 온 우주를 뒤덮으라.

오염 없는 선한 의지는 보석 등불, 밝게 빛나는 보물
공덕이 깃들 수 없는 무명의 업장을 씻어주는 해방자.

감미로운 멜로디, 이 천상의 음악
영원한 황금시대의 축제, 삼계에 울려 퍼지라.

이 기도문은 오겐 틴레 도르제가 2001년 9월 4일 새벽, 태양이 동쪽 산머리에 올라올
무렵에 지은 것이다. 공덕의 원인이 되시기를.

제목이 가리키는 것은 금강승에서 행하는 가나차크라 축제이다. 참가자들이 공덕을 쌓을 수 있는 광범위한 본존불 수행이다. 까르마빠는 이를 축제로 보고 있는 것이며, 이 노래는 이런 모임에서 자주 부른다. '옴 타레 투타레 투레 소하'는 여성 부처인 타라의 진언眞言이다. 타라는 관세음보살과 함께 티베트인들에게 가장 사랑받는 신이다. 그녀는 위험으로부터 보호해 주는 신이며, 특히 여행 때 그녀를 더 찾는다.

이 시는 '인도로 향한 탈출 직전'에 지은 것으로, 까르마빠가 그녀를 생각하고 있었음은 당연하다.(원 제목은 '멀리서 라마를 부름'이였음) '아 호'는 감탄의 표현이며, '호'는 보통 기쁨과 연결되므로 '놀라운 기쁨'으로 번역될 수 있다. 다른 시에서와 마찬가지로 이 시는 결코 금지되거나 막히지 않았던 광대하고 순수한 공간인 공空 또는 단순함이 근본배경이다.

근본은 우리가 하는 일을 지지하고 있으나 보이지 않으며, 기능을 발휘하고 있는 마음의 본성의 토대를 뜻한다. 이 말은 종종 '근본, 수행의 길, 결실'의 순서로 나타난다. 근본은 우리가 그곳으로부터 시작하는 장소이고, 수행의 길은 마음의 본성을 덮고 있는 무지의 덮개를 제거하기 위한 행동이다. 결실은 늘 근본에 있으나 우리의 무지 때문에 지각하지 못하는 마음의 궁극적인 본성의 명료한 현현이다. 이 결실은 '삼신三身의 합일'[232]로도 볼 수 있다. 공성은 근본, 수행의 길, 수행의 결실 전체에 현존하면서 눈부신 자각과 분리되지 않으면서 그의 심장 중앙에 기쁨을 하강하게 하고 궁극의 스승이 상승하게 한다.

둘째 연에서, 까르마빠는 따라의 '깨달음의 행위(보살행)'이 제자들 마음의 중심에서 나타난 기쁨을 그리고 있다. '삼문三門'은 다른 세계와 상호작용하는 수단인 신身·구口·의意를 의미한다. 세 가지 기쁨은 신·구·의가 청정할 때 드러나는 것들이다. '팔유가八有暇'는 그곳에서는 실천이 어려운 윤회의 여덟 가지 불운한 상태로부터 벗어나는 것을 말한다. '십원만'은 부처님의 가르침을 배울 수 있는 곳이나 실천하기 쉬운 열 가지 긍정적인 조건으로 태어나는 것을 말한다.

셋째 연에서, 연꽃의 이미지는 제자들의 가슴에서 그들의 생과 라마들의 행복(햇빛에 썻긴)과 왕성한 활동을 위한 기도로 이어진다. 넷째 연은 실천이 잘 되도록 하는 염원이다. 그리하여 일원적인 방식으로 지혜를 통찰할 수 있고, 조금도 더하거나 뺄 필요가 없는 근본적 실체인 '왕좌'에 머물 수 있다. 다섯째와 여섯째 연은 풍부한 영상과 음성 이미지를 통해서 이승에서의 완벽한 시간을 마음에 그리고 있다.

■마하무드라를 노래함

세상인 듯한 것은 미혹된 모습이고
마음의 움직임은 인위적인 노력에 매이지 않아야 하니,
행위, 자유, 깨달음에도 변하지 않는다.
어디에도 의지하지 않는 심오한 마음 안에 머무는 것이
마하무드라라고 이른다.

주석

　까르마빠는 이 시를 라마 테남에게 주며 명상 수행 시에 사용하라고
했다. 까규 전통에서 마하무드라는 가장 심원한 명상방법이다. 말로는
너무 간단해 보이지만 수행하기는 쉽지 않다. 마하무드라 수행은 마음
의 본성에 머무는 것이라 할 수 있다. 자각과 공성이 하나인 마음의 본
질 안에 침잠하며 인위적이지 않고 무엇을 인위적으로 하지 않는 걸림
없는 마음이다. 다시 말하면 무엇에 집착하지 않는 마음을 의미한다. 이
시를 명상하려면, 우선 시를 외우고 나서 그 의미가 명확해 질 때까지
생각해야 한다. 다음에는 명상에 머물면서 마음의 흐름에 시를 흘려보
내며, 무심히 바라보는데 마치 화두를 드는 것과 같다. 생각이 다시 떠

오르면 시 속에 접어 넣고, 이것이 다시 지시대상이 된다. 이 과정을 계
속하면 자연히 명상에 머무는 상태와 시를 생각하는 상태를 오가게 된
다.

■새로이 떠오르는 고향, 눈의 나라 티베트

싱싱한 사라나무 우거진 치료의 숲속에서
우리는 2000년이라는 시대를 얘기하네.
호숫가에 공덕의 하얀 달이 녹아내리는데
달빛은 온갖 징표의 부처 몸을 밝혀 줍니다.

보리심은 어스름 지평선에 램프불빛 띠
근심스런 마음을 기쁨으로 넘치게 합니다.
안온함의, 온전한 기쁨이 향기처럼
이 세상 저편까지 스며듭니다.

흰 눈꽃이 살포시 달콤한 비처럼 떨어지면
영광의 마음이 조용히 귓가에 들립니다.
젊은, 흠 없는 태양은 피어나는 연꽃의 좋은 친구
기쁨의 감로수는 남을 즐겁게 하는 공덕.

장수를 기원하는 노래, 여름 천둥의 북소리가

세상을 울릴 때
환희의 춤과 무수한 노래가 어우러져
황금시대의 꽃이 천상의 길을 덮을 때……
천상의 길을 덮을 때.

주석

이 시는 친구들이 대화를 즐겁게 나누는 티베트의 르네상스를 그리고 있다. 사라나무는 인도에 나는 단단한 목질의 나무로서 룸비니에서 부처 탄생과 관련된 나무이다.

어머니 마야부인이 부처를 낳을 때 이 나뭇가지를 잡았으며, 쿠시나가라에서 열반에 드신 것도 사라나무숲에서였다. 공덕의 하얀 달이 녹아내린다에서, 흰색은 공덕을 말하는데 이것이 달빛에 녹아들어간다는 것이다. 달빛은 모든 징표를 갖춘 부처의 몸에 비유된다.

징표들은 석가모니께서 깨달음을 이루셨을 때 32상相 80종호種好를 갖춘 부처의 몸을 가리킨다. 눈은 맑고 크며 몸은 마치 닦은 것처럼 빛나고, 손바닥과 발바닥에는 수레바퀴 자국이 있다고 한다. 중생을 위해 깨달음 얻고자 하는 보리심은 지평선의 빛의 띠로 표현되었다. 그것은 우리 자신의 광활한 마음속에 보리심이 눈을 뜨는 이미지다. 보리심의 나타남은 기쁨을 가져다 준다.

다음 연에서도 안과 밖의 이미지가 서로 스며드는 표현이 계속 나온다. 흰 눈꽃은 마음의 영광을 연상시킨다. 마하무드라 수행에 각각의 개념의 순수성을 발견하기 위해 그 본질을 통찰하는 것이 있다. 이런 관점에서, 마치 수정처럼 눈부신 눈송이가 떨어지듯이, 광활한 마음속에 각각의 개념의 본질이 생겨남을 보는 것과 같다고 할 수 있다. 감각의 넘나듦, 즉 시각적 인상이 청각적 인상으로 표현되는 것 등은 자주 쓰이는 표현이다. 부처는 종합적으로 감각을 경험한다고 한다. 여름의 북

소리는 천둥을 가리키는 고전적 이미지로, 만물이 자라고 용솟음치는
에너지 넘치는 계절을 가리킨다. 그는 소리를 보며, 이미지를 듣고, 만
져서 맛본다고 한다. 상박上拍과 트럼펫 소리의 축하 분위기로 시를 마
무리 짓는다.

■분별을 여읨

순수한 현상의 경계 공간에서
깊고 맑은 지혜가 확장된다.
마음의 원초적 본질은 영원히 희론에서 자유롭네.
저절로 일어나는 윤회와 열반에도
일상적 마음에도 미혹되지 않으며
이 확장에, 일체의 분별을 여읨에 나는 절합니다.

주석

모든 현상의 평등성에 대한 이 짧은 경의의 시는 명상에도 이용될 수 있다. '순수한 현상의 경계'는 공성을 가리키는 표현이다. 이 광대한 공간에서 그 속에 내재하는 지혜가 펼쳐진다. '일상적 마음'이란 모든 아라야식에 깃들인 경향을 통틀어 일컬음이다. 조건이 맞아지면 습성이 활동하게 되어 경험을 가능케하는 관념이 된다. 이것은 다시 근본 의식에 자국을 남기면서 윤회의 굴레는 계속된다. 여기서는 한 관념이 다른 관념으로 이어지는 끝없는 고리를 말한다. 그러나 마음의 원초적 본질이란 '일체의 희론'에서 혹은 '개념'에서 '자유로움'이다. 본질에 머물면 윤회와 열반이 저절로 일어날 것이다. 현상과 공성은 불가분이다. 이것을 깨달으면 모든 현상은 분별을 여의었다는 것을 알게 된다.

본질에 '절합니다'라는 표현은 이것을 인지하고 깨달으며, 겸손하게, 즉 에고를 멀리 함으로써 이것과 진정한 관계를 맺는 것이다. 이 시 역시 까르마빠가 라마 테남에게 명상에 이용하라고 준 것으로 그가 널리 알렸던 시다.

■소망 기도의 노래
황금시대의 젊음을 부르는 메신저

옴 스와스티

징표와 표시의 환한 밝음으로 빛나는 초월의 몸

보는 것만으로도 해탈을 선사하고 처음 맛보는 기쁨을 준다.

중생을 위한 공양의 미덕을 통해

소망을 이루어 주는 나무처럼 위대한 업적을 이루도다.

황금시대를 벗하는 다르마의 향기를 가진 나무여

진실과 순수한 덕성은 너의 신선한 그늘.

마음을 달래는 고요한 모습으로 항상 함께 하라.

온전히 내려온 현교와 밀교의 전승은 순수한 금 같도다.

공부와 수행은 빛나는 천 개의 살로 만든 수레바퀴처럼 완벽할

지니

사대주四大洲의 하늘을 덮은 부처의 가르침으로

거침없는 다르마 영원히 빛나리라.

여기 약초와 사라나무의 나라에는
눈 덮인 산으로 둘러싸인 이 흰 연꽃들.
부처의 가르침은 원시 태양처럼 빛나고
중생들 공덕의 하늘에 다르마가 항상 같이 하길.

삼세를 통해 나와 인연 맺은 모든 이들
아버지 어머니들, 사랑에 찬 그들의 눈, 통치자, 그들의 동반자들
장관들, 비서들, 사회 각 계층들, 날개 있는 것들, 야수들
이들 하나하나가 모두가 깨달음의 단맛으로 충만하길.

눈의 나라의 수호자 관세음보살
걸림 없는 가르침의 법통을 잇는 스승들
당신의 용감한 사좌 법좌에 머물며
금강세계의 무적으로 영원히 남으시라.

이 고상한 말씀들은 갓 피어난 연꽃의 화환처럼
반짝이는 시의 보석으로 장식되다.
보석 귀걸이로 치장한 다키니들이여
모든 당신들의 행위가 영광 속에 이루어지길.

뛰어난 믿음과 사마야를 갖춘 라마 직메의 요청으로 '보리살타의 왕관을 지닌 자, 장수를 내리는 고귀한 여인(백색 따라)을 즐겁게 해주는 자, 그리고 젊음을 보장하는 불멸의 꿀물을 성취한 자'라고 불리는 자가 쓰다. 왕의 옷을 입은 어릿광대가 열다섯 살이 되던 해에 쓰다. 모든 사람이 장엄하시고 공덕을 이루시길 빌며.

<u>주석</u>

티베트 시들은 산스크리트어인 '옴 스와스티' 즉, 모두 '장엄하시기를' 같은 표현으로 시작한다. 이 시는 아름다운 불성을 공양하면시 지은 것이다. 첫째 연의 위대한 업적은 불상을 가리킨다. 도입부의 뛰어나고 풍성한 나무는 다르마를 상징하며 이어지는 두 연의 중심주제다.

'초월의 몸'은 부처의 화신, 넓게 말해 뚤꾸를 가리킨다. 우리가 실제로 만나 볼 수 있게 육체적 형태로 나타난 것을 가리킨다. '현교(수뜨라)' 전승이라 함은 부처님이 두 번째 법륜을 돌리시며 베푼 가르침을 말한다. 여기서는 자비와 공성 그리고 공성을 구현하며 중생을 기술적으로 그리고 정열적으로 돕는 지혜의 중요성을 강조한다. '밀교(만뜨라)' 전승은 금강승과 같은 말이며, 흔히 만뜨라 염송을 통해 즉각적 해탈에 이르는 방편이다.

부처가 사르나트의 녹야원에서 첫 가르침을 펴기에 앞서 금으로 된 '천 개의 살로 만든 수레바퀴'를 공양받았다. 그래서 수레바퀴가 불교 가르침의 상징이 된 것이다. 사슴 두 마리가 받치고 있는 수레바퀴는 모든 금강승 사원 지붕에서 볼 수 있다. 이 세상의 하늘에서 자비롭게 돌고 있는 법륜의 이미지로 보면 된다. 옛 우주관에서는 수미산이 땅의 중앙에 솟아 있고, 네 방향에 따라 '사대주'가 있는 것으로 형상화했었다.

'눈 덮인 산으로 둘러싸여'는 남쪽과 동쪽에 히말라야, 북동쪽에 카라코람, 북동쪽에 곤륜산이 북으로 뻗어 있고, 유명한 암녜 마첸을 위시한 작은 산맥들이 서쪽에 위치한 티베트를 가리킨다.

다섯 번째 연에서는 모든 중생들이 '깨달음의 꿀맛'인 다르마 수행의 결과를 성취하기를 기원한다. 삼세란 과거·현재·미래를 말한다. 불교에서는 과거와 미래의 삶을 믿으므로, 까르마빠는 그와 관련된 먼 과거와 미래의 모든 이들을 위해 기도하는 것이다. '걸림 없는 가르침'이란 한 전통이 다른 전통보다 우월하다는 등의 편견에 사로잡히지 않은 태도, 구체적으로는 19세기 티베트에서의 범종파운동을 가리키는 표현이다. 여섯 번째 기도는 부처의 가르침이 영원하기를 기원한다. '용감한 사좌법좌'는 용기를 나타내는 장식인 깨달은 자의 법좌를 바치고 있는 네 쌍의 사자를 가리킨다. '금강세계'는 공성이나 법신으로 이해하면 된다.

마지막 연에서는 시의 아름다움으로 자비의 가르침이 꽃 피우기를 바란다. 산스크리트어로 다키니는 '하늘을 날아다니는 여자'를 의미하는데 여러 의미로도 볼 수 있다. 여기서는 깨달음의 행위를 성취한 자를 가리킨다. 이런 반짝이는 표현들을 장난스럽게 구사하여 장식적으로 사용한 것으로 보일 정도이다.

■환희의 달

마음의 보물, 이 젊은 흰 달은 징표와 표시로 환하며
귀를 울리는 달콤한 멜로디의 가르침은 현명하고 자유롭다.
이 환희의 달에서 꿀물 비로 기쁘게 하라.
위, 아래 그리고 이 지상을 장엄하게 빛내라.

주석

비단 같은 이 기도는 따시 기도 전통에 따른 것이다. 즉 장엄함을 비는 기도이다. 장엄함은 회향의 한 부분으로서 수행의 마무리 부분에 나온다. 장엄함의 결과로써 세상은 거룩해지며 모든 공덕과 선업을 널리 퍼지게 한다. '징표와 표시'는 부처의 상징이며, '현명하고 자유로운' 가르침은 금강승을 가리킨다.

'규또 라모체 대학의 아름다운 계곡을 노래함.
장엄한 구름의 경쾌한 멜로디'에서

옴 스와스티.
무한한 환희 속에, 이 맑은 하늘, 밝고 맑은 달의 얼굴
사슴의 눈처럼 맑은데
밝게 빛나며, 세상을 하얗게 덮고
궁극의 실재는 광대한 공간의 빛나는 법당
대기는 감미로운 소리로 기쁨에 떨고

달빛 램프, 로쌍 닥빠의 명성은 아름답게 퍼지는 빛
태양의 빛나는 전차는 어둠을 뚫고
부처님 가르침의 왕좌로 이끄니, 활짝 핀 이 싱그러운 연꽃
꽃밥 위에, 그의 몸, 말 그리고 마음의 달빛이
이리저리 흔들린다.

차오르는 달처럼, 훌륭한 마음의 공덕 지음
마음속에 행복을 녹이어, 어리는 빛으로 마음의 본질을 보이네.
오른쪽 감김 소라의 아름다운 목처럼

사라스와티, '힘찬 말로 노래하는 이', 그녀의 루트소리 들려온다.

까르마빠 법통의 제17대인, 오겐 틴레 왕기 도르제가 쓰다. 부처님의 티 없는 가르침이 수레바퀴(살)처럼 온 세상에 퍼져나가기를. 2001년 1월 21일.

주석

경치를 찬양하는 것은 티베트 시의 주요 주제였다. 밀라레빠는 흔히 그가 수행하는 지역에 대한 감사로 그의 노래를 시작했다. 이 시는 규또를 찬양하는 산문의 일부이다. 규또 라모체 대학에 대한 밝은 찬양의 시이다.

까르마빠는 2000년 이후 여기에서 임시로 지내고 있다. 달라이 라마의 겔룩파에 속하는 규또 대학은 다람살라 인근에 있다. 까르마빠가 도착할 당시에는 대법당만이 완공되었다. 로쌍 닥빠는 쫑카파 스님의 이름이다. 그는 겔룩파 법맥의 가장 위대한 학자였다.

마지막 연의 첫 두 줄은 시적 은유가 아니면 전달할 수 없는 묘사의 힘을 발휘한다. 이타적 동기가 마음의 본질을 어떻게 실현시켜 우리를 말에서 체험으로 이끄는지를 그리고 있다. 사라스와티는 흔히 루트를 연주하고 있는 것으로 묘사되는데 문화와 예술을 나타낸다. 까르마빠는 이 여신에게 특별한 느낌을 가진다.

■젊음의 황금기를 축하하는 좋은 노래

눈 내리고 달빛 서늘한 티베트, 약초의 나라
저물지 않는 황금기, 손님이 찾아오는 여름의 풍성함처럼
노래처럼 좋은 소식 삼계에 즐거움을 가져오고
사슴의 활짝 뜬 눈처럼 언제나 깨어 있어.

종교와 정치의 두 전통은 완벽하게 조화이룬 목걸이처럼
금빛 눈부신 행복을 모두에게 비추네.
이 둘이 모든 중생에게 그리고 신들에게 존경받고
공덕과 수승함의 달콤한 멜로디가 이 땅에 울리네.
좋은 문장의 울림은 깊고 비밀스러우며 조용하고 신선한 멜로디
이 모두를 학문과 성찰의 지휘봉을 만날 때 깨달으리.
찬란한 햇빛을 모든 중생에게
법맥의 전승자는 아무 편견도 없네.
악업의 베일에 가리지도 않아
왕관 위에 그리고 흔들리는 연꽃 위에 앉아
바래지 않는 다르마 승리의 북이 울리다.

뛰어난 이들 전사들의 기억이
꿀과 진실을 위해 소중한 몸, 생명을 내던진 이들이
우리 티베트 사람들의 가슴과 심장에서 항상 타오르기를
바로 여기, 그들의 명예의 전당에서.

아 라 라, 이 제일 좋은 신선한 땅에서
장엄하고 선한 모든 것이 같이하기를
이 황금기 축제에서, 수확의 계절에
아 라 라, 달고 장엄한 노래를 부르네.
시원한 나라, 선과 수승함이 함께 하라.
아 라 라, 이 둘과 자유 또한 번성하라.
모든 장엄, 선함, 이 축제에 함께 하라.
아 라 라 달고 장엄한 노래를 부르네.

순백의 꽃 같은 행운이 웃을 때
이 축제의 선함 사라지지 말고 언제나 피어나라.
황금기의 젊음 이리로 오라.
기쁨과 즐거움, 행복 그리고 행운이 피어나라.
깨어 있는 가슴과 깨달음의 징표의 밝은 미소는
포탈라의 정토에서 언제나 빛나리.
좋은 소식의 음악은 티베트 사람을 즐겁게 하라.
여름날 천둥처럼 이 땅을 울리라.
이 축제의 행운을 거기서 만들자.
사라지지 말고 언제나 나타나 머무시라.

삼종三種의 믿음을 간직하고 부처의 몸말마음을 나타내는 공양물과 함께 흰 카타를 공양했던 적이 있는 동빠 출팀 루왕의 요청에 의해 오겐 틴레가 티베트로부터 탈출하는 도중에 씁니다. 여기 이 기도가 이루어지기를 빕니다.

주석

황금기를 바라며 까르마빠가 티베트 탈출 중에 더 썼다. 이 시에서는 '아 라 라'가 반복되고 북이 연주되며, 다른 작품들보다 더 노래에 가깝다. 구조·단어·표현 등이 보통 때보다 더 단순하며 노래하기 쉽다. 중세 아서왕 이야기와 비슷한 분위기이다. 아서왕의 기사들이 다르마의 전사로 대치되어 고향에 자유와 수승함을 가져다주고 축복을 노래하는 것 같다. 이 장면은 까르마빠 일행이 티베트로부터 탈출할 때, 일행을 격려하기 위한 이미지이기도 하다.

'손님이 찾아오는 여름의 풍성함처럼'은 여행에 알맞은 티베트의 여름을 가리킨다. 여름비가 내리고 천둥이 치면서 많은 손님들이 찾아온다. '법맥의 전승자'는 특정 전통의 명상 수행, 규범 및 철학을 완성한 사람을 가리킨다. 이런 기준에서 이들은 스승으로부터 가르침을 전수받아 법맥을 제자에게 전달할 수 있는 자격을 받는다.

스승이나 본존불은 흔히 '머리두정 위에'로 관상된다. 포탈라는 자비의 화현인 관세음보살의 정토를 의미하며, 라싸에 있는 달라이 라마의 거처를 가리키는 것일 수도 있다. '삼종의 믿음'은 의지하는 믿음(인과응보 및 인과에 의한 고통과 그 원인에 관한 업사상에 대한), 바라는 믿음(완전한 깨달음에 대한 믿음), 그리고 발현된 믿음(부처·법·승가에 대한 믿음)을 가리킨다.

■본연의 자각을 노래함

옴 스와스티 자옌투
본원적 순수함, 모든 현상의 확장은 큰 환희
분별하는 마음은 잠들고 여기 여여如如하게 있으니
이 좋은 깨달음의 세상에 삼승의 꿀맛이 있으니
떠오르는 본연 자각의 태양이여 영원하라.

주석

이 시는 앞에서 마음의 본질을 서술하고 그것을 깨닫고자 하는 소원으로 끝난다. '옴 스와스티 자옌투'는 기원의 뜻인 '모든 것이 장엄하며 선이 승리하리라'는 의미이다. 본원적 순수라 함은 무시이래로 마음의 본질은 더럽혀진 적이 없으며 무엇에도 물들지 않는다는 말이다. 모든 현상의 확장은 법계를 가리키는 표현이다. 큰 환희는 초월적 환희다. 위대하거나 이 세상을 초월하는 것은 그것이 공성과 하나라는 것이다. 여기서 환희와 공성은 불가분리의 것으로 현실화된다. 분별하는 마음은 관념이나 그 관념에 근거해서 일어나는 행동을 가리킨다. 이러한 마음의 분별이 잠재워질 때, 마음의 본질은 '여여하게 여기' 있는 것이다. 무엇

을 하거나 만들어낼 필요가 없는 것이다. 단순히 저절로 일어나는 것이
다.

삼승(산스크리트어로 yanas)은 불교의 세 전통인 소승·대승·금강승을 말한
다. 근본승이라고도 불리는 소승은 가장 먼저 성립되었는데, 스리랑
카·타일랜드·미얀마에 전해지고 있다. 대승은 중국과 일본에 주로
전해지고, 밀승이라고도 하는 금강승은 가장 늦게 성립되었는데 티베트
에 주로 전해졌다. 티베트 불교는 삼승을 다음과 같이 아우른다. 소승은
수계와 서원의 맥락에서 닦고, 대승은 공성과 자비심에 관한 가르침과
중도의 철학에 관한 가르침을 따른다. 금강승은 수많은 그리고 신속한
수행방법을 특징으로 한다. 자각은 마음의 맑고 사물을 아는 측면을 가
리킨다. 여기서는 태양이 그 이미지다.

관세음보살의 화현이시고 윤회와 열반을 인도하시는 분(달라이 라마)을 위한 상수 기도문

소망을 이루어 주는 불멸의 나무, 그 단 이슬

같이 일어나는 자각의 본질은 무시이래의 순수함
지혜의 확장, 떠나거나 돌아옴 없이 근본에 머무르네.
근원적이며 맑은 지혜가 듬뿍한 광대한 차원은
당신이 법신으로 보여주었던 것, 오래 사시라.

자각과 공성 안에서 조금의 작위도 없이
당신은 위대한 환희와 공성이 하나된 우아한 유희
다섯 가지 확신성을 구현하신 보신
권능과 영광의 바즈라다라, 오래 사시라.

심오하고 평화로운 법계의 공간에 머무시며,
완전하게 순수한, 무수한 아름다운 화신의 한 분이신 당신께선
다르마의 비를 세 단계로 내려주시다.
천상계, 삼악도 그리고 지상계에 있는 존재들의

영원한 인도자이시여, 오래 사시라.

본원적 순수, 매우 맑은 지혜가 저절로 일어나니
금강 무지개 몸의 진정한 형태를 나타내시다.
젊은 꽃병 몸이 확장할 때, 윤회와 열반의 현상이 끝나다.
마음의 금강, 사만타바드라(보현보살), 오래 사시라.

아바두티(중맥)가 확장되어
나디(좌우 맥)에 순수의 위대한 공성이 흐를 때
성취의 영광이 있으리—생기의 차크라들,
문자 그리고 위대한 환희의 거룩한 빈두
이 모든 것들을 갖추신 당신이여, 오래 사시라.

다섯 가지 악을 뿌리째 뽑아 승리한 자
세 가지 계의 본질이라는 꽃잎을 지니시며
모든 현상이 마음임을 꿰뚫어 보고 노니십니다.
중도의 시간을 넘어선 소망 성취 나무시여, 오래 사시라.

빛나는 맑음의 확장으로부터, 아바두티 안의 이 순수 프라나의
마음
삼신으로부터 분리되지 않고 일어나는, 상호와 종호를 지닌 색신.
본질에 머물며 영원하고 안정된 그리고 무애의
사자좌에 앉으신 이, 오래 사시라.

활짝 핀 꽃 같은 왕좌에 오르신 해, 세 종류의 존재들을 위해

당신의 보리심은 달빛 꿀물의 미소 짓는 빛
어둠의 그림자와 싸워 이기신 자.
디르미 왕좌의 세 비밀에 머무는 당신, 오래 사시라.

삼보로 치장한 진리를 통해
그리고 다르마타(법성)로부터 일어나는 광대한 연기성
말로 한 이 소원이 곧장 이루어지기를.
삼세가 장엄한 영광으로 아름다워지기를.

그가 다르마의 고귀한 나라로 탈출하자 마자, 그리고 태양이 동쪽 산의 풀밭 위를 맴돌던 때, 성하의 수승한 보리심의 그늘에서 쉬게 된 행운아 텐진 뀐캅 왕기 도르제라고 불리는 평범한 티베트인이 2000년 1월 14일에 일념으로 쓴 소원입니다. 망갈람.

주석

깨달은 스승, 위대한 학자이며 승려인 달라이 라마를 위한 이 장문의 기도는 고급 명상 수행과 철학 그리고 승가의 특별한 업적을 많이 언급하고 있다. 때문에 불교에 익숙하지 않은 사람들에게는 이해하기가 어려울 것이다.

첫 세 연은 삼신의 화현인 달라이 라마를 순서대로 그리고 있다. 첫 번째 연은 달라이 라마가 법신을 완전하게 깨달아서 나타낸 자로 칭송되고 있다. 일련의 구절들이 엇비슷하게 그러나 약간씩 다른 관점에서 기본적으로는 같은 것들을 기술하고 있다. '같이 일어나는 자각의 본질'은 현상은 공성에서 일어나지만, 그럼에도 불구하고 특정할 만한 혹은 내재하는 성질이 없다는 점을 가리키는 것이다. 자각은 공성의 성질과 동시에 일어난다. 그 둘은 다른 것이 아니다. 이 사실은 언제나, '무시이래로' 순수하게 있어 왔던 것이다. 산스크리트어 카야는 보통 '몸'으로 번역되는데, 여기서는 '차원'의 의미를 가진다. 광대한 마음의 궁극적 본질을 가리킴이 명백하다.

　두 번째 연에서는 달라이 라마를 바즈라다라(금강의 전승자 혹은 금강저를 든 자)라고 부르고 있다. 보신의 차원에서 현현한 본존을 가리킨다. 보통 '환희의 몸'이라고 번역되는 보신은 '위대한 환희와 공성이 하나 된 우아한 유희'로서 그려지고 있다. '다섯 가지 확신성'은 가르침의 시간·장소·스승·내용 그리고 권속들을 말한다. 보통 사람들은 접할 수 없는 높은 차원에서 설해지는 가르침의 특별한 성질들을 가리킨다.

　세 번째 연은 달라이 라마를 화신으로 부르는데, 그는 법계에 머물면서 모든 중생의 최고지도자로 나타난다고 한다. '세 단계'는 부처가 법륜을 세 번 돌리셨는데 각각 근기에 맞추었던 것을 가리킨다.

　네 번째 시에서 달라이 라마는 사만타바드라(보현보살)라고 부르는데, 닝마 전통의 근원적 순수한 몸인 진리를 상징한다. 이 시의 용어나 개념은 닝마 전승의 족첸, 즉 위대한 완성을 반영하고 있다. 달라이 라마와 위대한 닝마 스승들인 뒤좀 린포체 그리고 딜고 켄체 린포체와 깊은 연관이 있음을 나타낸다. '본원적 순수'는 족첸 수행에서 '끊고 나감'이라는 고급단계를 말한다. '매우 맑음'은 '뛰어 건너감'의 경지를 가리킨다. '무지개 몸'은 족첸 수행에서 높은 경지를 성취하면 나타난다고 한다. 육체가 정화되면, 죽음 후에 서서히 해체되어 손톱과 머리카락만 남는다고 한다. 무지개 몸으로 변화가 일어나면 육체는 미묘한 빛으로 전환되어, 중생들이 도움을 필요로 하는 한 그 상태를 유지한다고 한다.[233] '젊은 꽃병 몸'은 사만타바드라와 비슷한 말이다. 궁극적 육신에서 마치 유리 속의 빛처럼 밝게 빛나는 근원적인 깨달음을 가리키는 표현이다. '윤회와 열반의 현상이 끝나다'라는 것은 가장 높은 깨달음의 경지, 즉 모든 현상이 그 궁극적 본질로 녹아드는 경지의 비전, 즉 네 번째 현현을 말한다.

　다섯 번째 연에서 달라이 라마는 위대한 요가 수행자로 그려진다. 나디, 프라나 그리고 빈두로 이루어진 바즈라 혹은 미세한 몸으로 표현된다. 아바두티는 세 주요 나디 중 중심이 되는 나디이다. '글자'는 종자 음절로서 다양한 현상을 일으킨다고 한다. 여섯 번째 연의 첫 두 줄은 달라이 라마를 '다섯 가지 악'에 대한 서원을 지킨 완벽한 승려로 묘사 한다. '세 근본'은 출가한 승려들이 지키기로 서약한 의식과 여름 안거 를 말한다.[234] 다음 두 줄은 불교 철학의 유식학파와 중관학파를 말하는 것으로 모든 현상들이 마음일 뿐이라고 보는 유식학파와 중관학파의 궁극적 통찰을 가리킨다.

일곱 번째 연은 셴똥 중관학파(문자적인 의미는 '다른 것의 비어 있음')를 말한다. 모든 중생에 다 있다는 불성과 마음의 본질을 다룬다. 현상은 미혹된 마음에 의해 생긴 일시적인 오염이나 장애로서 마음의 순수한 본질은 마음과 다른 것이 공하다는 것을 의미한다. 이 철학에서는 마음의 밝고 맑은 면을 중시함으로써 랑똥 중관학파가 마음의 공성을 중시하는 면 을 보완해준다. 랑똥 중관학파의 이름에 나타나 있듯이, 문자 그대로 자 아의 공성, 즉 마음은 공 바로 그 자체임을 주장한다.

셴똥학파에서는 불성에 관해서도 깊은 관심을 나타내는데, 마음의 본 질(혹은 근원적 선)은 모든 중생에 다 깃들어 있다고 한다. 셴똥학파 안에서 도 여러 갈래의 주장이 있다. 그 중 하나가 이 연의 첫째 줄에 나온다. '아바두티의 순수한 마음'은 위대한 학자이자 명상가인 될포파 셰랍 걀 첸의 사상을 반영한 것이다. 그는 칼라챠크라의 가르침에 따라, 프라나 가 중앙 나디에 들어올 때 비로소 깨달음에 이를 수 있다고 주장한다.

두 번째 줄은 깨달음에 이르면 삼신이 절로 나타난다는 셴똥철학의 주장이다. 색신은 수행과정에서 만들어진다는 랑통학파의 주장과는 다 르다. 티베트의 위대한 시인이며 요기인 밀라레빠는 "하나 된 삼신, 놀 랍도다!"[235]라고 노래했다. 셴똥학파는 삼신은 저절로 나타나는 것이지 만들어지는 것이 아니라는 견해를 보여준다.

세 번째 줄에서는 마음의 본성을 영원하고 변치 않으며 걸림 없는 것 으로 보는데, 미륵불의 '구경일승보성론'을 보여준다. 셴똥학파가 법신 을 '영원하고 변치 않으며 평화로운'[236] 것으로 보는 소의所衣 논서이다.

여기서 '영원'이라 함은 보통 쓰이는 의미가 아니라, 영원과 비영원의 이원적 틀에서 말하는 영원을 넘어선 영원을 가리킨다. 이원적 사고를 초월하며, 저 넘어 공성에 다름 아닌 마음의 본질을 가리킨다.

여덟 번째 연은 까르마빠가 2003년에는 티베트에 중요한 변화가 있을 것을 예언했던 것을 다룬다. '세 종류의 존재'란 상근기, 중근기, 하근기 중생들을 가리키며, 달라이 라마는 이들 모두를 이롭게 할 것이다. '세 비밀'은 깨달은 몸·말 그리고 마음을 가리킨다. 마지막 시는 기도 모두가 실현되기를 기원한다. 텐진 뀐캅 왕기 도르제라는 이름은 달라이 라마가 까르마빠에게 장수 시를 헌정하면서 내려준 이름이다. 망갈 람은 산스크리트어로서 '모두 장엄하시기를'이라는 뜻이다.

자발적 확신의 밝은 미소
인간으로 태어나신 미륵불, 뻬마 된요 둡빠를 위한 장수기원 시

옴 스와스티. 불성은 환희의 확장, 무한하며 불변이다.
32상과 80종호 브라마의 바퀴 테처럼 완벽하다.
당신은 영원한 행복을 가져오는 의식을 알고, 고귀한 불멸의 여인
승리자의 어머니, 모두를 장엄하게 하소서.

이 세상 신들의 높고 권능 있는 자들
당신의 연꽃 발아래 머리 숙여 절합니다.
당신은 보물, 세 비밀과 삼신三身으로 단장한 만다라.
수호자 미륵, 뻬마 된요, 오래 사시기를.

변함없이 선한 맑고 투명한 이미지를 통해
당신은 편견으로 눈먼 모든 중생에게 길을 보여 주시다.
백만의 이로운 행위를 완성하시고
당신은 우리에게 햇빛을 가져다주시다. 오래 사시기를.

보리심을 내시어, 그 속에 머무르기 수억 겁

무한하고 고귀한 두 공덕을 이루어 내시니
젊음의 아름다움을 갖추시고 황갈색 법의를 입으시다.
권능의 바즈라다라(금강지), 세 가지 계를 지키는 당신, 오래 사시
기를.

북쪽을 향한 어두운 농굴처럼, 인간은 다섯 가지 근본 결함이 있어
그럼에도 하늘에 빛나는 태양의 밝은 빛으로 들어가
당신의 자비심, 연꽃잎 하나씩 여신다.
당신은 백방으로 비추시니, 오래 사시기를.

제자의 마음 밭에 희망이 심어져 젖는다.
축복의 비로 희망을 채우고 고통을 씻는다.
무수한 화현, 상상도 힘든 품성들
스승이며 안내자여, 오래 사시기를.

궁극적 진리, 영원한 법계의 축복의 힘으로
끝없이 연기하는(의존해서 일어나는)상대적 진리의 힘으로
당신은 고요히 변함없이 수백 겁을 사시다.
당신의 행위가 정화하고 해방하며 언제나 있어 번영하시길.

진실한 일념의 마음으로 수호재(시투 린포체)의 한 못난 제자 오겐 틴레 도르제가 쓰다.
여기서 기원했듯이 모든 소망들이 성취되기를 빕니다.(켄포 따시 걀첸의 도움을 받아 번역
함. 2001년.)

<u>주석</u>

이것은 걀찹 린포체와 함께 까르마빠의 큰 스승인 타이 시투 린포체를 위한 장수기원 시이다. 시투 린포체는 미륵불의 화신의 하나로 간주되는데, 미륵불은 다섯 번째의 부처로서 석가모니가 그랬듯이 도솔천에 환생해서 기다리고 있는 미래의 부처다. 전 까르마빠가 예언장을 건네 주었던 사람이 바로 이 시투 린포체였다. 시투 린포체의 이름인 뻬마 된요 둡빠의 뻬마(연꽃)는 구루 린포체(연화생, 빠드마삼바바)와의 관계를 나타낸다. 된요는 된요 둡빠(아모가 싯디) 부처와 연관이 있다는 것을 가리키는데, 시투 린포체는 까르마빠처럼 특히 깨달음의 행위(불사)와 관련이 있다.

첫 번째 연은 다시 궁극의 진리, 여기서는 불성을 말한다. 셴똥 전통에서는 모든 개체에 불성이 있다고 한다. 여기서 말하는 본존은 '백색 타라'이다. 그녀는 여성 부처이며 특히 장수를 내려준다고 한다. '브라마의 바퀴 테'는 두 가지를 의미한다. ① 힌두 신학에서 창조의 신인 브라마이다. 그는 천 개 살이 달린 바퀴를 깨달음을 성취한 부처에게 주었는데, 이것을 확대 해석하면 타라가 깨달은 부처라는 의미이다. 그리고 ② '백색 따라' 수행에서 바퀴는 마음속에서 상상하는 것이다. 백색 타라는 반야바라밀다, 즉 초월적 지혜로 불린다. 여기서는 여성형으로 '승리자의 어머니'로 지칭된다. 이 깊은 지혜로부터 부처가 나오는 것이다.

두 번째 연에서는 시투 린포체를 세 비밀과 세 몸의 만다라로 표현한다. 세 번째 연은 영감을 주며 자비로운 스승으로 표현한다. 네 째 연에서 그는 바즈라다라, 즉 궁극의 본존으로 불린다. 스승을 바즈라다라로 생각하는 것이 가장 좋은 방법이라고 전통적으로 생각해 왔다. 시투 린포체 역시 '황갈색 법의'를 입으며, 소승 · 대승 · 금강승의 '세 가지 계'를 지킨다.

다섯 번째 연은 다섯 가지 근본 결함인 수명, 시간, 견해, 육체, 번뇌를 가진 사람에 대한 그의 자비심을 말한다.

여섯 번째 연은 그의 품성 그리고 일곱 번째 연은 상대적인 진리와 절대적 진리를 간명히 설명하고 있다. 절대적인 진리는 모든 현상의 확장(공간)이고, 상대적인 진리는 모든 현상에 의존해서 일어남을 가능케 하는 원인과 조건들을 총체적으로 가리킨다. 마지막 기도는 장수를 빌며 업장을 씻는 그의 활동이 성공하기를 그리고 모든 중생을 그들 자신의 불성을 깨닫는 해탈의 경지로 인도하기를 빈다.

■ 빛나는 라마, 학자, 싯다 탕구 뚤꾸,
까르마 로되 룽릭 마웨 쎙게를 위한 장수기도 시
영원한 갈루 같은 젊은 생명력

옴 스와스티 지웬투
무작위의 법신, 언제나 고요하며 부서지지 않는
당신의 말씀은 무적의 금강 나다의 멜로디,
깨달은 마음은 모든 가능한 현상을 보고
아미타불, 완벽한 지도자, 당신은 모든 선을 이룩하시다.

황금시대의 깊은 공간에 새 구름 궁전이 일어나다.
당신의 징표와 표시가 맑고 밝은 산으로 일어나는 곳에
인간들이 공덕을 쌓도록 축제를 엽니다.
오래 살아 함께 하시기를

당신의 흠 없는 지혜, 피어나는 활짝 핀 연꽃
당신의 저술을 위대한 사랑과 자비심으로 덮다.
당신의 가없는 능력으로 해탈 이루려는 수많은 인간을 도우시어
중생들의 지도자, 오래 사시기를

다르마를 펴심으로
무지와 혼란의 그물에 걸린 중생들을 해방하다.
논쟁에서 거만한 상대를 누르시다.
당신의 저술은 우리를 기쁨으로 인도하다.
당신의 진지하고 힘찬 말씀, 오래 사시기를

당신의 한량없는 공덕의 보석 바다에서 솟아난
하얀 달, 당신 지혜의 맑은 만다라.
당신 공덕의 빛으로 감로수를 쏟아냅니다.
말씀의 사자, 경전과 논증을 가르치시며 오래 사시기를

이러한 선한 의지로 우유 바다를 저으시어
흰 연꽃 화환, 기원의 말씀들 솟아오르다.
모든 부처와 보살들에게 바치는 이 공덕을 통하여 수호자되시어
당신의 생명 공덕은 억 겁을 이어가리.

영광의 라마, 승리자 아미타불의 진리의 힘을 통하여,
그리고 이 진지한 관계와 순수한 의도의 힘으로
당신은 이 세상이 끝나도록 고요히 살아계시리라.
온전한 다르마의 생명력으로, 부와 즐거움 그리고 자유가 번성하
라.

이 기원문은 네낭 사원의 책임자이며 부처의 몸말 그리고 마음의 표상을 공양한 라마 체왕 따시의 요청에 따라, 싸가 다와의 달이 차오르는 때에 17대 까르마빠 오겐 틴레 도르제가 썼다. 슈밤. 공덕의 씨앗이 되기를.

<u>주석</u>

이 장수기원은 까르마빠가, 환생 라마인 그의 선생 탕구 린포체를 위해 썼다. 옴 스와스티 지웬투는 수승함과 선함이 계속 보존되라는 기원이다. '나다의 멜로디'는 매우 정교하고 미묘한 말씀을 묘사하는 상징이다. 관상 수행에서 나다는 빈두의 끄트머리로서 모든 것이 공성으로 되기 전의 마지막 의지처다. 우리가 상상할 수 있는 가장 미묘한 것이다. 아미타불은 장수와 관련된 백색 따라와 우시니샤─비자야와 함께 세 본존 중 한 분이다. 그가 여기서 언급된 것은 탕구 린포체의 장수를 빌기 위해서이다.

두 번째 연의 첫 두 줄은 마치 산과 같이, 구름의 궁전 '깊은 공간에' 사는 부처로 비유되는, 뚤꾸로서의 화현인 탕구 린포체를 가리킨다. 다음 두 연은 그를 학자로, 저술, 강연 및 논쟁을 통한 박식한 사람으로 찬양한다. 다섯 번째 연은 이 주제의 연장이다. 탕구 린포체를 말씀의 사자로 그리고 지혜의 본존 문수보살로 비유하고 있다.

여섯 번째 연은 까르마빠가 이 기도문을 짓게 된 경위를 묘사하면서 시작한다. '우유 바다를 저으시어'는 힌두 창조신화로부터 인용했다. 이 신화는 불교에 많이 인용된다.

요약해 보면, 신과 신인들이 영생의 감로를 찾기 위해 바다를 저었다. 그러자 바다가 우유로 변했고 버터가 생겼다. 맨 나중에 바다에서 의사신이 감로 병을 들고 나타났다. 이 이미지와 장수기도문은 전적으로 통하는 데가 있다. 까르마빠는 우유처럼 흰 연꽃잎들의 소용돌이 같은 근원적인 바다로부터 이 기원의 말들이 솟아나서 시로 엮어졌다는 것을 상상하면서 장수기원문을 지은 것이다.

마지막 연은 아미타불이 탕구 린포체의 장수를 빌고 있다. 그의 장수는 다르마 · 부 · 즐거움 그리고 궁극적으로 해탈의 공덕을 모두에게 가져오는 일이다.

■ 선생님을 추모하며

소라의 맑은 소리

선생님, 내 가슴속 다정한 친구시여
당신은 근면하고 정교한, 위대한 치료자이시며
명망 높은 선생님이시여
위대한 유산을 남기신 의사입니다.

선생님, 내 가슴속 다정한 친구시여
당신은 어머님의 따뜻함과 정수가 굽이굽이 돌아
당신을 이 세상에 태어나게 하셨을 때,
이 지상의 기적들을 보고 들으셨습니까?
광대하도다. 깊고도 깊도다. 수만 갈래로다.

선생님, 내 가슴속 다정한 친구시여
안개 속의 배, 이 생에서
저 많은 환희와 고통의 소리를 겪으시며
한 걸음씩 걸으며 우리와 함께 하셨나요?

선생님, 내 가슴속 다정한 친구시여
한 해씩 세어 가며
한 개의 염주도 빼지 않으시고
넓고, 깊고, 오래 가며 유익한 치료의 지혜는
감로의 바다입니다.
당신의 손, 꾸준하고 자신 있게 원칙을 길어내셨습니다.
당신은 아무리 마셔도 취하지 않는 영웅이 아닙니까?

선생님, 내 가슴속 다정한 친구시여
사려의 날개를 타고 당신은 날아갑니다.
높이높이 지혜의 바다로
당신의 명성은 여름 천둥 위 비밀스런 북소리처럼 커 가고
마침내 신들의 딸인 푸른 하늘이, 거의 부서져 내리지 않던가요?

선생님, 내 가슴속 다정한 친구시여
의술의 넓은 지혜에 통달하시어
당신은 새로운 배움과 성장의 밭이 되고
미래의 의사들을 기르십니다.
당신으로부터 넘쳐 깊은 강물이 치료의 노래를 부릅니다.

선생님, 내 가슴속 다정한 친구시여
당신은 흠 없고 깨끗하십니다.
당신의 달빛 발그림자, 순결한 흰 자국
거대한 파도로 와서 딱딱한 바위에 자국을 새깁니다.
누가 당신의 자국을 감출 수 있습니까?

규또 라모체 대학에서 까르마빠를 열일곱 번째로 계승한 오겐 도될 틴레 왕기 도르제가
쓰다. 달라이 라마 성하의 주치의인 텐진 최닥에게 바치다. 2002년 4월 25일.

주석

이 시는 2002년 초에 죽은 위대한 치료자 텐진 최닥을 추모하는 사랑
의 마음을 단순하고 감동적인 방법으로 표현했다. 그의 탄생에서 생을
살면서 기쁨과 고통을 겪는 과정까지 표현하고 있다. 만트라 수행에서
사용하는 염주는 그의 일생을 관통하는 세월을 상징한다. 그는 평생을
남을 위해 봉사했고, 지식을 넓혀 높은 하늘을 가득 채울 만큼의 경지
에 이르렀다. 모든 위대한 사람들이 그렇듯, 그는 지식을 다음 세대에
전승함으로써 남을 위한 노력이 지속되도록 했다. 그는 기억될 것이다.
그의 '달빛 발그림자'는 자국을 남겼다.

수승한 나무, 죽지 않고 서럽지 않으리라

영광된 까르마 까규의 승리의 아버지, 아들들의 장수를 비는 기도

옴 스와스티.

힘 있는 자, 당신의 행위는 모든 부처의 지혜와 몸이 펼치는 행
위의 바다를 이루시며

과거·현재·미래를 아는 자, 걀왕 까르마빠여

당신이 오래 사시며 행위가 이루어지기를

정토 세상의 보호자, 아미타불이여

당신의 발심으로 일어나는 놀라운 현현으로

춤의 왕 당신은 가르침의 깃발을 드셨습니다.

당신의 비할 데 없는 전생에 절합니다.

무시이래로 윤회나 열반에 정복되지 않으시며

당신은 금강 몸의 일체를 이루셨으며

그럼에도 불구하고 순수 경지에 모습을 나타내십니다.

시투파, 승리한 자, 위대한 미륵불의 화현

당신이 오래 사시며 행위가 이루어지기를

지혜의 밝은 보물로 무지의 어둠을 물리치며
문수보살의 참 화현이신 당신은 가르침의 광대한 생명의 나무입
니다.
잠곤 라마, 이 어려운 시대의 보호자여
당신이 오래 사시며 행위가 이루어지기를

위대한 공간의 창조적 놀이, 부서지지 않으며 시간을 넘는
비밀의 왕 당신은 환희와 공성의 금강 춤을 추십니다.
고시르 걀참, 모두를 복종시키는 형상으로 나타나시며
당신이 오래 사시며 행위가 이루어지기를

모든 현상을 밝은 빛으로 정복하신 네 원소의 스승
당신은 행위의 차크라바르틴, 금강의 몸을 하셨습니다.
영광의 위대한 파오, 연화생의 참 환생
당신이 오래 사시며 행위가 이루어지기를.

당신은 지혜의 아미타불이 마술처럼 나타난 이
당신의 방법은 깊고 넓습니다. 당신 행위의 영광, 저절로 완성됩
니다.
떼호 뚤꾸, 당신의 뿌리는 즐거움과 공덕으로 뻗습니다.
당신이 오래 사시며 행위가 이루어지기를

변함없는 존경으로 기도를 드리며
라마들 축복 내 마음에 들어오기를

그들의 몸, 말 그리고 마음속에 반영된
광대한 모든 품성이 내게도 비추기를,

모든 기쁨과 공덕의 근원으로 들어가는 문
부처님 가르침 오래 변치 마시길.
가르침을 받드는, 설명하고 수행하는 모든 이들
10불법 행을 실행하여 번창하시기를

그들과 관련된 모두와 나를
지금부터 큰 기쁨의 가슴이 다 자랄 때까지
잘못 장애에 걸리지나, 해 입지나 말기를
행운아들의 다르마를 향한 발심 저절로 이루어지기를

윤회계의 기쁨과 복은 지난 밤 꿈과 같다.
사소하고 헛됨을 깨달았으면
의심을 잠재우고 참 다르마를 취하라.
의심 없이 근면 정진하라.

네 마음이 부처라, 마음을 깨달으라.
맑고 공하니, 본래 자유로워서 저절로 나는 것이니
윤회와 열반의 희망과 두려움을 넘어
네가 온전히 깨닫고 자유로움을 믿게 되시기를

이상은 신과 인간을 위한 기도를 드리는 대상인, 아버지와 아들들의 행위가 번성하고,
그들이 오래 살기를 기도하는 짧은 기원문이다. 이 기원문은 나 자신 그들의 자비를 상기
하고, 남의 행복을 위하여 노력하는 이들의 간청으로 부처 까르마빠라는 이름으로 축복받

은, 나 오겐 틴레 뺄덴 왕기 도르제가 여래께서 완전한 깨달음을 얻은 성스러운 장소인 보드가야에서 열린(2001년 12월 23일~29일) 제19회 '위대한 까규 승가 기도축제' 기간 중에 썼다. 이것이 라마들이 모든 중생들의 마음흐름에 들어갈 수 있게 해주는 공덕이 되기를 빕니다.

주석

이것은 전통적으로 까르마 까규 법맥의 주요 환생 라마로 간주되는 까르마빠와 여섯 위대한 스승들을 위한 장수기원문이다. 첫 번째 연의 '아버지'는 걀왕 까르마빠를 가리킨다. 이어지는 여섯 연들은 그의 마음의 아들들을 위한 것이다. 이들의 품성과 업적 및 이들의 환생 원천이라는, 관련된 본존들을 묘사하고 있다. 뒤의 다섯 연들 중 셋은 기원문이고 둘은 다르마 가르침에 관한 것이다.

첫 번째 연은 모든 부처의 행위의 화현으로 간주되는 까르마빠에 대한 이야기이다. '과거·현재·미래를 아는 자'는 제1대 까르마빠인 뒤쑴 켄파 즉 '삼세를 아는 자'를 가리킨다.

두 번째 연이 묘사하는 것은 환희지 부처나 수카바티, 즉 아미타불의 화현인 샤마르 린포체의 전 환생자이다. 뚤꾸들은 남을 돕고자 하는 발심에서 환생한다고 한다. '춤의 왕'은 샤마르 환생자를 형용하는 전통적 표현이다.

세 번째 연은 미래 부처인 미륵불의 화현인 시투파, 즉 타이 시투 린포체에게 바쳐진 것이다. '윤회나 열반에 정복되지 않으시며'는 그가 윤회계에 유혹되지도, 열반의 평화에 수동적으로 머물지도 않았음을 말한다. '금강 몸의 일체'를 성취한다는 것은 온전한 깨달음의 다른 표현이다. 이때 환희와 공성은 불가분리의 하나라는 것을 깨닫는다고 한다. 이 위대한 성취 이후에도, 시투 린포체가 높은 깨달음의 경지에 이른 보살로서 환생을 계속하는 것은 중생의 이익을 위한 것이다. '순수 경지'란 보살 수행의 제8지에서 제10지까지를 말한다. 모든 번뇌가 극복되고 오직 인지적 장애만 남아 있는 경지를 가리킨다.

네 번째 연은 지혜의 화신인 문수보살의 화현인 잠곤 라마, 잠곤 꽁 툴 린포체에게 바치는 것이다. 1대 잠곤 꽁툴이 로되 타예는 '다섯 보 물'로 유명하다. 여기에는 티베트의 모든 전승의 지혜와 핵심 가르침들, 까규와 닝마 전통의 주요 의식 수행과 관정 수행 등이 보존되어 있다. 또 로되 타예 자신의 다방면에 관한 직접 저술 등이 담겨 있다. '생명의 나무'는 탑이나 불상을 바치는 중추를 의미한다. 보통 로되 타예를 지칭 하는 표현으로 다르마를 보존하는데 있어 중심 역할을 가리키는 표현 이다. 그는 19세기 티베트의 종파초월 운동에 중요한 인물이다.

다섯 번째 연은 고시르 걀찹 린포체를 노래했다. 그는 바즈라파니로 비밀의 왕의 화현이다. 밀교인 금강승 가르침의 전승자이다. 걀찹 린포 체는 이 전승의 수행자로 유명하다. 특히 마하무드라와 족첸, 혹은 마하 산디 가르침에서. 위대한 공간이라 함은 본원적이며 지속하는 마음의 본질과 같은 말이다. '창조적 놀이'는 본질의 무한한 표현인 창조적 에 너지를 말한다. 걀찹 린포체는 환희와 공성의 춤으로 칭송되며, 움직임 의 궁극은 그가 제자를 돕는데 필요한 모든 방법을 현현시키는 바탕이 다.

여섯 번째 연은 파오 린포체에게 바쳐졌다. 그는 구루 린포체라고도 불리는 연화생, 빠드마삼바바의 화현이라고 한다. 그의 카리스마는 매 우 눈 부셔서 모든 것을 정복하고, 네 원소인 흙·물·불·공기를 다스 린다. '차그라바르틴'이란 인도 신화에 나오는 말로 세상의 지배자를 가 리킨다. 불교에서는 중생의 이익을 증진하고 다르마를 널리 펴는데 자 신의 모든 공덕과 권능을 쓰는 보살을 가리키는 말이다.

일곱 번째 연은 뗴호 뚤꾸에 대해 다루었다. 그는 장수와 관련된 세 본존 중의 하나인 아미타불의 화현이라고 한다. 여기서 방편은 금강승 에서 수행자가 깨달음을 성취하기 위해 사용하는 기술적이고 강력하며, 정교하고 신속한 일련의 방법들을 말한다. 특히 관상 수행에서의 생기 단계, 원만단계에서 미묘한 몸과 관련된 수행들, 그리고 마지막으로 나

로빠의 여섯 요가 고등 수행 등을 포함하는 의미로 쓰였다. 보조 수행
으로는 해탈도가 있는데, 기본적으로 마하무드라를 가리킨다. '저절로'
일어나는 행위란 비인위적이고 마음의 본성에서 직접 일어나는 것을
말한다. 이 시는 아버지와 여섯 아들에 관한 것으로 기도부분을 끝낸다.

여덟 번째에서 열 번째 연들은 라마들의 축복을 받고자 하는 전통적
인 기원이다. 가르침이 지속되고, 독경·공양·불경 암송·명상 등의
10불법 행을 실행함으로써 불교 공동체가 번성하기를 기원한다.[237] 열
번째 연은 우리의 깨달음이 성숙할 때까지 장애와 위험이 없기를 바라
며 선한 발심이 이루어지기를 빈다.

마지막 두 연은 우리를 윤회계로 빠뜨리는 덧없는 것들에 대한 압축
된 가르침을 아름답게 표현했다. 이것들은 지난 꿈처럼 허망하다. 세속
의 일이 허망하고 의미 없음을 깨닫는다면 의심을 버리고 수행에 일념
으로 정진할 따름인 것이다. 우리의 마음과 부처의 마음이 같은 것이라
는 것을 깨닫는다면, 셴똥학파가 주장하는 마음의 본질을 알게 되는 것
이다. 광명과 공성의 상들은 분리될 수 없다. 그것은 저절로 있는 것이
며 만들어지는 것이 아니다. 그리고 태생적으로 자유롭다. 이 해탈에 이
르면 열반에 이르고자 하는 희망도 없고 윤회에 빠진다는 두려움도 없
다. 왜냐면 이들이 같은 것임을 깨달았기 때문이다. 까르마빠의 마지막
소원은 우리가 이 모든 깨달음을 이루었다는 확신을 갖게 되는 것이다.
즉, 온전히 깨닫기를 바라는 것이다.

17대 까르마빠의 역사

4부

티베트 불교를 역사적으로 이해하려면, 즉 부처나 보살들과 이담 성자들 혹은 싯다들과의 관계를 설정하려면, 우선 종교 전통들을 시간적(어떤 때는 과거나 미래를 수억 겁 올라간다)으로 살펴보아야 한다. 다음에는 장소를(정토, 수십억의 다른 우주들) 살펴보아야 한다. 다른 시간과 공간을 연결시킴으로써 티베트 불교 종파의 수행과 철학의 원천 기록에 대한 정당한 평가가 가능하기 때문이다. 누가 어디서 무엇을 어떻게 했느냐 하는 것 같은 구체적 사항은 중요하지 않다.

전통에 따르면 사람의 일생이 수백 년이 된다. 다른 우주로 여행을 하거나, 초인식의 감각·비행 물체·사람이었거나 무엇이었거나 간에 보통 우리가 신화·동화 혹은 공상과학에서나 이야기하는 것들을 당연한 것으로 여긴다.

티베트에서는 자서전을 '남타르'라고 부르는데, '온전한 해탈'이라는 뜻이다. 깨달음에 이르기까지의 구도행각과 남을 위하는 노력 등 라마의 일생을 시간적으로 기록한 것이다. 그래서 남타르는 '영적 자서전'이라고도 한다. 종파의 가르침과 스승들의 일생을 전하는 성인전聖人傳 성격을 띤다. 주요 인물들은 실제 삶보다 많이 과장된다. 그들이 살았던 마음에 좀더 큰 차원의 것을 불어넣는 방편으로 이해할 수 있겠다.

여기 나오는 까르마빠들의 전기는 학자이고 수행자이며, 특히 까르마빠의 역사에 대해 박식한 텐진 남걀의 글들이 포함되어 있다. 남타르의 전통에 따른 묘사들이며, 까르마빠에 대한 예언, 그에 관한 이야기·행적 그리고 종파에 관한 것 등이 인용되어 있다.[238]

제1대 까르마빠에서 2대 때부터 뚤꾸 전통이 어떻게 시작됐으며, 까르마빠를 규정하는 흑모와 유서제도에 대해 설명한다. 다음 장은 족첸 폰롭 린포체의 저술인데, 지난 16까르마빠들의 간략한 역사적 기술이다.[239] 이들은 전반적 이해를 도울 것이다. 또한 이전의 선임 자들과의 관계를 이해함으로써, 17대 까르마빠의 이야기를 위한 서론으로도노 좋을 섯이다. 마시박 장은 16내 까르마빠가 지은 노래들이다. 이 시들은 예언적이어서, 수십 년 후의 일들을 그것이 이루어진 후에 살펴보는 의미가 있다. 마지막 장은 이 책을 다시 그 시작 시점으로 돌려놓는다. 16대 까르마빠가 시투 린포체에게 유언장을 내어준다. 이 유언장에는 그의 다음 환생인 오겐 틴레 도르제를 예언하고 있는 것이다.

■까르마빠에 관한 기록들

까르마빠는 과거·현재·미래의 모든 부처들의 깨달음을 행하는 존재로 알려져 있다. 그 환생의 계보는 12세기 티베트까지 거슬러 올라간다. 제1대 까르마빠는 환생 라마를 인정하는 전통의 기원을 이루었다. 많은 옛 기록들이 까르마빠에 관해 언급하고 있다. 까르마 까규 계파에 몇 개의 예언이 전해진다.

사마디라자 수트라(삼매왕경)의 예언
홍안의 나라에 가르침이 내릴 것이니
관세음보살을 따르리라.
사자의 포효보살(시만다)
까르마빠로 나타난다.
그는 선정禪定으로 이들을 다스릴 테니
그를 보고 듣고 만지고 기억하는 자는 환희에 이를 것이다.[240]

랑카 수트라(랑카바타라 수트라: 능가경)의 예언
승복을 입고 검은 왕관을 쓴
그는 모든 중생들을 끊임없이 이롭게 하리니

일천 부처의 가르침이 지속되는 한[241]

'불타는, 분노의 운석 딴뜨라'의 예언
지극히 순수한 만다라에
시방의 부처가 나타나며
까르마빠로 알려진 이가 일어나
이 생의 수행의 결과를 보이리라.

'문수보살 원전 딴뜨라'에서도 그의 이름을 거론한다.
이름이 '까'로 시작하고 '마'로 끝나는
고귀한 자가 가르침을 밝히리라.[242]

쌍 린포체의 '가파른 암석의 숨은 보물' 책자에서 노란 두루마리
가 나왔다. 여기에는 첫 까르마빠인 뒤쑴 켄파(삼세를 아는 자)와 인도
학자 다르마키르티의 관계 그리고 그의 여섯 번째 부처로서의 미래
출생을 다음과 같이 말했다.

뒤쑴 켄파라는 라마가
다르마키르티(월칭)라는 이름을 가진다.
미륵 부처의 가르침 이후에
'사자 부처'라는 이름의 시기에
가르침을 널리 펼치리라.
그가 바로 다르마키르티이다.

위대한 학자 시투 판첸 역시 그의 까규 종파 역사에서 이 관계를 언급하고 있다. 투시타(도솔천)는 미래 부처가 지배하는 하늘인데 거기로부터 지상으로 내려온다. 우리 시대의 네 번째 부처로서 석가모니가 투시타에서 지상으로 내려왔다. 이제는 미륵 왕이 다섯 번째 부처로 재탄생을 기다리고 있다. 그를 이어 여섯 번째는 까르마빠일 것이며, 불가 경전에 의하면 그는 '사자'라고 불릴 것이다.

테르뙨 쎙게 링파가 발굴한 경전에서는 걀와 초걍(승리자의 고귀한 멜로디)을 언급하는데, 그는 구루 린포체의 25제자들 중 하나이며 까르마빠의 이전 환생이다.

삼예의 위대한 사원에 구루 린포체·티송 데첸 왕 그리고 주요 제자들이 모여 있었다. 왕이 구루 린포체에게 걀와 초걍에 관해 물었다.

"미래에, 지금의 걀와 초걍은 무엇이 될 것입니까? 그는 어디에서 이름을 떨칠 것입니까?"

구루 린포체가 대답했다.

"잘 들으시오 왕이여. 미래에는 지금의 걀와 초걍을 모르는 자가 없을 것입니다. 그는 중생들이 삼신을 깨닫게 할 것이며 위대한 환희로 이끌 것이오. (여섯 번째 부처로서) 그는 '사자'라 불릴 것이오, 수호자, 자비의 미륵의 아들로서 그는 윤회계를 뒤엎을 것이오."

이와 같이 수가타는 예언하였다.

스승 냥 랄 니마 외쎌[243]의 뗄마 책에는 까르마빠를 티베트의 츄르프에 사는 관세음보살의 화현으로 묘사하였다.

관세음보살, 위대한 자비의 존재

중국·티베트 그리고 몽고를 길들이기 위해
걀와 걈초의 깨달은 행위로[244]
까르마빠의 이름으로 나타난다.
츄르프에 살며 그는 뒤쑴 켄파이다.

흑모

흑모에 관한 얘기는 오래 전부터 전해왔다. 위대한 스승을 묘사
하면서, 쌍게 링파(1340~1396)는 까르마빠의 흑모를 언급한다.

흑모를 가진 뛰어난 자
다르마를 터득하고 세상을 환희로 만든 요기
관세음보살의 깨달음을 지키는
츄르프의 뒤쑴 켄파

'문수보살 원전 딴뜨라'에서도 역시 흑모를 언급한다.

그의 청-흑 꼭지의 꼭대기에
훌륭한 끈으로 된 위대한 청-흑(모자)이 나타난다.
위대하고 빛나는 보석으로 치장되며
이것이 부처의 화현을 장식한다.

이 세상의 억겁 년 전에, 세 번째 부처인 수가타 디팜카라가 세
상에 왔다. 이것보다도 수억 겁 전에,[245] 메루 산의 서쪽에, 율코르

꽁(백성과 나라의 보호자) 왕에게 아들이 하나 있었다.[246] 그는 명상 속에 고요히 앉아 있기를 좋아했다. 나중에 당쏭 꾄빠께(고귀한 출생의 리시)라고 일려진 그는 일념의 선정 속에 80만 년을 고요히 앉아 있었다. 드디어 금강 삼매의 깨달음이 그에게 일어나자, 시방세계의 130만 다키니들이 모두 놀랐다. 이들은 한 곳에 모여 각자 머리카락을 뽑아 모아 고귀한 모자를 만들었고 해와 달로 꼭지를 치장하였다. 마치 본원적 지혜가 나타나는 것같이, 이 왕관도 당쏭 꾄빠께의 머리에 자연스럽게 나타났다.

그는 다음 생에 라 푸 디메 카르포(신의 흠 없는 흰 아들)로 태어났다. 그후 까르마 데누 그리고 인도의 브라민 사라하 등등으로 태어났다. 이 모든 환생들에서 지혜의 관이 머리에 같이 나타나서 볼 수 있는 사람들은 다 보았다. 그 이후 티베트에서는 영광의 첫 까르마빠, 뒤쏨 켄파와 그 후 까르마빠의 환생들을 통해 이 왕관은 본원적 지혜가 저절로 나타나는 것처럼 그들 머리 위에 나타난다고들 한다.

까르마빠 역사의 요점들

까르마빠를 시방삼세의 여래들의 행적, 본질의 몸·말·마음·품성의 화현 등으로 칭송하는 경전들이 많이 있다. 그 중 까르마빠의 환생 이야기 몇 개를 여기에 소개한다. 첫 번째 까르마빠는 뒤쏨 켄파인데, 1110년 티베트력 쇠 호랑이 해에 서부 티베트의 캄이라고도 하는 테쇠 지방에서 태어났다.[247] 어려서 보살이나 부처의 진정한 자질을 보였으며, 진정한 깨달음을 얻은 징표를 보였다. 그를 라마들·신들 그리고 수호자들이 그림자처럼 따라 다녔다.

그는 다르마를 수행하고 종파를 초월하는 접근방식으로 모든 공부를 했으며, 예언과 관상을 통해 성자들의 가르침을 받았다. 버릴 것은 버리고(악업) 취할 것은 취함으로써(모든 선업) 깨달음의 모든 단계를 성취하였다. 이것에 만족하지 않고, 수승한 닥뽀 하제(감뽀빠)의 이름을 듣는 즉시 확고한 믿음이 일어났다. 감뽀빠와 지난 수생을 통해 인연이 있었음을 깨달은 뒤쑴 켄파는 그의 발에 절하고 감뽀빠로부터 세세한 관정·구전 전승 및 구두(口頭) 가르침을 받았다.

명상을 통해 뒤쑴 켄파는 800명의 위대한 수행자들보다 윗길의 경지에 이르렀다. 또한 체험과 깨달음의 정점에 도달함으로써 유명해졌다. 감뽀빠는 뒤쑴 켄파의 머리에 손을 얹고 그의 가르침이 중앙 티베트(우 및 창) 그리고 동부 티베트(캄)에 퍼질 것을 예언하였다.

"아들이여, 너는 윤회의 끈을 끊었다. 아들이여, 캄의 깜포 강그라에서 수행하라. 너의 중생에 대한 공덕은 우·창 그리고 캄에 퍼질 것이다."

뒤쑴 켄파는 까르마 괸·캄포 네낭·드라마 드루시 및 다른 장소에서 수행하였으며, 밝은 마음의 본질인 마하무드라를 깨달았다. 그래서 중생들이 공덕을 쌓게 되었고, 그는 새로운 사원들을 짓게 되었다. 까르마빠가 주석하게 되는 퇴룽 츄르프도 그중 하나이다. 뒤쑴 켄파는 그들의 승가도 설립했다. 남을 도와주고, 그의 제자들과 그들의 제자들이 늘어났다. 그의 다르마 계파는 큰 강의 흐름보다 길 것이라고 하였다. 첫 번째 까르마빠로부터의 까르마빠 까규의 특별한 가르침의 수행과 공부는 티베트와 다른 나라로 뻗어나갈 것이었다.

뒤쑴 켄파의 말씀에 티베트의 환생에 관한 첫 예언이 있다.

"미래에, 양체 강 근처의 고통으로부터 나의 발심을 이을 자가
나올 것이다."

이 사람이 2대 까르마빠인 까르마 팍시였음을 역사가 보여주고
있으며, 학자들과 명상 스승들이 모두 이를 증명하였다.

첫 까르마빠가 자신의 환생을 예언한 선례는 까르마 팍시에 의
해서도 계속된다. 자신의 제자이며 까르마빠 가르침의 법맥을 이은
둡톱 오겐파(오겐의 명상 스승)에게 2대 까르마빠는 말했다.

태양이 지는 방향으로부터 흑모를 쓴 자가 온다. 이것은 랑중 도르제
와 관련된 예언이다. 당신(오겐파)에게 흑모와 당신이 보관할 경전을 위임
할 인연도 올 것이다. 이것들을 잘 보관하라.

유언장

다른 티베트의 환생 라마들과 달리 까르마빠는 점이나 신학의
예언 혹은 심지뽑기 같은 방법으로 확인되지 않는다. 특별한 업적
을 쌓은 덕분에, 거의 모든 환생 까르마빠들은 '유언장의 숨겨진 말
씀'을 남기는 전통을 지속했다. 앞으로 일어날 일을 내다보는 까르
마빠의 지혜를 통해 유언장에는 다음 까르마빠의 가족 이름·장
소·12간지에 의한 해의 동물 그리고 그와 관련된 여러 징표들을
명확히 밝히고 있다. 이 놀라운 예언에 따라 까르마빠의 가족과 출
생장소를 확인하는 전통이 생겼다.

이런 전통에 따라 제15대 까르마빠 바로 전에, 카캽 도르제는 육

신 형태의 현신을 취소하고, 다음 까르마빠인 랑중 릭뻬 도르제에
관한 문서를 가까운 제자에게 남겼다.[248] '마지막 노래 : 귀에 장식
하는 갈대꽃'이라는 문서는 때가 올 때까지 비밀에 붙여졌다. 이 문
서에 따라 11대 타이 시투[249]가 환생을 찾아내고 확인하는 책임을
맡았다. 이 조사에 근거하여 달라이 라마 성하의 열세 번째 환생인
걀촉 툽텐 갸초는 까르마빠를 인정하는 최종 결정을 내렸다. 오늘
날 까르마빠를 확인하는 방법은, 수세기에 걸쳐 지금까지 내려오는
이와 같은 깊은 역사적 뿌리를 가지고 있는 것이다.

  테르퇸 촉규르 링빠(1829~1870)[250]는 위대한 스승이자 예언자였는데,
많은 다르마 보물들을 발견했다. 그는 19세기에 티베트에서 융성한
종파초월 운동에 참여해서 이름을 날렸다. 그는 구루 린포체의 제
자로서 까르마빠의 환생인 걀와 초걍에 관한 예언을 했다.

  로짜와(역경사) 걀와 초걍, 내 말을 들어보시오.
  성스러운 말씀의 장소, 반달의 궁전에
  당신은 장차 스물한 번 환생할 것이오.
  관세음보살의 화현, 당신은 삼세를 아십니다.

  촉규르 링빠는 계속해서 이후에 태어날 까르마빠의 이름을 열거
하였다.

  텍촉(수승한 수레, 제4대 까르마빠)이 열반에 든 후 그 이름들은
  데웨 닥니(환희 바로 그것, 15대 까르마빠)
  릭뻬 도르제(깨달음의 금강, 16대 까르마빠)
  오겐 틴레(깨달은 행위의 구루 린포체, 17대 까르마빠)

삼텐(고요한 선정, 18대 까르마빠) 등등.

그는 또한 긱 환생들을 얼기히며 17대 끼르미빠에 대해서 다음
과 같이 예언하였다.

근처 돌산에 자라는 푸른 나무 아래에 열일곱 번째 환생의 까르마
빠와 켄팅 타이 시투가 함께 있다. 이것은 이들의 마음이 하나가 되
어 부처의 가르침의 꽃잎이 활짝 피며, 닥포 까규의 핵심인 열매가
풍성하게 열릴 것임을 상징하는 것이다.[251]

구루 린포체의 '숨어있는 예언들'은 원대한 안목으로 말하였다.

나의 화현, 까르마빠의 가르침은
행운의 칼파의 가르침이 마무리되기 전에는 끝나지 않으리라.

■16대에 걸친 까르마빠의 약사

1대 까르마빠 뒤쏨 켄파 • 1110~1193

뒤쏨 켄파는 '삼세를 아는 자'라는 뜻이다. 시간의 세 가지 형태에 관한 지식과 '무시無時의 시간'을 밝게 깨달음은 밝고 온전한 성취를 가리킨다.

동부 티베트 테쇠의 독실한 불교 수행 집안에 태어난 그는 어려서는 게펠이라고 불렸다. 아버지와 함께 공부하여 이미 어린 소년이었을 때 박식한 수행자가 되었다. 그리고 그 지역의 다른 불교 스승들로부터 계속하여 가르침을 받았다. 스무 살에 이미 배움이 높은 경지에 올랐고, 중부 티베트로 옮겨 가서 승려가 되었다. 12여 년을 공부와 명상 수행에 바쳤다. 그는 위대한 논리가이며 중관철학의 위대한 스승인 티베트 논쟁 체계의 창시자인 차파 최기 쎙게(1109~1169)는 많은 중관학 저술들을 티베트어로 번역한 파찹 로짜와 니마 닥파(1055~?) 등 당시 유명한 스승들과 함께 공부했다.

그는 30세에, 티베트 역사상 가장 위대한 요기인 밀라레빠의 정신적 아들 감뽀빠로부터 가르침을 받았다. 뒤쏨 켄파는 우선 까담파 전통의 근본 수행을 수련하고, 이어서 경전을 통해 철학전반을 공부했다. 모든 불교 전통의 기초를 공부하는 수련을 통해 지식의 기초를 확실히 닦아야만 함을 보여 줌으로써 미래의 까규 후배들에게 전범이 되었다. 강력한 금강승 수행에 관해서도 마찬가지였다. 뒤쑴 켄파는 레충빠와 다른 밀라레빠의 제자들로부터 연원하는 종파의 가르침을 전수받아 종합하기도 하였다.

스승들이 전수해 준 수행과 명상에서의 까르마빠의 성취는 그의 천성적 열정으로 엄청나게 증진되었다. 그는 수행에 뛰어나서 빠르게 위대한 성취, 즉 싯디를 이루었다. 이러한 성취는 후배들에게 기적처럼 보이기도 하였다. 까르마빠의 명성은 전설처럼 내려오며 또한 제자들의 마음에 경외와 신념을 불러일으켰다. 이후 모든 까르마빠들은 영감을 주는 능력으로 인해, 단순히 존재한다는 사실만으로도 제자들에게 경외감과 성취할 수 있다는 믿음을 불러일으킨다.

나이 55세이던 1164년, 뒤쑴 켄파는 캄포 네낭에 사원을 세웠다. 5년 뒤에는 동부 티베트 리탕에 팡푹 사원을 열었다. 76세 때에는 동부 티베트의 까르마 귄에 중요한 법좌를 설립했다. 80세가 된 1189년에는 그가 주석한 츄르프 사원을 퇴룽 계곡에 세웠다. 퇴룽 강은 중앙 티베트의 브라마푸트라로 흘러들어 간다.

1대 까르마빠는 미래의 까르마빠들에 대한 예언을 하였다. 특히 그는 자신의 미래 환생을 자세히 밝히는 서류를 남긴 첫 까르마빠였다. 그는 제자 도괸 레첸에게 이것을 주었으며, 그를 다음 전승자로 택했다.

뒤쑴 켄파는 84세에 죽었다. 그의 주요 제자에는 탈룽 까규의 창시자인 탁 룽파, 둑빠 까규의 창시자인 창파 갸레 그리고 카톡 닝마 종파의 창시자인 라마 까담파 데섹 등이 있다.

2대 까르마빠 까르마 팍시 •1204~1283

'팍시'는 '위대한 스승'을 의미하는 몽고에서 온 말이다. 몽고 황제에 의해 증정된 명예로운 자격 혹은 지위임을 알 수 있다.

티베트 동부의 킬레 착토에서 고귀한 요기 집안에 태어난 그는 소년 시절에 카체 판첸에 의해 최진이라는 이름을 받았다. 그는 열 살도 되기 전에 불교 철학과 수행에 대해 박식할 정도로 신동이었다.

중앙 티베트로 공부를 하러 가는 도중, 1대 까르마빠의 정신적 후계자인 도괸 레첸으로부터 까규 전승을 온전히 받은 폼닥빠를 만난다. 폼닥빠는 아주 분명한 비전을 통해, 이 아이가 도괸 레첸이 받은 문서에서 말하는 뒤쑴 켄파의 환생자임을 알아보았다. 폼닥빠는 전통적 관정을 통해 그리고 공식적으로 종파에 내려온 모든 가르침을 젊은 까르마 팍시에게 전승했다. 이후로 모든 젊은 까르마빠는, 전생의 지식과 가르침의 성취에도 불구하고 종파의 승계자로부터 가르침을 받는 것이 공식화되었다.

2대 까르마빠는 생애 전반부 대부분을 안거 명상으로 보냈다. 또한 1대 까르마빠가 세운 사원들을 방문하고 재건했다. 그는 '옴 마니 반메 훔'이라는 주문을 소개한 것으로도 유명하다. 이 만트라는 티베트 사람들이 애송한다.

나이 47세에 3년간 중국 여행을 하게 되었는데, 징기스 칸의 손자 쿠빌라이의 초대로 가능했다. 그가 머무는 동안 까르마빠는 궁정에서 굉장한 기적들을 많이 보여주었다. 여기에 대해 중국·티베트의 역사와 유럽 여행자들의 기록이 있다. 그는 평화 유지자로도 중요한 역할을 했다. 그러나 까르마빠는 궁정을 떠나려 했고, 이것은 쿠빌라이 칸을 불쾌하게 만들었다.

다음 10년간에 걸쳐 까르마빠는 중국·몽고·티베트를 널리 여행했고, 선생으로서 위대한 이름을 낚겼다. 당시 몽고의 지배자였던 쿠빌라이의 형 몽가 칸은 그를 특히 존경했다.

몽가가 죽자 쿠빌라이가 몽고를 지배하게 되었다. 까르마빠가 떠난 데 대한 앙심과 까르마빠가 몽가 칸을 더 따랐던 일로 그는 까르마빠를 체포하라고 명령하였다. 여러 번 체포를 시도했고, 심지어 죽이려고 했지만 압도적인 무력의 우세에도 불구하고 까르마빠를 체포하는 데는 실패했다. 이런 상황에서도 까르마빠는 계속 자비심으로 대했다. 마침내 쿠빌라이 칸은 자신의 적대 행위를 반성하게 되었다. 그는 까르마빠에게 자신의 잘못을 시인하고 가르침을 청했다.

오랜 숙원을 풀기 위해 티베트로 돌아 온 까르마빠는 츄르프에 15미터도 넘는 불상을 세울 것을 지시했다. 완성된 불상이 기울었다. 가장 잘 알려진 까르마빠들의 기적 이야기에 따르면, 까르마 팍시는 기울어진 불상과 똑같은 각도를 취한 후 자세를 바로 했다고 한다. 동시에 불상도 바로 섰다고 한다.

역사 기록에 의하면 2대 까르마빠는 100권 이상의 책을 저술하였다. 이 책들은 한 때 츄르프 사원의 도서관에 보관되었다고 한다. 반열반에 들기 전에 다음 까르마빠의 탄생에 관해 제자인 오겐파에게 자세히 말했다.

3대 까르마빠 랑중 도르제 •1284~1339

중앙 티베트의 창 지역 딩그리 랑코르에서 닝마 종파의 딴뜨라 수행자 집안에 태어난 랑중 도르제는 세 살 때에 바른 자세로 앉아서 자신이 까르마빠임을 선언했다. 다섯 살 때 오겐빠를 만나러 갔는데, 그는 예지적 꿈을 꾸고 손님을 맞을 준비를 하고 있었다. 오겐빠는 이 아이가 까르마 팍시의 환생자임을 알고 그에게 검은 왕관과 2대 까르마빠의 유품 모두를 내주었다.

랑중 도르제는 츄르프에서 자랐으며, 까규와 닝마 전통 모두를 전수받았다. 18세 때에는 사이계를 받았다. 에베레스트 산 기슭에서 안거한 후 비구계를 받았다. 그리고 까담파 종파의 위대한 자리에서 학식을 넓혔다. 이것에 만족하지 않고 당시의 모든 불교 전통의 전문가와 학자들로부터 학문을 구하였다. 공부가 끝날 무렵 그는 인도로부터 티베트로 전래된 거의 모든 불교 가르침을 터득했다.

그가 20대 초반의 안거 수행 중, 아침 해가 뜰 때에 비말라미트라와 빠드마삼바바의 비전을 잇달아 보았다. 이들이 그의 양미간의 한 점으로 녹아 들어갔던 일은 특기할 만하다. 그 순간 깨우쳤고, 닝마 종파의 족첸 딴뜨라의 가르침을 터득했다.

그는 여러 권의 족첸 저술을 남겼으며, 까르마 닝틱 종파를 창시했다. 비말라미트라의 닝마파 가르침에 관해 완벽하게 터득함으로써, 까규의 마하무드라와 닝마의 족첸을 통합할 수 있었다.

35세 때에는 비전을 통해 터득한 칼라차크라 가르침을 이용하여 새로운 점성학을 만들어냈는데, 오늘날까지 전해온다. 이 츄르치, 즉 츄르프의 점성학은, 츄르프 시스템에 의한 티베트력의 기초이다.

그는 의학에도 통달했는데, 이것이 티베트식 점성학에도 부분적 영향을 미치게 된다. 랑중 도르제는 생애 동안 많은 저술을 남겼다. 이 중 전 세계적으로 유명한 『깊은 근원적 의미』(쌈모낭된Zab mo nang don)는 금강승에 관한 티베트 최고 걸작이다.

제3대 까르마빠는 티베트와 중국에 많은 사원들을 건립하였다. 그가 중국을 방문한 1332년에 새 황제 토곤 테무르를 제자로 받아들였다. 랑중 도르제는 나중에 중국에서 죽는다. 죽던 날, 그의 이미지가 달에 나타났다고 전한다. 제자로는 다음 종파 계승자인 걀와 융뙨파와 케둡 닥빠 쎙게 · 될포파 그리고 약데 판첸 등이 있다.

4대 까르마빠 뢸뻬 도르제 •1340~1383

제4대 까르마빠는 중앙 티베트의 공포 지방에서 태어났다. 그의 어머니가 임신 중에 '옴마니 반메 훔'이라는 만트라 소리를 자궁 속에서 들었다고 한다. 아이는 태어나자마자 이 만트라를 말했다고 전한다. 세 살 때 그는 자신이 까르마빠라고 선언했다.

그는 어려서부터 저절로 책을 읽는다든가 꿈속에서 심원한 가르침을 받는다든가 하는 등 까르마빠들의 능력을 나타냈다. 10대 때에 3대 까르마빠의 영적 전승자이자 위대한 닝마 구루인 융뙨파로부터 까규와 닝마 종파의 모든 정식전승을 받았다.

토곤 테무르 황제는 열아홉 살의 까르마빠를 중국으로 초빙하였다. 이를 수락한 그는 도중에 많은 곳을 들러 가르침을 전하면서 중국으로 장기간에 걸친 여행을 갔다. 그는 중국에서 3년간 가르쳤으며 많은 사원을 건립했다. 테무르는 중국의 마지막 몽고 황제였다. 그를 이은 명나라의 황제가 나중에 까르마빠를 중국으로 초대했지만, 라마 한 명을 대신 보냈다.

중국에서 티베트로 돌아오는 길에 쫑카 지방의 한 특출한 아이에게 수계를 주었는데, 이름은 뀐가 닝포로 지었다. 뢸빼 도르제는 이 아이가 티베트 불교에 큰 재목이 될 것이라고 예언하였다. 이 아이가 위대한 스승 쫑카파이며 그는 겔룩파를 창시한다.

훌륭한 시인이었던 뢸빼 도르제는 인도시를 좋아하였다. 놀라운 오도송을 많이 남겼는데 이 형식은 까규 종파를 유명하게 했다. 그의 제자가 91미터가 넘는 부처의 비전을 본 일을 계기로, 까르마빠는 거대한 부처님 탱화 그리는 불사를 지휘한다. 까르마빠가 타던 말의 발굽 자국으로 부처님 상의 윤곽을 그렸다고 전해진다. 이 디자인을 따라 헝겊으로 부처님 상과 대승불교 창시자들의 상을 그리는 작업에는 500명의 일꾼과 5년 이상의 시간이 걸렸다.

뢸빼 도르제는 동부 티베트에서 반열반에 드셨다. 그의 제자들 중 2대 샤마르 린포체인 카최 왕포는 다음 종파 계승자가 되었다.

5대 까르마빠 데신 셱빠 • 1384~1415

5대 까르마빠는 남부 티베트 낭 담 지역의 요기 부모에게 태어났다. 임신 중 이들은 산스크리트 어인 '옴 아 훔' 진언을 염송하는 소리를 들었다고 한다. 태어나자 곧바로 앉은 아이는 자신의 얼굴을 훔치더니 "나는 까르마빠다. 옴마니 반메 훔 흐리"라고 말했다.

꽁포의 차와푸에 데려 온 아이를 본 카최 왕포는 즉석에서 그가 뢸빼 도르제의 환생임을 알아보았다. 그리고 검은 왕관과 4대 까르마빠의 다른 유품들을 내주었다. 그는 까규 가르침 전체를 까르마빠에게 전승해 주었으며, 까르마빠는 곧 전통수련을 마쳤다.

까르마빠를 관세음보살의 비전으로 보고 나서, 중국의 영락제가 그를 중국으로 초대했다. 스물세 살에 출발하여 3년 후에 황궁에 도착하였다. 영락제는 까르마빠를 구루로 모시고 매우 깊은 신심으로 배웠다. 중국 기록에 의하면 까르마빠는 깊은 신심에 대해 100일간의 기적으로 화답했다고 전한다. 황제는 이 사건들을 후세에 전하기 위해 각국어로 기록한 비단그림을 만들었다. 앞의 두 까르마빠들의 전례를 따라 데신 섹빠도 곧 이어 순례 길을 떠났으며, 유명한 오대산 성지에 있는 그의 사원들을 방문하였다.

얼마간의 깨달음을 성취한 황제는 지혜 금강 왕관을 머리에 쓴 까르마빠의 비전을 보았다. 까르마빠의 이 초월적인 면을 보고 모든 중생들이 가피를 입을 수 있도록 황제는 그가 검은 왕관의 모습으로 보았던 지혜의 금강 왕관을 만들도록 지시하였다. 그는 이것을 구루에게 선물했고, 특별한 행사에 씀으로써 그것을 본 중생들이 깨달음을 얻도록 해달라고 청했다. 검은 왕관 의식은 이렇게 시작된 것이다. 황제는 까르마빠에게 최고의 직위를 내리기도 했다.

1410년에 데신 섹빠는 지진으로 부서졌던 사원 재건사업을 위해 츄르프로 돌아왔다. 그는 최팔 예셰의 환생 샤마르를 확인했으며, 3년 동안 명상 안거를 했다. 다음 종파 계승자는 까르마빠의 제자인 라트나바드라였다.

일찍 죽을 것이라는 것을 안 그는 앞날의 재탄생을 알리는 문서

를 남기고 31세의 나이로 반열반에 들었다. 화장을 한 그의 재에서
는 부처의 형상을 한 사리가 많이 나왔다.

6대 까르마빠 통와 된덴 •1416~1453

6대 까르마빠는 동부 티베트 지방 까르마 괸 인근의 곰퇴 샤캄
에 있는 독실한 요기 집안에 태어났다. 그가 태어난 지 얼마 안 되
어 어머니가 그를 데리고 5대 까르마빠의 제자인 곰파 차델 앞을
지나가게 되었는데, 갑자기 매우 흥분하는 것이었다. 곰파 차델이
그 아이의 이름을 물어 봤다. 아이는 미소 지으며 "나, 까르마빠야"
라고 대답했다. 곰파 차델은 아이를 7개월간 돌본 후 까르마 괸으
로 데려 갔다.

어린 통와 된덴의 교육이 곧바로 시작되었다. 샤마르 최팔 예세
가 까르마 괸에 찾아와 까르마빠의 대관식을 가졌다. 통와 된덴은
샤마르 최팔 예세·잠양 닥빠 그리고 켄첸 네푸와 등에게 까규 법
통을 전수받고 교육을 받았다. 라트나바드라가 그의 전담 스승이었
다는 것도 특기할 일이다. 젊은 나이에 그는 딴뜨라 의식 시를 많이
지었으며, 나중에는 캄짱 종파의 예배 의식을 완성했다. 그는 샹파
까규 및 시제(꼐의 가르침으로, 이기심을 끊어버리는 것) 종파를 까규 법맥으로 합
류시켰다.

그는 시작詩作과 교육, 티베트 내의 사원재건, 책 인쇄, 승가의 재
건 등의 활동에 헌신했다. 까르마 까규 종파에 셰다(강원) 체계를 도
입했다.

일찍 죽을 것을 안 그는 안거에 들어 가 1대 걀찹인 고시르 팰조르 돈둡에게 섭정을 시키고, 다음 환생에 관해 알렸다. 6대 까르마빠의 정신적 계승자는 '마하무드라 법맥 기원문'을 저술한 펜기르 잠양 쌍뽀였다. 이 유명한 까규 종파의 기원문은 마하무드라를 깨달으면서 저절로 나온 것이라 한다. 통와 된덴은 1453년 38세의 나이로 반열반에 들었다.

7대 까르마빠 최닥 갸초 •1454~1506

북 티베트 치다의 딴뜨라 수행자 집안에 태어난 7대 까르마빠는 태중에서 '아마 —라'(어머니)라고 말했다. 태어날 때 그는 궁극(밝은— 공성)을 지칭하는 산스크리트어 진언인 '아 훔'이라고 말했다 한다. 태어난 지 5개월이 되었을 때에 '이 세상에는 공성만이 존재한다'라고 말했다고 한다.

아이가 태어난 지 9개월이 되자 그의 부모는 고시르 걀찹 린포체에게 데려 갔다. 그는 아이가 6대 까르마빠의 유언장대로 7대 까르마빠임을 알아보았다. 네 살 때 고시르 팰조르 돈둡으로부터 일련의 관정을 받았다. 여덟 살 때 까르마 괸에서 펜가르 잠양 쌍포 그리고 고시르 팰조르 돈둡으로부터 가르침을 받았다.

최닥 갸초는 일생 중 많은 시간을 안거로 보냈다. 그는 또한 「삼계의 등불」 주석서 등 많은 저술을 남겼다. 그 중 유명한 것은 여러 권으로 된 「논리의 바다」라는 「프라마나」 주석서이다.

까르마빠는 츄르프 등의 장소에 승가 대학들을 공식적으로 설립했다. 또한 츄르프에 까르마 팍시가 세운 큰 불상을 재건하기도 했다. 활동가였던 그는 논쟁을 조정하고 동물보호운동을 했고 다리를 놓았다. 그리고 보드가야에 금을 보내 부처님이 깨달은 곳에 세워진 불상에 금박 입히는 것을 도왔다. 모든 질병을 치료하는데 '옴 마니 반메 훔' 만트라를 몇 백만 번이고 염송할 것을 많은 사람들에게 장려했다. 53세에 입적하기 전, 그는 자신의 다음 환생을 자세히 밝힌 후 법통을 타이 시투 따시 팰조르에게 넘겼다.

8대 까르마빠 미꿰 도르제 •1507~1554

8대 까르마빠는 동부 티베트 곰추의 카르티푹 지방 사탐이라고 불리는 작은 마을에서 독실한 요가 수행자 집안에 태어났다. 태어나면서 '나는 까르마빠다'라고 말했다고 한다. 이 소식을 들은 타이 시투파는 이 아이를 새 까르마빠로 확인했다. 그는 그 후 몇 년을 까르마 괸에서 살았다.

그가 다섯 살 때에 암도에 사는 한 아이가 까르마빠라고 주장했다. 까르마빠의 섭정인 걀찹 린포체가 츄르프를 떠나서 두 아이들을 다시 조사했다. 미꿰 도르제를 보는 순간 걀찹 린포체는 자신도 모르게 오체투지로 절을 하게 되었다. 그가 진정한 까르마빠임을 깨닫게 된 것이다.

전 까르마빠의 제자들인 타이 시투 린포체와 고시르 걀찹 린포체 등은 시험문제를 냈다. 아이는 답을 맞추었을 뿐 아니라 '에 마호! 의심하지 말라, 내가 까르마빠다'라고 하였다. 걀찹 린포체는 그가 여섯 살 되던 다음 해에 대관식을 올렸다.

미쩨 도르제는 쌍개 넨빠 따시 팰조르·둘모 따시 외세르·닥포 따시 남갈 및 까르마 틴레빠 등과 같이 공부했다. 그는 까규 종파의 주요 가르침을 쌍개 넨빠 따시 팰조르로부터 배웠다. 아직 어렸을 때, 까르마빠는 중국 황제로부터 초청을 받았다. 그러나 그가 도착하기 전에 황제가 죽을 것이라는 이유로 거절하였는데, 과연 그 예언은 사실로 나타났다.

까르마빠 중에서도 미쩨 도르제는 탁월한 분이었다. 위대한 명상 스승이자 박식한 학자요, 중요한 주석서들과 딴뜨라에 관한 명확한 해설 등 30권 이상의 저술가이기도 했다. 그는 또한 앞을 내다보는 예술가였다. 그의 까르마 가디 스타일은 탕카 예술의 일가를 이루는 것이다. 까르마 까규 학파에서의 수행 의식 및 의식 문집, 사다나 등을 만들어냈다.

8대 까르마빠는 까르마빠와 구루 린포체가 불가분리의 관계임을 밝히기도 했다. 구루 린포체는 부처가 깨달음의 행위를 실천하는 하나의 방편으로 이해된다. 불교 세계관에 의하면 우주에는 1천 명의 부처가 나오리라 한다. 까르마빠와 구루 린포체는 모두 이 모든 부처들의 불사佛事라고 한다.

죽음이 임박한 것을 예견한 미쩨 도르제는 예언 문서를 샤마르 핀촉 엔락에게 맡기고 47세를 일기로 입적했다. 샤마르 핀촉 엔락과 빠오 쭈글락 텡와가 그의 제자들이다. 예언 문서에는 '이 생 이후의 생에서 나는 영광스럽고 홀로 일어선 왕(왕축)으로 내어날 것이다. 북쪽 눈 내리는 트레쇠 지역의 동쪽에, 물소리가 나고 다르마를 들을 수 있는 곳에 태어날 것이다. 내가 그곳에 태어나는 것이 그리 먼 이야기가 아님을 나타내는 징표를 보았다.'

9대 까르마빠 왕축 도르제 •1556~1603

8대 까르마빠가 예측한 대로 9대는 동부 티베트의 트레쇠에서 태어났다. 그는 임신 중 뱃속에서 만트라를 염송했고, 태어난 지 3일 만에 가부좌를 틀고 자신이 까르마빠라고 선언했다고 한다.

그는 인근에 머물고 있던 타이 시투빠 최기 고차와 샤마르빠 꾄촉 엔락에 의해, 8대 까르마빠의 예언에 따라 곧 까르마빠로 확인되었다. 1년 후 샤마르빠는 여섯 살이 된 그에게 대관식을 치르고 깊은 가르침을 베풀었다.

왕축 도르제는 까규 전승을 마치고 티베트 전역을 여행하며 명상 수행을 위해 사원에 머물고 가르침도 베풀었다. 몽고와 부탄을 여행했지만 중국에는 가지 않았다. 그가 가는 곳마다 사원을 건립했다.

까르마빠가 시킴에 초청되어 갔을 때, 그의 지도로 룸텍·포동 그리고 랄랑 세 곳에 사원을 지었다. 그는 티베트에서 이들을 축복했다. 룸텍은 1960년대 초에 인도의 까르마빠 주석 사원이 되었다.

왕축 도르제 또한 창의적 저술을 많이 남겼다. 불경과 딴뜨라 주석서가 많은데, 이중 세 권의 마하무드라 주석서가 유명하다.

왕축 도르제는 48세에 입적했는데, 다음 환생을 제시한 예언 문서를 6대 샤마르빠인 최키 왕축에게 남겼다.

10대 까르마빠 최잉 도르제 •1604~1674

예언대로 10대 까르마빠는 티베트 북동의 고록 지방에서 태어났다. 그를 인정하고 대관식을 치러 준 것은 샤마르 최키 왕축이었는데, 까규 전승교육도 시켰다.

여섯 살 때 이미 그림과 조각에 능하여 스승을 능가하는 경지에 이르렀다. 최잉 도르제는 전쟁과 정치적 분쟁을 예견했다. 그는 중앙 티베트에서 쫓겨날 것을 예상하고, 거의 모든 재산을 가난한 사람들에게 나누어주고 고시르 걀찹을 대리인으로 내세웠다.

몽고 구시리 칸 군대가 시가체를 포함한 티베트 대부분을 공격했고, 나라 전체가 피폐해졌으며 결국 까르마빠 진영이 함락되었다. 쫓겨난 최잉 도르제는 티베트 전역을 여행하고, 부탄의 외진 곳에서 3년을 살았다. 그는 나중에 오늘날의 네팔·부탄·운남 북부 지역 등을 여행했다. 까르마빠는 가는 곳마다 다르마를 전했으며 사원을 세우기도 했다.

다시 고국으로 돌아온 것은 20여 년이 흐른 후였다. 티베트 정치 상황도 호전되었다. 제5대 달라이 라마인 응와왕 롭상 갸초가 티베트의 공식적인 지배자가 되었으며, 이 지위는 다음 환생자들이 계승해 내려갔다.

11대 까르마빠 예셰 도르제 • 1676~1702

예셰 도르제는 동부 티베트 지역의 마쇠 지역에서 독실한 불교 집안에 태어났다. 10대 까르마빠의 예언에 따라 샤마르 예셰 닝포 그리고 걀찹 노르부 상포에 의해 다음 까르마빠로 확인되었다. 예셰 도르제는 중앙 티베트의 츄르프 사원에서 대관식을 올렸다.

예셰 도르제는 샤마르빠로부터 가르침과 마하무드라 전승을 받았다. 또한 빠드마삼바바의 비밀 가르침인 뗄마에 관해 용게 밍구르 도르제와 탁샴 누덴 도르제로부터 가르침을 받았다. 예셰 도르제는 위대한 예언자로서 많은 기적을 보였다.

예셰 도르제는 8대 샤마르빠인 팔첸 최키 돈둡을 찾아냈다. 그는 후에 충실한 제자가 되었고 다음 전통 계승자가 되었다. 애석하게도 그는 까르마빠 중 가장 수명이 짧았다. 그의 짧지만 귀한 재임기간 중 까규와 닝마 가르침들이 융합되었다. 다음 환생 등 상세한 유언을 샤마르 팔첸 최키 돈둡에게 남기고 입적했다.

12대 까르마빠 장춥 도르제 ● 1703~1732

선임자의 예언대로, 12대 까르마빠는 동부 티베트의 데게 지방에 있는 킬레 착토르에서 태어났다. 최키 돈둡이 탐색반을 보냈고 이들은 아이를 까르마 권으로 모셔와 샤마르빠를 만나 선임 까르마빠의 예언과 지시에 따라 인정되었다.

어린 까르마빠는 많은 훌륭한 스승으로부터 가르침을 받았다. 카톡 승원의 닝마 스승들로부터 고귀한 까규 가르침을 받았으며, 닝마 가르침도 배웠다.

장춥 도르제는 혼란한 티베트를 떠나 인도와 네팔 순례 여행을 떠났는데 샤마르 · 시투 그리고 갈찹 린포체들이 수행했다. 그는 네팔 왕으로부터 특별히 환영을 받았다. 왕은 그 당시 창궐한 역병을 잠재우고 오랜 기간의 가뭄을 끝내고 비를 내려준 데 대해 감사했다. 인도에서는 부처님 성지를 방문했다.

티베트에 돌아온 그는 중국의 초청으로 샤마르빠와 함께 길을 떠났다. 그러나 정치적 상황을 예견하고 또한 몸을 버려야 할 것을 깨달은 까르마빠는 8대 타이 시투파에게 편지를 보내 그의 다음 환생을 상세히 말하였다. 그리고 홍역으로 입적하였는데 샤마르빠도 이틀 후 죽었다. 타이 시투파가 다음 영적 전승자가 되었다.

13대 까르마빠 도될 도르제 •1733~1797

예언한 대로 13대 까르마빠는 남부 티베트의 니엔에서 태어났다. 타이 시투파 최기 융네가 찾아냈으며 츄르프로 모셔왔다. 그는 네 살 때 인정받았고 고시르 걀찹 린포체가 대관식을 올렸다.

여덟 살부터 까규 전통 전승과 가르침을 타이 시투파로부터 받았다. 당시의 닝마와 까규 종파의 위대한 스승들인 카톡 릭진 체왕 노르부·까규 틴레 싱타·파오 쭈글락 등에게 가르침을 받았다. 한 번은 조워 불상으로 유명한 조캉 사원에서 홍수로 위험에 처한 적이 있었다. 구루 린포체의 예언에 의해 이미 예견된 일이었으며, 오직 까르마빠만이 막을 수 있다고 했다. 이 예언을 알고 있던 라싸 당국은 그를 오도록 요청했다. 츄르프를 떠날 수 없었던 그는 관세음보살의 특별한 은총을 비는 축복의 편지를 보내서 문제를 해결했다. 그 후 13대 까르마빠는 라싸로 돌아와서 조워 불상에 카타를 공양하였다. 불상의 팔이 이를 받으려고 움직였는데, 그 후에도 그 형태를 유지해 오고 있다고 전해진다. 도될 도르제가 멀리 떨어진 사원의 축원을 빈 적이 있었다. 츄르프에 머물면서 그는 공중에 쌀을 던져 행사를 축복했다. 수백 킬로미터 떨어진 사원에는 하늘로부터 축복의 비가 내렸다고 한다.

도될 도르제와 타이 시투파 그리고 카톡 릭진 체왕 노르부는 샤마르빠의 환생으로 최둡 갸초를 인정했다. 그는 4대 판첸 라마인 뺄덴 예세의 동생이기도 하다. 13대 까르마빠는 자신의 환생에 관한 상세한 예언 편지와 지시를 남기고 입적했다. 그의 영적 계승자는 시투파 뻬마 닌체이다.

14대 까르마빠 텍촉 도르제 ●1798~1868

텍촉 도르제는 한 여름에 동부 티베트의 캄 지역, 다낭 부락에서 태어났다. 역사에 의하면 꽃들이 저절로 피어나고 많은 무지개가 나타났으며, 아기는 산스크리트어로 말했다고 한다. 그는 13대 까르마빠의 유언을 맡아 온 둑첸 뀐식 최키 냥와에 의해 인정되었다. 14대 까르마빠는 대관식 후에 19대 타이 시투파에 의해 수계를 받았다. 시투파 케마 닌체 왕포와 둑첸 뀐식 최키 냥와에 의해 전승교육을 받았다.

14대 까르마빠는 이상적인 라마로서 소박한 일생을 살았다. 시와 변론에 재주가 있었으며 리메(종파초월)운동에 참여했다. 많은 학자들이 다른 전통의 가르침에 관심을 가지게 되었다. 이 교류는 까규와 닝마 전통에서 활발했으며, 까르마빠는 잠곤 꽁튤 린포체에게 가르침을 전수했다. 첵촉 도르제는 닝마의 예언가이자 보물 탐색가인 촉규르 링파에게 딴뜨라를 배웠으며, 이 의식들은 나중에 츄르프 달력에 포함되었다.

촉규르 링파는 21내 까르마빠에까지 이르는 예견을 하는데, 이 예견들은 기록되어 탕카로 전달된다. 14대 까르마빠의 영적 계승자는 잠곤 꽁툴 로되 타예이다. 그는 종파초월 운동을 이끈 위대한 스승이며 많은 저작을 남겼다. 텍축 도르제는 71세에 입적하면서 다음 환생에 관한 상세한 유언을 남겼다.

15대 까르마빠 카캽 도르제 •1871~1922

카캽 도르제는 중부 티베트 창 지방의 세까르 마을에서 태어났는데, 양미간에 장엄한 원형 털이 나 있었다.(젊은 석가모니에게서 볼 수 있는 32상 중 하나이다.) 그는 태어날 때 관세음보살 주문을 말했다고 한다. 19세기 티베트의 종파초월 운동의 주요 지도자인 꺕귄 둑첸 그리고 미규르 왕기 걀포·잠곤 꽁툴·잠양 켄체 왕포·테르첸 촉규르 링파 및 파오 쭈글락 닌체 등이 그를 인정하고 대관식을 올렸다.

그는 많은 위대한 학자들로부터 철저한 교육을 받았다. 나중에는 까규 전승을 잠곤 꽁툴 로되 타예로부터 받았다. 이외에도 모든 티베트 불교의 전통을 담은 100문집을 전승해 주었다. 의학·예술·어학 및 불교학 일반에 대해서도 가르쳤다. 켄첸 따시 외쎄르에게도 배웠다.

그는 티베트에서 가르침과 관정 수여 등의 활동을 계속했고, 출판을 함으로써 귀한 책들을 많이 보존했다. 카캽 도르제는 까르마빠 전통에서는 처음으로 결혼했다. 세 명의 자식 중 한 명은 2세 잠 곤 꽁툴로 인정된 뺄덴 켄체 외쎄르이다. 까르마빠는 중생을 위해 끊임없는 배움의 열정을 보여준 보살의 귀한 예라고 할 수 있다.

타이 시투 뻬마 왕축 걀포, 잠곤 꽁툴 뺄덴 켄체 외쎄르 그리고 베루 켄체 로되 미쎄 잠뻬 고차 등이 그의 제자들이다. 입적 몇 해 전에 측근에게 유언장을 남겼다.

16대 까르마빠 랑중 릭뻬 도르제 • 1924~1981

16대 까르마빠는 동부 티베트의 데게 지방에 있는 덴코크에서 아 퉵이라는 명문가에 태어났다. 데게의 스승들로부터 보살 아들을 낳 을 것이라는 가르침을 받은 그의 어머니는 한때 구루 린포체가 머물 던 먼 곳의 신성한 동굴에서 출산을 기다렸다. 임신 중 한번은 태어 날 아기가 하루 종일 사라졌던 일이 있었다 한다. 다시 어머니 뱃속 으로 돌아온 아기는 정상적인 크기로 태어났다. 사람들은 그가 사라 질 때 어머니에게 곧 떠나겠다고 말하는 것을 들었다고도 한다.

태어날 때의 상황들은 수행하던 잠뺄 출팀에게 건네 준 15대 까 르마빠가 예언한 새로운 환생에 관한 유언장과 딱 들어맞았다. 잠 뺄 출팀은 유언장을 츄르프 사원의 고위층에게 넘겨주었다. 이들은 타이 시투파와 베루 켄체 그리고 잠곤 꽁툴에게 검토하도록 의뢰했 다. 탐색반이 곧 환생자를 찾아냈다. 11대 타이 시투파는 아이를 걀 와 까르마빠의 환생으로 인정하고 달라이 라마 성하의 확인을 요청 했다.

까르마빠는 15대 까르마빠의 제자인 타이 시투파와 잠곤 꽁툴 린포체에 의해 수계와 서원을 받았다. 달라이 라마의 확인이 뒤따랐다.

데게에 살던 여덟 살 때, 츄르프로부터 흑모와 까르마빠의 법복을 승계받았다. 팔풍 사원으로 가는 도중에 데게 사원 출판국에 들러 축복을 주었다. 이것은 이후 인도에서의 불경 출판을 암시하는 일이었다. 타이 시투파가 16대 까르마빠인 랑중 깝닥 릭뻬 도르제의 대관식을 올렸다. 타이 시투파는 츄르프 여행을 수행했으며, 도착하여 고시르 걀찹 린포체와 잠곤 꽁툴 린포체 그리고 네낭 파오 린포체의 영접을 받았다.

츄르프에 도착한 까르마빠는 13대 달라이 라마의 영접을 받았고, 삭발식을 가졌다. 그러는 와중에 달라이 라마는 까르마빠의 머리 위에 지혜의 왕관이 씌워진 비전을 보았다.

삭발식 이후, 까르마빠는 타이 시투파와 둑빠 까규 학파의 수장으로부터 츄르프 그의 사원에서 공식 대관식을 거행받았다. 그는 타이 시투파 뻬마 왕축 걀포 그리고 잠곤 꽁툴 뺄덴 켄첸 외쎄르에게 까규 종파의 전승교육을 받았다. 16대 까르마빠는 이외에도 많은 경전은 강카르 린포체에게, 딴뜨라 가르침은 켄첸 린포체에게 배웠다. 잠곤 꽁툴 뺄덴 켄체 외쎄르는 마하무드라 전승을 가르쳤으며, 당시 유명한 다른 스승들에게도 배웠다. 그는 리탕 팡푹 사원을 방문하여 딱딱한 바위에 발자국을 남기기도 했다.

1941년부터 1944년 사이에 많은 시간을 츄르프 사원에서 안거하였으며 이 시기에 사원은 확장되었다. 1944년 이후로, 까르마빠는 인도를 포함한 히말라야 주변의 불교 국가들과 관계를 강화해 나갔다. 남부 티베트를 순례 중이던 까르마빠를 부탄 왕인 직메 도르제

왕축이 초대하였다. 까르마빠 일행은 부탄의 붐탕 등의 지역을 방문하여 많은 영적 행사에 참여했다.

1947년, 까르마빠 일행의 순례단은 네팔·인도 그리고 시킴을 찾아 주요 성지를 방문했다. 부처의 탄생지인 네팔의 룸비니, 첫 설법을 편 사르나트, 부처가 깨달았던 보드가야 그리고 북부 인도의 키나우르와 푸랑을 거쳐 카일라스를 돌아 본 까르마빠 일행은 다음 해에 츄르프 사원으로 돌아왔다.

달라이 라마와 까르마빠 등 티베트의 고승들이 1954년에 중국을 방문했다. 돌아오는 길에 동부 티베트의 사원들을 방문했다. 2년 후, 일행은 시킴을 방문하였고 그 길로 순례를 계속하였다. 달라이 라마와 판첸 라마 그리고 까르마빠는 인도를 방문하고, 인도 대승 불교연합의 초청으로 부처 탄생 2500주년 기념식에 참석하였다. 이 때 다시 한번 성지를 순례하였다.

이 여행을 통해 그는 제자들인 시킴 국왕 초걀 따시 남걀, 부탄의 불교도 공주인 아시 왕모 등과 가까운 사이가 되었다. 시킴 국왕은 룸텍으로 그를 초대하였다. 이곳 사원은 9대 까르마빠가 16세기 말에 건립하였다. 까르마빠는 당시에는 방문할 수 없었지만 언젠가 방문하겠노라고 했다.

그는 중국 공산정권이 티베트를 침공할 것과 불교에 대한 탄압을 예견하였다. 그리고 달라이 라마에게 1959년 봄에 고국을 떠나겠다는 의향을 밝혔다. 까르마빠는 많은 추종자들을 데리고 츄르프를 떠나 티베트로부터 망명한다. 탈출을 주도한 것은 당시 까르마빠의 사무국장인 담최 왕뒤였다. 일행은 불상·그림·사리함 및 까르마빠 종파의 유물 등을 챙겨 왔다. 적절한 시기와 준비로 부탄으로의 여행은 비교적 순조로웠다. 3주 걸려 부탄에 도착한 일행은 부탄 고위 관리의 정중한 영접을 받았다.

시킴 국왕은 까르마빠에게 공식 초청을 제의했고, 두 달 후 일행은 시킴의 강복에 도착했다. 따시 남샬 국왕이 제안한 두 곳 중에 룸텍을 선택한 까르마빠는 티베트 밖에서 그가 주석할 곳으로 생각한다고 하였다. 비록 언젠가는 티베트로 돌아가야 하지만. 최걀이 제의한 후, 까르마빠와 일행은 강톡을 떠나 룸텍으로 향했다. 9대 까르마빠가 건립한 지 수백 년이 지난 1959년의 룸텍은 거의 폐허에 가까웠다. 주변 환경도 전혀 개발되지 않아 까르마빠 일행이 사용할 시설이 거의 없었다. 까르마빠와 선생들 그리고 신도들은 사원과 주변 마을을 건립할 자금이 모아질 때까지 임시 거처에서 수년간을 지냈다.

3년 후 건설이 시작되었다. 시킴의 새 국왕이 새 사원의 초석을 놓았다. 까르마빠와 담최 왕뒤의 지도 아래 건설이 진행되었다. 자금은 주로 시킴의 황족들로부터 나왔고 인도 정부의 도움도 받았다. 이것은 모두 까르마빠와 판디트 네루와의 만남에서 이루어진 성과였다.

룸텍 건설에는 4년이란 시간이 걸렸다. 츄르프에서 가져 온 성스러운 유물들이 안치된 것은 1966년이었다. 티베트 새해 설날에 16대 까르마빠는 새 주석의 공식 취임을 선언했다.

"영광의 까르마빠가 주석하는, 연구와 영적 수행의 장소가 될 다르마차크라센터인 것입니다."

1974년에는 세계 순방에 나서서 미국과 캐나다 그리고 유럽을 방문했다. 선생들과 승려·직원 등을 거느린 까르마빠는 서양에서는 처음으로 흑모 의식을 거행하고 관정을 주었으며 불법을 가르쳤다. 다음 해 1월에는 로마로 가서 교황 요한 바오로 6세를 만났다.

1976년과 1977년 사이에는 서양을 포함하여 4대륙을 순방하는 대대적인 여행길에 올라 국가 원수들·종교 지도자들과 많은 다른 종파들과 사람들을 만났다.

1979년 11월 28일 뉴델리에 건립된 까르마 다르마차크라센터 준공식에 축복을 내렸다. 여기에는 인도의 대통령과 총리도 참석했다. 이 센터는 학문과 명상 그리고 번역의 중심지가 될 것이었다.

까르마빠의 마지막 순방이 된 1980년 여행에서는 그리스·영국·미국 그리고 서남 아시아 등을 방문하였다. 그는 설법과 흑모 의식·관정·인터뷰·강연 등 보살행을 베풀었다.

1981년 11월 5일 까르마빠는 일리노이 주 시온의 미국 국제병원에서 입적했다. 그의 꾸둥(몸)은 인도로 공수되어 룸텍 사원에서 12월 20일 다비식을 치렀다. 인도의 고위층을 포함한 세계 각국에서 수천 명에 이르는 제자들이 참석했다.

다음날, 사무국장 담최 왕뒤의 요청에 의해 까르마 까규 총회가 룸텍에서 열렸다. 그는 샤마르 린포체·타이 시투 린포체·잠곤 꽁툴 린포체 및 고시르 걀찹 린포체에게 까르마 까규 법통의 영적 사업인 대표단에 참여해 줄 것을 요청했다. 또한 까르마빠의 유언에 적힌 대로 다음 환생자를 찾아내서 환생을 밝혀 달라고 부탁했다. 네 사람의 린포체들은 이 과업을 수락했으며 16대 까르마빠의 희망을 진지하게 수행할 것을 약속했다.

*까르마빠의 약사는 족첸 폰롭 린포체가 썼다.

■ 16대 까르마빠의 시

　　노래와 이미지의 형태인 다음 세 시들은 티베트의 시적 전통과 역사적 기록으로 볼 수 있다. 이 시들은 티베트인들의 망명과 중국의 침략이 무엇을 의미하는가를 그리고 까르마빠와 달라이 라마 그리고 시투 린포체와의 관계를 보여준다. 이 중요성을 알고 있는 탕구 린포체가 번역을 제의하였고 친절하게 도와주었다.

　　이 시들은 비슷하게 망명할 수밖에 없었던 16대, 17대 까르마빠의 생애를 상기시킨다. 두 까르마빠 모두 인도에 망명했으며 달라이 라마와 시투 린포체와 깊은 관계를 맺었고, 그들의 비전을 시로 표현했다.

■노래

이 노래는 알라 탈라 탈라
알라는 이렇게 일어났다는 것
탈라는 말로 이렇게 표현됐다는 것

정토의 나라, 초록 잎들이 많은 곳
휘황한 왕관의 흰 고둥
장수의 신, 어머니 타라
그녀에게 가슴속 깊은 기도를 올린다.
오래 사시기를

장소를 모르신다면
팔풍의 안거처입니다.
나를 모르신다면
높은 슈크라 언덕의 기쁨을 생각해 보세요.
그리고 슈크라 언덕 낮은 곳의 기쁨을

두 슈크라 언덕 사이에
한 아이가 차장 덴마에서 내려옵니다.
그의 이름은 툽텐 겔렉입니다.

지금은 아니지만 먼 훗날 결정되지요.
독수리도 나도 어디로 가야할지 알지요.
독수리는 하늘로 솟아 사라집니다.
인간들은 인도로 갑니다.
봄이 오면 뻐꾸기가 손님으로 오지요.
가을이면 곡식이 익고 어디로 갈지 알지요.
오직 동쪽으로 인도로 갈 생각뿐입니다.

풍요의 땅 티베트의 높고 낮은 사람들은
특히 당신 타이 시투, 보호자 미륵불 왕이시여
우리들 정수리 위에 계시는 분이여
당신의 행위가 하늘에 있는 해와 달처럼
계셔서 고요히 걸림 없으시기를

우리가 다시 또 다시 만나기를 기원합니다.
세 뿌리들―라마, 이담 그리고 다키니―
그를 보호하시어 장애물을 없애소서.
여기 기록한 이 말씀 마디마디 당신이 유념하소서.

60갑자를 열여섯 번째 돈, 철 용의 해(1940년)에, 16대 까르마빠 환생자인 랑중 릭뻬 도르제가 열일곱 살 때에 팔풍 최코르 링에서 이 노래를 짓다. 장엄하시기를.(1994년 번역하고, 2000년과 2002년에 수정하다.)

주석

이 유명한 시는 16대 까르마빠가 열일곱 살 때 지은 것이다. 중국 침략으로 티베트인들이 피난 가는 것을 예언하고 있다. 19년 후인 1959년에 예언이 현실로 나타나 티베트인들은 전 세계로 도망쳐 나온다. 많은 피난민들이 이 애처로운 시를 외고 있다.

음악적으로 들리는 시작부분 '알라 탈라 탈라'는 이 시의 기원을 말한다. 처음에 '어머니 따라'에게 장수를 방해하는 장애물을 없애 달라는 기도로 시작한다. 그녀의 세계는 '초록 잎'이라고 하는 곳이며, 어머니라고 부르는 것은 그녀가 반야의 지혜와 깊은 관계가 있기 때문인데, 그녀가 바로 모든 부처의 어머니인 것이다.

'팔풍'은 시투 린포체 사원의 이름이다. 동부 티베트의 데게 남쪽 산속에 있으며, 까르마빠가 이 노래를 쓴 곳이다. 다음 줄에서 말하는 것은 까르마빠 자신이다. 그는 슈크라 강의 높고 낮은 사이에서 태어났다. '툽텐 겔렉'은 까르마빠로 인정되기 전에 쓰던 그의 이름이다. 까르마빠 집안의 계보는 차상 덴마로부터 시작하는데, 그는 링의 게사르의 장관 중 한 사람이었다. 또한 구루 린포체의 화현이기도 하다.

다섯째 연의 '먼 훗날'은 티베트인들의 피난을 암시한다. '독수리'가 하늘로 높이 솟구치며 먼 곳을 잘 보는 것은 까르마빠와 티베트인들이 인도로 가는 것을 암시한다. 16대 까르마빠는 새를 좋아했는데, 자신과 새를 대비시키는 것은 뻐꾸기에서도 볼 수 있다.

다음은 계절이 바뀌어 봄이 되면 뻐꾸기가 오고 가을에는 떠난다. 이것은 까르마빠가 때가 되어 '동쪽의 인도로' 갈 수밖에 없음을 암시한다. 그는 결국 시킴의 룸텍에 자리를 잡는다.

마지막 두 연은 티베트 사람들, 특히 타이 시투 린포체를 위한 기도이다. 시투 린포체의 전 화현은 16대 까르마빠에게 보살계와 비구계 및 법맥의 전승을 내려주었으며, 팔풍에서 대관식을 올려준 분이다. 까르마빠는 '다시 또다시 만나기를' 빈다. 자기가 다음 환생에 17대 까르마빠가 되어 태어날 때, 시투 린포체가 찾아냄으로써 다시 만나게 되는 것을 가리킨다.

가야 할 자의 노래

벌의 아름다운 노래

이 노래는 알라 알라 알라.
즉, 탈라 탈라 탈라.
알라는 태어나지 않은 이의 노래라는 것
탈라는 그를 부르는 말

장소를 모르신다면
아카니시타의 가슴 차크라
영광의 차크라삼바라의 만다라에
도워 계곡의 츄르프가 그가 주석하는 곳이라네.

나를 모르신다면
'덴' 가문에 속하는 귀한 자손
내 이름은 릭될 예셰라네.

이 승리의 깃발은 닥포 법맥의 영광스런 가르침
높이 들어 세상 꼭대기에 있다고 말하네.

그 중 마지막에 들어 높이 내려가지 않는다네.
아버지 라마의 구두 전승을 받들어
깊은 본원직 지혜를 내보이는 위대함의 원성이리네.

하얀 눈의 나라에서 온 이 터키 사자 갈기는
훗날 이 나라를 풍미한다고 그들은 말하네.
멋진 백단나무 숲속에 거대한 호랑이가 사네.
우렁찬 포효와 새벽 구름 빛나는 색깔
사악한 짐승들을 남김없이 정복하네.

나는 진리를 승리자의 힘을 말하네.
호수 위로는 8성품이 울리네.
날개 짓 바쁜 거위의 청량한 소리로

하늘에는 광대하게 퍼지는
저절로 밝은 해, 달이 지다.
릭될이라고 불리는 이가
머물지 않지만 어디로 갈지도 몰라.

백조는 호수를 믿네.
호수는 야속하게 얼음이 되네.
하얀 사자는 눈을 믿지만
흰 눈은 태양을 끌어 들이네.

눈의 나라 티베트에 남겨진 모든 고귀한 사람들

사대四大에 흔들리지 않으시기를
숨겨진 공간에서 수호자 빠드마삼바바가 돌보시니
언제나 당신의 따뜻한 자비심의 고리로
나를 믿는 모든 중생들
사신四身을 이루기를.
나는 지금에 머무르지 않고 어디로 갈지도 몰라
앞에 간 업의 생을 맛보러 간다네.

봄이 되면 뻐꾸기는 티베트로 날아온다네.
사랑스런 노래는 당신의 가슴을 슬프게 울리네.
당신은 릭될이란 사람이 어디에 있나 하겠지.
나를 믿는 당신, 말 못한 슬픔을 알려는지?

백조가 호숫가를 도는 날
어두워가는 늪에 새끼를 떨어뜨리고
흰 독수리가 하늘 속으로 숫구치던 날
당신은 릭될이란 사람이 어디에 있나 하겠지.
오 새끼들, 말 못할 서러움에 우노라.

이제 아무 말 않으리, 모두가 웃음거리일 뿐
하지만 궁극의 진리와 하나라.
새들의 왕이 진리의 길을 찾아낼 때
우리가 기쁨으로 다시 만나길 비네.

이생에서 이 말을 꼭 명심하게.

말은 뱉으면 메아리쳐 남네.
마음은 공하니 욕심을 버리게.

부정도 긍정도 않는 길에
새의 왕은 자신 속에 쉬네.
이 말을 세세히 골백번 음미하게.
키 소 소, 분노 웨르마들의 모임이라.

60갑자를 열여섯 번째 돈, 나무 원숭이 해(1944년)에, 열여섯 번째의 까르마빠 환생인 랑중 릭뻬 도르제가 츄르프 도월롱 주 사원에 있는 따시 캉사르의 거처에서 쓰다. 장엄하시기를.(1944년 번역, 2000년, 2002년 수정.)

주석

1944년에 쓴 이 시는 티베트인들이 고국에서 탈출하는 것을 예언하고 있으며, 앞의 노래보다 더 자세히 그들의 고통을 그리고 그들을 떠나 도피할 수밖에 없었던 까르마빠의 고뇌를 그리고 있다. 첫 번째와 마찬가지로, 이 시도 '태어나지 않은' 아름다운 소리로 시작하고 있다. 다음 두 연은 장소와 작자를 소개하고 있다. 장소는 '가슴 차크라' 즉 아카니시타, 최상의, 최고의 곳이다. 법계의 의미도 포함하며 최상의 정토, 최고의 세상 등을 의미한다. 동시에 화신의 수준에서 정토로 생각되는 츄르프를 상징하는 의미이기도 하다. 또한 종자 음이 가슴에 있는, 깨달은 마음을 가리키는 것이기도 하다. 전통적으로 까르마빠와 관련된 세 주요 사원은 깨달은 부처의 몸·말·마음과 연결 짓기도 한다. 동부 티베트의 깜포 강그라는 몸을, 까르마 괸은 말을, 중부 티베트의 츄르프는 마음을 가리킨다. 이렇게 최상의 것이기도 하다. '도워' 계곡은 츄르프가 있는 계곡이다. 릭될 예셰라는 이름은 13대 달라이 라마가 그의 여름 궁전인 노블링카에서 까르마빠의 삭발식 행사를 하면서 내려준 이름이다.

다음 세 연은 까르마빠의 법통에 관해 언급한다. 닥뽀 종파는 밀라레 빠의 제자이며 초대 까르마빠의 스승인 닥뽀 하제인 감뽀빠를 가리킨다. '승리의 깃발'은 깨달음과 마라에 승리하는 것을 상징한다. '그 중 마지막에 들어'라는 것은 까규 전통의 가르침이 끊어지지 않고 이어간다는 것을 가리킨다. 여기서 '라마의 구두 전승'은 본원적 지혜로 이끈다.

영물인 '터키 갈기'를 한 사자는 티베트의 눈 산맥에서 살며, 봉우리에서 봉우리로 장난삼아 뛰어넘는다고 한다. 티베트를 상징하는 동물로서 국기와 정부 관인, 화폐 등에 나온다. 또한 석가모니 부처와도 관련이 있는데 부처의 법좌를 바치는 사자상도 있다.[252] 눈 사자의 갈기는 티베트에서는 부처의 가르침을 상징이기도 하다.

'거대한 호랑이'의 선명한 샤프론 빛은 출가한 승려의 법복을 연상시키며, 다르마의 찬란함의 비유이다. 물의 '8성품'은 서늘하고·달고·가볍고·부드럽고·맑고·기분 좋고·온전하며 달래는 성질을 말한다. '호수'와 '거위'는 다르마의 맑고 즐겁게 하는 면 그리고 항상 존재하며 공간을 채우는 이동 중의 거위울음을 연상하라. 빛나는 '해와 달'은 다르마의 편재성 및 저절로 밝음을 의미한다.

사람, 장소와 가르침을 말한 후 다음 여섯 연은 티베트의 암울한 미래를 그리고 있다. 릭뙬, 즉 까르마빠는 아주 곤란한 지경에 처한다. 머물 수 없다는 것은 알지만 어디로 간단 말인가? 다음 줄에서 까르마빠는 '호수'에 사는 '백조'인데, 츄르프에 사는 자신을 비유한 표현이다. 중국이 티베트를 침략하여 사원을 점령하면 살 수가 없을 것이다. 마치 언 호수처럼. 다음 두 줄의 '사자' 역시 까르마빠인데, 그는 눈의 나라 티베트의 사원에 기댈 수밖에 없다. 그러나 해는 '눈'을 녹이며, 이것은 문화혁명 중에 츄르프가 파괴되는 것을 가리킨다. 백조와 호수 그리고 사자와 눈, 이 두 이미지들은 까르마빠가 츄르프에 머물고 싶지만 못하는 것을 상징한다.

다음 두 연은 티베트 사람들의 안녕을 기원하는 기도이다. '사대四大에 흔들리지 않는'은 남아 있는 티베트인들에게 드리는 헌사이다. 불에 타거나 물에 빠지거나 하는 재액으로부터 구루 린포체의 자비심이 막아주기를 기원하는 기도이다. 그는 이들이 '사신四身'을 깨닫는 경지에 이르기를 기도한다.

다음 여덟 줄은 이별하는 자신의 슬픔과 그를 그리워할 사람들을 노래한다. '말 못한 슬픔'은 중국의 침략으로 티베트인들이 겪는 엄청난 고통을 '어두워 가는 늪'으로 형상화하고 있다. 여기서 호수를 돌던 '백조'는 새끼를 떠나야만 한다. 흰 독수리는 백조와 마찬가지로 까르마빠를 가리키는 것이며, 그는 인도로 날아가는 것이다. 자신의 말은 '모두가 웃음거리'밖에 안 되었지만, 결국에는 궁극적 진리로 바뀔 것이라고 다음 줄에서 말함으로써 한 줄기 희망을 이야기한다.

다음 두 줄은 미래에 대한 탁월한 예견이다. '진리의 길'은 12간지 상의 길, 즉 12해를 가리킨다. '새들의 왕'은 새의 해를 가리킨다. 까르마빠는 다음 환생에서 17대 까르마빠로서 새의 해에 츄르프로 돌아와 예전처럼 제자들과 '기쁨으로 다시 만나길' 바라는 것이다. 그는 다음 환생 때까지 그가 츄르프로 오지 못한다는 것을 알고 있다. 때문에 그를 따르는 사람들에게 '이 생에서'의 조언과 다르마의 가르침을 내리는 것이다.

현상과 공성은 불가분리의 것이며 따라서 '말'이 아무리 부정적이라 하더라도 그것은 '메아리'에 불과한 것이다. 이와 같이 현상이 공성이고 공성이 현상임을 아는 광대무변의 마음은 폭압적 점령자들의 횡포로부터 사람들을 보호해 줄 것이다. 하늘을 마음대로 날아다니는 '새의 왕'인 독수리처럼, 마음을 그 본성에 머물게 하여야 한다. 이것이 명상의 주제로 까르마빠가 사람들에게 주는 선물이다.

마지막 줄에서 시는 '키'로 마감하는데, 용기와 지혜를 말한다. '소 소'는 '일어나라! 깨어나라! 조심하라!'라고 외치는 큰 경고의 소리이다.

'분노의 웨르마'는 다르마의 보호자인데, 이들은 용기와 위엄을 갖춘 자들이다. 전체로 보면, 이 시는 정토를 상기시키는 것을 시작으로 다르마의 영광, 티베트인들이 겪어야 하는 고통스런 세상살이에 대한 묘사한다. 그리고 티베트인들이 어떻게 지혜롭게 극복하는 것으로 끝난다.

■ 환희의 함성, 노래로 흐르다

영광의 퇴룽 츄르프는 아카니시타, 초월한 마음이시어
여기에 다키니들이 구름같이 몰려들어 바다를 이루다.
뒷산은 관세음보살이 겹겹이 사는 곳
산 앞을 거대한 깊은 숲이 노한 성자들의 소용돌이 바다를 이루다.

산 사이로 투시타, 미륵불이 환희의 마음으로 정토를 이루다.
여기 이 순수 정토로 우리 가면
구름 같은 라마, 이담 그리고 다키니들을 보리라.
다르마의 땅에 승리의 깃발을 꽂았으니
눈의 산과 카일라스 땅에도 행복의 태양이 뜨리라.

(달라이 라마) 불법의 최고봉, 당신은 위대한 성취의 보석
수억의 빛으로 세상에 퍼지시어
영원하시기를, 흔들리지 않고 변치 않는 금강석처럼
라싸의 붉은 왕궁, 황금 법좌 사자들이 높이 받들다.

당신의 감미로운 가르침 브라마의 멜로디로 쏟아지니.
이 무변 우주에 다르마 바퀴를 세 번 굴리시라.
무애의 본원 지혜, 당신의 끝없는 마음
삼세를 꿰뚫어 보도다.
부처님 가르침 걸림 없이 보전하시어
지지 않고 꽃 피우리.

다르마의 세 왕으로 다스리시어, 다르마와 권세는 한 개의 비단 매듭.
기뻐하라 행운의 중생들, 부처의 가르침 퍼지네.
승가는 높이 머리 들라, 다르마의 꿀 같은 비 내리도다.
세상 중생들 행복하리라.

행복을 구하나, 중생들 고통 끝도 없이 쌓이다.
자신이 깨어있음 이루는 순간, 삼계의 그물 뚫고 자유 찾아오고
우주가 즐거워하리니 이것이 진정한 평화.
오묘한 나다 부풀어 이 기쁨의 노래 솟아오르다.
다같이 행복의 춤을, 즐거운 멜로디로 우아하게.

티베트력 철의 황소 해(1961년~1962년) 5월의 열일곱 번째 날에, 16대 걀촉(까르마빠)은 이 노래를 불렀다. 노래가 축복으로 가득 차 있음에, 담최 왕뒤는 이를 글로 발표하기를 간청하였다. 걀왕 까르마빠는 자비의 마음으로 허락하셨고, 이것을 룸텍의 다르마차크라센터에서 발행한 것은 철의 황소 해 5월의 스물다섯 번째 날(1961년 7월 7일)이었다.

주석

첫 두 연은 츄르프의 풍경을 성스럽게 묘사함으로써 찬양의 마음을 표현했다. 퇴룽은 '윗 계곡'이라는 뜻이며 츄르프가 있는 넓은 지역을 가리키다. 이름은 차로 약 2시가 거리에 사는 라싸 사람들의 관점에서 지어진 것이다. 이들에게 계곡과 산은 높이 올려다 보이는 것이다. '아카니시타'는 마음의 초월적 위치라는 지역을 가리킨다.[253] 산으로 둘러싸인 츄르프 지역이 자비의 관세음보살, 미래의 미륵불, 분노한 성자들·라마들·이담들 그리고 다키니 등 다양한 성자들의 거처라는 것이다.

여섯 번째에서 여덟 번째 줄에서는 까르마빠가 티베트로 돌아오는 것을 예견한다. '다르마의 땅'에 '승리의 깃발'을 꽂아 부처님의 가르침을 펴기 위해, 그래서 이 땅에 '행복의 태양'이 뜨리라는 것이다. '카일라스' 산은 티베트 최고의 성지이다. 차크라삼바라가 사는 곳으로, 밀라레빠가 11세기에 이곳에 산 이후로 많은 까규 성자들이 수행 장소로 삼았다. 16대 까르마빠가 티베트에 다르마를 펴기 위해 이곳에 다시 찾아올 것이라 노래한 것이 1960년대 초라는 점이 흥미롭다. 왜냐하면 16대 까르마빠는 시온에서 돌아가신 1981년까지 티베트로 돌아오지 못했다. 따라서 이 구절은 여기서 태어나서 불법을 편 17대 까르마빠를 가리키는 것으로 보인다.

다음 세 연은 17대 까르마빠의 '환희의 소원'과 마찬가지로 달라이 라마를 칭송한다. 16대 17대 까르마빠와 달라이 라마 간의 밀접한 관계, 즉 모두가 관세음보살의 화현임을 지적하고 있다. '성취의 보석'은 차크라바르틴의 속성 중 하나이다. 까르마빠의 모든 소망을 들어주며, 그가 비치는 모든 존재의 희망을 들어준다. 날씨를 조정하며 육체적 정신적 질병을 치료하고, 원치 않는 죽음을 지연시킨다고 한다.[254] 라싸의 '붉은 왕궁'은 포탈라 왕궁의 붉은 부분을 말한다. 5대 달라이 라마부터 이곳에서 살아왔다. '브라마'는 목소리가 음악 같았다 하며, 60개의 톤을 가진다고 한다. '다르마 바퀴를 세 번'이라 함은 부처가 가르침을 세 번 펴신 것을 가리킨다.

'무애의'란 현상적 혹은 나타난 변화에 영향을 받지 않음을 말한다. 광대한 지혜의 마음은 모든 것, 즉 현재·과거·미래를 아는 것을 말한다. '다르마의 세 왕'은 얄룽 시대(629~842)의 티베트 왕들로서 불법을 널리 퍼지게 했다. 송첸 감포(617~649), 티송 데첸(755/756~797), 그리고 티 랄파첸(통치기간 815~838).[255] '비단 매듭'은 종교와 정치의 조화된 통합을 상징한다.

다섯 번째 연을 맺는 황금시대의 비전은 마지막 연의 첫 부분에서 언급한 고통과 대비되는 것이다. 이 고통의 상태로부터 빠져나오면서 '자신이 깨어있음을 이루는 순간'이 오는 것이다. 이것이 허상의 '그물'을 끊는, 형상 무형상의 '삼계'의 욕망을 떨치는 것이다. 이렇게 공성을 밝게 봄으로써 속세의 고통을 벗어나 제10 혹은 11위 보살의 경지에 이르는 것이다. 이런 보살의 염원으로 까르마빠는 중생들을 '진정한 평화'로 이끌고자 하는 것이다. 모든 현상이 공하며 빛나는 근본으로 녹아들 때의 마지막 순간이 '나다'인 것이다. 이는 환희의 춤을 추게 되는 공성과 같은 말로 보면 된다.

*

저절로 이루는 법신, 불변의 영원한 현재
까르마빠, 당신은 몸이라는 허상으로 나타나시다.
당신의 몸·말 그리고 마음의 금강은 삼계에 고요히 남아
무한 행위 공덕의 영광으로 빛나시라.

17대 까르마빠 오겐 틴레 도르제의 장수를 빌며 고시르 걀찹 린포체 쓰다.

이 책을 지영사로부터 받은 것은 지난 해 6월이었다. 대충 훑어보았는데 까르마빠의 환생과 환생과정의 인정 그리고 탈출기가 흥미로웠다. 그래서 자진해서 지영사에 이 책을 번역하겠다고 부탁했다.

그리고 번역을 시작했는데 이내 내가 잘못된 결정을 했다는 것을 알았다. 그동안 나는 수필 한 권과 심리학 관련 번역서 한 권을 냈을 뿐이다. 아직 문장력도 자신이 없었고, 더구나 불교에 대한 지식은 학교에 다닐 때 불교학개론 한 학기 들은 것밖에 없었다. 특히 티베트불교의 독특한 관습과 티베트어를 영어로 옮긴 단어들의 난해함 때문에 번역을 포기하겠다고 출판사에 두 번이나 연락했다. 그러나 그때마다 출판사에서는 계속해야 한다고 답을 했다. 마지막에는 '이 책은 재미가 없어서 안 팔릴 책'이라고 말해도 막무가내였다. '아주 좋은 책이고 잘 팔릴 테니 걱정 말라'는 것이었다.

어쩔 수 없이 번역을 계속해야 했다. 내가 살고 있는 지리산 자락에서 가장 가까운 구례군립도서관에 뻔질나게 다니며 불교관련 책을 대출해서 쌓아두고 작업을 했다. 덕분에 구례군립도서관에서 모범독서인으로 선정되는 영광(?)을 얻기도 했다. 지리산 자락 골방에서 이 책을 붙들고 지낸 몇 달은 고통스러웠다. 까르마빠의 게송은 말하자면 시(詩)인데 번역에 어려운 점이 많았다. 내가 시를 쓰는 심정이 되어서 의역했음을 알려둔다. 잘못된 곳이 많을까 봐 두렵다. 그동안 읽고 참고한 자료 중에서 특히 최로덴 님의 『티베트 불교의 향기』가 큰 도움이 되었다.

그러나 이제 최종교정본을 받아들고 보니, 출판사의 결정이 옳았다는 생각이 든다. 이 책은 '아주 좋은 책이고 잘 팔리리라'고 이제 나도 확신한다. 그러나 한 권의 좋은 책이 나오는 데는 참으로 여러 사람의 공력이 필요한 것이다. 나는 금년 초에 번역을 끝내서 자랑스럽게(?) 출판사에 건넸다. 그 원고를 편집부에서 대조해 여러 번 읽었다. 그리고 놀라운 일은 인쇄에 들어가기 직전에 까르마빠 존자님의 한국인 제자들을 만난 것이다. 텐진 라모, 직메 체링, 깔마 욘땐 등 까르마빠 제자들의 아낌없는 도움으로 전체 교정을 다시 보았기 때문에 부끄럽지 않은 책이 될 수 있었다. 더구나 존자님을 친견까지 하고 책을 내게 되다니 인연의 위대한 힘에 저절로 머리가 숙여진다.

이제 나는 저자가 서문에서 한 말의 뜻을 분명하게 이해하게 되었다. 세상에 홀로 가는 일은 없다.

2007년 12월
지리산 자락에서 신기식

●인물설명

암도 빨덴 Amdo Palden 겔렉 사원의 주지이자 요가 도사.
답쌍 린포체 Dabzang Rinpoche 딜약 사원의 라마. 네팔에 사원을 세움. 감뽀빠의 화현이 며 까르마빠가 발견하였다.
다르계 Dargye 츄르프 사원의 승려. 운전사로 까르마빠와 같이 탈출한다.
둥악 Drubngak 츄르프 시절 까르마빠 시중을 든다. 같이 탈출한다.
듀폰 데첸 린포체 Drupön Dechen Rinpoche 츄르프 사원을 재건함. 까르마빠 탐색에 공헌함.
듀폰 린포체 Drupön Rinpoche 딜약 사원의 뚤꾸. 답쌍 린포체의 환생을 찾아내는 데 도움 이 됨. 후에 까르마빠를 시중든다.
걀찹 린포체 Gyaltsap Rinpoche (혹은 고시르 걀찹 린포체Goshir Gyaltsap Rinpoche). 까 규 5환생 라마 중의 한 사람. 랄랑에 주석함.
잠곤 꽁툴 린포체 Jamgön Kongtrul Rinpoche 까규 5뚤꾸 중 한 사람.
까르마 돈둡 따시 Karma Döndrub Tashi 까르마빠의 아버지.
켄포 출팀 감초 Khenpo Tsultrim Gyamtso 까르마빠의 선생. 마르빠 번역원을 세움.
라마 니마 Lama Nyima 츄르프 시절 까르마빠의 강사. 탈출에 참가하여 주도적 역할을 함.
라마 테남 Lama Tenam 시투 린포체의 시중. 테남라 라고도 함.
라마 출팀 Lama Tsultrim 츄르프에서 까르마빠와 탈출함.
로가 Loga 까르마빠의 어머니.
네낭 라마 Nenang Lama 네낭 사원의 주지.
누둡 빨좀 Ngödrup Pelzom. 까르마빠의 손윗 누이.
파오 린포체 Pawo Rinpoche 네낭 사원 주지.
시투 린포체 Situ Rinpoche 셰랍 링 사원 주지.
탕구 린포체 Thrangu Rinpoche 까르마빠의 강사.
툽텐 Thubten 츄르프 시절의 요리사. 같이 탈출함.
체왕 따시 Tsewang Tashi 네낭 라마의 기사. 같이 탈출함.
예셰 랍셀 Yeshe Rabsel 까르마빠의 형.

아비달마 | abhidharma(Skt.)

불교의 경전을 경經·율律·논論의 3장三藏으로 나눌 때에 논장論藏, 즉 논부論部의 총칭. 석가의 설법을 경, 또 경을 조직적으로 설명한 것을 논이라고 하는데, 이 논을 아비달마라 음역하고 대법對法이라고 의역한다. 대법이란 지혜의 별명이며, 지혜로써 제법諸法의 진리를 대관對觀한다는 뜻이므로, 논부를 진리의 대관자라 하고 이것을 바꾸어 아비달마라고 부른다. 예전에는 아비담阿毘曇 또는 비담이라고 하였으며, 대법大法·무비법無比法·승법勝法 등으로 번역하기도 하지만, 일반적으로는 논論으로 쓴다.

두 자량 | accumulations, two

공덕행과 심오한 지혜의 계발. 두 자량을 의미함.

괴로움 | afflictions(kleshas, Skt.)

상이한 정신적 사상事象 중에서 괴로움은 무지, 혐오, 집착, 오만, 의심 그리고 사견邪見으로 나뉜다. 이들은 다시 다섯 가지 정신적이고 감정적인 괴로움인 무지, 혐오, 집착, 오만과 질투로 묘사된다. 그리고 이것은 무지, 혐오, 집착이라는 삼독三毒으로 요약될 수 있다.

오온五蘊 | aggregates(skandhas, Skt.)

인간의 정신적, 육체적 삶의 다섯 가지 요소로 오온五蘊이라고도 한다. 물질인 색色, 감각 인상인 수受, 지각 또는 표상인 상想, 마음의 작용인 행行, 마음인 식識.

아미타불 무량광無量光 | Amitabha(Skt.)

서방정토에 거주하는 붉은 부처. 아미타불은 특별한 원願이 있어서 유일하게 인간에게 쉽게 다가간다고 여긴다. 죽는 순간 의식에 관여하며 사자死者를 위한 식을 거행한다.

무량수無量壽 | Amitayus(Skt.)

아미타불의 현신이며 법신, 보신, 화신중 보신報身(sambhogakaya)에 해당한다. 백색 타라Tara와 불정존승모佛頂尊勝母(Ushnisha-Vijaya)와 같이 존재한다.

암리타 | amrita(Skt.)

마시면 삶과 죽음에서 자유로워지는 불로불사의 액체. 감로甘露라고도 하며, 오염된 것을 정화시키기도 한다.

아티샤 | Atisha

조오제Jowoje(982~1054)라고도 알려진 인도의 위대한 고승. 아티샤는 까담파Kadampa 학파의 가르침을 티베트에 전했다. 그가 가르친 자신의 행복을 타인에게 나눠주고 그들의 고통을 자신의 것으로 하라는 실천론은 티베트불교에 널리 행해졌다.

중음中陰 | bardo

중음상태를 말하며 여섯 가지가 있다. 출생, 꿈, 명상, 죽음, 다르마타(모든 것의 본질), 생성(환생)의 여섯 가지이다. 일반적으로는 바르도는 죽는 순간부터 다르마타, 환생까지 마지막 세 단계로 알려져 있다.

바코르 | Barkhor

티베트 라싸에 있는 조캉 사원의 외부를 순례하는 것을 말한다. 조캉 사원의 외부를 도는

순례길을 바코르Barkhor라고 하고, 조캉 사원의 내부 법당을 도는 순례길을 낭코르
Nangkhor라고 한다.

빈두 | bindu(Skt.)
빛의 구슬(방울)로서 미세한 몸의 나디nadi(관의 일종)를 흐르는 기prana를 타고 움직인
다.

보리심菩提心 | bodhichitta(Skt.)
완전한 깨달음을 얻고자 하는 마음이며 다른 사람도 동일한 해탈을 원하는 마음이다. 마
음의 본성을 깨닫는 것은 궁극의 보리심이며, 상대적 보리심은 6바라밀이나 10바라밀을
수행함으로써 단계적으로 얻어진다.

보살 | bodhisattva(Skt.)
티베트어로는 chang chub sems dpa. 원래 뜻은 '깨달음의 전사戰士'라는 뜻. 보살은 마
음의 본성을 깨닫고, 중생들의 해탈을 위하여 그들의 삶을 바친다. 대승불교의 수행자나
관세음보살이나 문수보살과 같이 이미 깨달음을 얻은 존재를 일컫는다.

보살십지菩薩十地 | bodhisattva levels(bhumi, Skt.)
보살 수행의 10가지 단계. 첫 단계에서 공성을 깨닫게 되며, 마지막 10단계에서 금강삼매
vajralike samadhi로 완전한 깨달음을 얻는다. 각 단계를 거치며 번뇌가 하나씩 극복된다.

불성佛性 | buddha nature
모든 중생들에게 있음을 강조하는 궁극적인 마음의 본성과 동의어.

고요히 머물기. 지止 | calm abiding(shamatha, Skt.)
승가에서 일반적인 명상법으로 마음을 평정에 머물게 한다. 지속적인 수행을 통하여 혼란
스런 마음은 고요해지고 하나로 모이게 된다. 관상 수행의 기초가 되는 수행.

channels, winds, and spheres
nadi, prana, bindu 참조.

관세음보살 | Chenrezik(Tib.)
자비의 화신이며 티베트에서는 흰 연꽃을 든 보살의 화신으로 표시된다. 달라이 라마와
까르마빠가 이 화신으로 알려져 있다.

유식종唯識宗 | Chittamatra(Skt.)
'오직 마음일 뿐'이라고 주장하는 대승불교학파. 모든 현상이 마음 안에 습관의 종자(씨
앗)에서 일어난다. 이런 마음속의 현상은 꿈일 뿐이며, 주체와 객체는 마음이 만들어 낸
것이다. 우리가 꿈에서 깨어나듯, 주체와 객체로 나누는 것이 우리 인식의 환상이라는 것
을 깨달을 수 있다. 이러한 이원성을 넘어선 자각만이 궁극적 실재라는 것이다.

추바 | chuba(Tib.)
티베트의 여성과 남성이 입는 전통의상. 여성 의상은 길거나 짧은 소매가 달려 있으며 몸
을 꽉 감싼다. 남자 의상은 허리끈이 있고, 길고 넓은 소매에 헐렁하게 입으며, 무릎 밑까
지 내려온다.

원만단계 | completion stage
관상visualization 수행의 두 번째 단계로서 상을 만드는 단계이다. 이 단계에서 모든 이미
지는 공성으로 섭수된다.

다키니 | 공행모空行母 | dakini(Skt.)
수행자에게 영감과 계시를 불어 넣어 주고, 경고와 가르침을 통해 수행을 돕는 엄격한
모습의 여성신女性神을 가리킨다.

관觀 | deep insight(vipashyana, Skt.)

마음을 고요히 하는 지止 수행을 통하여, 마음의 본성을 볼 수 있는 통찰 수행(관觀)을
할 수 있다.

반야般若 지혜 | deeper knowing(prajna, Skt.)
  일체 현상을 넘어서 궁극적 실재를 볼 수 있는 지혜로서 모든 현상의 무상無常함을 알게
된다. 또한 마음의 본성 그 자체를 보게 된다. 논리학에서는 이러한 지혜를 상대와 절대를
구별하는 마음의 기능으로 정의해왔다.

요의 | definite meaning
  직접적이고 명확한 의미이며, 보통 궁극ultimate으로 표현된다. 이에 대해 '불요의
provisional meaning'라는 용어가 있다.

법계法界 | dharmadhatu(Skt.)
  모든 현상이 일어나는 공간. 진제ultimate reality와 같은 말. 마하무드라에서 틸로빠는 다
음과 같이 말한다. "시작도 없는 시간부터, 마음의 참된 본성은 우주와 같다. 그 가운데
포함되지 않은 현상은 없다."

dharmakaya(Skt.)
  kaya 참조.

법성法性 | dharmata(Skt.)
  실재 그 자체. 모든 현상 속에 감춰져 있는 공성空性을 의미하기도 한다.

깨달은 수행자가 부르는 오도송 | doha(Skt.)

다하 | dralha(Tib.)
  전쟁터에서 병사를 돕는 특별한 신.

족첸 | dzogchen(Tib.)(mahasandhi, Skt.)
  '위대한 완성'이란 뜻으로 티베트의 닝마파의 전통 수행법이다.(까규파를 비롯 다른 파도
족첸 수행을 했음) 본래 떠오르고 파생되는 인식이 마음의 본성이므로 이에 초점을 맞추
어 수행한다. 완전히 깨어 있으면 마음에서 원래 일어나는 자연스런 모습을 느끼게 될 것
이다. 족첸 수행의 핵심이 되는 글만 해도 17편에 달하며, 그 가르침은 마음, 공간, 수행
법 세 가지로 나뉜다.

관정灌頂 | empowerment(abhisheka, Skt.)
  보통 라마가 제자들에게 전하는 의식으로서 수행과 관련된 힘을 전수 계승한다. 간단하게
몸・말・마음에 대한 신성한 축원을 제자에게 전한다. 모든 존재는 신성이며, 모든 음성
은 진언이고, 모든 생각은 지혜로서 간주한다.

form body
  kaya 참조.

소승小乘 | Foundational Vehicle(hinayana, Skt.)
  불교 교파의 한 맥으로서 승가의 계율을 중시하고, 윤회의 바다에서 자신을 해탈하는 것
에 초점을 맞춘다. 보통 테라바다(상좌부)와 같은 용어로 쓰이며 지금도 태국・미얀마・
스리랑카・라오스・캄보디아에 널리 퍼져 있다.

생기단계 | generation stage
  관상 수행에서 첫 번째 단계. 공으로부터 본존의 형상을 떠올려 만트라를 암송하는 동안
실제처럼 생생하게 관상하는 단계.

Great Completion
  dzogchen 참조.

Great Seal
  mahamudra 참조.

빠드마삼바바 | Guru Rinpoche

티베트에서 제2의 붓다로 존경받는 승려. '존경하는 스승'이라는 뜻이며, 9세기 인도에서 티베트로 초청되었다. 타락한 반대파를 굴복시켜 금강승을 티베트에 확립시켰으며 히말라야 지역에 후대를 위하여 많은 보물terma(경전 등)을 숨겨놓았다.

갈링 | gyaling(Tib.)

티베트의 전통 의식용 악기로서 오보에와 비슷한 뼈로 만든 전음음계 악기이다. 중요한 의식 때 연주된다.

걀와 | Gyalwa(Tib.)

'승리자'라는 뜻이며, 까르마빠는 'Gyalwa Karmapa'로 불린다. 보통의 경우 'Gyalwa'는 붓다를 칭한다.

Hinayana(Skt.)

Foundation Vehicle 참조.

조캉 사원 | Jokhang(Tib.)

라싸의 중심부에 있는 성스러운 사원. 7세기 송첸감포왕에 의해서 건립되었다. 조캉의 뜻은 석가모니Jowo + 법당Lhakang이 합쳐진 말로서 석가모니상을 모신 법당이란 뜻이다.

조워 린포체 | Jowo Rinpoche(Tib.)

Jowo라고도 불리는데 조캉 사원에 모신 석가모니 불상을 말한다.

칼론 | kalön(Tib.)

티베트의 장관

깐규르 경장經藏 | Kanngyur(Tib.)

부처님의 가르침인 경장들을 번역한 것을 깐규르라고 한다. 또한 부처님의 가르침에 주석을 붙인 논서들인 논장을 번역한 것을 뗀규르tengyur라고 부른다.

캅세 | kapse(Tib.)

새해를 기념하기 위해 구운 장식용 과자(우리나라의 튀김과자와 비슷하다.)

몸 | kaya(Skt.)

카야에는 네 가지가 있다. ①다르마카야Dharmakaya는 진리의 몸(法身)이며 완전한 불성이다. ②삼보가카야 Sambhogakaya는 즐거움의 몸(報身)이며 진리와 통하는 불성의 모습이다. 평화와 분노의 신들의 모습으로 나타난다. ③니르마나카야Nirmanakaya는 창조의 몸(化身)으로 그 안에서 불성은 스스로 이 세상에 나타난다. 이들 세 카야를 품고 있으며 그것을 능가하는 것은 ④스바바비카카야 Svabhavikakaya로 고유의 성품을 가진 본질적인 몸(原初身)이다.

카타 | khata(Tib.)

보통 비단으로 만든 흰색의 긴 스카프로서 각종 행사 때 환영, 존경, 감사 등의 표시로 목에 둘러준다.

켄포 | khenpo(Tib.)

오랜 수행을 거친 후 가르침을 펴는 스승.

kleshas(Skt.)

affliction 참조.

라마 | lama(Tib.)

스승이라는 뜻이며 여러 단계가 있다.

Last Testament

까르마빠가 작성한 서류로서, 그의 다음 환생자, 장소, 부모 이름 등 자신의 환생에 대하여 자세히 작성하였다.

중관학파 | Madhyamaka(Skt.)

위대한 불교 철학자인 용수(나가르쥬나, AD 2C)의 철학을 계승한 철학적 중도학파. 모든 현상은 서로 연기되어 있고 그 자체로는 공하다는 것에 초점을 맞춘다. 이 추론은 주체와 객체를 구체화하는 어떤 견해도 철저히 베어낸다. 중관학파 내에서도 아공我空(Rangtong)을 주장하는 쪽은 마음의 본성이 공하다는 것을 강조하고, 법공法空(Shentong) 쪽은 법의 깨끗함과 찬란함을 강조한다. 궁극적으로 이 둘은 뗄 수 없는 것이다.

마하깔라 | Mahakala(Skt.)

까규파의 수호존으로서 청흑색의 무서운 모습을 하고 있다.

대수인大手印 | mahamudra(Skt.)

까규파의 최상 수행법으로서 마음의 본성을 인식하도록 이끄는 수행이다. 바로 지복至福과 공성空性이 결합된 상태이다. 마하무드라: The ocean of Definitive Meaning에서 인도 출신의 위대한 수행인인 마이뜨리빠Maitripa는 설한다. "모든 현상은 그 자체가 본질적으로 공하다. / 그것이 공하다고 마음이 알아차리면 뿌리까지 정화된다. / 마음에 아무것도 없는 자유로운 지성. / 이것이 바로 모든 부처의 길이다."

mahasandhi(Skt.)

dzogchen 참조.

대승大乘 | Mahayana(Skt.)

부처의 사상을 더 심화시켜 자비와 공성에 초점을 맞추는 수행으로 보살의 길로 알려져 있다. 티베트 불교체계에서는 불교를 소승·대승·금강승의 3승으로 보고 있으며, 대승은 금강승의 기본이 된다고 한다.

미륵彌勒 | Maitreya(Skt.)

미래불로서 도솔천에 머물고 있다. 아상가(무착無着)를 통하여 다섯 개의 저작을 남기고 있는데, 『대승장엄경론大乘莊嚴經論』이 대표적인 것이다.

마니차 | mani wheel

빙글빙글 돌아가는 통 속에 불교경전의 글귀 등을 적어 넣은 것으로, 티베트인들은 이것을 한번 돌릴 때마다 그 속의 경전을 한번 읽는 것과 같다고 한다. 보통 옴마니반메훔과 같은 진언과 다라니경이 들어 있다.

문수보살 | Manjushri(Skt.)

지혜의 화신인 보살. 보통 한 손에는 경과 다른 손에는 칼을 들고 있다.

진언 | mantra(Skt.)

옴마니반메훔과 같이 산스크리트어로 된 짧은 문구로서 마음을 보호하는 역할을 한다. 보통 종교의식이나 기도하면서 암송한다.

Mantrayana, Secret(Skt.)

Vajrayana의 동의어.

마라, 마군魔軍 | maras, four(Skt.)

괴로움, 오온, 아이들의 신devaputra, 죽음의 대왕(염라) 등 네 가지가 있다. 이들은 완전한 깨달음을 위한 수행을 방해한다.

meditative stabilization

samadhi 참조.

Middle Way school

Madhyamaka 참조.

Mind Only schoo

Chittamatra 참조.

나디 | nadi(Skt.)
　몸 안의 통로로서 생명의 기운이 흐르는 맥이다.
nirmanakaya(Skt.)
　kaya 참조.
두 가지 장애 | obscurations, two
　고통, 인식 두 가지이다. 고통은 대여섯 가지가 있으며 보살의 일곱 번째 단계에서 소멸된
　다. 인식적인 것은 전지全知의 깨달음을 방해하며 마지막 세 단계에서 사라진다.
빠드마삼바바 | Padmasambhava(Skt.)
　Guru Rinpoche 참조.
paramita(Skt.)
　perfections 참조.
반열반般涅槃 | parinirvana(Skt.)
　부처의 최후 해탈. 원적圓寂이라고도 하며 죽는 순간 성취된다.
6바라밀, 10바라밀 | perfections, six or ten(paramita, Skt.)
　완전한 깨달음을 위해 행하는 수행법. 윤회를 벗어나 해탈에 이르게 한다. 6바라밀은 보
　시布施·지계持戒·인욕忍辱·정진精進·선정禪定·지혜智慧바라밀이며, 나머지 네
　개인 방편方便·원願·역力·원초적 지혜바라밀을 합하여 10바라밀이 된다. 마음의 본
　성에 대한 관을 통하여 보리심을 키우게 되고, 보살 수행의 길이 된다. 각 보살의 단계에
　서 각 바라밀이 성취된다. 예를 들면 첫 단계에서 보시가 완성되는 것이다.
포탈라 | Potala(Tib.)
　관세음보살의 정토라는 의미로서 라싸에 있는 달라이 라마의 거처이다.
쁘라즈냐 | prajna(Skt.)
　deeper knowing 참조.
쁘라마나 | pramana(Skt.)
　불교논리학 용어로서 바른 인식수단, 인식방법을 말하며, 높은 수준의 불교 수행에 핵심
　이 된다. 바른 앎을 가는 길이며, 보통 직접적, 추론적, 문헌적 방법 등 세 가지 유형이
　있다.
쁘라나 | prana(Skt.)
　몸 내부의 관nadi, 혈(채널) 등을 흐르는 바람에너지. 기氣.
귀류논증중관학파歸謬論證中觀學派 | Prasangika Madhyamaka(Skt.)
　귀류논증파는 자신들의 전제를 세우지 않으면서, 상대방의 논증이 오류임을 증명하는 방
　법을 사용한다. 아공我空(Rangtong)을 주장하는 학파가 이에 속한다. 한편 자립논증파
　Svatantrika 역시 Rangtong학파의 일부이다.
별해탈계別解脫戒 | pratimoksha vows(Skt.)
　소승불교에서 개인의 해탈을 위하여 지켜야 할 계율
벽지불 또는 독각獨覺, 연각緣覺 | pratyekabuddha(Skt.)
　스승의 도움 없이 인연에 따라 소승적 깨달음을 얻은 수행자를 말한다. 12연기에 대한 깨
　우침을 얻는다.
한시적 의미 | provisional meaning
　수행자가 아직 심오한 법문에 대한 이해가 부족할 때 잠정적으로 주는 가르침. 따라서 다
　른 차원의 설명이 필요하다. definite meaning에 상대되는 말이다.
종교 의식儀式 | puja(Skt.)
정토 | pure land

부처에 의해 탄생한 만다라의 우주이기도 하다.

라둥 | radung(Tib.)

긴 호른 모양의 악기로 깊은 소리가 난다. 종교의식에서 연주된다.

랑통 | Rangtong(Tib.)

중관학파 중 하나. 모든 현상이 공하다는 법공法空과 마음에도 자성이 없다는 아공我空을 강조한다.

구전口傳 | reading transmission

경전을 큰소리로 암송하여 전승하는 것을 말한다. 과거로부터 이와 같은 방법으로 스승에서 제자에게로 수행법과 법맥이 전해져 내려왔다. 특별한 수행법, 만트라, 수행지침, 철학적 해석 등이 전해진다.

삼계三界 | realms, three

삼계 중 하나인 욕계欲界는 지옥·아귀·축생·아수라·인간·천상 등 여섯 개로 나뉜다. 이런 세계는 우리 마음에 의하여 만들어졌으나, 실제 경험해지는 진짜라고 생각한다. 색계色界에는 17개의 영역이 있으며, 무색계無色界는 4개의 영역이 있다. 윤회는 이러한 삼계에서 이루어진다.

리메 | rime(Tib.)

문자 그대로의 뜻은 '무편향'이며, 파벌성이 없는 것을 말한다. 19세기 티베트에서 열린 불교의 중흥기를 일컫는다. 초종파주의.

사리 | ringsel(Tib.)

깨달은 고승이 화장된 후 남겨진 진주 모양의 유골

린포체 | rinpoche(Tib.)

'고귀한 존재'라는 뜻으로 환생하는 라마에 대한 존칭이다. 때로는 높은 깨달음을 얻은 스승에게 주어지는 칭호이기도 하다. 제자가 그들의 스승 라마에 대하여 이렇게 부르면, 특별한 관계에 따른 깊은 존경을 표시하는 것이다.

룸텍 | Rumtek

인도의 시킴Sikkim에 있는 도시. 16대 까르마빠인 Rangjung Rigpe Dorje가 망명한 후 세운 룸텍 사원과 사원 내의 Dharma Chakra 센터가 유명하다. 또한 차원 높은 불교 연구를 위하여 Karma Shri Nalanda Institute를 세웠다.

rupakaya(Skt.)

kaya 참조.

사다나 | sadhana(Skt.)

영적 각성을 하게 해주는 딴뜨라 수행 중 하나. 먼저 귀의를 하고, 보리심을 개발하며, 신성(부처)을 관상하면서 만트라를 암송한다. 끝으로 관상을 마치면서 봉헌한다.

사마디三昧 | samadhi(Skt.)

흐트러진 마음이 없는 명상 중에 한 대상에 완전히 집중한 평정의 상태. 경에는 여러 종류의 사마디가 묘사되어 있다.

sambhogakaya(Skt.)

kaya 참조.

ahamatha(Skt.)

calm abiding 참조.

셰다 | shedra(Tib.)

불교의 주요 논서에 대하여 심도 깊은 탐구를 하는 연구소.

센통 | Shentong(Tib.)

중관학파 중 하나. 깨달은 마음은 빛나는 존재이다. 또한 깨달음의 길을 추구하는 처음부터 모든 존재에게는 불성이 있으며 수행을 통하여 그동안 막고 있던 장애가 제거될 때 명확해진다는 것이다. 즉, '그것에 대한 다른 것의 공함' 즉, 법공法空인 것이며, 마음의 본성 그 자체는 일시적이며 우발적인 번뇌로부터 자유롭다는 것이다. Rangtong 참조.

성문승聲聞僧 | shravaka(Skt.)
듣는 수행자라는 뜻. 소승불교에서 깨달음의 네 가지 단계에 해당하는 수행자를 말한다. 수다원·사다함·아나함·아라한이 있다.

시디 | siddhi(Skt.)
수행을 통하여 성취한 특별한 능력(초능력). 투시라든지, 벽을 뚫고 걷는 것 같은 별로 필요치 않은 세간世間의 초능력이 있고, 마음의 본성을 깨닫는 것과 같이 수행의 목표에 맞는 출세간出世間의 초능력이 있다.

skandhas(Skt.)
aggregates 참조.

선정禪定 | stable contemplation(dhyana, Skt.)
6바라밀의 다섯 번째 바라밀로서 명상 중 고통에서 벗어나 집중되어 안정된 상태이다.

스투파 | stupa (Skt.)
부처나 깨달은 스승의 유품을 안치한 탑 모양의 유적. 여러 유형이 있는데, 보통 정방형의 기반위에 둥그런 중앙부, 뾰족한 첨탑을 쌓은 모양이다. 불성佛性을 심볼화하였으며, 주요 순례지에 위치한다. 네팔 카트만두 근교의 보드나트 스투파Baudhanath Stupa가 그 예이다.

sugatagarbha(Skt.)
'지복至福의 진수'라는 뜻으로 금강승 관련 용어이며 완전한 깨달음의 동의어이다.

경장 | sutra(Skt.)
율장, 논장과 더불어 삼장三臟의 하나로서 부처의 가르침을 모아놓은 경전의 집합체이다. 석가모니 부처님의 가르침을 모아놓은 것이며, 보통 특정 주제에 대하여 부처와 제자가 대화하는 형식으로 구성되어 있다. 철학적 관점에서 보면, 경장은 깨달음으로 가는 완만한 길을 제시하고 있다. 한편 금강승은 깨달음으로 가는 빠른 길을 제시하고 있다.

자립논증파自立論證派 | Svatantrika(Skt.)
독자적인 연역법을 사용하여 형상은 본래 존재하지 않으며, 참된 본성은 공하다고 주장한다. 중관학파의 Rangtong파에 속한다.

딴뜨라 | tantra(Skt.)
'연속' 또는 '실'이라는 의미. 금강승 또는 비밀 진언승眞言乘(Mantrayana)과 같은 뜻으로 쓰인다. 이러한 가르침이나 수행법을 의미하기도 한다. '연속'이라는 말은 마음의 본성이 시작, 중간, 그 결실을 맺는 끝까지 연속되어 있다는 것이다.

따라 | Tara(Skt.)(Drölma, Tib.)
'자유를 주는 여신'으로 불리는 여성적인 붓다로서 티베트인들에 많은 사랑을 받고 있다. 살아가는 동안 위험으로부터 보호해주는 등 많은 도움을 준다. 21개의 모습이 있다고 하며 녹색 타라와 백색 타라가 있다.

뗀규르 | Tengyur(Tib.)
티베트 대장경의 논부論部. 티베트 대장경의 경부Kangyur와 마찬가지로 티베트 불교의 핵심이다. 여러 판판이 있으며 Derge(티베트 지명)판이 가장 많다. 200여 권 3천500여 논부가 번역되어 있다.

뗄마 | terma(Tib.)

구루 린포체(빠드마삼바바)와 그의 영적 제자인 예세 최걀 Yeshe Tsogyal이 숨겨놓은 보물. 후대에 필요한 때가 오면 발견되도록 하였다. 여러 종류가 있는데, 영적 보물이 일반적이다. 테르퇸terton(보물의 발견자)의 마음속에서 나타나도록 하였다고 한다. 물질적인 보물은 여러 형태인데 서적, 의식 용품, 유물 등이다. (역주:『티베트 사자의 서』가 그 대표적 예)

뗄뙨 | tertön(Tib.)
보물terma를 발견하는 깨달은 스승

탕카 | thangka(Tib.)
티베트 두루마리 그림으로 만다라나 불존 등이 그려져 있다. 귀한 돌가루를(최근에는 물감) 사용하거나, 수를 놓거나 천을 덧대어 만들었다.

삼보三寶 | Three Jewels
스승으로서의 부처, 가르침으로서의 법, 깨달음의 길을 가는 승가를 말한다. 승가는 재가在家승가, 계를 받은 승가, 보살 등 3그룹으로 나뉜다.

두 가지 진리 | truths, two
속제俗諦(상대적 진리relative truth)는 주와 객으로 분리된 이분법적 인식을 하는 일상 세계의 모습이다. 진제眞諦(궁극적 진리ultimate truth)는 세간의 세계와 이분법을 뛰어 넘는다. 공성, 마음의 창조물로부터 자유, 눈부신 깨끗함이다.

짬빠 | tsampa(Tib.)
구운 보리 가루로서 티베트의 일상 식품이다.

쩨링마 | Tseringma(Tib.)
까르마빠 법맥의 수호여신으로서 밀라레빠와의 대화는 잘 알려져 있다.

츄르프 | Tsurphu(Tib.)
티베트에 있는 까르마빠의 거처. 라싸에서 20마일 떨어진 곳인 토룽Tolung 계곡에 있다.

뚤꾸 | tulku(Tib.)
다른 존재를 돕기 위하여 다시 태어나기를 서원하는 환생자(원력 수행자).

바이로차나 | Vairochana(Skt.)
다섯 부처 중에 중앙에 있는 하얀색의 부처. 법계에서 지혜의 화신이다.

지금강불持金剛佛 | Vajradhara(Skt.)
'금강을 가진 존재'라는 뜻이며 궁극의 법신으로 표현된다. 보통 종과 도르제(금강저)를 걸친 모습으로 짙푸른 색으로 그려진다.

금강수보살金剛力士 | Vajrapani(Skt.)
교화하는 힘을 가지고 있고, 금강을 지니고 있다. 자주, 관세음보살과 문수보살과 같이 언급된다. 딴뜨라를 지닌 비밀의 수호보살이다.

금강승 | Vajrayana(Skt.)
vajra는 금강석diamond이라 모든 것을 자를 수 있다. 이원성의 미혹을 잘라내서 마음의 본성을 깨닫게 해준다는 상징적 의미인 것이다. '금강승'은 인도에서 발전되어 티베트로 전승된 딴뜨라 불교와 같은 것이며, 티베트 불교 수행의 핵심이다.

승乘 | vehicle(yana, Skt.)
티베트 불교에서는 불교의 유형을 소승·대승·금강승 등 세 가지로 나눈다. 승이라는 뜻은 궁극적인 깨달음을 위한 실천의 길을 가기 위하여, 이러한 가르침을 '탄다'라는 의미이다.

율律 | vinaya(Skt.)
비구, 비구니가 속한 공동체의 공동의 규칙, 즉 (계)율을 말한다. 삼장(경장·논장·율장) 중의 하나이다.

vipashyana(Skt.)

deep insight 참조.

법륜法輪 | wheel of Dharma

붓다가 깨달음을 얻은 후 행한 세 가지의 중요한 가르침을 말한다. 이 가르침에 대하여 법륜을 굴렸다고 표현한다. 첫 번째 법륜에서는 사성제四聖諦를, 두 번째 법륜에서는 공空에 대한 가르침을, 세 번째 법륜에서는 모든 존재의 불성佛性에 대하여 설하였다.

양시 | yangsi(Tib.)

아직 정식으로 인가받기 전인 환생한 어린 라마.

이담(본존) | yidam(Tib.)

수행자를 수호해 주고 후원해 주는 수호존守護尊으로서, 수행자 각자의 수행능력과 인연에 따라 이담에 귀의하여 수행한다.

천주天珠 | zi stone(Tib.)

눈(眼) 모양의 무늬가 있는 검정색과 흰색으로 된 돌. 티베트인들은 이 돌을 지니면 자신을 보호해 준다고 믿고 있다. 마노瑪瑙석의 일종이다.

●참고문헌

"A Talk by His Eminence Tai Situ Rinpoche and His Eminence Tsurphu Gyaltsap Rinpoche on Friday, June 12, 1992 in the Front Entrance Hall of Rumtek Monastery." Densal (Karma Triyana Dharmachakra, Woodstock, N.Y.) 12, nos. 1 and 2 (winter/spring 1993).

Ambun, Golok, comp. *Pod dang sa 'brel khag(A Map of Tibet and Adjacent Areas)*. Dharamsala, India: Amnye Machen Institute, 1998.

Amdo Palden, Lama. Interview. Tsurphu, Tibet, 24 September 1992.

Arzt-Januschke, Palmo. "Report on Shedra opening in Tsurphu." *The Himalayan Voice* (Kathmandu) no. 16(October/November 1999).

Bardor Rinpoche. Interview. Woodstock, new York, 24 September 2002, and 7 November 2002.

Barnett, Robert. "The Journey of the Karmapa to India 1999-2000." Unpublished. 2000.

Bedi, Rahul. "Tibet's Boy Lama Tells the World of His Leap to Freedom." *The Independent* (London), 28 April 2001.

Beer, Robert. *The Encyclopedia of Tibetan Symbols and Motifs*. Boston:Shambhala Publications, 1999.

Brown, Mick. "Daunting Audience with a 900-Year-old Teenager." *The Independent* (London), 28 April 2001.

_____. "Dream of Freedom Fades for Boy Lama." *The Independent* (London), 4 January 2001.

_____. *Knower of the Three Times*. London: Bloomsbury, forthcoming.

Cabezón, José Ignacio, and Roger R. Jackson. *Tibetan Literature: Studies in Genre*. Ithaca, N.Y.: Snow Lion Publishers, 1996.

Chopra, Swati. "New Body, Old Mind." *Tricycle: The Buddhist Review* (spring 2002), 43-45, 93-97.

Chuahan, Pratibha. "Karmapa Desires to Go to Rumtek." *The Tribune* (Chandigarh, India), 30 June 2000.

"Child Lama forced to leave monastery following Karmapa escape." *TIN News Update* (Internet), 2 July 2001.

Dagyab Rinpoche. *Buddhist Symbols in Tibetan Culture*. Boston: Wisdom Publications, 1995.

Dalai Lama, His Holiness the. "Address at the Tibetan Institute of Performing Arts." Dharamsala, India, 7 March 2000. Translated by Alexander Nariniani, March 2000.

________. Public Talk. Namgyal Monastery, Dharamsala, India, 21 August 2001.

Dargye, lama. Conversation. Sidhbari, dharamsala, India, 14 June 2002.

Dorje, Gyurme. *Tibet Handbook*. Bath, England: Footprint Handbooks, 1999.

Douglas, Nik, and Meryl White. *Karmapa, The Black Hat Lama of Tibet*. London: Luzac, 1976.

Drupön Dechen Rinpoche. interview. Tsurphu Monastery, Tibet, 23 July, 1992.

________. Interview. 9 and 10 June, 1992. Video recording by Richard Koch and Ward Holmes. Honolulu: Tsurphu Foundation, 1992.

Fan Kow, Jan trans. *His Holiness the XVIIth Gyalwa Karmapa*. Edited by Lee Chin Tee. Malaysia: 1993. In Chinese and English.

Gampopa. *The Jewel Ornament of Liberation*. Translated by Khenpo Konchog Gyaltsen Rinpoche. Ithaca, N.Y.: Snow Lion Publications, 1998.

________. *Gems of Dharma, Jewels of Freedom*. Translated by Ken and Katia Holmes. Forres, Scotland: Altea Publishing, 1994.

Garfield, Jay L. *The Fundamental Wisdom of the Middle Way: Nagarjuna's Mūlamadhyamakakārikā*. New York: Oxford University Press, 1995.

Gethin, Rupert. *The Foundations of Buddhism*. New York: Oxford University press, 1998.

Hilton, Isabel. "Flight of the Lama." *New York Times Magazine*, 12 March 2000, 50-55.

Holmes, Ken. *His Holiness the 17th Gyalwa Karmapa Urgyen Trinley Dorje*. Forres, Scotland: Altea Publishing, 1995.

Holmes, Ward. *In the Footsteps of the Buddha*. 75 min. Honolulu: Tsurphu Foundation, 2001, videocassette.

________. *The Lion Begins to Roar*. 80 min. honolulu: Tsurphu Foundation, 2000, videocassette.

________. *The XVII Karmapa Returns to Tsurphu*. 90 min. honolulu: Tsurphu Foundation, 1993, videocassette.

________. The Thangka Ceremony. 25 min. Honolulu: Tsurphu Foundation, 1994, videocassette.

Holy places of the Buddha. Crystal Mirror Series, vol.9. Berkeley: Dharma publishing, 1994.

"Investigation into Karmapa Escape; Parents Detained by Authorities." TIN News *Update* (Internet), 29 February 2000.

Jackson, David. *A History of Tibetan Painting*. Vienna: verlag der Österreichischen Akademie der Wissenschaften, 1996.

Jamgön Kongtrul. *The Torch of Certainty*. translated by Judith Hanson. Boston: Shambhala publications, 1977.

Jamgön Kongtrul Labrang. *EMA HO! The Reincarnation of The Third Jamgön Kongtrul*. Pullahari, Nepal, 1998.

Jamgön Kongtrul Lodrö Thaye. *The Autobiography of Jamgön Kongtrul: A gem of Many Colors*. Translated by Richard Barron (Chökyi Nyima). Ithaca, N.Y.: Snow Lion Publications, 2003.

______. *Shes bya mdzod* (*Treasury of Knowledge*), Palpung edition. 4 vols. Kathmandu: Zhechen Publications. Kathmandu: Drugpa kagyu Heritage project, 2000 [Electronic version].

Kagyu Thubten. *Karmapa: The Sacred Prophecy.* Wappingers Falls, N.Y.: Kagyu Thubten Chöling Publications Committee, 1999.

Kapstein, matthew T. *The Tibetan Assimilation of Buddhism: Conversion, Contestation, and Memory.* Oxford: Oxford University Press, 2000.

Karma Lekshey Ling. *His Holiness the XVIIth Gyalwang Karmapa.* Kathmandu: n. p., 1992.

Karma Thinley. *The History of the Sixteen Karmapas of Tibet.* Boulder, Colo: Prajna press, 1980.

Karmapa, Gyalwa, the Ninth, Wangchuk Dorje. "Vajra Songs of the Masters" *in Phyagchen nges don rgya mtsho* (Mahamudra: An Ocean of Certainty). translated by Michele martin. kathmandu: Marpa Institute, n.d.

Karmapa, Gyalwa, the Seventeenth, Ogyen Trinley Dorje. Conversation. Sidhbari, Dharamsala, India, 25 April 2001, 29 April 2001, 18 may 2002, 8 June 2002, 5 July 2002.

______. Press Statement and Transcript of the Press Conference at Gyutö Ramoche University, Sidhbari, Dharamsala, India, 27 April 2001.

Karmapa, Gyalwa, the Seventh, Chodrak Gyamtso. *Tsad ma legs par bshad pa thams cad kyi chu bo yongs su 'dus ba rigs pa'i gzhung lugs kyi rgya mtsho zhes bya ba bzhugs so(An Ocean of Reasoning That Completely Contains the Rivers of All the Excellent Explanations of Pramana).* 2 vols. Sarnath, India: Kagyud Relief and Protection Committee, 1999.

Katmapa, Gyalwa, the Sixteenth, Rangjung Rigpe Dorje. *The Lion's Roar: The Life and Times of Tibetan Master His Holiness the 16th Karmapa.* produced by James Hoagland and kenneth H. Green. Directed and edited by Mark Elliot. 50 min. Centre Productions, 1985, videocassette.

"Karmapa Leaves Tibet." *TIN News Update* (Internet), 7 January 2000.

Kuby, Clemens. *An Interview with Jamgön Kongtrul Rinpoche.* 30 min. Munich: Kuby Film TV, 23 March 1992.

______. *Living Buddha.* Feature film, 108 min. Munich: Kuby Film TV, 1994.

______. and Ulli Olvedi. *Living Buddha: Die siebzehnte Wiedergeburt des Karmapa in Tibet.* Munich: Goldman Verlag, 1994.

Lama Tenam. Conversation. Sidhbari, Dharamsala, India, 17 May 2002, 8 June 2002.

Lati Rinpochay and Denma Lochö Rinpochay. *Meditative States in Tibetan Buddhism.* Translated by Leah Zahler and Jeffrey Hopkins. Boston: Wisdom Publications, 1983, 1997.

Library of the Rumtek Shedra. *dPal rGyal dbang karmapa sku phreng bcu bdun pa chen po'i zhabs brtan khag phyogs gcig tu bkod pa bzungs so (A Collection of the Long Life Prayers for the Great Seventeenth Incarnation of the Gyalwang Karmapa).* n.d. Input by Lama Tashi Gawa.

Lodrö, Nyerpa. "An Account of the Search to Find the Reincarnation of the Gyalwa

Karmapa." Tsurphu, Tibet. Unpublished. 1992.

______. Interview. Tsurphu, Tibet, 14 July 1992.

Maitreya through Asanga. *Byams chos sde lnga'i rtsa ba phyogs bsdebs* (*Thr Collect ion of the Root Texts of the Five Texts of Maitreya*). Saranth, India;Kagyud Reli ef and Protection Committee, 1984.

______. *Buddha Nature: The mahayana Uttaratantra Shastra.* Commentary by Jamgön Kongtrul Lodrö Thaye. Explanations by Khenpo Tsultrim Gyamtso Rinpoche. Translated by Rosemarie Fuchs. Ithaca, N.Y.: Snow Lion Publications, 2000.

______. *The Changeless Nature.* Translated by Ken and Katia Holmes. Eskdalemuir, Scotland: Karma Drubgyu Darjay Ling, 1985.

Mandala Maps. *Mustang.* Kathmandu: Mandala Graphic Art, n. d.

Mazumdar, Sudip and Melinda Liu. "Inside the Dramatic Escape of a Living Buddha." *Newsweek.* 27 February 2000.

McLeod, Ken. *The Great Path of Awakening.* Boston: Shambhala Publications, 1987.

Milalepa. *rNal 'byor gyi dbang phyug chen po mi la ras pa'i rnam mgur* (*The Songs of the Great and Powerful Yogi Milarepa*). Ziling: mTsho sngon mi rigs par khang, 1981, 1989.

Mipham Rinpoche, Jamgön. *Gateway to Knowledge.* Translated by Erik Pema Kunzang. 2 vols. Hong kong: Rangjung Yeshe Publications, 1997, 2000.

Nagarjuna. *dBu ma rtsa ba shes rab* (*The Fundamental Wisdom of the Middle Way*). *dBu ma rig tshogs lnga* (*The Five Collections of Reasoning*). Sarnath, India: Sakya Students' Union, 1994.

Namgyal, Tendzin. "Dus gsum rGyal ba thams chad kyi phrin las (*The Activity of All the Buddhas of the Three Times*)." Sidhbari, Dharamsala, India. Unpublished. 2001.

Nenang Lama. *dPal ldan dpa' bo sku phreng rnams dang gdan sa gnas nang gi lo rgyus mdor bsdus* (*A Brief History of the Garland of Incarnations of the Glorious Pawo and His Seat of Nenang*). Tölung Dechen, Tibet: Nenang Monastery, n. d.

______. Conversation. Sidhbari, Dharamsala, India, 6 May 2001, 14 May 2002.

Padmakara Translation Group, *Introduction to the Middle way: Chandrakirti's Madhyamakavatara with Commentary by Jamgön Mipham.* Boston: Shambhala Publications, 2002.

Peldzom, Ngodrup. Conversation. Sidhbari, Dharamsala, India, 10 July 2001, 19 July 2001, and 17 May 2002.

Pelzang, Rinchen. *mTsurphu dgon gyi dkar chag kun gsel me long* (*The All-Illuminating Mirror: An Index of Tsurphu Monastery*). Sichuan: Mirig Pedrun Khang, 1995.

Pettit, John W. *Mipham's Beacon of Certainty: Illuminating the View of Dzogchen, the Great Perfection.* Boston: Wisdom Publications, 1999.

Peissel, Michel. *Mustang, A Lost Kingdom.* Delhi: Book Faith India, 1992.

Popham, peter. "The Most Powerful Teenager in the World Breaks His Long Silence." *The Independent* (London), 28 April 2001.

Rabten, Geshe. *Echoes of Voidness*. Translated and edited by Stephen Batchelor. London: Wisdom Publications, 1983, 1986.

Rigzin, Tsepak. *Tibetan-English Dictionary of Buddhist Terminology*. Dharamsala, India: Library of Tibetan Works and Archives, 1986, 1993.

Shangri-la Maps. *A Trekking Map of Mustang*. Kathmandu: Shangri-la Design, 2000.

Shantideva. *The Way of the Bodhisattva*. Translated by the Padmakara Translation Group. Boston: Shambhala Pub;ications, 1997.

______. *A Guide to the Bodhisattva Way of Life*. Translated by Vesna A. Wallace and B. Alan Wallace. Ithaca, N. Y.: Snow Lion Publications, 1997.

Situ Rinpoche. "A Brief Introduction and Clarification." Public letter, dated 15 June 2002.

______. Interview. Lhasa, Tibet, 2 August 1992, 26 September 1992; Sidhbari, Dharamsala, India, 1 June 2002.

Smith, E. Gene. *Among Tibetan Texts*. Boston: Wisdom Publications, 2001.

Snellgrove, David. *Himalayan Pilgrimage*. Boston: Shambhala Publications, 1989.

______. *Buddhist Himalaya*. Kathmandu: Himalayan Booksellers, 1995.

Sonam, Tenzing. "Out of the Red: The Karmapa's Daring Escape from China Keeps Hope Alive for Tibetans." *Time* (Asian edition) 22 April 2002.

Tendzin Gyurme, Lama. Conversation. Tsurphu Monastery, Tibet, 28 July 1992.

Thondup, Tulku. *Masters of Meditation and Miracles*. Boston: Shambhala Publications, 1996.

Thrangu Rinpoche. *A Commentary on The Uttara Tantra Shastra*. Delhi: Sri Satguru Publications, 1989.

______. Conversation. Sarnath, India, 2 March 2002; Woodstock. N.Y., 9 August 2002.

______. Talk at Karma Triyana Dharmachakra, 11 August 2002.

Trungpa, Chögyam. *Training the Mind and Cultivating Loving-Kindness*. Boston: Shambhala Publications, 1993.

Tsewang Tashi. Conversation. Sidhbari, Dharamsala, India, July 2, 2002.

Tsogyal, Yeshe. *The Lotus-Born: The Life Story of Padmasambhava*. Translated by Erik Pema Kunsang. Boston: Shambhala Publications, 1993.

Tsong Khapa, Jey. *The Central Philosophy of Tibet*. Translated by Robert Thurman. Princeton: Princeton University Press, 1984.

Tsurphu Labrang. *The Life Story of His Holiness the Gyalwa Karmapa from 1992 to 2000*. Tsurphu Monastery, Tibet.

West, Jean. "The Boy Buddha." *The Herald Saturday Magazine* (Scotland) 24 July 2001.

참고사이트

www.asianart.com/tsurphu/ relates the story of the large appliqu'e thangkas made for Tsurphu.

www.kagyu.org is the website of karma Triyana Dharmachakra, the karmapa's main seat in Woodstock, N.Y., providing current and background information on the Karmapa and Kagyu teachers plus links to sites of related centers and their teachers.

www.kagyuoffice.org is a website of the Karmapa with news of events related to him and background information on him and the Golden Rosary of the Kagyu lineage.

www.jamgonkongtrul.org is the official website of the fourth Jamgön Kongtrul Rinpoche, which lists his activities, retreat centers, and practice and study courses at his main seat of Pullahari in Nepal, plus many projects for social benefit.

www.ktgrinpoche.org is the website of Khenpo Tsultrim Gyamtso, who travels extensively to teach and is one of the Karmapa's teachers.

www.nalandabodhi.org. From Dzogchen Ponlop Rinpoche, this site provides references, excerpts, and analysis of current news about the Karmapa, plus photos, background analysis, and an extensive news archive dating from his arrival in India.

www.rinpoche.com is the website of Khenchen Thrangu Rinpoche, the karmapa's tutor, who also travels worldwide to teach and fosters many educational and humanitarian projects.

www.rumtek.org is under the auspices of Rumtek Monastery and Bardor Tulku Rinpoche and provides information on the Karmapa.

www.shenpen-osel.org is the website of Kagyu Shenpen Ösel Chöling in Seattle, Washington. It provides a wealth of teachings from Kagyu teachers, including Situ Rinpoche, Thrangu Rinpoche, Khenpo Tsultrim Gyamtso, Tenga Rinpoche, and the late Kalu Rinpoche.

1. 츄르프는 원래 'Tshurphu'로 철자해야 하지만 이 책에서는 'Tsurphu'로 철자했다. 관행적으로 그렇게 해왔기 때문에 따르는 것이다.

2. 켄포 카르타는 1924년에 티베트에서 태어났으며, 탕구 사원에 온 것은 열두 살 때였다. 그는 18년간을 안거와 불교 철학·심리학·논리학 등을 공부했다. 중국 공산당의 압력이 거세지자, 1958년, 켄포 카르타·탕구 린포체를 위시해서 승려들은 중앙 티베트의 츄르프로 옮겨 와 까르마빠와 합류했다. 까르마빠는 압력이 중앙 티베트에까지 미쳐 올 것을 예견하고 이들에게 인도와 부탄으로 떠날 것을 권유하고, 여행에 필요한 지원을 해준다. 켄포 카르타는 티베트 난민들이 모여 사는 인도의 북쪽 지방 북사에 8년간 머물렀다. 룸텍 사원의 까르마빠와 합류한 것이 1967년이며, 이곳에 1975년까지 머문다. 까르마빠는 그에게 미국에 세우기로 계획한 까르마 까규 사원 주지를 맡도록 했다. 1978년에 뉴욕 우드스톡에 있는 미드 하우스를 구입하여 까르마 트리야나 다르마차크라를 세웠다. 켄포 카르타는 여기에서 제자들을 이끌고 강의를 하는 한편, 3년 무문관센터를 설립했다. 그의 강의를 책으로 내어 인기를 끌었으며 중국어로도 번역됐다. 조캉에서의 까르마빠 삭발식을 포함해서 티베트를 네 번 방문했다.

3. 2001년 켄포 카르타와의 대화. Wappingers Falls, N.Y. 소재 까규 톱텐 췰링의 라마 노르라도 참석했다.

4. 타이 시투 린포체는 까르마빠의 '마음의 아들'들 중 하나이며 미륵불의 화신으로 여겨진다. 그의 전 환생은 16대 까르마빠의 선생이었다. 1954년생이며, 동부 티베트의 팔풍에서 18개월 때 16대 까르마빠에 의해 12대 시투파로서 대관식을 올렸다. 티베트를 떠난 것은 다섯 살 때였으며, 룸텍 사원에서 16대 까르마빠에 의해 종교교육을 받았다. 1975년 인도 북부의 셰랍 링에 자신의 사원을 건립했다. 동양과 서양을 널리 여행하며 가르침과 관정을 베풀었다. 마하무드라 강의는 유명하다. 티베트에 처음 돌아온 1984년에 그는 2천 명 이상 남녀에게 수계식을 베풀었다. 1991년의 방문 시에는 100명 이상의 환생 라마를 인정하기도 했다. 시투 린포체는 현재 17대 까르마빠의 활동에 중심 역할을 하고 있으며, 아직도 많은 가르침과 관정을 베풀고 있다. 셰랍 링은 3년 안거센터로서만이 아니라 고급 불교연구기관과 불교 행사의 중심지로서도 활발한 곳이다.

5. 티베트 라싸에서 1992년 8월 2일 시투 린포체와 츄르프 걀찹 린포체와의 대화. "A Talk by His Eminence Tai Situ Rinpoche and Tsurphu Gyaltsap Rinpoche on Rfiday, June 12, 1992 in the Front Entrance Hall of Rumtek Monastery," Densal(published by Karma Triyana Dharmachakra, Woodstock, N.Y.) 12, nos. 1&2 (winter/spring 1993), 5~7.

6. 앞의 책.

7. Clemens Kurby, 'Interview with Jamgoen Kongtrul Rinpoche, 30min.(Munich, Kuby Film TV, March 23, 1992)

8. '흰 것'은 소라 고둥을 가리킴.

9. 주로 시투 린포체와 걀찹 린포체.

10. '번개(남짝/gnam lchags)'이란 시적 표현은 글자에 나타난다.

11. '소원을 이루는 소'는 티베트인들이 통상 올리는 만다라 공양에 나온다.

12. 뻬마는 구루 린포체와, 그리고 돈요는 돈요 둡빠 부처와 연관된다.

13. 라톡에서의 삶은 주로 까르마빠의 누이 누둡 뻴좀이 알려준 것이다.

14. 서양식으로 따져서, 2003년 현재로, 나이 순서대로 적어 놓는다. 까르마빠의 아버지 이름은

까르마 돈둡 따시이며 성은 최도, 어머니는 로가이며 성은 가지이다.

15. 이 이야기는 까르마빠의 아버지인 까르마 돈둡으로부터 나온 것이다. 이 책의 4부, 까르마빠의 역사, 뒷부분에 제16대 까르마빠의 시 두 편에 대리자 덴마를 가리키는 구절이 나온다. '노래'에서 그는 차장 덴마라는 온전한 이름으로 나오고, '가야 할 자의 노래(벌의 아름다운 노래)'에서는 덴den이라는 생략된 이름으로 나온다.

16. 여덟 개의 상서로운 징표들은 ①우산. 둥근 모양은 부처님의 머리 모양을 나타낸다. ② 두 마리 장엄 물고기. 이들은 부처님의 눈을 나타낸다. ③꽃병. 이것은 부처님의 목을 나타낸다. 꽃병은 목을 닮았고, 따라서 진정한 다르마를 가리킨다. 귀중한 꽃병은 윤회의 고통을 제거하고 행복을 가져온다. ④소라. 이것은 부처의 말씀을 나타낸다. 소라는 소리를 멀리 울리기 때문이다. 부처님은 언제나 알맞은 크기와 톤으로 말씀하신다. ⑥영광 매듭. 부처님의 마음을 나타내며, 부처님의 온전하고 무한한 자비심을 의미한다. ⑦연꽃. 부처님의 유연하고 미끈하며 섬세한 혀를 나타낸다. 부처님의 말씀은 완벽하다. ⑧법륜. 부처님의 발에 나타나는 징표이며 모든 중생을 구원하고자 법륜을 돌리는 것을 상징한다.

17. 종교상의 믿음, 혹은 사회적인 입장으로 인해 많은 티베트인들이 투옥되었던 문화혁명 때의 일일 것이다.

18. '성취'에는 세속적 성취와 초월적 성취의 두 가지가 있다.

19. 규또 대학에서 저자와의 대화. 2000년 6월.

20. 승려로서의 이름은 라마 체왕 뻴덴이지만, 흔히 암도 뻴덴으로 알려져 있다.

21. 암도 뻴덴과의 대화, 1992년 9월 24일. 그는 당시 68세였으며 지금은 돌아가셨다.

22. 누둡과의 대화. 다람살라의 규또 대학에서, 2001년 7월 10일.

23. 암도 뻴덴과의 대화, 1992년 9월 24일. 츄르프 사원에서.

24. 나중에 츨렉 린포체의 환생자로 인정됨.

25. 고시르 걀찹 린포체는 1954년 생으로, 티베트의 네모에서 딴뜨라 수행자 집안에 태어났다. 1959년 16대 까르마빠와 함께 망명했다. 자신의 사원을 룸텍에서 가까운 라랑에 세웠다. 인도 시킴의 룸텍 사원에 고급 불교 강원을 설립하였다.

26. 정식 이름은 듀폰 까르마 데첸 체왕 린포체이다.

27. 로라가의 준 이름이 로가이다.

28. 귀의서원은 불교의식에 쓰이는 가장 유명한 기도이다.

29. Clemens Kuby, 'Living Buddha', Kuby Film TV, Munich, feature film, 108mm., 1994.

30. 시투 린포체와의 대화.

31. 인터넷 www.kagyuoffice.org 참조.

32. 대화 녹음.

33. 당시의 선임 사무원은 쏘남 노르부였고, 조수는 틴레였다.

34. 최제 둘모 최제와 둡왕 쌍게 첸진 린포체가 어린 환생자를 씻기고 옷을 입혔다.

35. 흰 보살은 흰 말을 타고 온다. 검은 환약을 만드는데 필요하며 눈 사자 우유를 가져다준다고 한다.

36. 라싸에서 질링 가는 고속도로.

37. 문자대로 하자면, "나는 허공을 통해 룸텍으로 갔다"이다.

38. 저자와의 대화, 츄르프 사원에서, 1992년 7월 28일.

39. 촉규르 링파와 그의 예언.

40. 이 당시 중국에서 이 정도의 선물은 용인되었다. 1994년~1995년에는 바뀌었다.

41. 저자와의 대화, 라싸, 1992년 9월.

42. 시투 린포체의 설명에 의하면 북경 시간으로 낮 12시에 항성 네 개가 나란히 정렬했다 한다. 매우 희귀한 일이다.

43. 참도, 초락, 데풍, 간덴, 민돌링, 라싸 등 수많은 도시의 사원들.

44. 여기에는 될모 최제 린포체, 조지 쩨둥 린포체가 포함된다.

45. 네충에 의한 예언도 주어졌는데, 통상 의식에 의한 절차는 아니다. 여기에는 '물 원숭이 해의 열네 번째 달의 10일에 네충 사원에서 기도를 올리는 중에 이 예언이 계시되었다. '나의 스승 통와 된덴이 참여할 것이며 기쁨과 환희의 태양이 나타날 것이다. 감로와 같은 말씀을 곧 들을 수 있을 것이다. 삼매경에 조용히 들을 지어다. 나, 뺄덴 라모 그리고 나, 직메는 실망시키지 않을 것이다'라고 쓰여 있었다.

46. 8장엄물은 ①소라고둥 ②장엄 요구르트 ③장엄 두르바 풀 ④장엄 주색 안료 ⑤장엄 빌바 열매 ⑥장엄 거울 ⑦기밤. 코끼리의 쓸개인 듯함. ⑧겨자씨 등이다.

47. 주석 16 참조.

48. 전륜왕 7보는 ①보석 ②바퀴 ③여왕 ④보살 ⑤말 ⑥코끼리 ⑦장수.

49. Robert Barnett의 미발표 원고인 〈까르마빠의 인도로의 탈출 여행, 1999년~2000년〉에 의거.

50. 족첸 폰롭 린포체는 새 세대의 활발한 환생 라마 지도자이다. 그는 까규 닝마 전통 계승자이며 룸텍의 사원 대학을 우등으로 수료했고 동서양을 넘나들며 영어로 강의한다. 그의 인터넷 주소는 www. nalandabodhi. org이다.

51. 바르도 뚤꾸 린포체는 1950년 티베트 출생이며, 어렸을 때 16대 까르마빠의 환생 인정을 받았다. 가족과 함께 티베트에서 인도로 탈출했으나 가족들은 고난 속에 점차 죽어버렸다. 젊어서 친구와 함께 시킴으로 왔으며, 룸텍 사원에서 16대 까르마빠로부터 정식 교육을 받았다. 1974년과 1976년 까르마빠의 세계여행에 수행했다.

52. 텐진 최니는 티베트에서 1948년에 났으며, 열한 살에 탈출했다. 룸텍에서 16대 까르마빠의 제자가 된다. 까르마빠의 지시로 미국에 온 것은 1975년이었다.

53. 바르도 린포체와의 대화, 2002년 9월 24일 뉴욕 우드스톡.

54. 1994년 여행에 대한 언론계의 관심은 Melinda Liu의 "Inside the Dramatic Escape of a Living Buddha", Newsweek, 27 February 2000을 참조하시라.

55. 규또 대학의 기자 회견 원고, 2001년 2월 27일.

56. bla gza'

57. 특히 이들은 데첸 종, 걀찹 린포체, 둡데 삼텐 용 링 등이다.

58. Lo yag.

59. 경전들은 다음과 같다. 〈Orthography : the Lamp of Speech〉, 〈 Grammar   :The Beautiful Necklace of Pearls〉, 〈The Sutra of Melodious Language〉, 〈The Mirror of Poetry, imbued with Melodius Sound, and A Drop from the Ocean of Synonyms〉

60. 그의 나중 설명은 다음 책 두 번째 장을 보라. "A Discussion with Fioreign Students Studying in Dharamsala," 154페이지.

61. 한글 번역본 있음. 청전 번역, 2003, 하얀연꽃.

62. John W. Pettit의 'Mipham's Beacon of Certainty: Illuninating the View of Dzogchen, the Great Perfection'(Boston : Wisdom Publications,1999) 참조.

63. 번역이 진행 중이며, 홍콩의 Rangjung Yeshe Publications, vol.1, 1997 & vol.2, 2000 참조.

64. 원문으로는 Arya Maitreya and Acharya Asanga, 'The Changeless Nature, trans. Ken and Katia Holmes(Eskdalemuir, Scotland : Karma Drubgyu Darjya Ling, 1985) 참조.

65. Maitreya through Asanga, 'Byams chos sde lnga'i rtsa ba phyogs bsdebs(Varanasi, India : Kagyud Relief and Protection Committee, 1984), 167.

66. 까규 전통에서 주로 모시는 성자들은 차크라삼바라, 바즈라요기니, 걀와 갑초 그리고 마하칼라 등이다.

67. 'gos sku' 즉 '옷천으로 만든 상像'이라고 하는데, 티베트 예술의 귀한 전통이다.

68. 티베트 전통예술과 가디 양식에 관해서는 David Jackson, 'A History of Tibetan Painting'(Vienna : Verlag der Oesterrerchischen Akademie der Wissenschaften, 1966), esp.

chapters 5 and 11 ; and E. Gene Smith, 'Among Tibetan texts'(Boston : Wisdom Publications, 2001), 254~255. 참조.

69. www.asianart.com/tsurphu. 참조.

70 Ri skor.

71. rTse skor.

72. Gans sbal chu mgo.

73. 이들은 은제 탐카르 125점, 은제 상 숨 고르 4점, 동제 추고르 14점, 동제 조 가 200점을 발견했다.

74. phur pa dkar zhal.

75. sgrig zhal.

76. Jean West, "The Boy Buddha," 'The Herald Saturday Magizine(Scotland)' 24 July 2001.

77. 텐진 남걀의 미발표 원고. "Dus gsum rgyal ba tham chad kyi phrin las(삼세제불의 활동)"

78. 레창 사원의 수르망 가왕 린포체의 8대 환생이었다.

79. 툽텐 쌈둡 최고르 링으로부터.

80. 까르마빠와 저자와의 대화, 규또 라모체 대학, 인도, 2002년 7월 8일.

81. 이 이야기서부터 '무지개' 장까지는 Michele Martin 이 쓴 ' EMA HO! 'The Reincarnation of The Third Jamgon Kongtrul'에 의한 것이다.

82. 이것은 서양식 계산에 의한 것이다. 그는 1985년생이다. 티베트에서는 한 해를 더한다.

83. metok charpa.

84. 아버지 이름은 곤포인데 '가'자가 들어 있다.

85. 어머니 이름은 양끼인데 '카'자가 들어 있다.

86. 종파 계승자는 수행과 경전 전승을, 물려받은 이들 방편들에 대한 개인적 깨달음을 통해 계속 이어져 내려간다. 그럼으로써 금강승의 가르침이 끊이지 않을 수 있는 것이다.

87. 푼촉 따시 그리고 둔둘도 있었다.

88. 잠곤 로되 최기 니마 된메 촉 탐셰 레 남빠르 걀와 데.

89. EMA HO!, 72.

90. 시투 린포체, 잠곤 꽁툴 린포체, 걀찹 린포체 그리고 중앙 티베트의 타나 사원에서 온테호 린포체.

91. "스스로 나투신 다르마 스승"

92. "화환"

93. rus rigs tsang ma.

94. btsan mkhar.

95. 네낭 라마의 'A Brief History of the Garland of Incarnations of the Glorious Pawo and His Seat of Nenang', Nenang Monastery, Tibet, n.d., 8-9

96. Btsan mkhar dgon pa.

97. 티베트력 8월 18일.

98. Ward Holmes, 'The Lion Begins to Roar, 80 min.(Honolulu: Tsurphu Roundation, 2000, videocassette.)을 재번역한 것임.

99. 부처가 천상계에서 내려와 그의 어머니를 가르친 것을 축하하는 축제이다.(부처 하강일)

100. Tibet Information Network, 'Child lama forced to leave monastery following Karmapa escape', TIN News Update, 2 July 2001.

101. 색신, 즉 루파카야는 두 형태이다. 삼보가카야는 환희의 차원이며 니르마나카야는 화현의 경지이다. 여기서는 육체적 형태를 띠고 태어나는 것을 의미하는 정도이다.

102. Dza tod.

103. 'Bri tod.

104. 답쌍 린포체는 감뽀빠의 화현이라 한다.

105. Kar ma Nges don bsTan pa'i Nyi ma Phrin las mTshungs ma Med pa'i sDe.

106 셰다에서는 켄포 로되가 강주였으며, 70명의 학생으로 1998년 10월에 시작했다. 1999년 5월 25일 시작하는 새 셰다 입학식에서는 츄르프의 석가모니 탕카가 전시되었으며, 승려들이 라마 춤을 선보였다. 까르마빠가 의식을 집행했으며 그의 옆에는 파오 린포체가 배석했다. 토론 시간도 있었다.

107. 'Investigation into Karmapa Escape; Parents Edtained by Authorities,' TIN News Update, 29 February 2000, 2.

108. 이것은 까규 법맥이 스승으로부터 제자로 끊이지 않고 전승됨을 말한다. 원래 마하무드라 종파와 통합 종파의 두 법맥이 있었다. 마하무드라 종파는 바즈라다라를 시조로 해서 라트나마티, 사라하, 나가르주나, 샤와리파, 마이트리파 그리고 마르빠로 내려 온다. 통합 종파는 바즈라다라로 시작하지만 틸로파, 나로파 그리고 마르빠로 내려온다. 마르빠에 이르러 두 종파가 통합되며, 이 통합된 종파가 지금의 17대 까르마빠까지 내려오는 것이다. 자세한 것은 www.kagyuoffice.org를 참조.

109. 달라이 라마가 인정한 하나는 1995년 5월 이후로 보이지 않는다. 까르마빠는 중국이 임명한 가짜 판첸 라마를 만나기 위해 1999년 7월 시가체를 방문했었다.

110. 여기에는 '중국 인민정치위원회' 의장 리 뤼환이 포함된다.

111. 1999년 초 까르마빠의 중국방문보고 비디오테이프(the Chinese official goverment television station)로부터 발췌.

112. Isabel Hilton, 'Flight of the Lama', New York Times Magazine, 12 March 2000, 52.

113. 저자와의 대화. 2002년 6월 8일, 시드바리, 다람살라, 인도.

114. 저자와의 대화. 2002년 6월 1일.

115. 시투 린포체의 공개서한, 2002년 6월 15일, '간략한 해명, 설명'.

116. 'A Spiritual Friend', 184페이지 참조.

117. 까르마빠의 "Taking Refuge', 199페이지 참조.

118. 'Practicing Chenrezik and Developing Bodhichitta', 149페이지 참조.

119. Robert Thurman의 번역본 'The Central Philosophy of Tibet(Princeton: Princeton University Press, 1984.)

120. 라마 체왕 따시가 네낭 라마라고 불리는 것은 그가 파오 린포체의 네낭 사원과 특별한 관계에 있기 때문이다. 책에서는 쉽게 하기 위해 네낭 라마로 표기했다.

121. 정부 지원으로 10년간 티베트의 불교를 가르치는 코스였는데, 1990년 끝났다. 3년 후 그는 떠났는데, 듀폰 데첸이 츄르프로 돌아와서 사원 재건을 시작했기 때문이었다.

122. 저자와의 대화, 인도 다람살라, 2002년 6월 28일.

123. 당고 사원이라 한다.

124. 저자와의 대화, 시드바리, 다람살라, 인도, 2002년 6월 14일.

125. 로 뚤꾸라고도 한다. 까르마빠가 최근 그에게 새 이름 까르마 뢴람 랍셀을 내려주었다.

126. gsang mchod.

127. 'A Traditional Narrative of the Karmapas', 273페이지 참조.

128. 저자와의 대화, 규또 대학, 2002년 6월 8일.

129. 위와 같음.

130. 이 도시들의 번역된 이름은 Lha rtse, Ngam ring, bZang bzang, Sa dga'이다.

131. 'Brang sgo.

132. 저자와의 대화, 시드바리, 다람살라, 인도, 2002년 5월 29일.

133. Chon rgya.

134. Paul Raffaele, 'The Australian Weekend Magazine, 6 April 2002.

135. 좀솜의 확인에 관해서는 David Snellgrove, 'Himalayan Pilgrimage(Boston: Shambhala Publications, 1989) 참조.

136. 네샹이라고도 하며, 불교 수행과 무역상으로도 유명하다.

137. "에쿠뢸 타입 비행기였으며 4인승… 헬기로 카트만두까지 1시간씩 두 번 날랐다. 네팔에서 헬기를 전세 내는 것은 의심받지 않을 것이,…" Robert Barnett, "The Journey of the Karmapa to India 1999~2000" Unpublished manuscript, 2000, 33.

139. 라마 노르부는 츄르프에서 까르마빠의 특별수행원 쉴퓐이었다.

140. Barnett, 45. See also TIN News Update, 29 February 2000.

141. ring bsrel.

142. dam rdzas ril ngak.

143. 라마 테남과 저자와의 대화, 2002년 5월 17일.

144. 위와 같음.

145. 누둡 뺄좀과 저자와의 대화, 2002년 5월 17일.

146. 저자와의 대화, 2002년 7월 1일.

147. 저자와의 대화 2002년 7월 19일.

148. 위와 같음.

149. 저자와의 대화, 2002년 7월 1일.

150. 당시 룸텍에 있었던 Michael Gregory가 이 이야기를 해주었다.

151. Isabel Hilton, 'Flight of the Lama,' New York Times Magazine, 12 March 2000, 52.

152. TIN News Update, 29 February 2000.

153. 나중에 TIPA에 의해서 CD로 만들어졌다.

154. 달라이 라마는 이미 전에 탈출을 예견하고 있었던 것 같다. "그(달라이 라마)는 탈출 시도를 해서는 안 된다고 확실히 말했었다. 그는 나중에 탈출에 대해 사전 통보받지 못했다고 말했었다(달라이 라마와의 2000년 4월 사적 회견에서)." Barnett, 77 n. 34.

155. Alexander Nariniani 번역.

156. 까르마 트리챠나 다르마 차크라에서의 질의 응답 중, 뉴욕 우드스톡, 2000년 4월.

157. 2000년 3월 네팔에서 열린 나모 붓다 세미나 중 탕구 린포체의 발언 번역본을 참고했음.

158. 바수반두의 Abhidharmakosha에 의함.

159. The Springtime Cow: An Extensive Commentary on the Abhidarmakosha Easily Accomplished.

160. bCig shes kin'dro.

161. 마르빠에 의해 집성되었고 그의 제자인 곡툔에게 전승되었다.

162. 이 두 책들은 종파초월 스승인 잠곤 꽁툴 로되 타예의 다섯 보물들의 일부다.

163. 6장의 번역은 Geshe Rabten, 'Echoes of Voidness, trans. and ed. Stephen Batchelor(London : Wisdom Publications, 1986), 47~91 참조. 전체번역이 빠드마카라 번역 팀에 의해 새롭게 이루어졌는데, 제목은『중론입문 : 잠곤 미팜의 논소를 곁들인 찬드라키르티(월칭)의 Madhyamakavatara』이다.

164. The Clear Lamp of Reality by Je Redawa Zhonu Lodroe.

165. 전문은 www.kagyu.org 참조.

166. 대화 중 저자가 기록한 것임. www.tibetinfo.net 참조.

167. 위와 같음.

168. 'Telegraph(London)', 4 Jan. 2001에서.

169. Luke Harding, in the Observer(London), 29 April 2001.

170. 저자와의 대화, 인도 다람살라, 2001년 5월 21일.

171. Pratibha Chuahan, 'Karmapa Desires to Go to Rumtek,' The Tribune(Chandigarh, India),

30 June 2000.

172. 저자와의 대화, 2001년 5월 21일.

173. Kaloen Tashi Wangdi, Press Conference, cited on www.nalandabodhi.org for February 3, 2002.

174. "A Long-life Prayer for Tendzin Kunkhyab Wanggi Dorje: Spontaneous Accomplishment of the Aims We Seek,"의 세 번째 연.

175. 불교 성지에 관해서는 'Holy Places of the Buddha, Crystal Mirror Series, vol. 9(Berkeley: Dharma Publishing, 1994) 참조.

176. 구루 린포체의 생애에 관해서는 Yeshe Tsogyal, 'The Lotus-Born : The Life Story of Padmasambhava, trans. Erik Pema Kunsang(Boston : Shambhala Publications, 1993.) 참조.

177. 사호르 뻬마첸의 오겐 헤루카 포당(초 뻬마의 다른 이름임).

178. bsang mchod.

179. 규또 대학에서의 기자회견에서, 2001년 4월 27일.

180. 회의원고, 2001년 4월 27일.

181. Jean West, 'The Boy Buddha'.

182. Peter Popham, 'The Most Powerful Teenager in the World Breaks His Long Silence,' The Independent(London) 28 April 2001.

183. Rahul Bedi, "Tibet's Boy Tells the World of His Leap to Freedom," The Independent(London), 28 April 2001.

184. Mick Brown, The Independent(London), 28 April 2001.

185. Swati Chopra, 'New Body, Old Mind'

186. 부처를 호칭하는 말, "승리자" 혹은 "초월적 정복자."

187. 저자와의 대화, 시드바리, 인도, 2002년 6월 8일.

188. 감뽀빠, 'The Jewel Ornament of Liberation, trans. Khenpo Konchog Gyaltsen Rinpoche(Ithaca: Snow Lion Publications, 1998).

189. 'An Extended Commentary on the Madhyamakavatara, The Oral Instructions of the Glorious Dusum Khyenpa).

190. Chopra, 'New Body, Old Mind', 97.

191. 'Milarepa's Song', p.174.

192. 저자와의 대화, 시드바리, 인도, 2002년 6월 8일.

193. 저자와의 대화, 우드스톡, 미국, 2002년 8월 9일.

194. 까르마 트리야나 다르마차크라에서의 대화, 우드스톡, 뉴욕, 2002년 8월 11일.

195. 저자와의 대화, 시드바리, 인도, 2002년 6월 8일.

196. 딴뜨라 전통의 네 가지 명상 수행방법을 가리키는 것인데, 트리야, 차리야, 요가 그리고 아뉴타라 요가.

197. 저자와의 대화, 시드파리, 2002년 7월 5일.

198. Tenzing Soenam, "Out of the Red," Time(Asian edition), 22 April 2002.

199. Chopra, "New Body, Old Mind," 93.

200. 주 194의 대화.

201. 나가르주나의 'The Fundamental Wisdom of the Middle Way', Sarnath, India : Sakya Student's Union, 1994. 이 시는 중론 1장 1절로써 팔불중도八不中道를 나타낸다.

202. 주 194의 대화.

203. www.rfa.org, 21 Aug., 2002.

204. 위와 같음.

205. 옛 이름은 캘커타.

206. 'The Telegraph'(Calcutta, 16 September 2001.

207. 예비 수행은 네 번의 각 수행마다 10만 번을 해야 한다. 귀의서원 및 보리심 발심은 전체투지, 금강보살 만트라, 만다라 공양, 구루 요가 등과 함께 해야 한다. 이담 및 마음 본성의 깨달음에 앞서 예비 수행을 행한다.

208. 'The Songs of the Great and Powerful Yogi Milarepa' 724~725.

209. 보시, 지계, 인욕, 정진, 선정, 지혜.

210. 제자를 모으는 첫 번째 방법은 다르마를 가르침에 후하고 물질에 집착하지 않음, 두 번째는 적극적 대화, 세 번째는 제자가 원하는 식으로 행하기, 네 번째는 제자의 행동 방법과 연관해서 다르마 행위를 하는 것이다.

211. 10악도는 신·구·의로 나눌 수 있다. 살생·투도·사음의 세 가지 몸의 악, 망어·기어·악구·양설의 네 가지 입의 악, 탐욕·진에·우치의 세 가지 마음의 악이 그것이다.

212. 이 기도문에서는 공덕을 쌓는 수행의 요소를 7단계로 요약하고 있다. ①모든 부처에게 전체투지 ②실제 혹은 마음에서의 공양 ③잘못 뉘우치기 ④남의 공덕을 함께 좋아하기 ⑤깨달은 자에게 가르쳐 주기를 빌기 ⑥이들이 죽지 않기를 빌기 ⑦공덕을 보시하기.

213. 이 자세의 주요 요점 일곱 가지: ①발은 금강 자세로 꼰다. ②손은 무릎 위에 긴장을 풀어 얹거나, 오른 손을 왼 손에 포개거나. ③팔 굽은 갈비뼈에서 약간 떨어뜨리고. ④척추를 쫙 펴고. ⑤턱은 약간 집어넣고, 따라서 목 뒤가 좀 길어짐. ⑥입은 닫고 약간 느슨하게 하여 혀끝이 입천장에 닿게. ⑦시선은 코 앞쪽으로, 손가락 여덟 개 넓이로 본다.

214. 앞주 참조.

215. 잠정 의미란 제자가 좀더 심원한 설명을 이해하지 못할 때 주어지는 설명이다. 본 의미란 직접적 설명이며 궁극을 설명한다.

216. 이 새는 나자마자 날 수 있다 하며, 본원적 지혜의 상징이다.

217. 고요한 명상에는 4단계가 있다. 색계의 4구분과 상응한다. 각각은 세 단계씩으로 되어 있으며, 여기에 5정토의 색계 경지를 더하면 17경지가 된다. 색계는 윤회계의 세 가지 세계 중 하나이며, 세 가지 세계란 색계·욕계·무색계를 말한다. 자세한 것은 Lati Rinpochay and Denma Lochoe Rinpochay, 'Meditative States in Tibetan Buddhism, trans. Leah Zahler and Jeffrey Hopkins(Boston: Wisdom Publications, 1983, 1997), 142~145를 참조하시라.

218. 예를 들자면, 두 번째 범주인 기능을 4성제의 각각에 적용할 수 있다. 제1성제와 관련지으면 기능은 고통을 완화시키는 것이며, 두 번째에서는 고통의 근원을 없애는 것이며, 세 번째에서는 고통의 나타남을 제거하는 것이며, 네 번째는 진리에 의지하는 것이다. 'The Treasury of Knowledge, Palpung edition, vol. 1, 308 and 358을 참조하시라.

219. 12연기는 무명, 행, 식, 명색, 육처, 촉, 수, 애, 취, 유, 생, 노사이다.

220. 규또 대학에서의 대화, 2000년 2월 22일.

221. 사라스바티는 시, 춤 그리고 노래와 지혜에 관계하는 신이다.

222. 저자와의 대화, 규또 대학, 2000년 6월.

223. 위와 같음.

224. 위와 같음.

225. 'A Talk to Music Students from New Delhi,' Sidhbari, Dharamsala, India, 22 March 2000.

226. 다람살라 남걀 사원에서의 연설, 2001년 8월 21일.

227. 주석 16 참조.

228. Robert Beer, 'Encyclopedia of Tibetan Symbols and Motifs(Boston: Shambhala Publications, 1999), 48.

229. 'The Ocean of Reasoning That Completely Contains the River of All the Excellent Explanations of Pramana', 2 vols. Input by Nitartha International, sponsored by Khenpo

Tsultrim Gyamtso. (Sarnath, India: Kagyud Relief and Protection Committee, 1999).

230. 4마라에 대해서는 'The Source of Obstacles', 170페이지를 참조하시라.

231. 켄포 카르타 린포체와의 대화, 우드스톡, 2002년 8월 31일.

232. 삼신에 대해서는 'The Three Kayas', 230페이지를 참조.

233. Tulku Thondup, 'Master of Meditation and Miracles'(Boston: Shambhala Publications, 1996), 82.

234. 승가에서 지키는 세 가지 의식.

235. 'The Songs of Milarepa, Lord of the Yogis', (Ziling: 1981, 1989) 300.

236. 'The Collection of the Five Dharmas of Maitreaya', (Sarnath: Kagyud Relief and Protection Committee, 1984). 165.

237. 미팜 린포체의 주석에 의하면, 10다르마 행위는, ①글로 쓰는 것. ②공양하는 것. ③자비로 베푸는 것. ④다르마를 잘 듣는 것. ⑤경전을 읽는 것. ⑥다르마를 표현하는 말을 외는 것. ⑦남에게 말로 설명해 주는 것. ⑧왼 것을 큰 소리로 염송하는 것. ⑨다르마의 의미를 깊이 생각하는 것. ⑩일념으로 명상하는 것.

238. 달리 표시하지 않으면 텐진 남걀 본의 첫 장에서 나온 인용이다.

239. 역사에 관한 것에는 Karma Trinley, 'The History of the Sixteen Karmapas(Boulder : Prajna Press, 1980) 참조.

240. Rinchen Pelzang, 'The All-Illuminating Mirror : An Index of Tsurphu Monastery', (Lhasa : Mifig Pedrun Khang, 1995), 340.

241. 앞의 책.

242. 앞의 책.

243. 자세한 것은 Yeshe Tsogyal, The Lotus-Born: The Life Story of Padmasambhava, 271~272. 참조.

244. 걀와 갸초는 붉은 관음의 특별한 형태이며 많은 까르마빠들이 이를 좋아한다.

245. 수가타로서는 다양 기 걀포(음악의 왕)라고 부른다.

246. 어려서는 최기 로되(다르마의 마음)라고 불렸다.

247. 그의 아버지는 웅악창 도르제 곤포라고 불렸으며, 어머니는 강참 밍덴이라고 불렸다.

248. 동북 티베트에 있는 고록의 세롱 라체 출신의 툽텐 잠펠 출팀.

249. 뻬마 왕축 걀포(1886년~1952년).

250. 그의 정식 이름은 최기 걀포 오겐 촉규르 데첸 링파.

251. 완전한 번역판으로는 Kagyu Thubter Choeling, '신성한 예언자 까르마빠(Karmapa: The Sacred Prophecy), (Wappingers Falls, N.Y. : Kagyu Thubten Choeling Publications Committee, 1999년) 참조.

252. Robert, 'Encyclopedia of Tibetan Symbols and Motifs, 78~80.

253. 아카니시타에 관해서는 앞의 시를 보시라.

254. Beer, 'Encyclopedia', 162.

255. 이 세 날짜들은 Matthew T, Kapstein, '간략한 티베트불교 연표(A Brief Chronology of Tibetan Buddhism),' in 'The Tibetan Assimilation of Buddhism: Conversion, Contestation, and Memory' (Oxford : Oxford University Press, 2000), xvii에 의한 것이다.